PHILIPPIKA

Altertumswissenschaftliche Abhandlungen
Contributions to the Study
of Ancient World Cultures

Herausgegeben von / Edited by
Joachim Hengstl, Elizabeth Irwin,
Andrea Jördens, Torsten Mattern,
Robert Rollinger, Kai Ruffing, Orell Witthuhn

82

2015
Harrassowitz Verlag · Wiesbaden

Kannibalismus,
eine anthropologische Konstante?

Herausgegeben von
Friedrich Pöhl und Sebastian Fink

2015
Harrassowitz Verlag · Wiesbaden

Bis Band 60: Philippika. Marburger altertumskundliche Abhandlungen.

Gedruckt mit Unterstützung aus den Fördermitteln des Vizerektorats für Forschung der Leopold-Franzens-Universität Innsbruck; des Amtes der Vorarlberger Landesregierung, Abteilung IIb, Wissenschaft und Weiterbildung und des Amtes der Tiroler Landesregierung, Abteilung Kultur.

Gefördert von

Bibliografische Information der Deutschen Nationalbibliothek
Die Deutsche Nationalbibliothek verzeichnet diese Publikation in der Deutschen Nationalbibliografie; detaillierte bibliografische Daten sind im Internet über http://dnb.dnb.de abrufbar.

Bibliographic information published by the Deutsche Nationalbibliothek
The Deutsche Nationalbibliothek lists this publication in the Deutsche Nationalbibliografie; detailed bibliographic data are available on the internet at http://dnb.dnb.de.

Informationen zum Verlagsprogramm finden Sie unter
http://www.harrassowitz-verlag.de

© Otto Harrassowitz GmbH & Co. KG, Wiesbaden 2015
Das Werk einschließlich aller seiner Teile ist urheberrechtlich geschützt.
Jede Verwertung außerhalb der engen Grenzen des Urheberrechtsgesetzes ist ohne Zustimmung des Verlages unzulässig und strafbar. Das gilt insbesondere für Vervielfältigungen jeder Art, Übersetzungen, Mikroverfilmungen und für die Einspeicherung in elektronische Systeme.
Gedruckt auf alterungsbeständigem Papier.
Druck und Verarbeitung: ⊕ Hubert & Co., Göttingen
Printed in Germany
ISSN 1613-5628
ISBN 978-3-447-10328-2

Inhalt

Vorwort 7

Friedrich Pöhl
Kannibalismus – eine anthropologische Konstante? 9

Sebastian Fink
Menschenfleisch – eine griechische Spezialität? Kannibalen vor den Griechen 51

Martin Gronau
Primitives Essen? Überlegungen zum kulturanthropologischen Beigeschmack
klassischer Menschenfresserei 65

Martin Lindner
Die Kannibalen und das Ende der Römischen Republik 101

Jonas Scherr
„Denn sie sind Menschen- und Grasfresser...".
Zu Kannibalismusdiskursen der Römischen Kaiserzeit. 121

Katharina Degen
Ecce miser assasti me in parte una. regira aliam et manduca!
Zum Umgang mit dem Vorwurf des Kannibalismus gegen die frühen Christen 145

Iszabela Wilkosz
"Guilty until proven innocent – the curious case of Aztec cannibalism" 169

Vorwort

Am 12. April 2013 fand in Innsbruck ein Workshop mit dem Titel „Kannibalismus – eine anthropologische Konstante?" statt. Vier der in diesem Sammelband enthaltenen Artikel haben ihren Ursprung in dieser Tagung – leider war es zwei Vortragenden aufgrund von zeitlichen Problemen nicht möglich einen schriftlichen Beitrag zu liefern.

Da von Anfang an intendiert war in diesem Band einen Überblick über die wesentlichen und grundlegenden Texte zum Kannibalismus vom alten Mesopotamien bis zum frühen Mittelalter vorzulegen, wurden im nun vorliegenden Sammelband drei zusätzliche Aufsätze, namentlich zum kannibalischen Bluteid des Catilina, zum Kannibalismus im frühen Christentum und – den geplanten zweiten Sammelband antizipierend – zur Frage des Kannibalismus bei den Azteken, aufgenommen und andere Beiträge thematisch etwas erweitert.

Friedrich Pöhl versucht einleitend die Frage zu beantworten, inwiefern der Kannibalismus als anthropologische Konstante bezeichnet werden kann und bedient sich dabei eines breiten, vergleichenden Ansatzes von der Antike bis ins frühe 20. Jahrhundert.

Der Beitrag von Sebastian Fink stellt die nicht sehr zahlreichen Quellen zum Kannibalismus aus dem antiken Mesopotamien, dem antiken Ägypten und dem Hethiterreich zusammen und bietet so eine Frühgeschichte des Kannibalismusmotivs.

Auf ein weitaus reicheres Textkorpus konnte Martin Gronau zurückgreifen, der die verschiedenen Stränge des Menschenfresserdiskurses im antiken Griechenland darzustellen versucht.

Martin Lindner konzentriert sich in seinem Beitrag auf ein Motiv, das auf den ersten Blick nur am Rande mit Kannibalismus zu tun hat, im Laufe seiner Geschichte aber immer mehr in den Kannibalismusdiskurs eingebaut wird – den kannibalischen Bluteid.

Reiches Material für historische Vergleiche bietet der Beitrag von Jonas Scherr, der aufweist, dass in der römischen Kaiserzeit die Abschaffung der vermeintlichen Menschenfresserei als ein Segen der römischen Zivilisation dargestellt und in diesem Sinne propagandistisch verwertet wurde.

Katharina Degen beschäftigt sich mit dem Kannibalismusvorwurf gegen die frühen Christen, wogegen sich diese vehement argumentativ zur Wehr setzten; später jedoch wussten sie denselben Vorwurf gezielt gegen ihre Gegner einzusetzen.

Zeitlich und räumlich scheint der Beitrag von Izabella Wilkosz zunächst aus dem Rahmen dieses Bandes zu fallen. Bei genauerem Hinsehen wird jedoch deutlich, dass sich die Kannibalismusbezichtigungen gegen die Azteken aus altbekannten Topoi und Maximen speisen. Ebenso wird ersichtlich, dass den Azteken wie den Skythen, den Christen, den Juden und anderen fremden oder feindlichen Gruppen die Praxis des Kannibalismus – trotz fehlender Evidenz und einseitiger Quellenlage – bis heute immer wieder unterstellt wird.

Die sieben Beiträge dieses Bandes erweisen zwar nicht die Praxis des rituell oder gar gastronomisch intendierten und praktizierten Kannibalismus, wohl aber den Kannibalismusdiskurs im Allgemeinen als anthropologische Konstante.

Schließlich möchten wir noch den Autoren unseren Dank für die angenehme Zusammenarbeit und ihr Engagement aussprechen und darauf hinweisen, dass der vorliegende Band durch eine zweite Publikation zum Kannibalismus in Mittelalter und Neuzeit vervollständigt werden wird. Ende November dieses Jahres wird in Innsbruck eine zweite weiterführende Kannibalismustagung abgehalten werden. Dabei werden Motive, Topoi und diskursive Stränge des Kannibalenkomplexes in Literatur und Ethnologie des Mittelalters, insbesondere aber der Neuzeit, detailliert und kritisch dargestellt und aufgearbeitet.

Zuletzt bleibt uns noch dem Land Tirol, dem Land Vorarlberg sowie der Universität Innsbruck für Druckkostenzuschüsse zu danken, die das Erscheinen dieses Bandes möglich gemacht haben.

Innsbruck, im November 2014

Friedrich Pöhl, Sebastian Fink

Kannibalismus – eine anthropologische Konstante?

Friedrich Pöhl

Vor nunmehr über dreißig Jahren wagte es der amerikanische Anthropologe W. Arens die Anthropophagie als universales Phänomen ernsthaft in Frage zu stellen. Räumt Arens einerseits die Möglichkeit von Not– bzw. Hungerkannibalismus ein, betont er andererseits, es bewusst vermieden zu haben die Inexistenz eines „customary cannibalism" zu suggerieren, weil es nicht möglich war „to demonstrate that cannibalism did not take place among the Caribs, Aztecs, West Afrikans and the Fore"; trotzdem aber muss, so Arens, aufgrund mangelnder empirischer Evidenz und der immer wieder gehörten allgemeinen Behauptung, „that maybe they did practice cannibalism but then immediately ceased upon being told to do so", die Praxis des rituellen und umso mehr des gastronomischen Kannibalismus ernsthaft in Zweifel gezogen werden; vor allem aber sollte „the ubiquitous tendency to label others as cannibals" als inadäquat begriffen werden.[1] Plausibler wird der gesamte Kannibalenkomplex, wenn man ihn als eine mythische Dimension verschiedener kultureller Weltansichten fasst, weshalb „our culture, like many others, finds confort in the idea of the barbarian just beyond the gates"; es ist aber gemäß Arens gerade die westliche Disziplin der Anthropologie, die den „Primitiven", „in order to give meaning to the concept of civilization", unablässig sucht und sich damit in die Abhängigkeit der „existence of the savage, hence the cannibal" begibt.[2]

Eine „Sintflut" der Empörung – vor allem von Seiten der wissenschaftlichen „Community" – strömte Arens entgegen. Die Anfeindungen gingen sogar so weit, ihn der Holocaust–Leugnung zu bezichtigen.[3] Ungeachtet der Tatsache, dass Anthropologie oder Archäologie zum Teil noch heute vom Geiste des Prinzips „there is no smoke without fire"[4] getragen sind, sollte hier in kritischer Art und Weise unser imaginativer und diskursiver Umgang mit dem Phänomen Kannibalismus in den Vordergrund treten, um die Bedeutung dieses Diskursphänomens innerhalb kultureller Schemata zu sichten. Der Kannibale näm-

---

1 Arens 1979:180-181.
2 Ebda. 184.
3 M. Sahlins meinte: "Professor X (d.h. Arens [F.P.]) puts out some outrageous theory, such as the Nazis really didn't kill the Jews, human civilization comes from another planet, or there is no such thing as cannibalism" (Sahlins 1979 nach Barker/Hulme/Iversen 1998:11). Unter Bezugnahme auf den "aufgeklärten" Georg Forster, welcher „persönlich einen Akt von Kannibalismus beobachtet hatte", behauptet Prof. H.J. Hiery unumwunden, „daß gerade Amerikaner – wie Arens – ihre eigene Werteordnung unbedenklich auf andere übertrugen und ihrer Sicht universellen Charakter zusprachen", weshalb Arens „alternative Wertevorstellungen" negiert und sich damit als Eurozentrist desavouiert (Hiery in Habersberger 2007:V). Zu einer konstruktiven und kritischen Auseinandersetzung mit Forsters bzw. Cooks „wissenschaftlicher" Beschäftigung mit Kannibalismus siehe Obeyesekere (2005:24-116).
4 Vgl. Arens 1979:84. Der Anthropologe Evans-Pritchard konnte nach Jahren der Feldforschung (1927-1930) unter den Azande Zentralafrikas, die in Europa eine Reputation als Menschfresser genossen, keinerlei Beweise für Kannibalismus finden. Trotzdem kam er zum Schluss, dass die Azande ehemals Kannibalen waren, denn „there is no smoke without fire".

lich erzählt uns etwas über uns selbst und avanciert daher zu einer Persönlichkeit, „who animates theoretical texts"[5]; als Topos scheint er – mit Cassirer gesprochen – in unseren „symbolischen Formen" wie Mythos, Religion, Kunst oder Wissenschaft tief verwurzelt zu sein.

In mythologischen Narrativen und theologischen Diskursen, wie im ersten Abschnitt dieses Beitrages diskutiert, sowie in ethnographischen Beschreibungen und der damit einhergehenden Akzentuierung und Markierung der Andersartigkeit des Fremden, des Anderen oder auch des Feindes, sei es zum Zwecke der vermeintlich objektiven Erklärung fremder Sitten, zur Legitimierung von Gewalt oder zur bloßen Enthumanisierung, scheint die Anthropophagie eine seit der Antike überlieferte anthropologische Konstante zu sein. Dies wird im zweiten Abschnitt dieses Beitrages unter dem Titel *Neue Welt – Alte Bilder* behandelt. Schließlich wird im letzten Abschnitt *Die Wilden, die Barbaren und die Zivilisation* gezeigt, dass auch das doktrinäre wissenschaftliche Denkparadigma des biologischen und kulturellen Evolutionismus die Anthropophagie zwangsläufig als eine universale menschliche Konstante postulieren muss.

Der Kannibale in Mythologie und theologischen Diskursen

> „Man muß sich damit abfinden: die Mythen sagen nichts aus, was uns über die Ordnung der Welt, die Natur des Realen, den Ursprung des Menschen oder seine Bestimmung belehrt. Wir können von ihnen keinerlei metaphysische Verbindlichkeit erwarten; sie werden entkräfteten Ideologien nicht beispringen. Hingegen lehren uns die Mythen viel über die Gesellschaften, denen sie entstammen, sie helfen uns, die inneren Triebfedern ihres Funktionierens aufzudecken, erhellen den Daseinsgrund von Glaubensvorstellungen, Sitten und Institutionen, deren Anordnung auf den ersten Blick unverständlich erschien: schließlich und vor allem ermöglichen sie es, einige Operationsweisen des menschlichen Geistes zutage zu fördern, die im Laufe der Jahrhunderte so konstant und über ungeheure Räume hinweg so allgemein verbreitet sind, daß man sie für grundlegend halten und versuchen darf, sie in anderen Gesellschaften [...] wiederzufinden...".[6]

Vorstellungen über den Verzehr von Menschenfleisch durch Menschen haben eine über alle räumlichen und zeitlichen Grenzen hinweg universale Verbreitung. Gemeinhin gilt zwar der Verzehr von Artgenossen als abscheulich sowie abstoßend und man erklärt die Anthropophagie zu *dem* Tabu der Menschheit, gleichzeitig aber kann eine gewisse Faszination und Attraktivität der Menschenfresserei unschwer geleugnet werden. Unausweichlich begegnet man in mythologischen und religiösen Überlieferungen europäischer und nicht-europäischer Kulturen Metaphern und Motiven des Kannibalismus. In der griechischen Mythologie sind es unter anderem der Göttervater Kronos, der seine Kinder verzehrte, Zeus, der Metis verschlang, Tantalos, der seines Sohnes Fleisch den Göttern zum Mahl vorsetzte oder Atreus, der seinem unwissenden Bruder Thyestes dessen eigene Nachkommen zum Mahl

---

5 Vgl. Avramescu 2006:3.
6 Lévi-Strauss 1990:749.

bereitete. Es werden sich insbesondere die Topoi des „Thyestischen Mahles", motiviert durch Hassgefühle und Rachegelüste, sowie der Drang nach Einverleibung begehrter Eigenschaften und Fähigkeiten, wie es auf Zeus/Metis zuzutreffen scheint, zur Erklärung anthropophager Praktiken in ethnographischen und kulturanthropologischen Diskursen bis in die Neuzeit hinein in das kulturelle Gedächtnis des Abendlandes einprägen. Gleichwohl sind es die in Homers *Odyssee* dargestellten Kyklopen, die in neuzeitlichen Reiseberichten und Beschreibungen kannibalischer Praktiken in wissenschaftlichen Texten eine Reinkarnation erfahren.[7] Die Kyklopen, die „zum Pflanzen und Pflügen" keine „Hand rühren"[8], leben in „geräumigen Grotten" und dort ist weder „rechtliche Ordnung", noch beraten sie in „öffentlicher Versammlung"[9]; sie kümmern sich nicht „um die seligen Götter", denn sie sind „weitaus mächtiger als jene"[10]; schließlich verschlingt der Kyklop Polyphem die Gefährten des Odysseus „wie ein Leu" roh und verschmäht weder etwas „vom Innern" noch von „den markigen Knochen"[11]. Die wilde und geradezu antizivilisierte Inselwelt der Kyklopen ist charakterisiert durch Gesetzlosigkeit, Fehlen von Ackerbau, Gottlosigkeit und Rohfleischverzehr. Damit erfüllen sie alle Voraussetzungen zur stereotypen Beschreibung sowohl vermeintlich anthropophager Barbaren in der Antike als auch neuentdeckter „wilder Völkerschaften" in der Neuzeit.

Den Kyklopen ähnliche Wesen aber finden sich auch in der Vorstellungswelt nichteuropäischer Kulturen. Die Huli in Papua Neu Guinea beispielsweise glauben, dass ihr Land in mythischer Vorzeit von den *Baya Horo*, anthropophagen Riesenwesen, bewohnt wurde. Wie Homers Kyklopen leben die *Baya Horo* in Höhlen, besitzen eine Größe gigantischen Ausmaßes, kennen kein Gesetz und sind – wie Polyphem – einäugig.[12] Ebenso kennt die Mythologie der in den großen Ebenen Nordamerikas beheimateten Lakota-Sioux ein allesfressendes und auch menschenfressendes Monsterwesen namens *Iya*. Als Inbegriff und Oberhaupt aller bösen Wesen verschlang *Iya* ganze Nationen, die sodann gezwungen waren ihr gewöhnliches Leben im Magen des Monsterwesens fortzuführen.[13] Das mythologische Universum der Kwakiutl der kanadischen Nordwestküste ist bevölkert von Schutzgeistern und übernatürlichen Wesen von denen *Baxbakwalanuxsiwae* (d.h. Menschenfresser am Nordende der Welt) als das mächtigste und zugleich gefürchtetste erscheint. Das menschenhungrige Wesen lebt in einer Felsenhöhle und eines seiner Opfer wurde zum ersten natürlichen *Hamatsa*, d.h. Kannibalen. Der Geist des übernatürlichen Menschenfressers initiierte in der Folge einige andere *Hamatsas* in den Geheimbund der Kannibalen. Diese aber, getrieben von einem unbändigen Verlangen nach Menschenfleisch, mussten noch einige Zeit von *Baxbakwalanuxsiwae* selbst gezähmt werden, ehe sie für die Gesellschaft der Kwakiutl tolerierbar waren. Die sogenannte *Hamatsa* Zeremonie der Kwakiutl ist eine

---

7 Vgl. Obeyesekere 2005:42. „The language by which cannibalism of the Other is described appears and reappears in European discourses pertaining to the Maori and other peoples: it is a 'horrid banquet of human flesh'...". Die Formulierung "horrid banquet of human flesh" geht, wie Obeyesekere betont, auf Homers *Odyssee* zurück.
8 Odyssee 9.108.
9 Odyssee 9.112-114.
10 Odyssee 9.276.
11 Odyssee 9.292-293.
12 Vgl. Goldman 1999:8.
13 Vgl. Walker 1983:108.

dramatische Reinszenierung dieser mythischen Ereignisse, wobei den *Hamatsa* Darstellern, welche in den Geheimbund der Kannibalen initiiert sind, die gewichtige Rolle zu Teil wurde, die Beziehung zwischen den Menschen und dem übernatürlichen Kannibalen aktiv und lebendig zu halten.[14]

Auch die Mythen und Legenden der Seneca, Mitglieder der sogenannten Konföderation der Irokesen bzw. Haudenosaunee (d.h. Menschen des Langhauses) im Nordosten Nordamerikas, kennen ein tief in den Wäldern auf einer Insel wohnendes menschenfressendes Wesen namens *Oñgwe Iãs* (d.h. Menschenfresser).[15] Die Ojibwa der kanadischen Northwest Territories wiederum glauben, dass Menschen entweder durch Träume, Verhexung oder Hungersnot in das mythische menschenfressende Monsterwesen *Windigo* verwandelt werden können. Ethnologischen Berichten zufolge glauben sie auch, dass jemand, der einmal menschliches Fleisch gekostet hatte, einen unstillbaren Wunsch nach Menschenfleisch entwickelte und sich in diesem Bewusstseinszustande unwiderruflich in einen *Windigo* transformierte.[16] Die Vorstellung von anthropophagen Riesen scheint nicht nur in Europa und Nordamerika, sondern auch in Asien, Afrika oder Indien weit verbreitet zu sein, was etwa Goldman zu der Annahme führt, dass der Glaube an menschenfressende Giganten „might be hard-wired into the architecture of human imaginative structures".[17] Erklärungsversuche für diese scheinbar universale Verbreitung reichen von psychologischen Modellen (Freud, Jung) bis hin zu sozio-ökonomischen.[18]

In vielen Kulturen der Welt erscheinen in Märchen, Legenden oder mythologischen Narrationen sogenannte *Trickster* Figuren. Der *Trickster* ist ein Possenreißer, er agiert als Betrüger und Betrogener, als Geber und Nehmer, als Zerstörer und Erschaffer, er befreit die Welt von Monstern und Riesen oder lehrt den Menschen kulturelle Fähigkeiten wie den Anbau von Pflanzen, die Sicherung von Feuer sowie Essen und avanciert bisweilen zum

---

14 Vgl. McDowell 1997:134f. Ob bei diesen Zeremonien tatsächlich Menschfleisch verzehrt wurde, wird von Anthropologen nach wie vor kontrovers diskutiert. Ist es für die einen bloße Illusion durch gekonnte Tricks, ist für den Anthropologen Walens die *Hamatsa*-Zeremonie eine Rekapitulation des „entire process of birth": „The *hamatsa* is as such in a state of preexistence as is the soul of an unborn child. [...] both the *hamatsa* and the soul wander hungry, carrying with them their essential energy and power encapsulated in a desire for food. [...] Both are essentially destructive beings, requiring human flesh to achieve substantiality. [...] The *hamatsa's* eating of the flesh of a mummy symbolizes the soul's gathering of the ancestral substance necessary to form its new body" (Walens 1981:158).
15 Vgl. Parker 1989:269f. Die politische Liga der Haudenosaunee umfasst ursprünglich die Seneca, Oneida, Onondaga, Mohawk sowie die Cayuga. Es war der Jesuit Paul Le Jeune, der 1634 als erster europäischer Berichterstatter diese fünf Nationen als vereinte politische Föderation beschrieb (vgl. Parmenter 2010:38).
16 Vgl. Sanday 1986:104f.
17 Goldman 1999:7.
18 Arens zufolge ist die Behauptung, dass die indigenen Einwohner im Norden Kanadas Kannibalen seien, einerseits ihren Mythen und „still-extant belief about man-eating giants who stalk forlorn forests of the area" geschuldet, andererseits aber auch den prekären ökonomischen Umständen: "However, [...] under aboriginal conditions the natives of this desolate area were involved in a precarious relationship with their harsh environment to the extent that survival was never a foregone conclusion. As a result, stories and rumors of cannibalism were rife as an indication of some hunting bands having reached the last resort in the struggle for survival. More than dreading others, theirs was an anxious, personal fear that they would be forced to revert to this savage act themselves if the hunt failed. Therefore, it is likely that survival cannibalism actually occurred, but it is even more apparent that such an eventuality was looked upon with the utmost repugnance by the Indians" (Arens 1979:151).

Kulturheros.[19] *Trickster* sind meist phallische und anthropophage Wesen einer primordialen vormenschlichen Welt und repräsentieren symbolisch die allgemein-menschliche Vorstellungswelt über Leben, Tod und Regeneration.[20] *Wakdjunkaga*, der *Trickster* der Winnebago Sioux Mythologie, beispielsweise streift hungernd umher bis er schließlich Fettstücke findet, die er gierig und genüsslich verschlingt; alsbald jedoch wird er sich nicht nur dessen bewusst, dass er seine eigenen Gedärme verzehrt hatte, sondern auch, dass man ihm den Namen „the foolish one" gegeben hatte. Daraufhin band er die noch übrigen Gedärme zusammen und dies ist der Grund weshalb die menschlichen Eingeweide die heutige Form aufweisen.[21]

Ob menschenfressende Riesen und anthropophage *Trickster* als Gemeingut der Weltmythologien universale archetypische psychische Strukturen bzw. kollektive Personifikationen darstellen oder ob sie nicht bloß psychische Realitäten verkörpern[22], sei dahingestellt; Tatsache aber ist, dass Metaphern der Inkorporation nicht isoliert von anderen sozialen Phänomenen betrachtet werden können. In diesem Sinne ist es „the examination of the metaphors of cannibalism rather than the ‚acts' of cannibalism that is [...] most likely to provide accurate insights into human societies".[23]

Findet sich im Kontext des Kannibalismusdiskurses das Motiv der Strafe bereits in antiken Texten – Dionysos z.B. straft die Frauen, die ihm die gebührende Ehre versagten, mit Wahnsinn, weshalb diese ihre eigenen Kinder fressen[24] –, so begegnet uns die Kinder-

---

19 Vgl. Radin 1972:166. Die Rolle des *Tricksters* im nordamerikanisch-indianischen Kulturkreis fällt verschiedenen Wesen bzw. Tieren zu, z. B. der Spinne (Lakota-Sioux), dem Raben (Tlingit, Tsimshian, Haida), dem Hasen (Algonkin). Kerényi sieht in Prometheus, insbesondere aber in Hermes die *Trickster* der griechischen Mythologie (ebda. 173-191). Zu Tricksterfiguren in anderen Kulturkreisen siehe u.a. Needham (1978), Poole (1983) oder Evans-Pritchard (1967).
20 „Within this wider mosaic of themes about life, death, and regeneration, cannibals (like tricksters) represent symbolic play material *par excellence*" (Goldman 1999:9).
21 Vgl. Radin 1972:18. In dieser Episode wird sich der zunächst amorphe und in einem Zustand der Unbewusstheit befindliche *Wakdjunkaga*, so kennt er zunächst auch keine ethischen Prinzipien, erstmals seiner selbst und der Welt um ihn herum bewusst. Er realisiert, dass er ein notwendiges Merkmal eines individuellen Seienden besitzt – einen Namen. So hatte auch ein Kind in der Winnebago Gemeinschaft keinen legalen Status bis es einen Namen erhielt (ebda. 135). Die Episode zeigt gemäß mythologischer Vorstellung auch, dass der selbstzerstörerische bzw. autokannibalische Akt zugleich Leben erzeugt.
22 Gemäß C. G. Jung ist der *Trickster* ein „archetypical psychic structure of extreme antiquity" und als "collective personification" das Produkt "of a totality of individuals"; er ist "a collective shadow figure" und verkörpert "all the inferior traits of character in individuals". Weil der "individuelle Schatten" immer ein Teil der Persönlichkeit ist, „the collective figure can construct itself out of it continually" – „not always, of course, as a mythological figure, but, in consequence of the increasing repression and neglect of the original mythologems, as a corresponding projection on other social groups and nations" (Jung 1972:209). Für Kerény hingegen ist der *Trickster* "the spirit of disorder" bzw. „the enemy of boundaries"; er konstatiert: „Disorder belongs to the totality of life, and the spirit of this disorder is the trickster. His function in an archaic society, or rather the function of his mythology, [...] is to add disorder to order and so make a whole, to render possible, within the fixed bounds of what is permitted, an experience of what is not permitted" (ebda. 185).
23 Pickering 1999:68. Ein Bedeutungsaspekt des Glaubens an kannibalische Wesen „is to demarcate symbolic boundaries between the religious and the secular, between ‚us' and ‚them', and between humans and nonhumans" (ebda. 68).
24 Vgl. dazu Gronau in diesem Band (FN 57).

fresserei im Alten Testament als fürchterliche Strafandrohung[25] Gottes gegen all jene, die sich des Ungehorsams schuldig machen.[26] Der allmächtige Gott wird jene, die ihm „zuwiderhandeln" so bestrafen, dass sie das Fleisch ihrer Söhne und Töchter essen werden – ja, Gott wird ihnen mächtige Feinde schicken, weshalb sie aus „Angst und Not" die Frucht ihres eigenen Leibes verzehren werden.[27] Übte bereits für die Griechen das Fressen der eigenen Kinder besonderen Schrecken aber auch Faszination aus[28], scheint für die jüdisch-christliche Tradition die Anthropophagie im allgemeinen, insbesondere aber das Verspeisen der eigenen Nachkommen, *der* Zustand des sündigen Menschen zu sein. Der Akt des Menschenfressens selbst „steht nicht unter Strafe", er ist vielmehr das „Attribut eines Zustandes, durch den der sündige Mensch bestraft wird".[29] Abgesehen davon, dass der Verzehr der eigenen Kinder die Zukunft des eigenen Geschlechts in Frage stellt und dass dadurch *das* göttliche Geschenk verneint wird, scheint mit der Strafandrohung Gottes die Warnung ausgesprochen zu sein, dass Anthropophagie „die Vertilgung der Existenz des zivilisierten, gesellschaftlichen Menschen" ist, d.h. als Menschenfresser kann man nicht „Teil einer politischen und religiösen Gemeinschaft nach deuteronomischen Vorbild" sein.[30] Es mag daher nicht verwundern, dass der calvinistische Pastor Jean de Léry kannibalische Akte des christlichen Europa als grausamer und barbarischer aburteilte als den vorgeblich rituellen Kannibalismus der brasilianischen Tupinamba, dessen Augenzeuge er offenbar war. Nach detaillierter Beschreibung der Tötung und kulinarischen Zubereitung des Opfers durch die Tupinamba, stellt Léry fest, man solle die „Grausamkeiten der wilden Anthropophagen […] nicht allzu sehr" verachten, denn „unter uns gibt es weit mehr noch zu verachtende und schlimmere Elemente dieser Spezies". Diese nämlich verzehren nicht „die mit ihnen verfeindeten Völker", sondern wüten „im Blut ihrer Angehörigen, Nachbarn und

---

25 Wie effektiv Anthropophagie als bloße Strafandrohung sein kann, zeigt das Beispiel des ersten Gouverneurs von New South Wales; er verfügte, dass jeder Sträfling, der Mord oder Sodomie begeht, zunächst nur eingesperrt werden sollte, bis sich eine Möglichkeit bot diesen zu den Eingeborenen Neuseelands zu transportieren – diese nämlich würden ihn auffessen. „The dread of this", so der Gouverneur, „will operate much stronger than the fear of death" (Obeyesekere 2005:236). Gemeinhin galt Neuseeland unter den britischen Seefahrern als die Kannibaleninsel schlechthin, die Angst aufgefressen zu werden aber könnte insbesondere, wie später noch auszuführen ist, mit dem christlichen Problem der Wiederauferstehung des Körpers in Zusammenhang stehen.
26 Zur Verwendung dieses Motives in den Fluchformeln neuassyrischer Verträge siehe Fink in diesem Band.
27 Vgl. te Heesen 2008:36-37. Im 3. Buch Mose steht: „Werdet ihr mir aber auch dann noch nicht gehorchen und mir zuwiderhandeln, so will auch ich euch im Grimm zuwiderhandeln und will euch siebenfältig mehr strafen um eurer Sünden willen, daß ihr sollt eurer Söhne und Töchter Fleisch essen" (Lev, 26, 27-29, Luther). Im 5. Buch Mose steht: „Du wirst die Frucht deines Leibes, das Fleisch deiner Söhne und deiner Töchter, die dir der HERR, dein Gott, gegeben hat, essen in der Angst und Not, mit der dich dein Feind bedrängen wird" (Deu, 28, 53, Luther).
28 Vgl. dazu Gronau in diesem Band.
29 Vgl. te Heesen 2008:37.
30 Ebda. 38. Kannibalismus gepaart mit Mord und Totschlag durch permanenten Krieg sind auch im Gründungsmythos der Irokesenkonföderation das diametrale Gegenteil einer zivilisierten, politischen und religiösen Soziätät. Dem Mythos zufolge pervertierten die Vorfahren der Irokesen zu grausamen Monstern; sie flohen in die Wälder, mordeten, plünderten und fraßen sich gegenseitig auf. Inmitten dieses kriegerischen Chaos gelang es *Deganawideh* mit Magie und Überzeugungskraft die Menschen zu einem „Großen Frieden" bzw. zur Gründung der Irokesenliga zu überreden (vgl. Graeber 2001:128).

Landsleute".[31] Vor allem aber erweckte ein Zwischenfall während der Belagerung von Sancerre im Jahre 1573 den Abscheu und Ekel Léry's; eine alte Haushälterin nämlich überredete den Hauseigentümer sein gerade verstorbenes Kind zu essen, da es einer unmäßigen Verschwendung gleich käme, das Fleisch des Kindes im Erdboden verrotten zu lassen und weil zudem die Leber für die Heilung seiner Geschwüre äußerst hilfreich sei. Léry verurteilt diesen barbarischen Akt aufs schärfste, indem er das Argument, die Schuldigen hätten aus Notwendigkeit bzw. aus Hunger gehandelt, zurückweist und behauptet, sie seien vielmehr vom Satan besessen gewesen. Während demnach der Kannibalismus der Tupinamba für Léry auf eine höhere symbolische Interpretationsebene gebracht und damit verstehbar und begreifbar werden kann, ist der Akt des Kinderfressens „far from being part of any social or religious symbolism, it was diametrically opposed to the Christian religion, and perhaps even more to the Reformed conscience, which revolted from the idea of sacrifice and shedding of blood".[32]

Léry's wohlwollende Interpretation des Kannibalismus der Tupinamba mag daher auch mit dem grundlegenden Unterschied zwischen Protestantismus und Katholizismus in der Frage nach der Anwesenheit Christi beim Abendmahl zusammen hängen. Die anthropophage Metaphorik im Johannesevangelium[33] transzendiert zwar den Essensakt, d.h. Fleisch

---

31 Léry 2001 [1578]:275. Als Kritiker des Katholizismus und als kritischer Ethnologe der eigenen Kultur führt Léry italienische Christen an, die Leber und Herz der getöteten Feinde aßen sowie die Schreckenstaten der Bartholomäusnacht 1572 oder die Tötung eines Anhängers der reformierten Religion in Auxerre, dessen Herz in Stücke geschnitten, über einem Kohlefeuer geröstet und anschließend verschlungen wurde. Mit Thevet, dessen Werk (*Les Singularitez*) über die Tupinamba schon 20 Jahre früher erschienen ist, stimmt Léry darin überein, dass nur Rache als Motiv für den Kannibalismus der Tupinamba in Frage kommt. Obwohl, so Léry, „alle der Ansicht" sind, „Menschenfleisch sei sehr gut und wohlschmeckend", essen sie „das Fleisch aber weniger – wie man vermuten könnte – aus Hunger". Vielmehr verzehren sie das Menschenfleisch „aus Rache als wegen des Wohlgeschmacks", mit Ausnahme der alten Frauen, die mehr als alle anderen auf das Menschenfleisch „erpicht" sind. Die primäre Absicht „beim Abnagen der Toten bis auf die Knochen" aber liegt darin, „den Lebenden Furcht und Schrecken einzujagen" und, „um ihre Rachegelüste zu befriedigen, vertilgen sie alles restlos, was am Körper der Gefangenen von der Spitze der großen Zehen bis zur Nase, zu den Ohren und der Schädeldecke zu finden ist. Lediglich das Gehirn, das sie niemals anrühren, bildet eine Ausnahme" (ebda. 268-269).
32 Lestringant 1997:77. Gemäß Lestringant haben der Kannibalismus in Brasilien und jener in Sancerre eines gemeinsam – die Anwesenheit alter, nach Menschenfleisch gieriger Frauen. So wie in Brasilien die alten Frauen den gänzlich rituellen Charakter der Zubereitung und des Essens des Opfers profanieren, so ist die Anthropophagie in Sancerre primär die Sache der alten Frau. Der Mann hingegen, welcher seiner betrübten Gemahlin das Fleisch ihres eigenen Kindes anbietet, wiederholt nur die ursprüngliche Einladung, denn, so Lestringant, „at the beginning of time and human history, the Tempter was female"; in Brasilien wiederum scheint „the economy of vengeance cannibalism to be essentially masculine", es war den Schilderungen Léry's zufolge „a point of honour, a highly virile sentiment, which impelled the cycle of warlike and alimentary violence". In diesem anthropophagen Spektakel hatten die Frauen nur Nebenrollen, sie bringen das Ritual „down to a lower level, towards the flesh and purley animal appetites", weshalb der Vorfall in Sancerre für Léry unentschuldbar ist. Zugleich aber wird der brasilianische Kannibalismus „almost acceptable by comparison" (ebda. 78).
33 Vgl. te Heesen 2008:40. „Da stritten die Juden untereinander und sprachen: Wie kann dieser uns sein Fleisch zu essen geben? Jesus sprach zu ihnen: Wahrlich, wahrlich ich sage euch: Werdet ihr nicht essen das Fleisch des Menschensohnes und trinken sein Blut, so habt ihr kein Leben in euch. Wer mein Fleisch isset und trinket mein Blut, der hat das ewige Leben, und ich werde ihn am Jüngsten Tage auferwecken. [...] Wer mein Fleisch isset und trinket mein Blut, der bleibt in mir und ich in ihm" (Joh 6,

und Blut Christi werden durch Brot und Wein substituiert, jedoch, so zumindest die Auslegung der Protestanten und Calvinisten, vollzieht sich eine tatsächliche Einverleibung des Gottessohnes, da gemäß katholischer Transsubstantiationslehre die Verwandlung nicht eine symbolische, sondern eine faktisch vollzogene ist. Für Léry hingegen ist eines gewiss: „nämlich, daß Brot und Wein nicht wirklich in den Leib und das Blut des Herrn verwandelt werden" und dass er „auch nicht darin eingeschlossen" ist.[34] Vielmehr sind Redensarten wie „Dies ist mein Leib, dies ist mein Blut" nur „bildlich" zu verstehen, weshalb es sich beim Übergang von einem bezeichneten Ding – also Leib und Blut – zum bezeichnenden Ding – also Brot und Wein – nur um einen Bedeutungswandel handelt; Brot und Wein sind reine Zeichen ohne Referenz, es handelt sich um eine Art Metonymie, „whereby we migth use ‚flag' to refer to an army, ‚laurels' for a victory, an ‚olive-branch' for peace".[35] So führt die Auffassung, Leib und Blut Jesu sei in Brot und Wein tatsächlich enthalten, Léry zufolge dazu, dass das Abendmahl mit dem Verzehr von rohem Menschenfleisch – wie es die „wilden Quetacas", die Feinde der Tupinamba –, praktizieren, gleichgesetzt werden kann.[36] In diesem Sinne scheint bei der Opferung der Gefangenen in Brasilien dasselbe zu geschehen wie in der reformierten Kirche. Der bei der Eucharistie herumgereichte Leib Christi ist keine tatsächliche Essware, sondern nur ein Metonym hierfür und so wie die calvinistische Eucharistie das Geschenk des Gottessohnes nicht wirklich wiederholt, sondern nur symbolisierend bezeichnet, so symbolisiert der Kannibalismus der Tupinamba extreme Rache.[37]

Die Kritik am Dogma der Transsubstantiation und dessen kannibalischen Implikationen fand auch Eingang in die Philosophie, insbesondere aber in die Reiseliteratur. So findet sich etwa in Humes *Natural History of Religion* ein Dialog zwischen einem gerade zum Christentum konvertierten Türken und einem katholischen Priester; auf die Frage des Priesters, wieviel Götter es denn nun gäbe, antwortet der Geprüfte: „None at all [...] You have told me all along that there is but one God: And yesterday I eat him".[38]

Eine der berühmtesten Fiktionen, die die Reiseliteratur hervorgebracht hat, ist die 1704 in London publizierte *Beschreibung der Insel Formosa* eines gewissen George Psalmanaazaar. Das Jahrzehnte lang als authentisch rezipierte Buch kritisiert das Missionswerk der Jesuiten im Fernen Osten, indem der imaginäre kannibalische Götzendienst der Inselbewohner im Prinzip für das Opferverständnis der katholischen Messe steht.[39]

52-56, Luther).
34 Léry 2001 [1578]:109. Ebenda erläutert Léry, dass „solche Worte und Redensarten bildlich zu verstehen sind – das heißt, daß die Schrift die Zeichen des Sakraments mit dem Namen der gemeinten Sache zu bezeichnen pflegt".
35 Lestringant 1997:71
36 Vgl. Léry 2001 [1578]:109. Ebenso verzehren die Tupinamba ihr Fleisch nicht roh, sondern kochen bzw. braten es.
37 Vgl. Lestringant 1997:72. Obwohl diese Interpretation die tatsächliche Praxis des Menschenfressens zwar rational begreifbar und erklärbar machte, konnte sie dadurch weder verleugnet noch entschuldigt werden. Daher, so Lestringant, befleißigt sich Léry mit der Beschreibung von noch barbarischeren Vorkommnissen von Menschfresserei in Europa und insbesondere in Frankreich während der Religionskriege.
38 Hume 1956 [1757]:56.
39 Vgl. Lestringant 2012:167. Ähnlich den Azteken opfern die Formosaner jährlich vorgeblich 18.000 Kinder, deren Herzen sodann in einem religiösen Akt der Anthropophagie verzehrt werden. Die Herzen werden in Stücke geschnitten, auf Bratspießen befestigt werden die Stücke wie bei der Kommunion von

Im Kontext des religiösen Diskurses mutiert der Kannibale zur Inkarnation des Bösen und zwar vor allem im Hinblick auf die christliche Doktrin der Wiederauferstehung des Fleisches und des damit einhergehenden Bestattungsrechtes. In diesem Sinne wurden die Vorgehensweisen der römischen Autoritäten während der Christenverfolgungen, beispielsweise das Verbrennen der Körper christlicher Märtyrer und das Verstreuen der Asche in Flüssen, um die Wiederauferstehung des Fleisches faktisch zu verunmöglichen, für die Kirchenväter zu einer theologischen und philosophischen Herausforderung. Im *Gottesstaat* argumentiert Augustinus daher, dass der Ritus der Bestattung für die Wiederauferstehung gar nicht notwendig sei; die Bestattung diene mehr der Tröstung der Lebenden und komme einem Akt der Pietät gleich, um den Glauben an die Wiederauferstehung zu bekräftigen. Christen haben das göttliche Versprechen, dass ihre Körper im Nu erneuert und wiederhergestellt werden – mögen sie auch in kleinste Elemente zerfallen sein.[40] Einerseits führt Augustinus damit einen Diskurs der Antike weiter, andererseits aber wird dieses Genre des philosophisch-theologischen Diskurses bis ins 18. Jahrhundert reichen, wobei Anthropophagie meist für die extremste Form der Bestattungsverweigerung steht.[41] In diesem Sinne widmet sich der Jesuit Lafitau in seinem Werk *Die Sitten der Amerikanischen Wilden* ausführlich den Begräbnissitten. Lafitau zufolge sind „fast alle barbarischen Nationen in America Menschenfresser"[42] und es finden sich in Amerika „gleich den alten Scythen und den mehresten barbarischen Völkern erster Zeiten Anthropophagi oder Menschenverschlinger, die den Leichnam vollends zerstücken, in Kessel werfen, und ihm kein ander Begräbnis als in ihren Bäuchen gestatten".[43] Zudem gibt es, den Issedonen Herodots vergleichbar, in Amerika Völker, „die noch die Gewohnheit haben, die Leiber ihrer verstorbenen Verwandten zu verzehren" und sie tun dies aus „blossem Mitleiden: ein zwar übel ausgerichtetes doch aber durch einigen Schatten der Vernunft angestrichenes Mitleiden; denn sie glauben ihnen ein weit ehrlicher Begräbnis dadurch zu verschaffen, als wenn sie selbige den Würmern und der Verwesung zum Raube überliessen".[44]

---

den Priestern den Frauen und Männern verabreicht, nachdem diese zum Altar gekommen sind und sich auf einem Bein niedergekniet haben. Bevor das Fleisch aber verabreicht wird, muss es in das Blut des Opfers getaucht und gekocht werden, was wiederum, so Lestringant, an die „Geste der *intinctio*, die die Einheit von Körper und Blut Christi wiederherstellt, indem der Priester bei der Kommunion die Hostie in den Kelch mit Wein taucht", erinnert. Außerdem wird auch in Formosa „Gott gebeten, dass er das Opfer zur Vergebung der Sünden seines Volkes gnädig annehmen möge" (ebda. 176).

40 Vgl. Avramescu 2009:53.
41 Manche Denker der Aufklärung hingegen wenden sich gegen das religiös motivierte Recht der Bestattung. Cornelius de Paw argumentiert, dass es im Prinzip keinen Unterschied mache, ob Würmer, Irokesen oder Kannibalen einen Leichnam zernagen und fressen. Voltaire, dem vorgeblich eine Mississippi Indianerin in Fontainbleau gestand Feinde gegessen zu haben, da es weit besser wäre die Toten zu essen als sie den wilden Tieren zu überlassen, stellt sich die Frage, welchen Unterschied es eigentlich manchen würde, ob man, nachdem man erschlagen worden ist, von einem Soldaten, einem Hund oder einer Krähe gefressen wird. Das Problem, so Voltaire, besteht darin, dass wir die Toten mehr als die Lebenden respektieren, d.h. zivilisierte Nationen tun gut daran die erschlagenen Feinde nicht zu verzehren, denn, wäre es erlaubt seine Nachbarn zu essen, würde man sofort daran gehen auch seinen eigenen Landsmann aufzuessen (vgl. Avramescu 2009:58-59).
42 Lafitau 1987 [1752]:418.
43 Ebda. 406.
44 Ebda. 465.

Ist für Augustinus die Angst nicht begraben zu werden der natürlichen Liebe eines jeden für seinen eigenen Körper geschuldet und markiert für den Dichter Moschion gerade die Totenbestattung das Endes einer Epoche der wilden Grausamkeiten der Riesen, welche die toten Menschkörper verschlangen[45], so betrachtet der spanische Theologe Francisco de Vitoria die Bestattung als ein göttliches Naturrecht, weshalb Kannibalen wegen Verbrechen gegen das göttliche Naturgesetz schuldig gesprochen werden müssen. Vitoria, von 1529 bis 1546 Vorsitzender der theologischen Schule von Salamanca, versuchte Status und Natur der indigenen Kulturen Mexikos aus der Perspektive des Naturrechts zu bestimmen. Von der Antike bis ins frühe 18. Jahrhundert galt das Naturrecht als eine Art universale Übereinkunft zwischen den Menschen. In seiner simpelsten Form bestand es aus „klaren und einfachen Ideen", den sogenannten *prima praecepta*, welche, wie Augustinus in den *Confessiones* schreibt, allen Menschen seit der Schöpfung von Gott in ihre Herzen eingepflanzt wurden, damit alle Menschen, eben weil sie Menschen sind, ihr Ziel erreichen mögen. Es sind Erkenntnisinstrumente mit deren Hilfe die Menschen zwischen Gut und Böse unterscheiden können und gerade der Konstitution des menschlichen Geistes ist es zu verdanken, dass der Mensch, im Gegensatz zu allen anderen Tieren, aufgrund seiner „natürlichen Vernunft" weiß, was das Naturrecht verbietet.[46] Wenn unser Intellekt, so Vitoria, von Gott ist und wenn, wie schon Thomas von Aquin argumentierte, alle Menschen, egal ob Christen oder Heiden, menschlich sind wegen der immanenten Präsenz des Naturrechtes, dann muss auch eine Gemeinschaft aller Menschen existieren. Die Einheit aller Menschen, etabliert durch den göttlich gegebenen Geist, muss sich daher auch in einheitlichen kulturellen und sozialen Aktivitäten zeigen. Vitorias Prinzipien einer „natürlichen", von Gott gewollten Gesellschaftsordnung folgen im allgemeinen jenen der *Politik* des Aristoteles; das Metonym einer vollständigen menschlichen Sozietät ist die Stadt bzw. die *polis* als der Ort, in welchem die Ausübung der Tugend und insbesondere das Streben nach Glückseligkeit, des Menschen eigentliches *telos*, gewährleistet ist. Sobald sich Menschen zu einer politischen Organisation zusammenschließen, werden sie zu *cives* und, so Vitoria, diese Organisationsform existiert und hat immer schon im göttlichen Geist als *regula* existiert.[47] Sodann führt Vitoria weitere Prädikate einer natürlichen Gesellschaftsordnung an; das Vorhandensein von Gesetzen, Regenten, Magistraten, von Gewerbe, Handel und Religion.[48] Obgleich die Mexica alle diese Voraussetzungen erfüllten, praktizierten sie – und dies war für Vitoria so sicher wie das Amen im Gebet – Menschenopfer und Kannibalismus, Praktiken, die aus verschiedenen Gründen dem Naturrecht zuwider laufen. Vitoria argumentiert, dass das Essen von Menschenfleisch – er erwähnt die Issedonen, Massageten

---

45 Vgl. Avramescu 2009:54.
46 Vgl. Padgen 1982:61ff.
47 Ebda. 69.
48 Ebda. 72f. Vitoria musste anerkennen, dass die Mexica nicht nur in Städten lebten, sondern auch von einer Nobilität beherrscht wurden, weshalb ihre Gesellschaftsordnung hierarchisch und nicht wie jene der Kariben egalitär war. Zudem kannten sie Handel und Gewerbe, die Vitoria als „mechanische Künste" bezeichnete und deren Funktion es ist die Umwelt den menschlichen Bedürfnissen anzupassen. Wie für Aristoteles ist auch für Vitoria die fortgeschrittene materielle Kunst Zeichen einer höheren Kultur; mit Stein zu bauen wie die Mexica ist in diesem Sinne entwickelter als mit Holz oder Lehm zu bauen wie die Indigenen der Karibik. Schließlich praktizierten sie auch religiöse Kulte und besaßen eine Priesterschaft, auch wenn sie sich von der christlichen Wahrheit weit entfernt hatten.

und Laestrygonen – schon von den antiken Historikern und Dichtern als Grausamkeit und Unmenschlichkeit angeprangert wurde; sogar unter den Heiden also ist der Verzehr von Menschenfleisch etwas Abschreckendes. Ist demnach Menschenfleischverzehr auch bei den „Barbaren" wider die Natur, dann scheint die Übereinstimmung aller Menschen hinsichtlich der Abscheulichkeit kannibalischer Akte mit dem Naturrecht konform zu gehen.[49] Primär aber ist Kannibalismus der Beweis einer rationalen Fehlleistung, namentlich der Unfähigkeit zu unterscheiden, was als Nahrung geeignet ist und was nicht. Das Essen eines Mitmenschen verletzt Gottes hierarchische Unterteilung der Schöpfung insofern als der Mensch die makelloseste Kreatur des Universums ist, welches seinerseits so eingerichtet ist, dass unvollkommene Wesen den vollkommeneren zur Benutzung zufallen. Da der Mensch nur Gott gehört, kann er nicht als Nahrung für einen anderen Menschen dienen. Kannibalen handeln demnach inhuman und unnatürlich, weil sie nicht Organismen verzehren, die in der kosmischen und göttlichen Stufenordnung ontologisch tiefer situiert sind als Menschen.[50] Mit dem Kannibalismus gehen ebenso Mord und Totschlag einher und beide Akte verletzen nicht nur das sechste Gebot, sondern stellen zudem eine Bedrohung für die Gemeinschaft als ganze dar, weshalb sie dem göttlichen Naturrecht widersprechen. Schließlich, so Vitoria, verweigert der kannibalische Akt dem Opfer sein natürliches Recht dort begraben zu werden, wo es will, was wiederum die Heiligkeit des menschlichen Körpers verletzt bzw. christliche Pietät vermissen lässt und die Wiederauferstehung des Körpers – wenn auch in einer anderen Form – beeinträchtigt; der Verzehr von Menschenfleisch nämlich hat notwendigerweise eine Vermischung der menschlichen Körperteile zur Folge.[51]

Vitorias Argumente reflektieren theologisch-philosophische Probleme, die bereits von Athenagoras, Augustinus oder Thomas von Aquin im Kontext der Verteidigung des Dogmas der Wiederauferstehung des Fleisches erörtert wurden. Für die Patristik erhält der Kannibale eine quasi „ontologische Signifikanz"[52], weil er den göttlichen Heilsplan bzw.

---

49 Ebda. 85. In diesem Kontext erwähnt Vitoria auch Phalaris, den Tyrannen von Akragas, der angeblich seine Feinde im Bauch eines ehernen Stieres geröstet haben soll.
50 Ebda. 86ff. Auch zeigt sich die Unwissenheit der Indianer im allgemeinen nach Vitoria darin, dass sie Dinge verzehren, die ontologisch auf einer zu tiefen Stufe sind, als dass sie natürliche Nahrung für Menschen sein könnten. Sie ernähren sich von Schlangen, Würmern, Ratten, Wurzeln und Pflanzen. Insbesondere aber das Essen von rohen Dingen ist widernatürlich und Beweis, dass diese barbarischen Menschen unfähig sind ihre Umwelt in bedeutsamer Weise zu modifizieren; den Indianern, so Vitoria, mangelt es an Verstandeskraft, da ihr Essen weder der Qualität noch der Zubereitung nach besser ist als jenes wilder Tiere. Obwohl die Indianer die *prima praecepta* des Naturrechts falsch interpretieren, sind sie trotzdem rationale Wesen, sie sind weder *amentes* noch *irrationales*. Wie alle Materie so hat auch der Mensch Potentialität und Aktualität und wenn den Mexica in vielerlei Hinsicht die rationale Einsicht fehlt, dann ist dies nur ein Zeichen, dass ihre Rationalität noch im Stadium der Potentialität verharrt (ebda. 93). Da, wie Aristoteles behauptet, Gott und die Natur nichts erschaffen, was unnütz ist, muss nach Vitoria gefolgert werden, dass die aristotelische Theorie, wonach der natürliche Sklave niemals den Zustand der *eudaimonia* erreichen wird, die wesenhafte Harmonie des göttlichen Universums in Frage stellt; wenn der Sklave nämlich die Glückseligkeit niemals erreichen kann, dann ist er auch unfähig seinen ihm geziemenden *telos* als Mensch zu erreichen (ebda. 94). Der Indianer ist Vitoria gemäß wie ein Kind, der den paternalistischen und erzieherischen Schutz seiner spanischen Herren benötigt, um den nötigen spekulativen Intellekt zu entwickeln die *secunda praecepta*, von denen alle Normen und Gesetze menschlicher Gemeinschaften kommen, zu deduzieren (ebda. 99).
51 Ebda. 85.
52 Avramescu 2009:130.

den christlichen Erlösungsgedanken grundlegend in Frage zu stellen scheint; wird nämlich ein Mensch von einem anderen gegessen, stellt sich das Problem in welchem Körper der Gegessene wiederauferstehen wird, da sein Fleisch ja in den Körper desjenigen, der ihn sich einverleibte, übergeht. Die Frage ist demnach, ob der Leib des Gegessenen diesem zurückgegeben wird, oder ob er Teil des Kannibalen bleiben wird. Die Resurrektion und damit die Möglichkeit der Erlösung hängt, wie Athenagoras in seiner Abhandlung *De resurrectione* hervorhebt, von Leib und Seele ab: Würde Gott nur die Seele eines Menschen, der Gutes getan hat, belohnen, würde dies ungerecht gegenüber dem Leibe sein, da diesem im Dienste der Seele und im Dienste Gottes vieles abverlangt worden ist. Auch der Körper also hat einen rechtmäßigen Anteil am Ruhm der Seele. Umgekehrt wäre es auch ungerecht, wenn Gott nur die Seele für ihre sündhaften Verfehlungen bestrafen würde, da sie diese ja mit ihrem Komplizen, dem Leib als Anstifter, begangen hat.[53] Verschlingen Eltern aus Hunger oder im Banne von Wut oder Verrücktheit ihre eigenen Kinder oder, was nach Athenagoras noch verachtenswerter ist, werden sie von ihren Feinden gezwungen sie zu verzehren, indem man sie ihnen als Mahl vorsetzt, glauben Kritiker die Unmöglichkeit der Wiederauferstehung ableiten zu können, da es, wie Athenagoras zunächst einräumt, schwer vorstellbar ist, dass dieselben Gliedmaßen verschiedene Besitzer haben. Wie nämlich können zwei Körper, die sukzessive im Besitze derselben Substanzen waren, in ihrer Vollständigkeit wiedererscheinen? Entweder werden die zur Diskussion stehenden Gliedmaßen dem ursprünglichen Besitzer zurückgegeben, dabei aber eine Leerstelle beim späteren Besitzer hinterlassend, oder sie bleiben bei letzterem, was aber einen unersetzlichen Verlust für ersteren bedeuten würde.[54] Die Vorsehung aber, so Athenagoras, hat für jedes Lebewesen bereits die zu seiner Spezies passende Nahrung bestimmt, weshalb Anthropophagen an Körpergewicht verlieren und nicht umgekehrt. Ebenso ist dem menschlichen Körper eine Art immanente Selektivität eigen, d.h. Menschenfleischpartikel werden vom Körper des Kannibalen nicht assimiliert. Dies zeigt sich nach Athenagoras eindrücklich in der natürlichen menschlichen Zurückweisung unnatürlicher Nahrung, weshalb der Magen gegen Menschenfleisch revoltiert und unmittelbar Unpässlichkeit evoziert. Aber auch wenn Menschenfleisch assimiliert und verdaut werden könnte, würde dies der Resurrektionstheorie nicht zuwiderlaufen; nur die essentiellen Körperteile nämlich, d.h. die Knochen und Or-

---

53 „…ich verstehe aber unter Doppelnatur den aus Seele und Leib bestehenden Menschen und behaupte, dass der Mensch gerade in dieser Doppelnatur für alle seine Handlungen verantwortlich ist und die ihm gebührende Ehre oder Strafe empfängt" (Athenagoras 2004:519).

54 "…denn dieselben Teile können nicht in verschiedenen Leibern auferstehen, sondern es müssen entweder die Leiber der einen unvollständig bleiben, weil integrierende Bestandteile von ihnen in andere Menschen übergegangen sind, oder wenn diese Teile ihren früheren Besitzern zurückgegeben werden, die Leiber der anderen ein Manko erleiden" (Athenagoras 2004:517-518). Ein noch problematischeres Szenario präsentiert Aquin in seiner *Summa theologiae*: Man stelle sich ein Kannibalenkind vor, das nur mit Menschenfleisch ernährt wurde; weil nach Aristoteles die Samenflüssigkeit durch Nahrungsüberschuss produziert wird, folgt, dass dieses Kind aus Fleisch gemacht wurde, das ihm zum Zeitpunkt der Resurrektion nicht zukommt. Weiterhin stelle man sich einen Kannibalen vor, der sich nur von menschlichen Embryos ernährt, welche schon den Zustand einer rationalen Seele, der wesenhaften Substanz der Individualität, erreicht haben. Werden diese dann konsumiert, transformieren sie sich zum väterlichen Sperma, d.h. der Kannibale, ein Kind zeugend, wird einem Wesen das Leben schenken, das die substantielle Essenz eines anderen Wesens besitzt (vgl. Avramescu 2009:131).

gane, und keineswegs die flüssige und trockene Materie, die sich im Kannibalenkörper, in welchem sich die Fleischpartikel aufgelöst haben, finden, werden wiederauferstehen.[55] Und endlich ist es auch ein ethisch-moralischer Imperativ, der den Menschen vor einer „anthropophagen Kontamination" bewahrt: Würde die menschliche Natur nicht gegen Menschenfleisch opponieren, wäre es auch erlaubt uns gegenseitig zu zerreißen und aufzuessen, wir würden Geschmack am Fleische unserer nächsten Verwandten finden und das Fleisch unserer besten Freunde als das schmackhafteste betrachten. Dies jedoch verletzt nach Athenagoras die Prinzipien der *philia* und würde menschliche Gemeinschaften geradezu verunmöglichen.[56]

Klingt das Identitätsproblem im Kontext des unglücklichen Zusammenspiels von Wiederauferstehung und Anthropophagie schon bei Thomas von Aquin an, so wird es bis zum Verschwinden der Resurrektionsdoktrin im frühen 18. Jahrhundert ein vorherrschendes theologisches und philosophisches Thema bilden. In der Abhandlung *An Explanation of the Grand Mystery of Godliness* aus dem Jahre 1660 argumentiert Henry More, dass nur die Einzigartigkeit der Seele die Identität einer Person determiniert, da, wie der Cartesianismus

---

55 „Selbst wenn man zugibt, die aus solchen Bestandteilen eingehende Nahrung [...] werde trotz ihrer Naturwidrigkeit aufgelöst und verwandle sich in eine der flüssigen oder trockenen oder warmen oder kalten Substanzen, wird aus diesem Zugeständnis den Gegnern kein Vorteil erwachsen. Denn die auferstehenden Leiber setzen sich nur aus den eigenen Teilen wieder zusammen. Nun aber ist nichts von den erwähnten Substanzen ein konstitutiver Teil [...]. Selbst wenn man annimmt, die durch solche Nahrung hervorgerufene Veränderung erstrecke sich sogar auf das Fleisch, so folgt daraus noch lange nicht, dass das infolge solcher Nahrung jetzt veränderte Fleisch, nachdem es mit dem Leib eines anderen Menschen in Berührung gekommen ist, einen konstitutiven Teil jenes Organismus bilden wird. Denn das aufnehmende Fleisch selbst hält nicht jedesmal das aufgenommene fest [...]; es unterliegt vielmehr einer starken Verwandlung, mag es sich nun infolge von [...] Ermüdung und Krankheiten, von Unpässlichkeiten [...] verzehren, was deswegen geschehen kann, weil die Organe, die unbeschadet ihres eigenen Zustandes die Nahrung aufnehmen, nicht selbst wieder mit dem Fleisch und Fett verändern. Zwar gibt es derartige Veränderungen bei jedem Fleisch, viel häufiger jedoch kann man sie bei demjenigen Fleisch bemerken, das mit nicht verwandten Stoffen ernährt wird; bald schwillt es infolge des Aufgenommenen an und wird fett, dann wieder scheidet es dasselbe aus, wie es gerade geht, und wird mager, mögen nun eine einzige oder mehrere der erwähnten Ursachen dies bewirken. Nur dasjenige Fleisch bleibt bei den einzelnen Teilen, die es zu verbinden [...] bestimmt ist, das von der Natur auserlesen ist und dem es sich einverleibt, mit dem vereint es das natürliche Leben und die in diesem Leben stattfindenden Funktionen bewirkt. [...] Indes werden sich Menschenleiber nie ihresgleichen assimilieren, selbst wenn einer aus Unwissenheit, von einem anderen in Sinnestäuschung versetzt, von einem solchen Leib etwas in sich aufnimmt oder von selbst aus Not oder im Wahnsinn mit dem Leib eines Gleichartigen sich besudelt" (Athenagoras 2004:518-519).

56 Vgl. Avramescu 2009:133. Nach Thomas von Aquin verhält es sich mit dem Fleisch, das im Körper des Kannibalen verschwindet wie mit einer Stadt, in der die Einwohner kommen und gehen, die „Republik" aber immer dieselbe bleibt. Die zirkulierende Materie in einem Menschen kann in diesem Sinne seiner individuellen Natur nichts anhaben. Augustinus argumentiert im *Gottesstaat*, dass das vom Kannibalen verschlungene Menschenfleisch nur als „geliehen" betrachtet werden kann und dem Besitzer zurückgegeben werden muss. Dies hinterlässt zwar eine „materielle" Lücke im Körper des Kannibalen, welcher aus Hunger und Erschöpfung handelte, aber alle verbrauchte fleischliche Materie wird ihm durch die unendliche Macht Gottes wieder zurückerstattet (ebda. 134). Auch Athenagoras und Tatian unterstreichen die Allwissenheit und Omnipotenz Gottes. Nicht das allerkleinste Materieteilchen entgeht nach Athenagoras der göttlichen Aufmerksamkeit, so dass verschlungene oder mit Wasser oder Erde vermischte menschliche Körper von Gott wiederhergestellt werden können. Tatian zufolge ist die gesamte Körpermaterie für Gott sichtbar – auch in den Mägen wilder Bestien (ebda. 130).

lehrt, Körper bloße Maschinen sind und weder Bewusstsein noch Seele oder Denken besitzen. Am Tag des Letzten Gerichts wird Gott die Seele mit einem Körper ausstatten, der von jenem Körper mit welchem sie begraben wurde grundverschieden ist – namentlich mit einem „glorious body".[57] Zur Theorie des „glorreichen Leibes", frei von Organen und nicht aus gewöhnlicher Materie bestehend, rekurriert auch Thomas Burnet in seinem Werk *A Treatise Concerning the State of the Dead and of Departed Souls, At the Resurrection* aus dem Jahre 1737. Dass Gott uns mit demselben Körper ausstattet, ist weder von Bedeutung – denn warum sollte sich die göttliche Macht an nutzloser und unbedeutender Materie zu schaffen machen –, noch ist es möglich den Staub und die Asche aller menschlichen Leichname vom Anbeginn bis zum Ende der Welt zu sammeln und sie in ihrer spezifischen Gestalt und Größe wieder zusammenzusetzen; dies wäre schlicht ein Wunder: „But of such a Miracle, so manifold, and so useless, we have hithero had no Example".[58] Schließlich greift Burnet auch das bereits in der Patristik formulierte Argument der Allelophagie auf, um die herkömmliche Resurrektionstheorie zu kritisieren:

> „Some Nations, say they, are *Anthropophagi*; they some of them feed upon others [...] But why do we mention some Nations? we are all of us *allelophagoi* [eaters of one another]; we all of us feed upon the Remains of each other; not indeed immediately, but after they have had some Transmutations into Herbs and Animals: in those Herbs and Animals we eat our Ancestors, or at least some minute Parts of them".[59]

Ist die Tatsache, dass wir alle nolens volens Anthropophagen sind für Voltaire ein „arithmetischer Einwand" gegen das Dogma der Resurrektion, stellt die Allelophagie für den aufgeklärten Jesuiten und Philosophieprofessor am Breslauer Jesuitenkolleg Louis Reinier im Hinblick auf die Wiederauferstehung kein Problem dar. Eine nicht wahrnehmbare Transpiration lässt uns Teile unserer selbst – in Gestalt von verschiedenen Spezies von Atomen – nach außen abgeben, die, nachdem sie von Wurzeln und Blättern der Pflanzen assimiliert wurden, wiederum in Form von Nahrung auf unserem Esstisch landen. Die vom Menschen abgegebenen Substanzen jedoch sind nicht wesenhafte, d.h. keine für die menschliche Identität essentielle Materie. Aufgrund des permanenten Materieflusses im Universum kommt es zu einer harmonischen Gabe und Gegengabe von allem, der universale Kannibalismus ist Teil des harmonischen und natürlichen kosmischen Prozesses, welcher jegliche Individualität übersteigt; Anthropophagie, egal ob als reales Phänomen oder als bloßes Gedankenexperiment, vermag daher die universale harmonische Ordnung nicht mehr zu stören.[60]

Neue Welt – Alte Bilder

> „Die Sitten der Einwohner der Neuen Welt boten nichts, an dem man Anstoß zu nehmen Anlaß gehabt hätte. Das alles war wenn auch nicht déjà-vu [bereits gese-

---
57 Vgl. Avramescu 2009:144.
58 Burnet 1737:266
59 Ebda. 267.
60 Vgl. Avramescu 2009:148-149.

hen], so doch déjà-su [bereits bekannt]. Dieser Rückzug in sich selbst, diese Unempfindlichkeit, diese willentliche Blindheit waren die ersten Reaktionen einer Menschheit, die sich selbst für ganz und ungeteilt hielt und sich über Nacht mit dem Beweis des Gegenteils konfrontiert sah: nämlich damit, daß sie vom Menschengeschlechte nur die eine Hälfte bildete".[61]

Verkündet der „Tolle Mensch" in Nietzsches Werk *Die fröhliche Wissenschaft* im Stile des Kynikers Diogenes den „Tod Gottes" und prophezeit, da der Mensch sich in die Unendlichkeit des Ozeans, welcher bisweilen daliegt „wie Seide und Gold und Träumerei der Güte"[62], gewagt hat, die Heraufkunft der „Nacht" und der „Kälte" sowie das menschliche Irren im „unendlichen Nichts"[63], so verkündeten die Eroberer und Missionare der Neuen Welt(en) die Entdeckung gottloser und zivilisationsloser Menschen und Kulturen und nicht selten die Entdeckung der Realität des Teufels und seiner Werke.[64] Wahre Schauergeschichten und Schreckensberichte über die vorgeblich „Wilden" erreichten Europa zunächst vor allem in Gestalt der indigenen Bevölkerung der Karibik. Als Kolumbus 1493 auf der Suche nach Gold und vermeintlichen Kannibalen auf Guadeloupe landete, fand man zwar keine feindliche Kariben vor, wohl aber Sklavinnen, die offenbar dem mitgereisten Dr. Chanca berichteten, dass die Kariben die Kinder, die sie ihnen geboren, aufgegessen hätten und dass sie zudem die im Kampfe getöteten Feinde sofort verschlängen, weil sie „behaupten, das Fleisch von Männern liefere den besten Schmaus der Welt".[65]

Zu Berühmtheiten in Europa brachten es diese gastronomischen und zudem hundsköpfigen Kannibalen durch einen Holzstich von Lorenz Fries in seiner *Carta marina* aus dem

---

61 Lévi-Strauss 1996:242.
62 Nietzsche 1964:165.
63 Ebda. 166.
64 Insbesondere die Jesuiten Neufrankreichs bezeichneten die Irokesen als Dämonen oder verglichen sie mit Wölfen. Der Wolf, als erbarmungsloser Jäger der Schafsherde und als der Schrecken des Hirten, findet in der Bibel gemeinhin als bildliche Metapher für die Feinde der Christenheit Verwendung. In diesem Sinne beschreibt der Jesuit Le Jeune seine apostolische Arbeit unter den Irokesen als die eines Schafes inmitten von Wölfen: „Ecce ego mitto vos sicut oves in medio luporum" (Blackburn 2000:62). Insgleichen erinnert die Beschreibung der Irokesen als nomadische, also außerhalb der Gemeinschaft herumstreifende „Wilde", und kannibalische Wölfe seitens der Jesuiten an die *Historia Animalium* des Aristoteles – sind es doch einzeln und nicht in Rudeln umherstreifende Wölfe, die eher dem Fressen von Menschenfleisch zugeneigt sind (vgl. dazu Gronau in diesem Band).
65 Chanca nach Peter-Röcher 1998:135. Von Puerto Rico weiß Chanca zu berichten, dass ein Pfeil einen Benediktinerpater tötete, welchen die Spanier daraufhin begruben. Drei Tage später jedoch erfahren sie, dass „die Caniboto die Leiche sehr bald aus ihrem Grab geholt haben, um sich an ihr gütlich zu tun. Sie erfahren ebenso, daß dieser Braten den Caniboto nicht gemundet hat" (Columbus 2001:157). Michele de Cuneo, Teilnehmer an der zweiten Reise des Kolumbus, schreibt 1495 in einem Brief, dass die Kariben Sodomiten seien, jeder mit jedem sexuell und öffentlich verkehre (mit Ausnahme von Bruder und Schwester) und dass ihre Gier nach Menschenfleisch so groß sei, dass sie bis zu 10 Jahren ihrer Heimat fernblieben nur um Menschen zu jagen und zu verspeisen. Würden sie dies nicht tun, so Cuneo, würden sie in Bälde die ganze Erde bevölkern, weil sie, sobald zeugungsfähig, nichts anderes im Sinne haben als sich fortzupflanzen (vgl. Peter-Röcher 1998:134-135). Sogar der aufgeklärte A. von Humboldt berichtet Jahrhunderte später wie ein indianischer Häuptling sich als fleischliche Vorratskammer einen Harem Frauen hielt. Die Leugnung dieser vermeintlichen Tatsache von Seiten der Nachfahren des Häuptlings erklärt sich Humboldt durch ihre nunmehrige Konvertierung zum Christentum (vgl. Frank 1987:209).

Jahre 1525; in typischen europäischen Metzgerschürzen zerhacken sie Menschenfleisch und der beigefügte Kommentar verrät, dass diese Kannibalen die Gefangenen, bevor sie sie töten und aufessen, kastrieren und mästen. Die Information hierzu holte sich Fries mit einiger Sicherheit aus der ersten der acht *Dekaden* des italienischen Humanisten und Mitgliedes des Indienrates sowie Hofchronisten der spanischen Krone, Peter Martyr von Anghiera, welcher die Neue Welt niemals bereiste.[66] Dieser beschreib die Arawak, also jene indigene Ethnie, die Kolumbus freundlich gesinnt war, als „unschuldige Schafe", die Kariben hingegen, die Kolumbus und seinen Gefährten Widerstand leisteten, als „gierige Wölfe", die sich von Menschenfleisch ernährten und gefangene Frauen schwängerten, damit Nachschub an frischem Menschenfleisch jederzeit gewährleistet war[67]; somit kann Martyr auch als Vorläufer des Mythos des edlen bzw. bösen Wilden in Philosophie und Literatur betrachtet werden. Der Dominikanermönch Du Tertre, der 1640 zum Zwecke der Missionierung in die Antillen entsandt wurde, bestätigt die Aussagen des Gouverneurs der französischen Besitzungen in der Karibik, De Poincy, dass die Kariben vom Fleisch vieler verschiedener „Rassen" gekostet haben müssen, wobei jenes der Franzosen das „delikateste" sei, jenes der Spanier hingegen schwer verdaulich. In der Zwischenzeit jedoch, so Du Tertre, unterlassen es die Kariben Christen zu essen, da einige von ihnen nach dem Verzehr von spanischen Missionaren verstorben sind.[68]

Ähnliche Beschreibungen der Kariben wurden von Oviedo, dem Historiker Lopez de Gómara, Antonio de Herrera oder vom Jesuiten José de Acosta vorangetrieben; am eindrucksvollsten und effektivsten jedoch dürfte die *Cosmographia* (1544) von Sebastian Münster, welche zwischen 1544 und 1650 46 Ausgaben in sechs verschiedenen Sprachen erfuhr, dieses Bild der Kariben in Europa verbreitet haben, weshalb es kein Wunder ist, dass „no Island Caribs appeared on the streets of Paris and London or saluted the king at the Louvre and Whitehall".[69] Ein weiterer führender Bestseller des 16. Jahrhunderts wurde der

---

66 Vgl. Menninger 1995:123.
67 Vgl. Boucher 1992:17.
68 Vgl. Avramescu 2009:172. Labat zufolge verzehren die Äthiopier infizierte Körper und trinken verdorbenes Blut, weshalb es verständlich ist, dass sie sich mit Lepra und Syphilis anstecken. Bacon behauptet, dass den französischen Truppen während der Belagerung von Neapel – jener Ort, an dem Syphilis in Europa erstmals auftrat – im Jahre 1494 gesalzenes Menschenfleisch verkauft wurde und glaubte damit bewiesen zu haben, dass diese Krankheit auf den Missbrauch des Menschenfleischverzehrs zurückzuführen sei (ebda. 163-164).
69 Boucher 1992:30. In Münsters *Cosmographia* werden die Kariben als wollüstig und verabscheuungswürdig bzw. als die ekelhaftesten und grausamsten Menschen der Welt beschrieben (ebda. 19). Bezeichnender Weise hält das negative Bild der Kariben lange an: J.J. Rousseau, ein Verfechter des edlen Wilden, lässt zwar die vorgeblich kannibalischen Praktiken der Kariben unerwähnt, da sein Naturmensch notwendigerweise Vegetarier ist, hebt aber die mentale Inferiorität der Kariben hervor. Da die natürliche Ordnung immer durch dieselben Kreisläufe gekennzeichnet ist, verfällt der Wilde in völlige Gleichgültigkeit und verliert somit die philosophische Fähigkeit des *thaumazein*; er hegt auch keine Gedanken an die Zukunft, „seine Vorhaben, die so beschränkt sind wie seine Anschauungen, erstrecken sich zeitlich kaum bis zum Ende des Tages. Dies ist auch heute noch der Grad der Voraussicht eines Kariben: er verkauft am Morgen sein Baumwollbett und kommt am Abend weinend wieder, um es zurückzukaufen, weil er nicht vorausgesehen hat, dass er es in der nächsten Nacht brauchen würde" (Rousseau 1998 [1754]:48). Dasselbe Argument findet sich in Kants *Anthropologie in pragmatischer Hinsicht* von 1798; der Karibe macht dem Verstand nicht sehr viel Ehre, wenn er „des Morgens seine Hängematte verkauft und des Abends darüber betreten ist, dass er

1503 erstmals publizierte Brief Amerigo Vespuccis *Mundus Novus*, wobei es nicht als sicher gilt, dass Vespucci der eigentliche Verfasser des Briefes ist. Über die Einwohner Brasiliens wird folgendes berichtet:

> „Jeder Mann ist sein eigener Herr und besitzt so viele Weiber wie er will. Sie haben keine Tempel und keine Gesetze, sie verehren nicht einmal Götzen [...] Sie leben ganz nach den Gesetzen der Natur, sie neigen mehr zum Epikuräertum als zum Stoizismus. [...] Sie schlachten ihre Gefangenen ab, und die Sieger verspeisen die Besiegten; denn Menschenfleisch ist bei ihnen eine ganz gewöhnliche Nahrung. Man kann dies um so eher glauben, als ich gesehen habe, wie ein Mann seine Kinder und seine Frau auffraß. Ich kannte einen Mann, von dem man allgemein annahm, er habe dreihundert Menschen aufgefressen. Einmal war ich siebenundzwanzig Tage lang in einer Stadt, wo Menschenfleisch an den Häusern hing genauso wie bei uns das Fleisch beim Metzger ausgestellt ist. Sie waren erstaunt, daß wir unsere Feinde nicht aufessen und ihr Fleisch als Nahrungsmittel schätzen; denn es sei, wie sie sagten, sehr gut. [...] Sie leben hundertfünfzig Jahre und sind selten krank...".[70]

Die Bezeichnung „Kannibale" wird fortan mit Kindstötung, Nacktheit, Promiskuität und Inzest bzw. mit „a truly devouring sexual appetite" assoziiert werden. Die Vorstellungswelt der Europäer „placed them at the heart of darkness of the imagination: they embodied both Oedipus, lying with his mother, and Thyestes devouring his own children".[71] Zukünftige Brasilienreisende wie der protestantische Kannonier Hans Staden, der Franziskaner Thévet oder der Calvinist Léry werden wie Vespucci einzig und allein anthropophage Ureinwohner, allen voran die Tupinamba, antreffen, wobei jedoch nicht mehr bloß von epikureischen bzw. gastronomischen, vom Wohlgeschmack des menschlichen Fleisches getriebenen wilden Kannibalen, sondern von rituellen Rachekannibalismus die Rede sein wird.

Stadens 1557 erschienene *Wahrhaftige Historia* beschreibt mit entsprechenden Holzschnitten die rituelle Tötung sowie Zubereitung und den Verzehr der Feinde. Der Autor gibt insbesondere seiner Verwunderung Ausdruck wie gelassen die Gefangenen den Tod erwarteten. Auf die Frage Stadens, ob denn der Gefangene zum Tode gerüstet sei, antwortete dieser lachend mit einem Ja: „Derart führte er seine Rede, als solle es zur Kirmes gehen".[72] Léry berichtet, dass die Gefangenen „wie Schweine am Trog"[73] gemästet werden bevor sie mit großer Selbstbeherrschung in den Tod gehen; die alten Frauen, die „einen erstaunlichen Appetit auf Menschenfleisch haben", fangen „das Fett, das an den Stäben dieser großen und hohen Holzroste herunterfließt", auf und während sie sich die Finger ablecken „ermahnen [sie] die Männer, dafür zu sorgen, ständig solches Fleisch verfügbar zu haben"[74]. Vom

---

nicht weiß, wie er des Nachts schlafen wird" (1977:491). Die Widersprüchlichkeit der Berichte und Interpretationen liegt auf der Hand – denn, wenn sie Frauen schwängerten, um immer frischen Nachschub an Menschenfleisch zu haben, scheint ihre Fähigkeit in die Zukunft vorauszuschauen gar nicht so beschränkt zu sein.
70 Vespucci 1503 nach Monegal 1982:86.
71 Lestringant 1997:30.
72 Staden 1964 [1557]:115.
73 Léry 2001 [1578]:262.
74 Ebda. 267.

Gefangenen wird alles außer dem Gehirn verschlungen, aus den „größten Knochen der Schenkel und der Arme" schließlich werden Pfeifen und Pfeile und aus den Zähnen nach „Art der Rosenkränze" Halsketten hergestellt.[75] Thévet seinerseits weiß zu berichten, dass die alten Frauen das Blut, das sich aus dem abgeschlagenen Kopf und aus dem Gehirn des Gefangenen ergießt, in einem „alten Kürbis" auffangen und roh trinken.[76] Nach Claude d'Abbeville waren die Geschlechtsorgane des rituell Geopferten den Frauen vorbehalten, die Zunge und das Gehirn hingegen den Jüngeren und die Kopfhaut den Erwachsenen.[77]

Die vorgeblichen Augenzeugenberichte von Staden und Léry werden in der Folge vom Verleger Theodor de Bry ab 1592 in der Kompilation *America* mit zahlreichen Kupferstichen neu veröffentlicht. De Brys Werk sollte für lange Zeit eine der populärsten Reiseberichtsammlungen bleiben, in denen die anthropophagen Handlungen ganz im Sinne des mittlerweile schon sensationsverwöhnten Exotikpublikums übertrieben in Szene gesetzt werden.[78]

Der Kannibalismus, das ultimative Merkmal der Bewohner der Neuen Welt, fand nicht nur in die zeitgenössischen Kosmographien und Weltkarten, sondern auch in die zeitgenössische Kunst Eingang. In den sogenannten Erdteilallegorien des 16. und 17. Jahrhunderts wird *America* beinahe ausnahmslos als schöne und nackte Menschenfresserin mit Federhaube – und bisweilen ausgerüstet mit einem Speer in der linken und einem abge-

---

75 Ebda. 269. Trotz dieser monströsen Grausamkeiten aber hält es Léry mit der „Sentenz des Cicero", welcher zufolge „es kein Volk gibt, das für das Göttliche kein Gefühl hat" (ebda. 282); vielmehr stammen die amerikanischen Indianer von *Ham* ab und aufgrund ihres hamitischen Ursprungs handelt es sich „um bedauernswerte Menschen, die aus der verderbten Rasse Adams hervorgegangen sind". Obwohl sie nicht durch den „Heiligen Geist und die Heilige Schrift Erleuchtete sind", schließt Léry – „wie die Atheisten und Epikuräer" – nicht, dass sie gottlos oder ihnen gar „die Menschen gleichgültig" wären (ebda. 298).
76 Vgl. Bucher 1982:79.
77 Ebda. 84. Für viele Historiker und Anthropologen entsprechen die Berichte von Staden, Léry und Thevet wegen den prinzipiellen Übereinstimmungen hinsichtlich des rituellen Tötungskannibalismus der Tupinamba der Wahrheit. Festzuhalten allerdings bleibt die Tatsache, dass alle drei ihre Studien mit Hilfe indigener Interpreten, die es Französischen mächtig waren, durchführten. Daher können willentliche oder nicht willentliche Missverständnisse und Fehlinformationen nicht ausgeschlossen werden. Abgesehen davon, dass Stadens Narration beispielsweise eine Apotheose des Protestantismus darstellen könnte (Menninger 1995), ist es auch denkbar, dass die Tupinamba und einige französische Alliierte die Faszination der Europäer für Kannibalen für sich zu nutzen wussten: „They took advantage of Reformation controversies surrounding the Eucharist that facilitated the spread of rumors about Brazilian cannibalism among their Portuguese competitors and the Catholic and Calvinist missionaries who came to colonize their homeland" (Martel 2006:69). So betrachtet wären die Gerüchte grausamer kannibalischer Praktiken eine subversive Strategie imperialistischer Unterjochung zu widerstehen.
78 Als Protestant war de Bry zwar antispanisch eingestellt, was ihn aber nicht daran hinderte in überspitzter Form spektakuläre anthropophage Handlungen der Tupinamba auf seinen Kupferstichen festzuhalten. In diesem Sinne gestaltet de Bry eine äußerst knappe Formulierung Stadens – ein Motiv übrigens, das auf keinem Holzstich in Stadens Originalausgabe zu finden ist, – zu einem Hauptmotiv seines Kupferstiches um; bevor der Getötete nämlich zerlegt wird, so Staden, „stopfen jm [die Tupinamba] den hindersten mit eynem holtze zuo / auff das im nichts entgehet". Menninger zieht daraus den Schluss, dass de Bry „hier mit einem neuen visuellen Motiv der Sensationslust des Käuferpublikums Rechnung" trägt (1995:242). Die Illustration de Brys kritiklos hinnehmend, behauptet der Ethnologe Hans Peter Duerr es handle sich in dieser Szene nicht um den Versuch ein Austreten der Eingeweide zu verhindern, sondern die Frau stecke dem Erschlagenen deshalb einen Stock in den After, um ihn zu demütigen bzw. „um ihn nach seinem Tode zur ‚Frau' zu machen" (1993:242).

schlagenen Kopf in der rechten Hand – dargestellt.[79] Die Besessenheit, mit welcher Martyr, Staden, Léry, de Bry u.a. den brasilianischen Kannibalismus im Detail zu Papier brachten und versinnbildlichten, sollte nicht nur die künftige ethnologische Forschung maßgeblich bestimmen, sondern auch den philosophischen Diskurs des edlen und bösen Wilden etablieren. In der Philosophie wird dieser Diskurs vor allem von Montaigne, Voltaire, Diderot, Rousseau, Hobbes oder Lévi-Strauss als projektive und kritische Ethnologie der eigenen Kultur geführt werden.[80] Noch für Baudrillard ist der Kannibalismus der Tupinamba keine „barbarische Rachsucht", sondern „tödliche Reziprozität", d.h. „eine ausgearbeitete Form von Obligation und Reziprozität", die mit der „abstrakten Tötung" unserer modernen Zivilisation nichts zu tun hat; „unsere Todesstrafe" und „unsere Konzentrationslager" sind bloße „Nebenprodukte einer gleichzeitig moralischen und bürokratischen Instanz".[81] Kannibalismus entspringt Baudrillard zufolge weder einem „oralen Sadismus" oder einem „Tötungstrieb", noch kann er mit einem „magischen Funktionalismus", d.h. mit der in Ethnologie und Anthropologie geläufigen und immer wieder tradierten Interpretation der Absorption der Lebenskräfte der Gegessenen, in Verbindung gebracht werden – Kannibalen „wollen durch ihren Kannibalismus ganz einfach in Gesellschaft leben".[82]

Unzählige Berichte über anthropophage Praktiken und Menschenopferungen in der Neuen Welt betreffen auch die Mexica und die Maya. Königliche Beamte der spanischen Krone waren der festen Überzeugung, dass die Mexica und Maya wegen des Fehlens von

---

79 Vgl. Honour 1982:32. Europa hingegen wird immer „als Herrscherin mit Krone, Zepter und Reichsapfel dargestellt, Asien als reichgeschmückte Gestalt, Afrika als dunkelhäutige, nackte oder halbnackte Frau". Allgemein aber, so Honour, unterscheiden sich alle nicht-europäischen Menschen nur hinsichtlich ihrer Haartracht und dem Vorhandensein oder Fehlen der Kleidung, ansonsten haben sie „alle den prachtvollen Körperbau antiker Statuen" (ebda. 34).
80 Vgl. hierzu Fink-Eitel 1994 und Pöhl 2004. Gemäß Montaigne ist es „viel barbarischer, einen lebenden Menschen zu martern, als ihn nach dem Tode aufzuessen; einen Körper [...] von Hunden und Schweinen totbeißen zu lassen [...], als ihn zu braten und zu verspeisen, nachdem er gestorben ist" (1999:113). Auch Kant vergleicht in seiner Schrift *Zum ewigen Frieden* den vorgeblich amerikanischen Kannibalismus mit negativen Beispielen der „europäischen Wilden": „...der Unterschied der europäischen Wilden von den amerikanischen besteht hauptsächlich darin, daß, da manche Stämme der letzteren von ihren Feinden gänzlich sind gegessen worden, die ersteren ihre Überwundenen besser zu nutzen wissen, als sie zu verspeisen, und lieber die Zahl ihrer Untertanen, mithin auch die Menge der Werkzeuge zu noch ausgebreiteteren Kriegen durch sie zu vermehren wissen" (1977:209-210). Lévi-Strauss stellt der Praxis des indigenen Kannibalismus, den er keineswegs bezweifelt, die Praxis der „Anthropemie" (griechisch *emein* bedeutet *erbrechen*) der euroamerikanischen Gesellschaften entgegen. Ebenso ist Kannibalismus keine „Pietätslosigkeit gegenüber dem Angedenken der Toten"; dieser Vorwurf, so Lévi-Strauss, trifft umso mehr die westliche Kultur, denkt man an die Pietätslosigkeit gegenüber den Toten, die „wir in den Hörsälen der Anatomie zu tolerieren" bereit sind (1999:382).
81 Baudrillard 1982:275-276.
82 Ebda. 217. Im Sinne einer kritischen Ethnologie der eigenen Kultur fährt Baudrillard fort: „Der interessanteste Fall ist der, in dem sie ihre eigenen Toten essen. Das geschieht weder aus Lebensnotwendigkeit, noch weil sie nichts von ihnen halten würden, sondern ganz im Gegenteil, um sie zu ehren, und somit zu vermeiden, daß sie – der biologischen Ordnung des Verwesens überlassen – der gesellschaftliche Ordnung entschwinden und sich gegen die Gruppe zurückwenden, um sie zu verfolgen. Diese Verzehrung ist ein gesellschaftlicher und symbolischer Akt, [...] der Gegessene ist immer einer von Wert, man ißt nicht irgendjemanden; es ist immer ein Zeichen der Achtung [...]. Wir verachten, was wir essen, und wir können nur das essen, was wir verachten, nämlich Totes, tierisch oder pflanzlich Unbeseeltes [...] und in der Perspektive unserer eigenen Verachtung unserer Nahrung [...] betrachten wir die Anthropophagie als verachtenswert".

Tierhaltung und damit einhergehend wegen Proteinmangels Menschenfleisch mit Freude verzehrten und es daher auf akkurate Art und Weise, als wäre es Schaf- oder Schweinefleisch, zerstückelten und wogen. In diesem Sinne drängte die Kastilische Krone im Jahre 1534 Cortés den Export von Rindern nach Mexiko zu verstärken, damit sich die indigene Bevölkerung mit Fleisch versorgen konnte.[83] Für den Franziskaner Sahagún hingegen waren die aztekischen Riten und Götterwelt schlicht Werke des Satans. Ignoranz und Blindheit brachte die Mexica dazu Luzifer und seine Diener anzubeten, ihr und ihrer Söhne Blut sowie die Herzen ihrer Nachbarn zu opfern. Unter Satans Einfluss adoptierten sie auch die Praxis des Kannibalismus und am Ende eines jeden Zyklus von 52 Jahren erneuerten sie rituell ihren kollektiven Pakt mit dem Teufel. Aus diesem Grunde waren auch der Krieg und die Eroberung der Mexica gemäß Sahagún nicht nur ein Instrument Gottes und ein Vehikel der Konvertierung, sondern vor allem eine gerechte Strafe für ihre Sünden; Reinigung und Läuterung konnten den Mexica nur durch die Zerstörung ihrer Zivilisation und den Tod ihrer Götter zu teil werden.[84] Das Thema der Legitimität des Krieges gegen die Mexica stand auch im Mittelpunkt der berühmten Debatte von Valladolid im Jahre 1550, in welcher sich der Dominikanerpater und Bischof von Chiapas, Bartolomé de Las Casas, sowie der Humanist und Philosoph Ginés de Sepúlveda gegenüberstanden. Sepúlveda, Anhänger der aristotelischen Auffassung der natürlichen Sklaverei, rechtfertigte Krieg und Zerstörung mit dem Argument, dass die Indianer von Natur aus minderwertig und den zivilisierten Spaniern unterlegen seien wie Kinder den Eltern oder Frauen den Männern. Zudem verehren sie Götzen, opfern jährlich unschuldige Menschen und veranstalten verabscheuungswürdige Festmähler aus Menschenfleisch. Waren zwar, so Sepúlveda, auch die Skythen Kannibalen, so waren sie doch allemal unerschrockene Krieger während die Azteken sich als Feiglinge entpuppten, da mehrmals eine Handvoll Spanier tausende von aztekischen Kämpfern in die Flucht schlagen konnten.[85] Las Casas hingegen, darum bemüht Menschenopfer und Kannibalismus als etwas dem christlichen Menschen nicht so barbarisch Fremdes und Außergewöhnliches darzustellen, erinnert daran, dass Menschenopfer weder im Neuen noch im Alten Testament – schließlich wurde Jesus auch von Gottvater geopfert – gänzlich unbekannt seien. Was den Kannibalismus betrifft, so Las Casas, gäbe es auch Fälle in denen Spanier aus einer Notlage heraus den Schenkel oder gar die Leber eines Landsmannes verzehrt hätten.[86] Schließlich sind Menschenopfer für Las Casas auch rechtlich zu legitimieren, weil Menschen, die ihrer Liebe zu Gott dadurch Ausdruck verleihen, indem sie den wertvollsten Besitz – namentlich das menschliche Leben – opfern, im Gegensatz zu den nach Gold und Reichtum gierigen Spaniern mit den wahren christlichen Märtyrern der Frühzeit vergleichbar sind.[87]

---

83 Vgl. Padgen 1982:84. Dass der Kannibalismus der Azteken eine natürliche aber auch rationale Antwort auf die materiellen und ökonomischen Bedingungen ihrer Lebensgrundlagen war, wird im 20. Jahrhundert von Marvin Harris (1977) vertreten.
84 Vgl. Keen 1990:115. Zu Sahagún und zur Frage des aztekischen Kannibalismus im allgemeinen siehe Wilkosz in diesem Band.
85 Vgl. Hanke 1975:46-47.
86 Vgl. Todorov 1985:224.
87 In seiner *Apologética Historia* schreibt Las Casas: „Die Nationen, die ihren Göttern Menschen als Opfer darbrachten, machten sich aus eben diesem Grunde einen besseren Begriff und hatten eine edlere und würdigere Anschauung von der Erhabenheit, Göttlichkeit und Verdienstlichkeit ihrer Götter (obwohl sie

Gänzlich anderer Meinung als Las Casas waren die Jesuiten Neufrankreichs, weshalb die Algonkin, Huronen oder Irokesen als Bewohner einer von Wäldern übersäten Wildnis im allgemeinen als „Barbaren" oder „Wilde" bezeichnet wurden. Der Begriff der Wildnis implizierte in der jüdisch-christlichen Tradition „not only geographic places but also moral and spiritual conditions"[88], so dass Waldbewohner a priori mit tierähnlichen Qualitäten – wie ungezähmt oder nicht domestiziert – assoziativ in Verbindung gebracht und dementsprechend als „karge Seelen" beschrieben wurden.[89] Die Jesuiten beförderten daher die Umwandlung der Wälder in fruchtbares Ackerland, da die nomadische Lebensform für sie wie für viele antike Autoren Zeichen einer Lebensweise außerhalb einer dem Menschen angemessenen zivilen Gemeinschaft war.[90] Vorzugsweise im Kontext der Kriegsführung wird sich der lange währende und stereotype Diskurs des blutrünstigen und kannibalischen Wilden – vor allem in Gestalt der Irokesen und Huronen – herausbilden. Die Krieger, so die Jesuitenberichte, rufen den göttlichen Schutzgeist und „Herrn des Lebens" *Aireskoi* an und bringen ihm Opfergaben, darunter auch Menschenfleisch.[91] Die Gefangenen wurden in der Regel einer rituellen Marter unterzogen und erwies sich der Gequälte als besonders tapfer, würden sich die Indianer sein Herz, sein Blut und das geröstete Fleisch einverleiben, um –

---

irregeleitete Götzendiener waren) und folglich auf natürliche Weise auch eine bessere Betrachtungsweise, eine unfehlbare Denkfähigkeit und Urteilskraft als alle anderen [...]; an Religiosität waren sie diesen anderen weit voraus und allen Nationen der Welt überlegen waren jene, die zum Wohle ihrer Völker ihre eigenen Kinder zum Opfer darboten" (vgl. Todorov 1985:226).

88 Blackburn 2000:45.
89 Ebda. 46. „As the landscape was wild and uncultivated, marked by the absence of history and showing ample evidence of the consequences of the Fall, so were its inhabitants. The Jesuits described Native people as barren souls, as the 'thorns' and weeds of an untended garden, and as the 'rocks and stones' of the parched wilderness of biblical tradition".
90 In diesem Sinne glaubt der Jesuit Le Jeune die Algonkin sprechenden Montagnais stammen von „Cain, or from some other wanderer like him" ab (Thwaites 11:269, vgl. auch Blackburn 2000:53). Brébeuf sieht bei den Huronen, weil sie in festen Dörfern wohnen und das Land kultivieren und nicht wie wilde Tiere durch die Wälder streifen, Ansätze eines politischen und zivilen Lebens (Blackburn 2000:52). Wie Vespuccis brasilianische Indianer aber dem hedonistischen Epikureismus und nicht dem vernunftbetonten Stoizismus zugeneigt sind, so auch die Einwohner Neufrankreichs; unfähig die fleischlichen Begierden der lenkenden Kontrolle des Geistes zu unterwerfen, finden sie, so Le Jeune, all ihr Glück in „sensual pleasures". Die größte Befriedigung „they can have in their Paradise is in the stomach" (Thwaites 6:251). Insbesondere die Montagnais leben Le Jeune zufolge nur um zu essen, sie sind „slaves of the belly and of the table" (Thwaites 10:177, vgl. auch Blacknurn 2000:59).Reuben Thwaites edierte von 1896-1901 in 73 Bänden die *Jesuit Relations and Allied Documents*; gemeinhin wird zunächst der Band und dann die entsprechende(n) Seite(n) angegeben.
91 Vgl. Sanday 1986:130. Der italienische Jesuit Bressani berichtet : "They brought three women [...] with their little children, and received them naked, with heavy blows of sticks; they cut off their fingers, and, after having roasted one of them over her entire body, they threw her, still alive, into a great fire [...]. And, as often as they applied the fire to that unhappy one with torches and burning brands, an Old man cried in a loud voice:'Aireskoi we sacrifice thee this victim, that thou mayst satisfy thyself with her flesh, and give us victory over our enemies'. The piece of this corpse were sent to the other Villages, there to be eaten..." (Thwaites 39:219-220). Ebenso will Bressani ein Bärenopfer an *Aireskoi* als Sühne dafür, dass die Irokesen einen Gefangenen nicht verzehrten, beobachtet und, ungeachtet sprachlicher Barrieren – wie er selbst einräumt – und möglicher Missverständnisse, folgendes Gebet gehört haben: „Aireskoi, thou dost right to punish us, and to give us no more captives because we have sinned by not eating the bodies of those whom thou last gavest us; but we promise thee to eat the first ones whom thou shall give us, as we now do with these two Bears" (Thwaites 39:221).

in der Interpretation der Jesuiten – ebensolche Tapferkeit zu erlangen.[92] Champlain berichtet über die grausame Folter der mit ihm verbündeten Huronen und Algonkin an Irokesenkriegern und bekundet seinen Ärger darüber, dass irokesische Gefangene gezwungen wurden das Herz eines getöteten Stammesmitgliedes zu essen.[93] Andererseits berichtet Champlain über die unmenschliche Grausamkeit der Mohawk, die einen Anführer der Mahican 1627 Fleischstücke aus seinem Arm schnitten und „then gave him some of his own flesh, half raw, which he ate; they asked him if he wanted more, and he said he had not had enough, so they cut pieces off his thighs and other parts of his body until he said he had had enough"; anschließend verbrannten sie ihn und "made him endure intolerable agonies, before he died".[94] Der Jesuit Vimont wiederum konzentriert seine Beschreibungen auf die animalische Triebhaftigkeit der Irokesen: „When the supper was cooked, these wolves devoured their prey; one seized a thigh, another a breast; some sucked the marrow from the bones; others broke open the skulls, to extract the brains".[95]

---

92 Vgl. Tooker 1991:39. Du Tertre gemäß verzehrten die Kariben das Menschenfleisch roh, um eine Steigerung ihres Mutes bzw. ihrer Tapferkeit zu erreichen; diejenigen, die am meisten davon aßen, wurden von den Stammesmitgliedern im höchsten Maße respektiert (vgl. Avramescu 2009:99). Das Denkbild der Aufnahme von Lebenskräften mittels der jeweiligen Speise ist – von der Antike bis ins 20. Jahrhundert – eines der geläufigsten. Auch Sanday zufolge werden durch den Verzehr eines Gefangenen „desired masculine traits" inkorporiert; mehr noch, Kannibalismus im allgemeinen „combines a physical and spiritual identification with the victim", d.h. in Freud'scher Terminologie, dass das Über-Ich – „the source of restriction and morality, the very foundation of the social order – is internalized in each individual in the most literal sense – by eating. A Freudian interpretation of Iroquoian cannibalism, thus, might see in the victim a surrogate for the original victim – the primal father" (Sanday 1986:146).

93 Vgl. Trigger 1987:254. Ein solcher Akt des aufgezwungenen (Auto)Kannibalismus widerspricht offenkundig der Theorie der Aufnahme gewünschter Lebenskräfte. Der französische Händler Nicolas Perrot berichtet in seinen Memoiren, dass die Dakota-Sioux einen berüchtigten Anführer der Ottawa, der sich im 17. Jahrhundert einen Namen als Sklavenjäger unter den Sioux machte, bei seiner Gefangennahme weder töteten noch versklavten: „They made him go to a repast [...] and, cutting pieces of flesh from his thighs and all other parts of his body, broiled these and gave them to him to eat – informing [...] that, as he had eaten so much human flesh and shown himself so greedy for it, he might now satiate himself upon it by eating his own". Es handelt sich hier also scheinbar um einen Racheakt und um eine metaphorische Gleichsetzung von Menschenfresserei bzw. Sklavenjägerei. Charlevoix berichtet, dass die Krieger „say also in direct Words, that they are going to *eat a Nation* ; to signify, that they will make a cruel War against it"; umgekehrt bedeutet der Algonkinbegriff für die Freilassung eines Sklaven nichts anderes als „to vomit" (vgl. Rushforth 2012:38-39). Abgesehen davon, dass der Ottawa angeblich gar nicht getötet wurde, muss man mit Obeyesekere den Unterschied zwischen „eating the other in an act of rage" und der Behauptung, dass „such acts become customary or normative", hervorheben: „rage may produce a cannibal reaction but the cannibal reaction is not proof that such people were cannibals" (2005:17).

94 Champlain 1629 nach Parmenter 2010:34. Champlain aber wurde über besagte Exekution von einem Montagnais unterrichtet, welcher die Information von zwei Mohawks erhielt, welche ihrerseits Gefangene der Mahican waren und von diesen gefoltert und hingerichtet wurden.

95 Thwaites 22:255. Vimont hat, wie dies meist der Fall ist, diese Bankett nicht selbst beobachtet, sondern beruft sich auf die Erzählung einer gefangenen Algonkin, welcher es gelang den Irokesen zu entfliehen. Dass Anthropophagie durch animalische Dispositionen verursacht werden kann, führt bereits Aristoteles in der *Nikomachischen Ethik* aus: „Ich meine nämlich die tierhaften Dispositionen, wie im Fall des Weibes, das angeblich schwangere Frauen aufgeschlitzt und ihre Kinder gegessen hat, oder wie das, woran einige der wild lebenden Stämme rund um das Schwarze Meer sich erfreuen – man sagt, dass einige von ihnen rohes Fleisch oder Menschenfleisch essen oder dass sie sich gegenseitig ihre Kinder zum Verspeisen geben..." (1148b).

Lafiteau zufolge kann in Neufrankreich ein „Überbleibsel" der „barbarischen Gewohnheit" der „Alten", welche dem Gotte Mars Kriegsgefangene opferten, um „ihre *Manes* zu beruhigen", angetroffen werden. Penibel beschreibt er die Exekution eines Sklaven:

> „Einer reisset ihm die Nägel aus; ein andrer beisset ihm die Finger ab, oder gebraucht ein stumpfes Messer. Der dritte nimmt diesen abgelöseten Finger, steckt ihn in seine angezündete Pfeife, und raucht selbigen an stat des Tobacks, oder lasset den Sclaven selbst davon rauchen. Auf diese Weise werden ihm alle Nägel abgesondert, sein Finger zwischen zween Steinen zerquetscht, oder Glied bey Glied abgelöset. Ein Ort wird verschiedene male mit glüenden Eisen oder Feuerbränden berüret, und zwar so lange, bis sie von dem herabfliessenden Blute oder Fette gelöschet sind. Das dergestalt gebratene Fleisch wird sodan stückweise abgeschnitten, und von einigen dieser Rasenden gefressen, da unterdessen sich andre mit seinem Blute ihre Gesichter bestreichen. [...] Ein andermal hängen sie an einen eisernen Zirkel verschiedene glüend gemachte Beile, und thun ihm diese an stat eines Halskragens um. Die Beile und Fackeln verursachen, daß Blasen auflaufen, woraus ein Fet gehet; in dieses tunken die Henkersknechte Brod, und verschlingen es, als Unsinnige".[96]

Zwar vergleicht Lafiteau die „Grausamkeit dieser Unmenschen" mit jener der Skythen und der „mehresten barbarischen Völker erster Zeiten", aber er bewundert wie Staden, Léry oder Thévet den Heldenmut und die Standhaftigkeit mit welcher die Gefangenen der Folter begegnen.[97] Dieser Mut, ein Ausdruck der „Stärke ihres Geistes", ist derselbe wie jener der

---

[96] Lafiteau 1987 [1752]:404-405. Schon Le Jeune findet 1634 abstruse Vergleiche für die vorgeblich schier unbändigen Rachegelüste der „Wilden" Neufrankreichs: „I have shown in my former letters how vindicative the Savages are toward their enemies, with what a fury and cruelty they treat them, eating them after they made them suffer [...]. This fury is common to the women as well as to the men, and they even surpass the latter in this respect [...] they eat the lice they find upon themselves, not that they like the taste of them, but because they want to bite those that bite them" (Thwaites 6:245).

[97] Auch Montaigne, zu dessen Quellen mit einiger Sicherheit Léry und Thévet gehörten, beschreibt in seinen *Essais* ausführlich die Folterungen der Tupinamba und bewundert den Mut und die Tapferkeit der Gefolterten – bedeutet doch für Montaigne Philosophieren nichts anderes als sterben lernen. Alle, so Montaigne, „ziehen es vor, sich totschlagen und aufessen zu lassen, ehe sie nur die Bitte aussprechen, davon abzusehen", denn es sind Mut und Wille, die den Wert und die Ehre eines Menschen ausmachen (1999:114). Im 18. Jahrhundert wird die stereotype Vorstellung ein Indianer kenne weder Schmerz noch Todesangst einerseits mit dem Prinzip der Ehre und andererseits mit einer spartanischen Erziehung erklärt. Adam Smith ist der Ansicht, dass jeder "Wilde" aufgrund von natürlichen Erfordernissen der harten und feindlichen Umwelt einer Art spartanischer Disziplin unterworfen wird (vgl. Avramescu 2009:78). Der Diskurs der Unempfindsamkeit gegenüber körperlichen Schmerzen dürfte wohl auf die Glorifizierung der frühchristlichen Märtyrer zurückzuführen sein; man denke nur an die Folterung des römischen Diakons Laurentius auf dem Rost, welcher seine Folterer dazu auffordert ihn umzudrehen, da die eine Seite schon gebraten und somit essbar wäre (vgl. Degen in diesem Band). Auch der von Charlevoix in seiner *Histoire et description général de la Nouvelle France* (1744) beschriebene heroische Tod der Jesuiten Lalemant und Brébeuf muss in diesem Kontext gelesen werden. Die schier unmenschliche Folter – so wird Lalemant vorgeblich ein Auge ausgerissen und durch glühende Kohlen ersetzt, Brébeuf mit glühend heißem Wasser in Nachahmung der Taufe übergossen – und der darauf folgende anthropophage Akt boten sich als die idealsten Quellen für eine katholische Hagiographie an und sollten als Beweis des Missionserfolges verstanden werden. Obwohl die Irokesen, so Charlevoix, üblicherweise keine Christen verzehrten, wurde gerade diesen beiden Jesuiten die Ehre zuteil gefoltert und gegessen zu werden. Brébeufs Folter dauerte drei, Lalemants ganze sieben Stunden, ihre Körper

„frühen christlichen Märtyrer" und ist jenem der „gesitteten Völker" diametral entgegengesetzt; das, was diese nämlich gesittet und menschlich macht, dient nur dazu, ihnen „ein bequemes Leben zu verschaffen", das wiederum nur „Weichlichkeit und Niederträchtigkeit" zur Folge hat.[98]

Emblematisch ist Lafiteaus permanente Bezugnahme auf die großen Denker und Historiographen der griechischen und römischen Antike wie Strabo, Herodot, Diodorus Siculus, Isokrates oder Plinius d. Ä. Gleichwie die Autoren des 16. Jahrhunderts die andersartigen Lebensformen und Lebenswelten der indigenen Kulturen Amerikas in jene der griechischen und römischen einbetteten, gefiel sich Lafiteau wie auch Las Casas darin, Sitten und Gebräuche der Indianer mit jenen der antiken Gesellschaften zu vergleichen, Vergleichsmomente zu katalogisierten sowie spekulative Kausalschlüsse zu ziehen.[99] Der Jesuit Acosta beispielsweise riet all jenen, die die fremdartigen Sitten der amerikanischen Ureinwohner in Erstaunen versetzte, „sich mit Autoren wie Eusebios von Cäsarea, Clemens von Alexandreia, [...] Plinius, Dionysos von Halikarnassos und Plutarch vertraut zu machen, um ähnliche und sogar noch befremdlichere zu finden".[100] Deshalb erwartete man sich von den exotischen Lebensformen der Neuen Welt vor allem, „daß sie durch das Zeugnis der Zeit-

---

waren übersät mit Wunden, was wiederum den Appetit der Irokesen anregte, weshalb sie einander zuflüsterten, das Fleisch der Franzosen müsse köstlich sein. Daraufhin schnitten sie Fleischstücke aus den Körpern der Jesuiten, welche bei vollem Bewusstsein alles stoisch und tapfer ertrugen, und verzehrten sie. Brébeuf wurde skalpiert, seine Seite – wie jene von Christus – durchbohrt und das emanierende Blut von den „Barbaren" getrunken, um sich den Mut Brébeufs anzueignen; schließlich wurde ihm das Herz herausgerissen und unverzüglich verschlungen (1866 [1744] 221-225). Stoisch ließ Brébeuf auch blasphemische Anspielungen über sich ergehen; folgende Worte sollen die Irokesen nach Charlevoix an den Jesuiten gerichtet haben: „You assured us [...] that the more we suffer on earth, the more happy we shall be in heaven. Out of friendship for you we study to increase your sufferings, and you will be indebted to us for it" (Charlevoix 1866 [1744]:224). Obgleich der heroische Tod der beiden Jesuiten ursprünglich Christophe Regnaut 1649 von konvertierten Huronen, die der irokesischen Gefangenschaft entfliehen konnten, erzählt wurde, schwört dieser auf die Authentizität des Berichtes: „I do not doubt all which I have just related is true, and I would seal it with my blood; for I have seen the same treatment given to Iroquois prisoners [...], with the exception of the boiling water, which I have not seen poured on anyone" (Thwaites 34:33). Berichtet Regnaut sogar, dass Brébeuf das Herz noch lebend herausgerissen und verzehrt wurde (ebda. 34:31), so überliefert Charlevoix man habe Brébeuf „finally ran a red-hot iron down his throat" (1866 [1744]:222). Abler zufolge ist es die Vielzahl und die Einheitlichkeit derartiger Jesuitenberichte, die es letztlich unmöglich erscheinen lassen, dass die Anthropophagie der Irokesen bloße Jesuitenpropaganda ist (1980:313; vgl. die ähnliche Argumentation bei Greer 2000). Für Lestringant hingegen ist das von Kannibalismus begleitete Märtyrium von Brébeuf und Lalemant „the final proof of the power of love", es ist eine diskursive und imitative Inszenierung „of the sufferings of Christ on the Cross" (1997:134). Für Blackburn kommt dieses vorgebliche Martyrium einer propagandistischen Hagiographie gleich (2000:66), Laflèsche (1988) zufolge sind die von den Jesuiten überlieferten Ereignisse gezielte Manipulationen, um den Eindruck eines christlichen Märtyrertums zu erwecken.

98 Lafiteau 1987:407.
99 Aufgrund eines Gerüchtes unter den Irokesen, ein Krieger habe 1721 einen Menschen ohne Kopf getötet, glaubt Lafiteau an die Wahrscheinlichkeit der bereits von Augustinus überlieferten Existenzvon Acephali. Bewohnten diese ehedem Afrika, so müsse man nun von zwei Acephali „Nationen" ausgehen, nämlich jene im Gebiet des Amazonas, von denen Sir Walter Raleigh berichtete, und jene im nordöstlichen China und Japan, wo Asien an Amerika grenzt. Daher, so Lafiteau, „ist es nicht ohne alle Wahrscheinlichkeit", dass der vom Irokesen erlegte Acephalos von dorther eingewandert sei (1987:32).
100 Lévi-Strauss 1996:242

genossen bewahrheiteten, was die alten Wissenschaften ihnen nahezubringen begonnen hatten: nicht nur die Realität des Teufels und seiner Werke, sondern auch die fremder Rassen, der sogenannten plinischen, weil Plinius ein Verzeichnis davon angelegt hatte".[101]

In Nürnberg erscheint 1493 die „Schedelsche Weltchronik", in welcher gleich zu Beginn aus der Antike bekannte fremdartige Rassen aufgelistet und beschrieben werden. Auf Autoritäten wie Plinius, Augustinus, Isidorus von Sevilla und den Alexanderroman sich berufend, berichtet die Weltchronik über seltsame Wesen, die Indien und Afrika bevölkern. In Indien leben Hundsköpfige, die sich bellend verständigen und mit Tierhäuten kleiden, sowie Einäugige, die nur Tierfleisch essen; oder Mundlose, die nichts essen und sich vom bloßen Geruch der Blumen und Äpfel ernähren; in Sizilien leben Menschen mit riesigen Ohren, die den ganzen Körper bedecken, in Lybien werden etliche Menschen ohne Kopf geboren und haben Augen, Nase und Mund auf der Brust, in Äthiopien wiederum leben Menschen, die vierhundert Jahre alt werden, sowie Wesen mit Hörnern und Ziegenfüßen oder mit einem breiten Fuß, ob welchem sie so schnell wie die wilden Tiere sind.[102] Diese „wissenschaftliche" Weltsicht vorausgesetzt, nimmt es kein Wunder, dass unter der Feder des Kolumbus die Kariben bzw. die Canibas/Caraibas zu den Namensgebern der Kannibalen wurden. Als Kolumbus die karibische Inselwelt erreichte, berichtet er unbeeindruckt und ohne weiteres Befremden am 4. November 1492 man habe ihm erzählt, dass auf der Insel Bohio die Bewohner „nur ein Auge und eine Hundeschnauze" hätten und sich von Menschenfleisch ernährten; weiter entfernt „wohne ein noch wilderer Stamm, der jeden, den er ergreifen könne, sofort enthaupte, um sein Blut zu trinken". Obwohl Kolumbus dies zunächst noch für „eine Fabel" hielt, war er sich aber sicher – wähnte er sich doch im fernen Osten –, dass es sich hierbei um die „Bewohner der Tartarei" handeln müsse und sie „den von Marco Polo geschilderten Ländern nicht mehr fern" sein könnten.[103] Aufgrund der spätmittelalterlichen Asienberichte, vor allem jene eines Marco Polo oder Mandeville, gehörte die Existenz von monströsen Fabelwesen und Anthropophagen im Reich der Mongolen für die Belesenen jener Zeit zum etablierten Wissen. Von daher scheint es verständlich, dass Kolumbus gleichsam „klangassoziativ" den vorgeblich menschenfressenden und feindlich gesinnten Volksstamm der Caniba als jenen des Großen Khan identifizierte und die Canibas – Canibi – Camballi – Canibales „binnen kürzester Zeit zum Synonym und ethnographischen Überbegriff für Menschenfresser" werden ließ, wodurch die gerade erst entdeckte Welt zum „neuen Tummelplatz für die altbekannte Spezies der Anthropophagen bzw. nach dem Zeitgeist des 16. Jahrhunderts nun eben Kannibalen avancieren" sollte.[104]

---

101 Ebda. 241
102 Vgl. Schedel 2004[1493]:XII.
103 Columbus 2001:104.
104 Gießauf 2009:167-168. Erwähnenswert ist auch das Faktum, dass die nomadischen Mongolen im Zuge ihres Westfeldzuges der Jahre 1236-1242 als *Tartari* bezeichnet wurden, d.h. die Mongolen „wurden von den Zeitgenossen in klangassoziativer Manier gerne als Ausgeburten des Tartaros, jenes Straflagers der griechischen Unterwelt, in dem bereits Tantalos wegen des Kochens seines Sohnes Pelops und dem Täuschungsversuch der olympischen Götter Qualen zu leiden hatte, gesehen". Der Chronist Matthäus Paris weiß unter Berufung auf einen Brief eines gewissen Ivo von Narbonne zu berichten, dass die Mongolen Menschen nicht nur unterschiedslos töten, sondern auch sofort verschlingen. Ältere Frauen beispielsweise werden sofort verzehrt, jüngere hingegen zunächst zu Tode vergewaltigt, um anschließend deren abgeschnittenen Brüste als Delikatesse den ranghöheren Kriegern zu überreichen (ebda. 177-178).

Ebenso bezeichnend ist die Tatsache, dass die Vorstellung des Hundsköpfigen bzw. des Kynocephalus jener des Kannibalen vorausgeht. Bevölkern schon nach Ktesias hundsköpfige Wesen, die bellend kommunizieren, Indien, so sind diese anderen frühen griechischen Reisenden zufolge Anthropophagen. Im Mittelalter begegnen uns die Hundsköpfigen einerseits im Alexanderroman, welcher in mehreren Versionen und Übersetzungen existierte und als historische und ethnographische Quelle galt, und andererseits als begehrte Objekte der propagandistischen christlichen Missionstätigkeit, da sie nicht nur eine Kombination aus Mensch und Biest darstellten und zudem anthropophag veranlagt waren, sondern auch weil Hunde ein Synonym für Häretiker (z.B. Juden) waren, welche die christliche Wahrheitsdoktrin ablehnten.[105] Und wenn schließlich die mongolischen Eroberer in Kleinasien als grausam, kannibalisch und hundsköpfig[106] beschrieben werden, ist es denkbar, dass Kolumbus, geleitet vom Imperativ des *déjà-su*, assoziativ Hundsschnäuzige mit Menschenfressern gleichsetzte, indem er im Begriff caniba bzw. canibal den lateinischen Stamm *canis* vermutete.[107]

Abgesehen von einigen wenigen Ausnahmen verschwand ab dem späten 16. Jahrhundert die Neue Welt als Projektionsfläche für monströse Fabelvölker der europäischen Imagination und Phantasie.[108] Was blieb, waren die Kannibalen und antike Mytheme[109] anhand

---

105 Vgl. Friedman 1981:61. „To evangelize among the Cynocephali" bedeutete daher „to carry on Christ's missionary work among doubters and heretics in a special and direct way".
106 Vgl. Gießauf 2009:178.
107 Vgl. Lestringant 1997:16.
108 So hatten viele in die Neue Welt Reisende eine bereits vorgefasste Idee von dem, was sie „entdecken" würden: Orellana sah Amazonen, Cartier im Land der Huronen Sciapoden, Sir Walter Raleigh in Venezuela Acephali, Pigafetta Antipoden und Menschen, die in ihren großen Ohren schliefen. D'Abbeville als auch Vespucci erwähnen Herodots glücklichen und langlebigen Hyperboreer, Thevet behauptet in seiner *Cosmographie universelle* ein Monster gesehen zu haben und zu dessen Illustration bemühte er das klassische Muster des *martikhora*, einer menschenfressenden Kreatur mit menschlichem Antlitz, dem Körper eines Löwen und, wie in Ktesias Abhandlung über Indien geschildert, mit dem Schwanz eines Skorpions (vgl. Kohl 1982; Peter-Röcher 1998; Wittkower 1942).
109 Dank mythologischer und folkloristischer Narrative bildeten sich nach Obeyesekere flottierende bzw. „circulating mythemes", die „embodied in public consciousness" und daher Teil des kulturellen Gedächtnis sind (2005:249). Exemplarisch hierfür ist die Metapher des Wolfes als einer nach Menschenfleisch gierigen Bestie sowie die Assoziation des Wolfes mit der Tollwut, welche wiederum als Ursache anthropophager Gelüste begriffen wurde – und endlich die Vorstellung des Lykanthropen, jenes Hybriden von Mensch und Wolf, bekannt für seinen Appetit auf Menschenfleisch (vgl. Avramescu 2009:93). Dieses Mythem lässt sich auf das Narrativ des Opferfestes für Zeus Lykaios, wie von Pausanias überliefert, zurückverfolgen. Wird ein Mensch in einen Wolf verwandelt und enthält sich dieser während seiner „Wolfszeit" nicht des Menschenfleisches, wird er für immer ein anthropophages Untier bleiben. Gleichwohl sind nach den Berichten der Jesuiten die von der sogenannten „Windigo-Psychose" Befallenen „wahrhaftige Werwölfe", die, von der Gier nach Menschenfleisch getrieben, „pounce upon women, children and even upon men" und „devour them voraciously, without being able to appease or glut their appetite – ever seeking fresh prey, and the more greedily the more they eat" (Thwaites 46:263-265; vgl. auch die Diskussion bei Sanday 1986:104). Reinhold Forster zufolge sind nicht nur die Neuseeländer, sondern auch deren Hunde Kannibalen, da sie von Menschenfleisch und dem Fleisch ihrer eigenen Spezies ernährt werden. Sie fressen ihre eigene Spezies mit „ravenous appetite" und als eines Tages der „Kannibalenhund", so Forster, „licked of the blood of a cut in the finger of the captain's servant" fiel er gierig über dessen Finger her (Forster 1982:319; vgl. auch Obeyesekere 2005:49). Platon wiederum bezieht sich auf das

derer die vermeintlichen Kannibalen beschrieben und identifiziert wurden. Amerika, nicht mehr der asiatische Kontinent, wird zum neuen Vaterland der Kannibalen und weil Skythen und amerikanische Indianer Menschenfresser sind, so die Auffassung des Jesuiten Charlevoix, müssen letztere als Nachkommen der Skythen begriffen werden.[110]

Handelt es sich nun aber um Skythen, Massageten, Issedonen, Padaier und Androphagen des Herodot, um die Iren, welche nach Strabon ihre Väter verzehren, um die Kariben des Kolumbus, um Juden, Christen, Hexer und Ketzer oder um sonstige zentral- süd-und nordamerikanische Menschenfresser – sie alle scheinen eine „Jenseits-der-Grenze" Position einzunehmen, d.h. sie befinden sich allesamt „*jenseits* der bekannten, der zivilisierten, der erforschten, der unterworfenen Welt, in welcher die jeweiligen Zeugen lebten".[111] Mehr noch, der Kannibalendiskurs ortet Menschenfresser vornehmlich jenseits der Grenze der vertrauten und erlaubten oder auch nicht erlaubten Lebensform (Wittgenstein) der jeweiligen Berichterstatter – eine Lebensform jenseits der religiösen Akzeptanz[112], jenseits des vertrauten oder erlaubten Geschmacks[113], jenseits des politisch und sozial Be-

---

    Lykaios-Mythem im Kontext seiner Kritik an den Transgressionen des Tyrannen. Diese Verfehlungen, die zu Kannibalismus, „Blutschuld" und „Verwandtenmord" führen, machen aus einem Menschen einen Wolf (Politeia 565d-566b). Ob solche zirkulierenden Mytheme auch als Meme im Sinne von Informationseinheiten, deren erfolgreiche Reproduktion von der Anpassung an wichtige Rahmenbedingungen abhängig ist, betrachtet werden können sei dahingestellt; siehe hierzu Lindner in diesem Band.

110 Vgl. Avramescu 2009:11.

111 Frank 1987:201. Auch die Europäer leben für viele Völker jenseits der ihnen vertrauten und begreiflichen Welt, weshalb die Afrikaner „sich die europäische Gier nach Sklaven als durch den Hunger nach Menschenfleisch motiviert" dachten; noch heute, so Frank, haben Bewohner der Dritten Welt eine distinkte Vorstellung, was Weiße mit dem Fleisch, Blut oder Fett der Afrikaner und Indianer anfangen: „Das reicht von dem Glauben, daß wir daraus lebenskraftspendende Pillen erzeugen, bis hin zur Vorstellung, daß wir daraus Schmieröl für unsere Flugzeugmotoren bereiten" (ebda. 203). In den Jahrhunderten nach Kolumbus schwanden bekanntlich die Lebensräume „Jenseits-der-Grenze" des Bekannten und Vertrauten, weshalb auch die kannibalische Lebensform offenbar nur mehr in heute noch entlegenen Gebieten aufzuspüren ist. Ein bezeichnendes Beispiel hierfür bieten die Fore im Hochland von Papua Neu Guinea; namhaften Anthropologen und Dr. Gajdusek gelang es angeblich nachzuweisen, dass *kuru*, eine tödliche Nervenkrankheit, welche unter den Fore in den siebziger Jahren des 20. Jahrhunderts wütete, durch den Verzehr von menschlichem Gewebe übertragen wird. Obwohl Dr. Gajdusek hierfür 1976 den Nobelpreis verliehen bekam, bleibt bis heute ein wahrer wissenschaftlicher Beweis für den kausalen Zusammenhang von *kuru* und Kannibalismus aus. Zu den Widersprüchen, Ungereimtheiten und Unvollständigkeiten dieser „Erkenntnis" siehe Arens 1998:39-62.

112 Daher kennen Kannibalengesellschaften den Berichten zufolge in der Regel keine Religion, sind Götzenanbeter oder Atheisten.

113 Nach Porphyr enthielten sich die Pythagoreer des Fleisches und der Bohnen aus Angst vor anthropophagen Implikationen. Als nämlich am Anfang der Entstehung des Kosmos noch Chaos herrschte, verfaulten die zerstreuten und gesäten Keime in der Erde miteinander und aus dieser Verwesung gingen Menschen und Bohnen hervor. Die Gemeinsamkeit von Mensch und Bohne zeigt sich für Pythagoras in der Tatsache, dass eine geschälte Bohne, der Wärme ausgesetzt wurde, nach menschlichem Sperma riecht. Ebenso nimmt eine blühende Bohne nach neunzig Tagen gemäß Pythagoras die Form eines Kindskopfes oder eines weiblichen Geschlechtsorgans an. Porphyrs Apologie des Vegetarismus hingegen fußt auf dem Argument, dass Tiere (und natürlich auch Menschen) Teil des göttlichen *Logos* sind und wenn es des Menschen Bestimmung ist, Gott ähnlich zu sein, muss der Mensch seine Unschuld vor allen Lebewesen bewahren (vgl. Avramescu 2009:166- 167). Die perversesten Vegetarier aber, nur nebenbei bemerkt, dürften wohl die Iren gewesen sein; ist man nämlich tatsächlich geneigt Strabon Glauben zu schenken, sieht man sich mit der Sachlage kon-

kannten, jenseits des moralisch Erlaubten, jenseits der Grenze des erlaubten Maßes an Freiheit[114] oder jenseits der Grenze des als lange Zeit allgemein gültig und verbindlich begriffenen Naturrechtes. Dieser Wille zur Grenze etabliert eine Differenzkategorie zwischen der eigenen und ganz anderen Lebensform, deren Unkenntnis oder willentliche und interessen-

---

frontiert, dass die Iren Menschenfresser und gleichzeitig Grasfresser waren (vgl. Scherr in diesem Band). Für den schottischen Philosophen Monboddo war der Mensch solange ein harmlosen Wesen, als er sich von Früchten ernährte; der Übergang zum fleischfressenden Tier bewirkte einen Charakterumschwung, d.h. als der Mensch zum Jäger wurde, wurde er zum Krieger und gefiel sich darin die besiegten Feinde aufzuessen. John Locke zufolge war Adam ein Vegetarier, erst Gott erlaubte Noah lebende Wesen als Mahlzeit zu verwenden, jedoch mit Einschränkungen, denn das Recht Macht über alle lebenden Wesen auszuüben, würde auch bedeuten, dass Prinzen ihre Untertanen verzehren dürften. Auch für Rousseau ist der Mensch im Naturzustand ein Vegetarier und damit ein friedvolles Wesen, das nicht in einem von Hobbes postulierten permanenten Kriegszustand lebt. Der Geschmackssinn für Fleisch ist nicht angeboren wie die Gleichgültigkeit der Kinder gegenüber Fleischgerichten beweist. Ernährung beeinflusst den Charakter, denn, so Rousseau im *Émile*, Grausamkeit findet ihre Ursache im Essen, weshalb die übelsten Missetäter jene sind, die Blut trinken (vgl. Avramescu 2009:167-170). Der neuzeitliche philosophische Vegetarismus scheint eine Reaktion auf jenen Diskurs zu sein, welcher die Gier nach Menschenfleisch als eine tief verwurzelte menschliche Leidenschaft darstellt. Das Verlangen nach Menschenfleisch markiert in diesem Sinne die Grenze zwischen einer zivilisierten und primitiven bzw. wilden Lebensform. Léry zufolge verzehren die Indianer Brasiliens Menschenfleisch nicht nur aus Hunger oder Rache, sondern weil es ihnen schmeckt. De Poincy behauptet, die beliebteste Delikatesse unter den Wilden Floridas sei die Fußsohle. Die Unmenschlichsten unter allen seien, so De Poincy in aristotelischer Manier, die Amuren Brasiliens – ihr leidenschaftliches Verlangen nach Menschenfleisch lässt sie ihre eigenen Kinder auffressen und manchmal öffnen sie den Leib schwangerer Frauen, um die ungeborene Frucht unverzüglich zu verschlingen (ebda. 172). Die kontroverse Debatte um die richtige Art der Ernährung hatte nach Avramescu eine Transformation des Kannibalismusdiskurses insofern zur Folge als das Essen von Menschenfleisch nicht mehr als Überlebensnotwendigkeit gesehen oder im Rahmen des Naturgesetzes – im Sinne eines eingeborenen Charakters moralischer Prinzipien – interpretiert wurde, sondern als eine Frage der Erziehung und der Umwelt, der Sitten oder der Vorlieben. Der Kannibale wurde zum Sinnbild der Relativität der Sitten und der Moral und vor allem für die Philosophen der Aufklärung (z. B. Montesquieu) die Illustration für die Macht der Erziehung und des Umwelteinflusses. Lockes Kritik der eingeborenen Ideen muss daher auch im Lichte der Kannibalismusdebatte verstanden werden; nicht zufällig nämlich begegnet man in seinem *Essay concerning the Human Understanding* der Anthropophagie – er zitiert de la Vegas Berichte über Indianer in Peru, die die Kinder ihrer weiblichen Gefangenen mästen und essen – im Kontext seiner Kritik an der Auffassung der Mensch hätte von Natur aus eine eingeborene Idee des Guten (ebda. 175-177).

114 Für die Europäer war das Maß an Freiheit dieser „wilden" Gesellschaften unbekannt und faszinierend zugleich. Schon Vespucci berichtet, dass die Brasilianer weder Könige, Herrscher, Tempel noch Gesetze – mit Ausnahme des Gesetzes der Natur – kennen: „Jeder Mann ist sein eigener Herr und besitzt so viele Weiber wie er will" (Vespucci 1503 nach Monegal 1982:86). Lalemant schreibt über die Huronen: „I could hardly believe that there is any place in the world more difficult to the Laws of JESUS CHRIST. Not only because they have no knowledge of letters, [...] but, above all, because I do believe that there is any people on earth freer than they, and less able to allow the subjection of their wills to any power whatever ..." (Thwaites 28:49; vgl. auch Blackburn 2000:92). Diese der europäischen diametral entgegengesetzte Welt der vermeintlich natürlichen Freiheit, in welcher jeder nach seinen individuellen Vorlieben ohne Furcht vor einem höheren Gesetz sein Leben führt, muss für den europäischen Geist eine Kannibalengesellschaft sein. Der Kannibale kann sich das wünschen, was ein zivilisierter Bürger sich nicht wünschen darf oder gar nicht erst vorstellen kann zu wünschen – und gerade der Konsum von Menschenfleisch, so könnte man folgern, scheint eines dieser verbotenen Wunschobjekte zu sein.

bedingte Verneinung verschiedenartige Motivationsgründe des Kannibalismus-Verdachtes wie Kannibalismus-Vorwurfes bereitstellt. In dieser Hinsicht kann das Phänomen des Kannibalismus als eine universale anthropologische Konstante verstanden werden – und zwar umso mehr noch, als die Tendenz dem Fremden die Etikette „Kannibale" zu verleihen nicht nur ein Kind des europäischen Geistes ist. Die Inuit hielten Frobisher's Leute – wohl aufgrund ihrer Essgewohnheiten – ebenso für Kannibalen wie jene die Inuit.[115] Der Ethnologe Ioan Lewis berichtet, dass er in Sambia für einen Kannibalen gehalten wurde, da Europäer als Vampire gelten, „die unschuldigen Afrikanern das Blut aussaugen und ihr Fleisch äßen"; im Kongo wiederum erwies sich das von einer europäischen Firma angebotene Büchsenfleisch in Dosen, „auf denen gutgenährte, strahlende afrikanische Babys abgebildet waren" keineswegs als „Verkaufsschlager".[116] Als paradigmatisch für eine gegenseitige Kannibalismus-Bezichtigung in Nordamerika kann das Beispiel der Haudenosaunee (Irokesen) und Anishinaabe (Ojibwa) gelten. Abgesehen von der Tatsache, dass die Mythen der Ojibwa über den Ursprung der Irokesen in verschiedenen Ausprägungen ihre historische Situation als Feinde widerspiegeln, erzählte eine Ojibwa Informantin Alexander Chamberlain 1889, dass die Mohawk immer Ojibwa Kinder raubten, durchbohrten und anschließend brieten. Nach kriegerischen Auseinandersetzungen schlossen beide Nationen einen unsicheren Frieden, wobei der Häuptling der Mohawk den Sohn des Ojibwa Häuptlings als Pfand forderte. Bei einem großen Festessen aber, zu welchem auch der Ojibwa Häuptling eingeladen war, wurde diesem der Kopf seines Sohnes serviert, welchen dieser wissentlich verspeiste, um seinen Mut zu beweisen; er beschloss aber Rache zu nehmen. Er adoptierte daraufhin den Sohn des Mohawk Häuptlings, tötete und garte ihn und servierte seinen Kopf bei einem Festmahl dem Häuptling der Mohawk. Als dieser seinen Sohn erkannte, hob er entsetzt die Hände, verspeiste ihn aber trotzdem, um seinem Mute Ehre zu erweisen. Anschließend töteten die Ojibwa die Mohawk. Historisch betrachtet schlossen die Haudenosaunee und die Anishinaabe im 18. Jahrhundert einen Frieden, der mit sogenannten Wampumgürteln besiegelt wurde, welche bei der permanenten Erneuerung der gegenseitigen Friedenserklärungen eine große Rolle spielten. Nachdem aber im 19. Jahrhundert die kanadische Regierung als auch die Kirchen die diplomatischen Versammlungen zum Zwecke der gegenseitigen Erneuerung des Friedens und der Freundschaft untersagten, wurden die Überlieferungen und Erzählungen der Irokesen als „gefürchtete Zweimeter Männer und Kannibalen zur vorherrschenden Anishinaabe-Überlieferung".[117] Mit Arens lässt sich konstatieren: „The idea of ‚others' as cannibals, rather than the act, is the universal phenomenon".[118]

---

115 Vgl. Greenblatt 1991:111f.
116 Lewis 1989:94. Lewis erklärt sich dies im Kontext der afrikanischen Glaubensvorstellungen und zwar insbesondere im Zusammenhang mit Zauberei. Die Europäer wurden als Hexer angesehen und zum Stereotyp des Hexers gehören nicht nur sexuelle Ausschweifungen, sondern ebenso Kannibalismus (ebda. 96).
117 Corbiere im Ausstellungskatalog (*Auf den Spuren der Irokesen*) der Kunst- und Ausstellungshalle der Bundesrepublik Deutschland 2013:36-37. Inwieweit die Erzählung der Informantin tatsächlich indigenen Ursprungs ist, lässt sich – in Kenntnis der griechischen Mythologie – anzweifeln.
118 Arens 1979:139. Als Idee, so Arens, ist der Kannibalismus einerseits ein Aspekt der Konstruktion und Aufrechterhaltung einer kulturellen Grenze, andererseits ein „intellektueller Prozess", der Teil des Versuches einer jeden Gesellschaft ist, in einem Universum von oftmals konkurrierenden benachbarten Gesellschaften ein ordnendes Begriffsmodell zu schaffen (ebda. 145).

Die Wilden, die Barbaren und die Zivilisation

> „Wer diejenigen aus der Menschheit ausschließ, die ihm als die ‚Wildesten' und ‚Barbarischsten' ihrer Vertreter erscheinen, der nimmt nur selbst eines ihrer Merkmale an. Denn ein Barbar ist ja vor allem derjenige, der an die Barbarei glaubt".[119]

Das theologische und philosophische Denken des 16. aber auch des 17. Jahrhunderts verkörpert die unablässige Suche nach einem harmonischen Universum, in dem alle Lebewesen, sowohl himmlische wie irdische, in einer allumfassenden kosmischen Wesenshierarchie einteilbar und klassifizierbar sind. Dieses hierarchische Denkbild der Renaissancephilosophie, seinem Ursprung nach neuplatonisch, erfasst die Einheit in der Vielheit und Verschiedenheit der Dinge als durch eine gleichsam „goldene Kette" gewährleistet, die so angeordnet ist, dass, je entfernter ein Ding von der ursprünglichen göttlichen Quelle, desto niedriger auch sein Perfektionsgrad ist. Neben religiösen Zwecken erfüllte diese Denkungsart auch profanere Zwecke:

> „It served as an intellectual instrument for clarifying the muddle of multitudinous earthly and social forms. In it, each creature could be assigned to a precise place in the order of things, angel being set over angel, rank upon rank in the Kingdom of Heaven; man over beast, beast over beast, bird over bird, fish over fish, so that in the end there was no worm that crawled upon the ground, no bird that flew in the air, no fish in the depths, which the chain of being did not bind in orderly, graduated, and harmonious accord".[120]

Kam jedem Lebewesen seine prädestinierte Nische im göttlichen Arrangement zu, konnte auch der neuentdeckte Wilde eingeordnet werden. Er konnte als Mensch gesehen und auf die Seinsstufe des Europäers und anderer bereits bekannter Menschentypen erhoben werden; er konnte in der ontologischen Skala aber auch in eine sekundäre – unter dem Europäer liegende – Kategorie des Menschseins eingeordnet werden, oder aber er konnte als tierähnlich interpretiert und in den höchsten Rang des Tierreiches eingegliedert werden. Der christlichen Doktrin gemäß waren die „Wilden" immer, war ihr Verhalten auch noch so animalisch und degeneriert, Menschen und damit Kinder Gottes. Den „Wilden" auf die Seinsstufe von Tieren zu stellen, hätte dem hierarchischen und biblischen Schema, insbesondere aber dem Buch *Genesis* widersprochen.[121] Von der biblischen bzw. monogenistischen Prämisse, basierend auf dem Glauben an die Wahrheit des biblischen Berichtes, dass alle Menschen Nachkommen Adams bzw. Noahs und damit Teil der „Adamischen Kultur"[122] sind, waren auch die Jesuiten Neufrankreichs getragen. Die Verschiedenheit der Sitten, Gebräuche und Religionen sowie die Besiedelung der verschiedenen Kontinente erklärten sich die Jesuiten mit Hilfe der Migrationstheorie. Nachdem Völkerschaften den irdischen (Mittelmeerraum) und geistigen Mittelpunkt der göttlichen Zivilisation verließen und immer weiter und weiter in die entlegenste Peripherie – wie beispielsweise nach Nordamerika – wanderten, desto unaufhaltsamer gestaltete sich konsequenterweise ihre geistige

---

119 Lévi-Strauss 1992:370.
120 Hodgen 1964:396-397.
121 Ebda. 405ff.
122 Ebda. 228f.

und habituelle Degeneration.¹²³ Je entfernter vom göttlichen Lichtquell, desto degenerierter die traditionelle und ursprüngliche Eigentlichkeit, weshalb für die Jesuiten insbesondere das Nicht-Vorhandensein eines Schriftsystems als Beweis der Abwesenheit von Geschichte und Zivilisation angesehen wurde. Mögen sie den indianischen Geist als eine *tabula rasa*, welche daher mit christlichen Wahrheitsimpressionen beschrieben werden muss, begriffen haben, so betrachteten sie die vorgebliche mentale und kulturelle Armut bzw. den Zustand der Wildheit dieser „Waldbewohner"¹²⁴ keineswegs als biologisch eingeboren und somit als unveränderlich; theoretisch konnte (und sollte) jeder diese elende ontologische Daseinsebene überwinden – natürlich unter den schützenden Händen der Kirche und der christlichen Zivilisation sowie deren Repräsentanten in der Neuen Welt.¹²⁵

Der koloniale Diskurs des 18. und 19. Jahrhunderts hingegen wird mit der Heraufkunft des evolutionistischen Denkparadigmas und dessen sukzessiver Verknüpfung mit biologischen bzw. rassischen Argumenten die evolutionsgeschichtliche und rassenbiologische Superiorität der „weißen Rasse" und die unveränderliche rassische und kulturelle Inferiorität der amerikanischen oder afrikanischen „Rassen" erfolgreich propagieren. Die wilden und primitiven „Objekte" des vermeintlich wissenschaftlichen Evolutionismus waren für die Zivilisation weder bereit noch fähig.¹²⁶

---

123 Vgl. Blackburn 2000:54. Die Migrationstheorie vermochte im Kontext der christlichen Vision einer einzigartigen universalen und irreversiblen Gerichtetheit der Zeit und der Geschichte die offenkundige Ungleichheit und Diversität, was Geschichte, Mythologie oder Glauben der indigenen Kulturen betrifft, als eine bloß scheinbare auszuweisen. In diesem Sinne war Le Jeune, nach einer Unterredung mit einem Montagnais-Weisen im Winter 1633, davon überzeugt, dass die Indianer zwar ein Wissen von der Sintflut zu Noahs Zeit hatten, diese Wahrheit aber mit fantastischen Legenden verdunkelten. Le Jeune antwortete dem Montagnais-Schamanen, „that their nation had sprung from this family; that the first ones who came to their country did not know how to read or write, and that was the reason their children had remained in ignorance; that they indeed preserved the account of this deluge, but through a long succession of years they had enveloped this truth in a thousand fables" (Thwaites 11:153; vgl. auch Blackburn 2000:55)

124 So leitet sich bekanntlich der Begriff des Wilden bzw. Savage bzw. Sauvage aus dem lateinischen *silvaticus* ab.

125 Vgl. Blackburn 2000:67f.

126 Exemplarisch sei hier nur auf Thomas Henry Huxley, einen typischen Vertreter des rassistischen Evolutionismus darwinistischer Prägung, verwiesen. Die gesamte Menschheitsgeschichte ist gemäß Huxley ein Existenzkampf zwischen den Rassen, ein „Spektakel der Rassenkollision", bei welchem nur die „fittesten" Rassen überleben, weshalb die Neandertaler und Tasmanier ausgestorben sind. Niedere und primitive Rassen sind nicht weit entfernt vom Gorilla und Schimpansen und sterben beim bloßen Kontakt mit der Zivilisation aus. Die distinkten Charaktere der Rassen lassen sich anhand ihrer körperlichen Strukturen messen, erforschen und taxonomieren. Huxley nennt 11 verschieden Rassen, wovon nur drei, bestehend aus kurz- und langköpfigen Exemplaren, eine schriftlich aufgezeichnete Geschichte hinterlassen haben und daher Geschichte haben und immer noch Geschichte, d.h. Fortschritte machen – die amerikanische Rasse oder die „Negerrasse" gehört nicht dazu. Alle großen Errungenschaften in den Wissenschaften, in Kunst, Technologie etc. kommt von den Kurz-bzw. Langköpfigen, weshalb die Weltordnung nur in ihren Händen liegen kann. Geschichte identifiziert Huxley wie Hegel und andere mit Fortschritt in Richtung Zivilisation; der erste Schritt ist jener vom Affen zum Menschen, die zweite fast parallele Entwicklung ist jene der wissenschaftlichen Erkenntnisse, was ein Verschwinden des Unwissenheit bzw. Primitivität zur Folge hat. Der dritte Schritt schließlich, ähnlich Hegels sukzessiver Entwicklung des Bewusstseins der Freiheit, ist der Fortschritt „from blind force to concious intellect and will". Jeder individuelle Organismus, jede Spezies und jede menschliche Gesellschaft muss diesen Fortschritt vollbringen,

Nahm bereits in den Beschreibungen Herodots die Rohheit und Kulturlosigkeit bzw. Wildheit direkt proportional zur steigenden räumlichen Entfernung und zum abnehmenden Bekanntheitsgrad der jeweiligen Kultur zu, so wurde, beginnend mit dem universalistischen Menschheitsbegriff der Aufklärung und dem damit einhergehenden Vernunftsoptimismus einer permanenten Vervollkommnung, der „Primitive" im Kontext des evolutionistischen Denkmodells des 19. Jahrhunderts auch zeitlich vom europäischen Beobachter distanziert. Innerhalb dieser evolutionär-chronologischen und hierarchischen Entwicklungsskala wurde der „Primitive" in eine Zeitlichkeit versetzt, die einer früheren Phase der Evolution gleichkam, so dass vermeintlich primitive Völker im Rahmen der evolutionären Logik, auch wenn sie in der gegenwärtigen Epoche noch existierten, *per definitionem* eine frühere und minderwertige Entwicklungsstufe darstellten.[127] Der Evolutionismus zielte darauf ab, jeder geschichtlichen Epoche spezifische wie allgemeine soziale, institutionelle oder kulturelle Merkmale zuzuordnen, um gegenwärtige als auch vergangene Gesellschaftsentwicklungen zu rekonstruieren und zu kategorisieren. Gerade die Vorstellung des Kannibalismus passt hervorragend in dieses Denkmodell – die Anthropophagie einerseits als eine universale anthropologische Konstante, denn auch der Zivilisierte muss einst ein Wilder gewesen sein, und andererseits als Ausdruck eines bestimmten Stadiums der menschlichen Entwicklung. Diese wiederum erstreckt sich vom untersten Stadium des prähistorischen menschenfressenden Neandertaler zu den etwas komplexeren außereuropäischen Gesellschaften, welche nicht zwingend gastronomischen, aber doch einen institutionalisierten rituellen Kannibalismus betreiben, bis hin zur höchsten Stufe der westlichen Zivilisation, welche den Makel

---

ansonsten droht Vernichtung bzw. Auslöschung. In der „Rassenkollision" endlich überleben nur jene, die am zivilisiertesten sind und die Brutalität durch einen „ethischen Prozess" überwinden; Vernunft und Zivilisation, d.h. akkurates Wissen über Natur und Gesellschaft, ermöglicht es die „Wildnis in einen Garten" zu verwandeln. Der natürlichen Selektion kann man nur mit einem „kategorischen Imperativ" entkommen, d.h. indem sich Gruppen oder Individuen zum gegenseitigen Schutz gegen andere Gruppen oder Individuen vereinigen. Obwohl dieser Imperativ keineswegs den Imperialismus und Kolonialismus oder die kriegerische Konkurrenz zwischen menschlichen Gesellschaften verurteilt, spricht Huxley von einem „ethischen Prozess" (vgl. Brantlinger 2003:170-176) In *The Struggle for Existence : A Programme* 1888 schreibt Huxley: „The course shaped by the ethical man – the member of society or citizen – necessarily runs counter to that which the non-ethical – the primitive savage, or man as a mere member of the animal kingdom – tends to adopt. The latter fights out the struggle for existence to the bitter end, like any other animal" (Huxley 1888:735-736) Der Wilde kämpft also bis zum bitteren Ende, bis zur Selbstauslöschung; nunmehr ist, war und bleibt der „primitive Wilde" ein Tier.

127 Als einer der ersten und wenigen Gelehrten des frühen 20. Jahrhunderts war es der deutsch-amerikanische Anthropologe Franz Boas, der den Ethnozentrismus der evolutionistischen Auffassung vehement kritisierte, denn „the hypothesis implies the thought that our modern Western European civilization represents the highest cultural development towards which all other more primitive cultural types tend, and that, therefore, retrospectively, we construct an orthogenetic development towards our own modern civilization (Boas 1982 [1940]:282). „It is my opinion", so Boas, „that civilization is not something absolute, but that it is relative, and that our ideas and conceptions are true only so far as our civilizations goes" (Boas 2002:7). Zum Antirassismus und Antievolutionismus von Boas vgl. auch Pöhl/Tilg 2011. „Rassenkollision" bzw. Rassengegensätze sind nach Boas weder evolutionär noch biologisch bedingt, sondern sind einer übertriebenen Identifizierung und Idealisierung der eigenen Gruppe, der eigenen Partei oder Nation geschuldet; gerade diese Einsicht, so Boas in seiner Rede 1931 zum 50ig jährigen Doktorjubiläum, würde der Welt und vor allem Deutschland zukünftige Schwierigkeiten ersparen (vgl. Pöhl 2012:398).

des Menschenverzehrs durch ein symbolisches Opfer oder durch die Einnahme einer geistigen Essenz substituiert.[128] Die vermeintliche Erkenntnis, dass der Zivilisierte auch einmal ein Wilder gewesen sein muss, spiegelt das beharrliche Thema der historischen Universalität der Anthropophagie wieder und zeigt sich besonders anschaulich bei Georg Forster, wenn er meint, es sei zwar nicht wider die Natur Menschenfleisch zu essen, da aber keine Gesellschaft ohne Menschenliebe und Mitleid existieren könne, sei „der erste Schritt" hin zur Kultur notwendigerweise jener [...], dem Verzehr von Menschenfleisch zu entsagen.[129]

Findet sich die Idee der Natürlichkeit des Verzehrs von Menschenfleisch schon bei den Kynikern und Stoikern, so hat auch die Vorstellung einer kulturellen Evolution (aber auch Degeneration) ihr Vorbild in der Antike.[130] Der orphischen Kulturentstehungslehre zufolge setzte der Sänger Orpheus dem anthropophagen Urzustand ein Ende; hatten sich die Menschen bis dahin gegenseitig aufgefressen, indem der Stärkere den Schwächeren als Beute zerfleischte, so verbot Orpheus das Fleischessen und brachte dem Menschen Ackerbau und Schrift. Athenaios gemäß war die Kochkunst Ursache der menschlichen Entwicklung vom Kannibalismus hin zu einem sozialen und zivilisierten Leben; laut Moschion wiederum war es die Einführung des Ackerbaues, der die Menschen aus dem anthropophagen Urzustand herausführte.[131] Zweitausend Jahre später wird der Evolutionist und Begründer der amerikanischen Ethnologie, Lewis H. Morgan, dieser antiken Idee zu neuer Blüte verhelfen:

„The acquisition of farinaceous food in America [...] were the means of delivering the advanced tribes [...] from the scourge of cannibalism, which as elsewhere stated, there are reasons for believing was practiced universally throughout the period of savagery [...]. Cannibalism in war, [...] survived among the American aborigines, not only in the Lower, but also in the Middle Status of barbarism, [...], but the general

---

128 Vgl. Arens 1979:16. Das evolutionäre Denkparadigma führte auch nach Pickering zur Auffassung, dass Gesellschaften „have ‚evolved' from uncivilized to civilized, and cannibalism was presumed to be one of the institutions characteristic of the most ‚primitive', ‚uncivilized' stage of human social development, the act progressively giving way to other symbolic representations (e.g., sacraments, icons)" (Pickering 1999:63). Für einen Überblick und eine Kritik am prähistorischen Kannibalismus siehe insbesondere Peter-Röcher 1994.
129 Auch Forster kolportiert altbekannte Stereotype: „Ein altes Weib in der Provinz Matogroßo in Brasilien, gestand dem ehemaligen portugiesischen Gouverneur [...], daß sie mehrmalen Menschenfleisch gegessen, daß es ihr ungeheim gut geschmeckt habe und daß sie auch noch ferner welches essen möchte, besonders junges Knabenfleisch. [...] Eben so bekannt ist es, daß die Rachsucht bei wilden Völkern durchgängig eine heftige Leidenschaft ist und oft zu einer Raserei ausartet, in welcher sie zu den unerhörtesten Ausschweifungen aufgelegt sind. Wer weiß also, ob die ersten Menschenfresser die Körper ihrer Feinde nicht aus bloßer Wuth gefressen haben, damit gleichsam nicht das geringste von denselben übrig bleiben sollte? Wenn sie nun überdem fanden, daß das Fleisch gesund und wohlschmeckend sei, so dürfen wir uns wohl nicht wundern, daß sie endlich eine Gewohnheit daraus gemacht haben; denn, so sehr es auch unserer Erziehung zuwider sein mag, so ist es doch an und für sich weder unnatürlich noch strafbar Menschenfleisch zu essen. Nur um deswillen ist es zu verbannen, weil die gesellige Empfindung der Menschenliebe und des Mitleids dabei so leicht verloren gehen können. Da nun aber ohne diese keine menschliche Gesellschaft bestehen kann, so hat der erste Schritt zur Cultur bei allen Völkern dieser sein müssen, daß man dem Menschenfressen entsagt und Abscheu dafür zu erregen versucht hat. Wir selbst sind zwar heute keine Kannibalen mehr..." (Forster 1843:406-407).
130 Vgl. hierzu Müller 1972, Blundell 1986 oder Bichler 2000.
131 Vgl. Lovejoy/Boas 1935:215f.

practice has disappeared. This forcibly illustrates the great importance which is exercised by a permanent increase of food in ameliorating the condition of mankind".[132]

Im Kontext der evolutionären Denkungsart scheint die Stufe der Wildheit *a priori* Anthropophagie zu implizieren, die Tautologie – Kannibalen sind Wilde und daher sind Wilde Kannibalen – wird zu einer universalen wissenschaftlichen Wahrheit erhoben.[133] Zudem scheint dieses Denkmodell auch die Idee einer naturgemäßen Auslöschung bzw. Extinktion vorgeblich wilder Gesellschaften zu implizieren, weshalb Darwin, davon überzeugt, dass „zivilisierte Rassen [...] sicher Veränderungen aller Art viel besser widerstehen [können] als wilde"[134], auch feststellt, dass, „wenn zivilisierte Nationen mit Barbaren in Berührung kommen", der „Kampf kurz" sei, „es sei denn, daß ein tödliches Klima der eingeborenen Rasse zur Hilfe kommt". Das Aussterben führt Darwin hauptsächlich auf die „Konkurrenz eines Stammes mit einem anderen und einer Rasse mit der anderen" zurück und dieser Kampf wird „sehr bald beendet durch Krieg, Abschlachtung, Kannibalismus, Sklaverei und Absorption".[135] Was Darwin schließlich von den „wilden" Gesellschaften hält, wird klar, wenn er bedauert gezeigt zu haben, „daß wir von Barbaren stammen" und er selbst es vorzöge „von jenem heroischen kleinen Affen ab[zu]stammen, der seinen schrecklichen Feind angriff, um das Leben seines Wärters zu retten, oder von jenem alten Pavian, der, von den Höhen herabsteigend, seinen jungen Kameraden im Triumph aus der Mitte einer Hundemeute hinwegtrug, als von einem Wilden [d.s. die Feuerländer – F.P.], der sich an den Qualen seiner Feinde weidet, blutige Opfer darbringt, ohne Gewissensregung seine Kinder tötet, sein Weib als Sklavin behandelt, keinen Anstand kennt und von dem gräßlichsten Aberglauben gejagt wird".[136]

---

132 Morgan 1877:24.
133 Pickering formuliert es so: „"...cannibalism was to be considered proof of a primitive stage in human development, any group exhibiting a perceived primitive (aboriginal) stage of human development [read: almost any alien group] was therefore to be considered a cannibal. The argument was that cannibals were aborigines, therefore aborigines were cannibals" (1999:63).
134 Darwin 2005 [1874]:249.
135 Ebda. 238. Darwin ergänzt: „Selbst wenn ein schwacher Stamm in dieser Weise nicht plötzlich ausgerottet wird, nimmt er doch, wenn er einmal abzunehmen beginnt, beständig weiter ab, bis er ausgerottet ist". Brantlinger zufolge vereint der Diskurs über das unvermeidbare Verschwinden „primitiver Rassen" drei Ideenelemente: „"...belief in the progress of at least some (chosen) peoples from savagery to civilization; the faith that progress is either providential or natural – God's or Nature's wise plan; and the idea that the white and dark races of the world are separated from each other by biological essences that, translated into Darwinian terms, equal 'fitness' versus 'unfitness' to survive (2003:190). Eine Kombination dieser Ideen findet sich auch bei den prä-Darwin'schen Vertretern des wissenschaftlichen Polygenismus der *American School of Anthropology*. Samuel Morton zufolge ist die Ungleichheit der Rassen hinsichtlich ihrer physischen und mentalen Qualitäten von Gott geschaffen und daher unveränderlich; die Defekte des indianischen Geistes spiegeln „the wise and obvious design" Gottes wieder, d.h. die göttlichen Pläne gaben „our race a decided and unquestionable superiority over all the nations of the earth" (Morton nach Bieder 1986:87). Josiah Nott argumentiert, dass das indianische Hirn biologisch nicht mit dem eines Teutonen wetteifern kann, weshalb ihre Zukunft nur in der Auslöschung liegen kann. Die Schwarzen hingegen könnten ihr optimales geistige Potential nur in der Sklaverei erreichen, welche ihnen auch das Überleben gewährleiste (ebda. 98).
136 Darwin 2005 [1874]:273-274.

Gesteht zwar Morgan bereitwillig ein, dass wir „our present condition" den Kämpfen und Leiden unserer barbarischen und wilden Vorfahren verdanken, so propagiert er auch unmissverständlich die Überlegenheit der euro-amerikanischen Zivilisation bzw. der (rassen)biologischen Ausstattung der Arischen "Familie":

> „There is something grandly impressive in a principle which has wrought out civilization by assiduous application from small beginnings; from the arrow head, which expresses the thought in the brain of a savage, to the smelting of iron ore, which represents the higher intelligence of the barbarian, and, finally, to the railway train in motion, which may be called the triumph of civilization. [...] In strictness but two families, the Semitic and the Aryan, accomplished the work through unassisted self-development. The Aryan family represents the central stream of human progress, because it produced the highest type of mankind, and because it has proved its intrinsic superiority by gradually assuming the control of the earth".[137]

Der "hegemoniale" Glaube an den sukzessiven Fortschritt vom Zustand der Wildheit zu jenem der Zivilisation bewirkte nicht nur eine rassen- wie kulturtheoretische Selbstzelebrierung und damit verbunden Extinktionsvisionen „primitiver" Nationen aufgrund ihrer wilden und amoralischen Sitten wie Krieg und Kannibalismus, sondern forcierte umgekehrt auch die Angst, dass „through the civilizing process itself, the white race was committing suicide".[138]

Eine lineare und evolutionäre Betrachtung der Menschheitsgeschichte kann nicht umhin zwischen Wilden und Zivilisierten zu unterscheiden, wobei am Ende eines vermeintlichen Fortschritts immer die Zivilisation, am Anfang hingegen die schlechthin zu überwindende unmenschliche Primitivität steht.[139] Eine solche Sicht der Dinge ignoriert nach Lévi-Strauss

---

137 Morgan 1877:562-563.
138 Brantlinger 2003:191. „Despite the hegemonic belief in the inevitable progress of (white) civilization, neither pre-Darwinian race science nor social Darwinism provided unequivocal support for that belief. If all species and races evolved, the white race was evolving, too, perhaps in a progressive, superhuman direction, though, that was uncertain. Moreover, even if it was turning into something greater than itself, the white race would sooner or later vanish, experiencing the doom of the inferior races it had bested in the struggle for existence" (ebda. 192). Auch der Cousin Darwins, Francis Galton, war überzeugt, dass die "weiße Rasse" (oder nur die "Anglosaxen") von der Degeneration und möglichen Auslöschung bedroht war, da die „feeble nations" oder Rassen „unfit" seien die Zivilisation zu unterstützen. Daher vertrat er die Auffassung, dass der blinde Mechanismus der Selektion vermittels menschlicher Selektion bzw. Eugenik – einen Begriff, den er 1883 prägte –, zu kontrollieren sei (ebda. 193ff); ist die Eugenik demnach ein Kind des Evolutionismus? Vor Galton war es Gobineau, Cassirer gemäß der Begründer der „totalitären Rassentheorie", der die Degeneration und den Verfall der edlen arischen Rasse aufgrund der unausweichlichen aber fatalen Rassen-bzw. Blutmischung prophezeit. Weil nur die weiße Rasse Willen, Energie und Macht besitzt ein kulturelles Leben aufzubauen und weil „die Rasse der einzige Herr und Lenker der historischen Welt ist" – die schwarzen und gelben Rassen (Indianer haben keine eigene Rasse, sie sind eine bloße Mischung der schwarzen und gelben) sind für Gobineau wie „die tote Masse, die von den höheren Rassen bewegt werden" müssen –, ist die Rassenmischung unabwendbar und damit auch der Untergang der arischen Zivilisation (Gobineau nach Cassirer 1994:290-321).
139 So kommt auch Hegels „metaphysischer" bzw. dialektischer Evolutionismus des Absoluten Geistes nicht umhin, Amerika und Afrika aus der Weltgeschichte auszuschließen. Die „Eingeborenen" Amerikas besitzen „das Selbstgefühl der Freiheit und des Rechtes" noch nicht und ihre „Inferiorität [...] gibt sich physisch und geistig zu erkennen"; die Afrikaner haben weder das Bewusstsein der

aber nicht nur „den verschwenderischen Reichtum und die Vielfalt der Sitten und Gebräuche" aller Gesellschaften, „die auf der Erde zusammen existiert haben oder einander folgten, seit der Mensch auf ihr erschienen ist", sondern es „bedarf viel Egozentrik und Naivität, um zu glauben, der Mensch sei ganz und gar in eine einzige der historischen oder geographischen Seinsweisen eingeschlossen".[140] Der Evolutionismus, der von biologischen zu gesellschaftlichen bzw. kulturellen Sachverhalten übergeht, nistet sich in die „Evidenzen des Ich"[141] ein und entpuppt sich endlich als der Versuch „die Verschiedenheit der Kulturen zu leugnen, aber gelichzeitig so zu tun, als würde man sie voll anerkennen".[142]

Schlussbemerkung

Im Jahre 1999 erschien Christy und Jacqueline Turner's Buch *Man Corn,* das basierend auf Knochenfunden, welche im Museum von Northern Arizona in Flagstaff zu bewundern sind, nachzuweisen versucht, dass die Anasazi, die Vorfahren des heutigen Hopi-Volkes in Arizona, Kannibalismus praktizierten. Die Autoren mutmaßen, dass Anthropophagie entweder als Mittel der sozialen Kontrolle in Form von Opferritualen verübt wurde oder gar die Konsequenz einer pathologischen Gesellschaftsstruktur der Hopi gewesen sei. Im Dokumentarfilm *Cannibals of the Canyon* für das amerikanische Fernsehen bemerkte Turner: „If you infer what happened here, [...] you come to a very, very, ... very, very emotional set of events going on. The history indicates that people are screaming, the woman are begging not to be killed, the men who tried to help them get mutilated; they mutilate the people while they are alive, they are cutting their arms off while they are alive...".[143] Zum Zwecke der Untermauerung ihrer Thesen bedienten sich die Autoren ebenso der Übersetzung von Hopinarrativen aus der Feder des berühmten deutschen Hopi-Linguisten Ekkehart Malotki mit dem Titel *Hopisosont – ‚Human Cravers': Echoes of Anthropophagy in Hopi Oral Traditions* (1999). Wegen Protesten von Seiten des Stammesrates der Hopi, ließen Malotki und sein Co-Autor Ken Gary folgendes wissen:

> „In presenting this paper on cannibalistic echoes in Hopi language and culture, our objective was certainly not to offend members of the Hopi tribe. Instead, the intent was to provide some illumination of the *conditio humana* in general, a state of human affairs which applies as much as to the Hopi as to other members of the human race, and to comment on aggression and violence, especially in the form of cannibalism, one of the human universals that underlie all human cultures ... Recognition that the Hopi also partake in this darker scenario, rather than singling them out as a

---

Freiheit noch das „Bewußtsein eines Höheren", weshalb sie einander verachten: "Schauderhaft zeigt sich diese Nichtachtung; physisch ist keine Scheu vor Menschen, Menschenfleisch wird auf den Märkten verkauft; Hunderte von Gefangenen werden geschlachtet und von den anderen aufgegessen" (Hegel 2005[1830-1831]:59 bzw.68).
140 Lévi-Strauss 1997:286.
141 Ebda. S. 286
142 Lévi-Strauss 1992:371.
143 Turner nach Berglund 2006:4-5.

uniquely violent people, simply makes them appear more like the rest of humankind, which the same bundle of negative and positive traits we all share".[144]

Abgesehen von der Tatsache, dass die *conditio humana* noch immer eines befriedigenden wissenschaftlichen Beweises bedarf, zeugt diese apologetisch anmutende Interpretation der Universalität des Kannibalismus von einer willentlichen Verharmlosung der mitschwingenden ethischen Dimension. Sie vergisst, wer die „Subjekte" des Diskurses sind[145] und sie ignoriert die gesamte Ideengeschichte, die aus vorgeblichen Kannibalen fast ausschließlich unmenschliche Wesen konstruierte – insbesondere, wenn es sich um die *First People* der Neuen Welt handelte. Jemanden als Kannibalen zu brandmarken, kommt auch heute noch einer Entmenschlichung gleich. Und endlich entbehrt diese Argumentation der Einsicht, dass ein Diskurs nicht bloß „a matter of speech alone" ist, sondern auch eine Frage der gelebten Praxis, d.h. sobald sich ein Diskurs herausbildet, beginnt er auch sogleich sich auf die Praxis auszuwirken.[146]

---

144 Malotki/Gary 1999:14; vgl. auch Berglund 2006:202 (FN 25).
145 Evans-Pritchard schreibt in *Man and Woman among the Azande* (1974) folgendes: "Ich habe den Eindruck gewonnen, daß Anthropologen (rechnen sie mich dazu, wenn sie wollen) in ihren Schriften über afrikanische Gesellschaften die Afrikaner in Systeme und Strukturen enthumanisiert und dabei das Fleisch und Blut vergessen haben" (Evans-Pritchard 1974:9; übersetzt nach Kramer/Sigrist 1978:25).
146 Vgl. Obeyesekere 2005:56.

Literaturverzeichnis:

Abler, Thomas S.: Iroquois Cannibalism: Fact Not Fiction. In: Ethnohistory, Vol. 27, No. 4, Special Iroquois Issue 1980, S. 309-316.

Arens, William. The Man-Eating Myth. New York 1979

Arens, William: Rethinking anthropophagy. In: Barker/Hulme/Iversen: Cannibalism And The Colonial World. S. 39-62, Cambridge 1998

Aristoteles: Nikomachische Ethik. Übersetzt und herausgegeben von Ursula Wolf, Hamburg 2011

Athenagoras: De Resurrectione. In: Fiedrowicz, Michael: Christen und Heiden. Quellentexte zu ihrer Auseinandersetzung in der Antike. S. 517-519, Darmstadt 2004

Avramescu, Catalin: An Intellectual History of Cannibalism. Princeton and Oxford 2009

Barker, Francis/Hulme, Peter/Iversen, Margaret (Hg): Cannibalism and the Colonial World. Cambridge 1998

Baudrillard, Jean: Der symbolische Tausch und der Tod. München 1982

Berglund, Jeff: Cannibal Fictions. American Explorations of Colonialism, Race, Gender and Sexuality. Wisconsin 2006

Bichler, Reinhold: Herodots Welt. Der Aufbau der Historie am Bild der fremden Länder und Völker, ihrer Zivilisation und ihrer Geschichte. Berlin 2000

Bieder, Robert: Science Encounters the Indians, 1820-1880. The Early Years of American Ethnology. Oklahoma and London 1986

Blackburn, Carole: Harvest of Souls. The Jesuit Missions and Colonialism in North America 1632-1650. Montreal 2000

Blundell, Sue: The Origins of Civilization in Greek & Roman Thought. London/Sidney/Dover 1986

Boas, Franz: Race, Language and Culture. Chicago and London 1982 [1940]

Boucher, Philip P.: Cannibal Encounters. Europeans and Island Caribs, 1492-1763. Baltimore/London 1992

Brantlinger, Patrick: Dark Vanishings. Discourse On The Extinction Of Primitive Races, 1800-1930. Ithaca and London 2003

Bucher, Bernadette: Die Phantasien der Eroberer Zur graphischen Repräsentation des Kannibalismus in de Brys "America". In: Kohl, Karl-Heinz (Hg): Mythen der Neuen Welt Zur Entdeckungsgeschichte Lateinamerikas. S. 75-91, Berlin 1982

Burnet, Thomas: A Treatise Concerning the State of the Dead And of Departed Souls, At the Resurrection. London 1737

Cassirer, Ernst: Der Mythus des Staates. Frankfurt a. Main 1994

Charlevoix, Pierre F.X.: History and General Description of New France. Vol. 2, New York 1866 [1744]

Corbiere, Alan: Naadowek: Der Blick der Ojibwa auf die Irokesen. In: Auf den Spuren der Irokesen. Kunst und Ausstellungshalle der Bundesrepublik Deutschland, S. 34-37, Bonn 2013

Columbus, Christoph: Das Bordbuch. Leben und Fahrten des Entdeckers der Neuen Welt in Dokumenten und Aufzeichnungen 1492. Hg. von Robert Grün, München 2001

Darwin, Charles: Die Abstammung des Menschen. Frankfurt a. Main 2005

Duerr, Hans-Peter: Obszönität und Gewalt. Der Mythos vom Zivilisationsprozess. Band 3, Frankfurt a. Main 1993

Elliot, Michael A.: The Culture Concept. Minnesota 2002

Evans-Pritchard, E.: The Zande Trickster. Oxford 1967

Evans-Pritchard, E.: Man and Woman among the Azande. University of California 1974

Fink-Eitel, Hinrich: Die Philosophie und die Wilden. Hamburg 1994

Forster, Georg: Johann Reinhold Forsters und Georg Forsters Reise um die Welt in den Jahren 1772-1775. Band 1, Leipzig 1843

Forster, Johann, Reinhold: The Resolution Journal of Johann Reinhold Forster, 1772-1775. Hg Michael Edward Hoare, Hakluyt Society London 1982
Frank, Erwin: „Sie fressen Menschen, wie ihr scheußliches Aussehen beweist...". In: Duerr, Hans-Peter (Hg): Authentizität und Betrug in der Ethnologie. S. 199-224, Frankfurt a. Main 1987
Friedman, John Block: The Monstrous Races in Medieval Art and Thought. Cambridge/London 1981
Gießauf, Johannes: Wo der Mensch dem Menschen am besten schmeckt. Betrachtungen zum Bild der Asiaten als Anthropophagen. In: Zentralasiatische Studien 38/2009, S. 167-184.
Goldman, Laurence R. (Hg): The Anthropology of Cannibalism. Connecticut/London 1999
Graeber, David: Toward an Anthropological Theory of Value. New York 2001
Greenblatt, Stephen: Marvelous Possessions. The Wonders of the New World. Chicago 1991
Greer, Allan (Hg): The Jesuit Relations Natives and Missionaries in Seventeenth-Century North America. Boston/New York 2000
Hanke, Lewis: Aristotle and the American Indians. Bloomington and London 1975
Harris, Marvin: Cannibals and Kings. New York 1977
Hegel, Friedrich Wilhelm Georg: Die Philosophie der Geschichte. Vorlesungsmitschrift Heimann (Winter 1830/31). Hg. von Klaus Vieweg, München 2005
Heesen, Sabine te: Der Blick in die kannibalische Welt, Freiburg i. Br./Berlin/Wien 2008
Hiery, Hermann Joseph: Vorwort des Reihenherausgebers. In: Habersberger, Simon: Kolonialismus und Kannibalismus Fälle aus Deutsch-Neuguinea und Britisch-Neuguinea 1884-1914. Wiesbaden 2007
Hodgen, Margareth: Early Anthropology in the Sixteenth and Seventeenth Centuries. Pennsylvania 1964
Homer: Odyssee. Übertragen von Anton Weiher, München 1982
Honour, Hugh: Wissenschaft und Exotismus Die europäischen Künstler und die außereuropäische Welt. In: Kohl, Karl-Heinz (Hg): Mythen der Neuen Welt Zur Entdeckungsgeschichte Lateinamerikas. S. 22-48, Berlin 1982
Hume, David. The Natural History of Religion. Hg H.E. Root, Stanford 1956 [1757]
Huxley, Thomas Henry: The Struggle for Existence: A Programme. In: The Popular Science Monthly Vol. XXXII/April 1888, S. 732-750.
Kant, Immanuel: Schriften zur Anthropologie, Geschichtsphilosophie, Politik und Pädagogik 2. Band XII, Wilhelm Weischedel (Hg), Frankfurt a. Main 1977
Kant, Immanuel: Schriften zur Anthropologie, Geschichtsphilosophie, Politik und Pädagogik 1. Band XI, Wilhelm Weischedel (Hg), Frankfurt a. Main 1977
Jung, C. G.: On The Psychology Of The Trickster Figure. In: Radin, Paul: The Trickster A Study in American Indian Mythology, S. 195-211, New York 1972
Keen, Benjamin: The Aztec Image In Western Thought. New Jersey 1990
Kerény, Karl: The Trickster In Relation To Greek Mythology. In: Radin, Paul: The Trickster A Study in American Indian Mythology, S. 173-191, New York 1972
Kramer, Fritz/Sigrist, Christian (Hg): Gesellschaften ohne Staat. Band 1. Gleichheit und Gegenseitigkeit. Frankfurt a. Main 1978
Lafiteau, Joseph-Francois: Die Sitten der amerikanischen Wilden Im Vergleich zu den Sitten der Frühzeit. Hg Helmut Reim, Leipzig 1987 [1752]
Laflèsche, Guy/ Gagnon, Francois-Marc: Les saints martyrs canadiens. Vol.1, Laval 1988
Léry, Jean de: Unter Menschenfressern am Amazonas Brasilianisches Tagebuch 1556-1558. Düsseldorf 2001 [1557]
Lestringant, Frank: Cannibals The Discovery and representation of the Cannibal from Columbus to Jules Verne. Berkeley 1997
Lestringant, Frank: Die Erfindung des Raumes Kartographie, Fiktion und Alterität in der Literatur der Renaissance. Bielefeld 2012
Lévi-Strauss, Claude: Das wilde Denken. Frankfurt a. Main 1997

Lévi-Strauss, Claude: Strukturale Anthropologie II. Frankfurt a. Main 1992
Lévi-Strauss, Claude: Die Luchsgeschichte Indianische Mythologie in der Neuen Welt. München 1996
Lévi-Strauss, Claude: Mythologica IV Der nackte Mensch 2. Frankfurt a. Main 1990
Lévi-Strauss, Claude: Traurige Tropen. Frankfurt a. Main 1999
Lewis, Ioan M.: Schamanen, Hexer, Kannibalen. Frankfurt a. Main 1989
Lovejoy, Arthur O./Boas, George: Primitivism And Related Ideas In Antiquity. Baltimore and London 1997 [1935]
Malotki, Ekkehard/Gary, Ken: Hopisosont - 'Human Cravers': Echoes of Anthropophagy in Hopi Oral Tradition. In: European Review of Native American Studies 13:1, Band 13 und 14, S. 9-15, Indiana 1999
Martel, Heather Elaine: Hans Staden's Captive Soul: Identity, Imperialism, and Rumors of Cannibalism in Sixteenth-Century Brazil. In: Journal of World History, Vol. 17, No 1 March 2006, S. 51-69
McDowell, Jim: The Enigma of Cannibalism. Hamatsa on the Pacific Northwest Coast. Vancouver 1997
Menninger, Annerose: Die Macht der Augenzeugen. Neue Welt und Kannibalen-Mythos., 1492-1600. Stuttgart 1995
Monegal, Emir Rodriguez (Hg): Die Neue Welt. Chroniken Lateinamerikas von Kolumbus bis zu den Unabhängigkeitskriegen. Frankfurt a. Main 1982
Montaigne, Michel de: Die Essais. Stuttgart 1999
Morgan, Lewis Henry: Ancient Society or Researches in the Lines of Human Progress from Savagery through Barbarism to Civilization. Chicago 1877
Müller, Klaus E.: Geschichte der Antiken Ethnographie und Ethnologischen Theoriebildung. Teil 1, Wiesbaden 1972
Needham, Rodney: Primordial Characters. Charlottesville 1978
Nietzsche, Friedrich: Die fröhliche Wissenschaft. München 1964
Obeyesekere, Gananath: Cannibal Talk The Man-Eating Myth And Human Sacrifice In The South Seas. Berkeley/Los Angeles/London 2005
Padgen, Antony: The Fall of Natural Man: The American Indian and the Origins of Comparative Ethnology. Cambridge 1986
Parker, Arthur C.: Seneca Myths & Folk Tales. Lincoln and London 1989
Parmenter, Jon: Iroquoia, 1534-1701 The Edges of the Woods. Michigan 2010
Peter-Röcher, Heidi: Kannibalismus in der prähistorischen Forschung. Studien zu einer paradigmatischen Deutung und ihrer Grundlagen. Universitätsforschungen zur Prähistorischen Archäologie, Band 20, Bonn 1994
Peter-Röcher, Heidi: Mythos Menschenfresser. Ein Blick in die Kochtöpfe der Kannibalen. München 1998
Pickering, Michael: Consuming Doubts: What Some People Ate? Or What Some People Swallowed. In: Goldman, Laurence R.: The Anthropology of Cannibalism, S. 51-74, Connecticut 1999
Platon: Politeia. Sämtliche Werke Band 2, Übersetzt von Friedrich Schleiermacher, Hamburg 2004
Poole, Fitz John Porter: Cannibals, Tricksters, and Witches: Anthropophagic Images Among Bimin-Kuskusmin. In: Brown, Paula/ Tuzin, Donald (Hg.): The Ethnography of Cannibalism. S. 6-32, Washington D.C. 1983
Pöhl, Friedrich/ Tilg, Bernhard: Franz Boas Kultur, Sprache, Rasse Wege einer antirassistischen Anthropologie. Wien/Berlin 2011
Pöhl, Friedrich: Franz Boas' Rede an der Universität Kiel. In: Konersmann, Ralf/Westerkamp, Dirk: Zeitschrift für Kulturphilosophie, Band 6/ Heft 2, S. 391-397, Hamburg 2012
Pöhl, Friedrich: Das Weltverständnis der Indianer Nordamerikas im Lichte der europäischen Philosophie. Innsbrucker Beiträge zur Kulturwissenschaft, Innsbruck 2004

Radin, Paul: The Trickster A Study in American Indian Mythology. New York 1972

Rousseau, Jean Jacques: Abhandlung über den Ursprung und die Grundlagen der Ungleichheit unter den Menschen. Stuttgart 1998 [1756]

Rushforth, Brett: Bonds of Alliance Indigenous & Atlantic Slaveries in New France. North Carolina 2012

Schedel, Hartmann: Weltchronik 1493. Kolorierte und Kommentierte Gesamtausgabe, Einleitung und Kommentar Stephan Füssel, Köln 2001

Staden, Hans: Wahrhaftige Historia. Hg Maak Reinhard und Fouquet Karl, Marburg a. d. Lahn 1964 [1557]

Sunday, Peggy Reeves: Divine Hunger Cannibalism as a Cultural System. Cambridge 1986

Thwaites, Reuben G.: The Jesuit Relations and Allied Documents: Travels and Explorations of the Jesuit Missionaries in New France, 1610-1791. 73 Bände, Cleveland 1896-1901

Todorov, Tzvetan: Die Eroberung Amerikas das Problem des Anderen. Frankfurt a. Main 1985

Tooker, Elisabeth: An Ethnography of the Huron Indians, 1615-1649. Syracuse 1991

Trigger, Bruce G.: The Children of Aataentsic. A History of the Huron People to 1660. Kingston/Montreal 1987

Turner, Christy G./Turner, Jacqueline A.: Man Corn: Cannibalism and Violence in the Prehistoric American Southwest. Salt Lake City 1999

Walens, Stanley: Feasting with Cannibals An Essay on Kwakiutl Cosmology. New Jersey 1981

Walker, James R.: Lakota Myth. Lincoln and London 1989

Wittkower, Rudolf: Marvels of the East A Study in the History of Monsters. In: Journal of the Warburg and Courtauld Institutes 1942, Vol 5, pp. 159-197

Menschenfleisch – eine griechische Spezialität?
Kannibalen vor den Griechen

Sebastian Fink

Wenn man den evolutionären Theorien Glauben schenkt, dann steht der Kannibalismus am Anfang der Kulturentwicklung. Auf einer primitiven Kulturstufe fressen sich die Menschen gegenseitig auf, da ihnen Landwirtschaft und Kochkunst noch fremd sind. Eine andere Erklärung des Kannibalismus im Rahmen evolutionärer Theorien beruft sich auf allgemein verbreitete magisch-religiöse Überzeugungen, wobei der Kannibalismus hier oft in engem Zusammenhang mit Menschenopfern steht.[1]

Nachdem sich bei den Griechen und selbst noch in der Neuzeit Berichte über primitive Völker mit kannibalischen Riten häufen, müsste man im Rahmen solcher Theorien annehmen, dass sich in den Textzeugen der älteren Kulturen in Mesopotamien, Ägypten und Kleinasien noch mehr solcher Berichte finden lassen müssten, da der Zivilisationsprozess damals noch nicht so weit fortgeschritten war, wie zur Zeit der Griechen oder gar nochmal 2000 Jahre später, als in Europa Mozart, Beethoven und Bach ihre Werke komponierten und an den Rändern der Welt – zumindest wenn man den Berichten zahlreicher Forschungsreisender und Ethnologen Glauben schenkt – immer noch Menschen gefressen wurden.

Ein kurzer Überblick und die Diskussion der wichtigsten einschlägigen Quellen soll uns zeigen, ob die Texte der ältesten Schriftkulturen Evidenz für diese evolutionäre Annahme eines quasi universell verbreiteten Kannibalismus auf einer frühen Entwicklungsstufe der Menscheit liefern.

Kannibalismus in Mesopotamien

Die Überlieferungslage der Keilschriftquellen aus Mesopotamien ist gewaltig, sowohl was die schiere Anzahl als auch den Überlieferungszeitraum angeht. Nach Frahm verfügt das Akkadische „über einen Textbestand, der selbst den des lateinischen Textkorpus aus der Zeit vor 300 n. Chr. übersteigen dürfte."[2] Im vierten Jahrtausend vor Christus tauchen erste Schriftträger auf, die mit Vorformen der Keilschrift beschrieben sind. Texte, die eindeutig dem Sumerischen zuordenbar sind, stammen aus der ersten Hälfte des dritten Jahrtausends und das oben bereits erwähnte und weit verbreitete Akkadische taucht als Schriftsprache in der zweiten Hälfte des dritten Jahrtausend auf. Das letzte datierbare Keilschriftdokument stammt aus dem Jahr 75. n. Chr.[3]

---

1 Siehe dazu Pöhl in diesem Band.
2 Frahm 2013: 31
3 Zum Ende der Keilschrift siehe Geller 2007.

Hinzu kommt noch, dass die Bewohner Mesopotamiens keineswegs Pazifisten waren und wir aus der ethnographischen Literatur wissen, dass kannibalische Akte gerne im Zusammenhang mit kriegerischen Taten oder der Tötung von Gefangenen durchgeführt wurden. Vor allem die Assyrer stehen heutzutage im Ruf grausame Krieger gewesen zu sein.[4] In den Reliefs stellen sie sich auch selbst als solche dar. Mesopotamische Kriegsherren überfahren gerne die Leichen der gefallenen Feinde, sie lassen ihnen die Köpfe abhacken und diese von ihren Beamten zählen – meist gleich doppelt, wohl um Irrtümer auszuschließen. Gegner werden geschunden und verstümmelt, ihre Leichen in Salz eingelegt und Leichenteile zur Abschreckung ausgestellt[5] – aber gegessen? Zumindest aus der Bildkunst ist mir, trotz aller Explizitheit der Darstellung, keine Kannibalenszene bekannt.

Ein hoffnungsvoller Blick in das Reallexikon der Assyriologie bringt auch nicht das erwünschte Material. Erich Ebeling stellt 1928 lakonisch fest: „Menschenfleisch fressen war bei Babyloniern und Assyrern verpönt. Wo Fälle erwähnt werden, gelten sie als Folge schlimmster Not."[6] Der Eintrag Kannibalismus von D.O. Edzard aus dem Jahr 1980 formuliert den Sachverhalt folgendermaßen: „Kannibalismus im strengen Sinne des Terminus, d.h. rituell bedingter Verzehr von Menschenfleisch, ist im Alten Orient nicht nachweisbar."[7] Auch in der schriftlichen Überlieferung Mesopotamiens lassen sich also trotz unserer Erwägungen über den Zivilisationsprozess nur spärliche Hinweise auf Kannibalen finden.

Doch nun zurück an den Anfang der literarischen Überlieferung Mesopotamiens. Der Menschenfresser par excellence in Mesopotamien ist der Löwe, der im Sumerischen des öfters mit dem Epitheton lu₂ gu₇.a, d.h. „Menschenfresser", bedacht wird.[8] Er lebt außerhalb der Zivilisation in der Steppe und lauert dort den Menschen auf. Gelegentlich wird uns jedoch davon berichtet, dass Löwen auch in Städte eindringen.[9] Vielleicht ist dies auch ein Grund – neben dem Anspruch des Königs das mächtigste und gefährlichste aller Tiere furchtlos zu bezwingen –, warum die Könige Mesopotamiens mit Vorliebe auf Löwenjagd gehen, da sie dabei die Menschenfresser dezimieren, die die Unordnung und Gesetzlosigkeit der Steppe in die Stadt hineintragen und ihre Untertanen bedrohen.

In der Mythologie ist es der Grenzfluss der Unterwelt, id₂.kur.ra, der wie der Löwe als Menschenfresser bezeichnet wird.[10] Vielleicht hängt damit auch die hier zu besprechende Stelle aus dem Rat des Schuruppak zusammen. Die ältesten Textzeugen der Komposition „Rat des Schuruppak" stammen etwa aus der Mitte des 3. Jahrtausend vor Christus und es handelt sich somit um einen der ältesten bekannten literarischen Texte. Die Spruchsammlung bietet eine Rahmenerzählung und die weisen Ratschläge des Schuruppak an seinen Sohn. Der Spruch 278 lautet folgendermaßen:

---

4 Siehe dazu etwa Fuchs 2009.
5 Zum Schicksal besiegter Feinde siehe Rollinger / Wiesehöfer 2012. Der eingesalzene Leichnam findet sich bei Millard 1998: 30.
6 Ebeling 1928: 114.
7 Edzard 1976-1980: 389-390.
8 So etwa in Zeile 103A des sumerischen Epos „Gilgamesch und Huwawa", in dem der Wächter des Zedernwaldes Huwawa als ein „menschenfressender Löwe" (ur.mah lu₂ gu₇.a) beschrieben wird. Der Text findet sich auf: http://etcsl.orinst.ox.ac.uk/cgi-bin/etcsl.cgi?text=c.1.8.1.5# .
9 Siehe dazu Heimpel 1987-1990: 81-82.
10 Siehe dazu Katz 2003: 73.

diğir kur.ra lu₂ gu₇.gu₇ u₃.me.eš
Die Götter der Berge (der Unterwelt?) sind Menschenfresser.[11]

Bendt Alster, der diese Sprichwortsammlung ediert und kommentiert hat, merkt an, dass diese Stelle einzigartig in der Sumerischen Literatur ist, der menschenfressende Fluss der Unterwelt bietet seiner Meinung nach auch keine echte Parallele.[12] Hier ist jedoch die Mehrdeutigkeit des sumerischen Wortes kur zu beachten, das sowohl Berg, Osten, Fremdland als auch Unterwelt bedeuten kann.

Daneben gibt es noch einen späteren, akkadischsprachigen literarischen Text, der Kannibalismus schildert, allerdings im Rahmen einer Hungersnot, auf die wir in der Folge noch öfters stoßen werden. Es handelt sich hier um den Atramhasismythos, der die Ordnung der Welt zum Thema hat.[13] Nachdem die Götter die Menschen geschaffen haben, um die niederen Götter von ihrer Arbeit zu entlasten, nimmt die Zahl der Menschen überhand. Enlil, der sich durch den Lärm der zahlreichen Menschen gestört fühlt, beschließt sie zu dezimieren und sendet ihnen verschiedene Plagen. Eine der Plagen ist eine Hungersnot, die durch das Ausbleiben von Überschwemmungen und Regenfällen ausgelöst wird und die von Jahr zu Jahr schlimmere Auswirkungen hat. In der neuassyrischen Version findet sich folgende Stelle:

> Im zweiten Jahr litten sie an Hautjucken. Im dritten Jahr waren ihre Gesichtszüge durch Hunger entstellt. Im vierten Jahr wurden ihre langen Beine kurz, ihre breiten Schultern schmal, gekrümmt liefen sie über die Strassen. Im fünften Jahr sah die Tochter die Mutter ins Haus gehen, aber die Mutter öffnete ihr nicht die Tür. Die Tochter verkaufte ihre Mutter. Die Mutter verkaufte ihre Tochter. Im sechsten Jahr wurde die Tochter zum Abendessen serviert, der Sohn diente als Nahrung ... (v 12-23).[14]

Wie wir sehen, wird hier Notkannibalismus beschrieben, der die letzte Steigerung des Sittenverfalls durch die Hungersnot darstellt. Interessanterweise fehlt das Kannibalismus-Motiv in der altbabylonischen Fassung der Erzählung[15] und wird erst in die spätere Version der Erzählung, die wohl im ersten Jahrtausend entstanden ist, eingefügt.[16]

Die Erklärung für diese Veränderung des Textes liefern wohl die im ersten Jahrtausend häufigen Hungersnotbeschreibungen in Briefen, Feldzugsberichten und vor allem in Fluchformeln.[17] Hier wird der Notkannibalismus als extremster Ausdruck einer Hungersnot ge-

---

11 Alster 2005: 99.
12 Alster 2005: 173-174 merkt an: „The statement that the gods of mountains „eat men" is unique in Sumerian literature. [...] That lu₂.gu₇.gu₇, "man-eater," occurs as an attribute of the river of the netherworld in Enlil and Ninlil 93-95; 98-99, does not provide a real parallel;" Zu dieser Zeile siehe auch Katz 2003: 73.
13 Eine Edition des Textes findet sich bei Lambert / Millard 1970.
14 Lambert / Millard 1970: 106-115 bieten eine Edition des gesamten Textes. Der hier präsentierte deutsche Text ist auf der Basis von Lambert / Millard 1970: 113-115 erstellt worden. Die zahlreichen Lücken im Text zeige ich nicht an – die entscheidende Stelle ist jedoch gut erhalten.
15 Als altbabylonische Zeit wird meist die Zeit von Hammurabi (ca. 1800) bis zur Plünderung Babylons durch die Hethiter (ca. 1595) bezeichnet.
16 Eine detaillierte Analyse der Hungerepisoden bietet Groneberg 1991.
17 Zur Hungersnot in Mesopotamien siehe Kienast 1972-1975.

schildert und im Rahmen der aus vielen Verträgen bekannten Fluchformeln der eidbrüchigen Partei angedroht. Dieses Motiv des Hungerkannibalismus ist zwar schon seit altbabylonischer Zeit vereinzelt belegt,[18] häufige Verwendung findet es jedoch erst in Texten des assyrischen Reiches.[19] Vor allem in den Fluchformeln der Verträge – hier sei nur kurz auf die assyrischen Vasallenverträge hingewiesen, deren Einfluss auf die Gestaltung des Alten Testaments in letzter Zeit heiß diskutiert wurde[20] – wird anhand einer ausgeklügelten Hungersnotdramaturgie die totale Zerstörung aller zivilisatorischen Bande, die komplette Vertierung des Menschen bei Nichteinhaltung des Vertrages angedroht, die schlussendlich zum Auffressen der eigenen Nachkommenschaft führt. An dieser Stelle sollen einige Textbeispiele, die einen Einblick in die genüssliche Schilderung des Schreckens der Hungersnot bieten, gegeben werden.

Der als SAA 2, 2 (= State Archives of Assyria, Band 2, Text Nr. 2)[21] bezeichnete Text ist ein Vertrag zwischen dem assyrischen König Aššur-nirari V (754-745) und Mati'-il, dem König von Arpad, einem aramäischen Stadtstaat nördlich von Aleppo.[22] Der Text droht dem Vertragsbrüchigen mit einer schrecklichen Hungersnot, in deren Verlauf seine Untertanen ihre Kinder verzehren sollen – und damit nicht genug – ihre Kinder sollen ihnen auch noch so gut schmecken wie frische Frühlingslämmer. Dagegen nimmt sich die darauffolgende Androhung, dass der Vertragsbrüchige und seine Untertanen Staub essen, Eselsurin trinken und in einem Misthaufen schlafen sollen, geradezu harmlos an.[23]

Ein anderer einschlägiger Text wurde von Assarhadon verfasst und hatte den Zweck seine Thronfolge zu regeln. Abermals finden wir hier die Androhung der Hungersnot, die nun sogar dazu führen soll, dass die Nachfahren anstatt Getreide die Knochen ihrer Vorfahren zermahlen und das Fleisch ihrer Kinder essen sollen. Hier sehen wir eine abermalige Steigerung, nicht nur die Kinder sollen verzehrt, sondern auch noch die Ahnen sollen durch Zermahlen der Knochen ausgelöscht werden – eine Praxis übrigens, die Assurbanipal, der Nachfolger Assarhadon, an den Vorfahren seiner elamischen Feinde vollziehen wird.[24]

---

18 Siehe dazu Groneberg 1991: 405.
19 Eine Aufstellung der wichtigsten „Kannibalen"-Texte findet sich bei Groneberg 1991: 406.
20 Siehe zuletzt Crouch 2014.
21 Parpopla / Watanabe 1988.
22 Vgl. Parpopla / Watanabe 1988: XXVII.
23 "May Adad, the canal inspector of heaven and earth, put an end to Mati'-ilu, his land, and the people of his land through hunger, want, and famine, may they eat the flesh of their sons and daughters, and may it taste as good to them as the flesh of spring lambs. May they be deprived of Adad's thunder so that rain become forbidden to them. May dust be their food, pitch their ointment, donkey's urine their drink, papyrus their clothing, and may their sleeping place be in the dung heap." SAA 2, 2 Rs. IV 8-16 (= Parpola / Watanabe 1988: 11).
24 "May Adad, the canal inspector of heaven and earth, cut off sea [sonal flooding] from your land and deprive your fields of [grain], may he [submerge] your land with a great flood; may the locust who diminishes the land devour your harvest; may the sound of mill or oven be lacking from your houses, may the grain for grinding disappear from you; instead of grain may your sons and your daughters grind your bones; may not (even) your (first) finger-joint dip in the dough, may the [...] of your bowls eat up the dough. May a mother [bar the door] to her daughter. In your hunger eat the flesh of your sons! In want and famine may one man eat the flesh of another; may one man clothe himself in another's skin; may dogs and swine eat your flesh; may your ghost have nobody to take care of the pouring of libations to him." SAA 2,6 O 440-452 (= Parpola / Watanabe 1988: 46-48).

Diesen Fluchformeln, die weite Verbreitung im assyrischen Herrschaftsgebiet fanden, und somit wohl als Transfermedium für diese Vorstellungen und Motive par excellence gelten können, lassen sich auch einige alttestamentliche Formulierungen zur Seite stellen, die von Manfred Oeming zusammengestellt und übersetzt wurden:[25]

> Ich will sie ihrer Söhne und Töchter Fleisch essen lassen, und einer soll das Fleisch seines Nächsten essen in der Not und Angst, mit der ihre Feinde und die, die ihnen nach dem Leben trachten, sie berängen werden. (Jer. 19,9)

> Werdet ihr mir aber nicht gehorchen ..., so ... will ich euch siebenfältig mehr strafen um eurer Sünden willen, so daß ihr eurer Söhne und Töchter Fleisch essen sollt. (Lev. 26, 27-29)

Für diese beiden Passagen ist es wohl nicht zu weit gegriffen, wenn man einen – wie auch immer gearteten – Zusammenhang zwischen den Texten annimmt. Wenn also in den zuvor genannten Passagen der Gott Israels ihnen mit den gleichen Worten droht, wie der assyrische König, dann könnte man in folgender Passage den zuletzt immer wieder betonten „subversiven" Umgang mit assyrischen Texten in der Bibel finden, der die Drohungen der Feinde Israels gegen sie selbst wendet:

> Und ich will deine Schinder ihr eigenes Fleisch essen lassen und wie Most sollen sie ihr eigenes Blut trinken. (Jes. 49, 26)

Die oben besprochenen Texte erheben nicht den Anspruch Realitäten zu beschreiben. Diese Texte sind Drohszenarien, die erst dann Realität werden sollen, wenn der Vertragspartner sich nicht an seine Pflichten hält und vertragsbrüchig wird. Es lassen sich jedoch auch solche Passagen finden, die den Kannibalismus im Rahmen einer Königsinschrift als Tatsache hinstellen; so schildert etwa der neubabylonische Herrscher Nabonid (556-539) das würdelose Verhalten der Menschen:

> [...] wie Hunde fressen sie sich gegenseitig [Schaudig übersetzt: wie Hunde verbeißen sie sich immerzu ineinander – S.F.], der Starke bedrückt den Schwachen, vor Gericht genügt er nicht, soviel als er ist, der Reiche nimm alles (, was) dem Schwächling (gehört,) weg. (P2. II 2'-4')[26]

> Die Menschen, die Söhne, Bābils, Barsipas, Nippurs, Urs, Uruks (und) Larsas, die Tempelverwalter (und) Menschen der Kultstädte des Landes Akkad verfehlten sich gegen seine große Gottheit und mißachteten (sie) und frevelten (gegen sie), nicht kannten sie das <tobende> Zürnen des Königs der Götter, Nannār, ihre Kultordnungen vergaßen sie und sprachend dauern Lügen und Unwahrheiten, und fraßen sich gegenseitig wie Hunde [Schaudig übersetzt: verbissen sich wie Hunde immerzu ineinander – S.F.], (Kopf)krankheit und Hungersnot ließen sie (selbst?) in ihrer Mitte entstehen [...]. (3.1. 14-22)[27]

---

25 Oeming 1989: 101-102.
26 Schaudig 2001: 585.
27 Schaudig 2001: 497.

Noch konkreter wird eine Inschrift Assurbanipals, in der es scheint, als ob die in den Verträgen angedrohten Abscheulichkeiten Realität geworden seien, denn hier wird uns als Tatsache berichtet, dass die Einwohner von Akkad, die sich mit Assurbanipals rebellischem Bruder Schamasch-schuma-ukin verbündetet hatten, vor Hunger das Fleisch ihrer Töchter und Söhne essen mussten.[28] Der quellenkritisch geschulte Kannibalenforscher wird jedoch auch diesen Bericht anzweifeln.

Hinweise auf kannibalische Vorstellungen finden sich auch in der ganz anders gearteten Omenliteratur. Dieser Literaturzweig beschäftigte sich mit den Zeichen der Götter, die von den Gelehrten richtig interpretiert werden mussten. Dabei wurde die ganze Welt als zeichenhaft begriffen, sodass sowohl Ereignisse am Nachthimmel, als auch Insekten an der Decke eines Hauses Hinweise auf die Zukunft des ganzen Landes liefern konnten.[29] Das hier zu besprechende assyrische Traumbuch ist eine ebensolche Omensammlung, die die Vorzeichen aus Träumen deutet. Hier heißt es etwa:

> Wenn ein Mann in seinem Traum in die Unterwelt hinabsteigt und eine tote Person isst (GU$_7$): (dann) wird er durch einen herabfallenden Dachbalken sterben.[30]

Die erhaltenen Texte des assyrischen Traumbuchs enthalten zwölf Eintragungen zu Träumen, die die Unterwelt betreffen. Oppenheim, der das assyrische Traumbuch ediert und übersetzt hat, kommentiert diese Passage nicht. Obwohl Oppenheim „beißen" übersetzt – der Kannibalismus war ihm an dieser Stelle vielleicht doch zu merkwürdig, da in den vorangehenden Omen nur die Rede davon ist, dass die träumende Person die Toten sieht, sie küsst, von ihnen verflucht oder gesegnet wird – steht im Text das Logogramm GU$_7$, das fast durchgehend mit akkadisch *akālu* „essen" wiedergegeben wird. In einer anderen Passage des Traumbuchs, die sich mit dem Essen von verschiedensten Dingen im Traum – von Erde bis zu Fäkalien – und den daraus resultierenden Vorzeichen beschäftigt, finden wir die Analyse einiger Träume, die Oppenheim als „outspoken cannibalistic" bezeichnet. Er übersetzt die Passage wie folgt:

> Wenn er einen Mann (in seinem Traum) tötet und (sein Fleisch) isst, (dann) wird sein Besitz [...]
> Wenn er seinen Bruder tötet und (sein Fleisch) isst, (dann) wird jemand [...] seinen Besitz.
> Wenn er seinen Sohn tötet und (sein Fleisch) isst, (dann) wir jemand [...] seinen Besitz.[31]

Welche Vorhersagen gemacht werden, ist aufgrund des schlechten Erhaltungszustandes des Textes nicht ganz klar, wahrscheinlich geht es jedoch darum, dass die Besitztümer verloren gehen. Ein anderes Fragment, das sich mit dem Verzehr von Fleisch verschiedener Herkunft beschäftigt, deutet den Verzehr von Menschenfleisch im Traum teilweise sogar positiv:

---

28 Borger / Fuchs 1996: 234.
29 Zur Wahrsagekunst im Alten Orient siehe Maul 2013.
30 Deutsche Übersetzung nach Oppenheim 1956: 283.
31 Deutsch nach Oppenheim 1956: 273.

> Wenn er menschliches Fleisch isst: er wird großen Reichtum haben [....]
> Wenn er das Fleisch eines Freundes isst: er wird einen großen Anteil essen (= bekommen).
> Wenn sein Freund sein Gesicht isst: er wird einen großen Anteil essen (=bekommen).
> Wenn er das Auge seines Freundes isst: sein Unglück ist beseitigt, sein Besitz wird florieren.[32]

Hier kann man sich die Frage stellen, ob diesem im Traumtagebuch beschriebenen Kannibalismus eine kultische Realität gegenüber steht. Wenn dem so wäre, dann ließe sich Kannibalismus wohl am ehesten in Verbindung mit rituellen Tötungen finden. Beate Pongratz-Leisten geht auf den Zusammenhang von Menschenopfer und Kannibalismus ein und weist darauf hin, dass man von einem Menschenopfer eigentlich nur dann sprechen kann, wenn der Mensch nicht nur geschlachtet, sondern auch der Gottheit zum Verzehr angeboten wird.[33] Aus dem Alten Orient ist bekannt, dass die den Göttern dargebrachten Opfer von deren Dienern, den Priestern, verzehrt wurden – wenn also den Göttern Menschenopfer dargebracht wurden, waren dann deren Priester Kannibalen? Pongratz-Leisten kommt jedoch zum Schluss, dass wir aus dem Alten Orient keine Belege für Menschenopfer haben und spricht stattdessen von rituellen Tötungen, die etwa im Rahmen von Ersatzkönigritualen durchgeführt wurden.[34]

Zusammenfassend kann also gesagt werden, dass wir in Mesopotamien eigentlich nur Hinweise auf einen Notkannibalismus haben, wobei der Großteil der Belege in Fluchformeln zu finden ist, die mit einem schrecklichen Zustand im Falle der Nichteinhaltung des Vertrags drohen und somit keinen Anspruch auf die Beschreibung eines tatsächlichen Geschehens haben, genauso wie das Traumtagebuch auch nicht von Geschehnissen in dieser Welt spricht. Im Rahmen ethnographischer Beschreibungen, die aus Mesopotamien durchaus bekannt sind, werden keine Kannibalen erwähnt.

Auch in der sumerischen und akkadischen Mythologie sind explizit kannibalische Akte nicht vorhanden. Zwar kommt es immer wieder dazu, dass Götter geschlachtet werden, diese werden dann jedoch nicht verzehrt, sondern im Rahmen von Schöpfungs- bzw. Ordnungserzählungen zur Schaffung der Welt und des Menschen verwendet.[35]

Die in der klassischen Antike häufige Verknüpfung von Kannibalismus mit nomadischen Hirtenvölkern, ist in Mesopotamien allem Anschein nach auch nicht bekannt. Allerdings werden in einem literarischen Text, der als die Hochzeit Martus bezeichnet wird, die Nomaden folgendermaßen beschrieben – der Text ist die Rede einer Freundin an ein Mädchen, das im Begriff ist einen Nomaden zu heiraten:

---

32 Deutsch nach Oppenheim 1956: 271.
33 Pongratz-Leisten 2007: 10.
34 Dieses Ritual wurde durchgeführt, wenn der König durch böse Vorzeichen bedroht wurde. Der König verkleidete sich als Bauer und ein Mann aus niederem Stand wurde für eine gewisse Zeit an seiner Stelle König, nach einiger Zeit wurde er jedoch in der Hoffnung getötet, dass sich das, durch das Omen angezeigte, böse Schicksal nun an ihm erfüllt habe. Zum Ersatzkönigritual und seinem (literarischen) Fortleben in der klassischen Antike siehe Huber 2005.
35 Zu den geschlachteten Göttern siehe Krebernik 2002. Einen Überblick über die sumerischen Texte zur Entstehung der Welt und der Menschheit bietet Lisman 2013. Die neue Standardedition der wichtigsten einschlägigen Texte ist Lambert 2013.

Hör zu, Ihre Hände sind zerstörerisch und ihre Gesichtszüge sind die von Affen. Er ist einer derjenigen, die das essen was der Mondgott Nanna verboten hat und er zollt den Göttern keine Verehrung. Sie hören nie auf herumzuziehen. [...] Sie sind eine Beleidigung für die Wohnstätte der Götter. Er ist in Sack-Leder gekleidet [...] Er lebt in einem Zelt, ist Wind und Regen ausgesetzt und kann nicht einmal ein Gebet ordentlich rezitieren. Er lebt in den Bergen und kümmert sich nicht um die Orte der Götter, er gräbt Pilze an den Flanken der Berge aus, er weiß nicht wie man sich vor den Göttern verbeugt und er isst ungekochtes Fleisch (u z u   n u . š e ĝ$_6$. ĝ a$_2$ a l . g u$_7$. e). Er hat keine stete Wohnstätte während seines Lebens und wenn er stirbt, wird er nicht an einem Begräbnisplatz beerdigt.[36]

Die Nomaden sind also Rohfleischfresser, ein Topos, der später immer wieder mit Kannibalismus verknüpft wird. Doch wenden wir uns nun den ägyptischen Quellen zu.

Kannibalismus in Ägypten

Belege für Kannibalismus im antiken Ägypten sind – zumindest verglichen mit der klassischen Antike – ebenfalls nicht sehr zahlreich. Katja Goebs nennt zwei Texte, die von Kannibalismus im Rahmen von Hungersnöten berichten. Hier wird, ähnlich wie in Mesopotamien, davon berichtet, dass die Dehumanisierung während einer Hungersnot so weit geht, dass Menschen ihre eigenen Kinder verschlingen.[37]

Das Lexikon der Ägyptologie (III, 314-315) definiert Kannibalismus als „Die Sitte von Menschen, Menschen teilweise oder ganz zu verzehren" und stellt fest: „Als Institution ist Kannibalismus für das pharaonische Ägypten in keiner Form nachweisbar. Als allgemein menschliches Vorstellungsgut vorhanden, zeigt sich Kannibalismus jedoch als Symbolhandlung in mythisch-göttlichen bzw. als Topos in profanen Denkbereichen."[38] Das Lexikon verweist auch auf einen besonders interessanten Text, den sogenannten Kannibalenhymnus, der jedoch in einer Reihe von mythischen Erzählungen steht, in denen der Kannibalismus als Beschreibung für die totale Auslöschung des Feindes Verwendung findet.[39]

Der sogenannte Kannibalenhymnus[40] ist in verschiedenen Versionen überliefert, die älteste stammt aus einer Grabkammer der fünften Dynastie und ist somit in die Mitte des dritten vorchristlichen Jahrtausends zu datieren. Auf den ersten Blick schildert uns der Text einen handfesten kannibalischen Akt:

This N is the one who judges together with Imenrenef, on that day of slaughtering the oldest ones. [...] *This N is one who eats men and lives on gods*, a Lord of the messengers, who dispatches orders: It is the graspers of partings in the [...] cauldrons, who lassoes them for N. [...] It is He with the Holy Head who guards them for him, and restrains them for him, it is the One who is over the blood /

---

36 Textgrundlage meiner deutschen Übersetzung sind der sumerische Text und die englische Übersetzung des als „Marriage of Martu" bezeichneten Werkes auf http://etcsl.orinst.ox.ac.uk.
37 Goebs 2008: 351.
38 Rössler-Köhler 1980: 315.
39 Vgl. Rössler-Köhler 1980: 315.
40 Eine Edition sowie eine eingehende Besprechung des Textes bietet Eyre 2002.

reddening who binds them for him. It is Khons, the Sharp One of the lords, *who strangles them for him, and he extracts for him what is in their bodies* – he is the messenger whom he sends out to punish. It is Shesemu, *who slaughters them for N. and who cooks for him the things which are in them* on his evening-hearth-stones. This N *eats their magic and swallows their spirits*. Their Great ones are his morning meal, their middle-sized Ones are for his evening meal, their Small Ones are for his night meal, their old men and woman are for his incense burning. It is the Great Northern Ones of the sky *who set fire for him to the cauldrons containing them, with the forelegs of their Eldest Ones*. The Ones in the sky sever N, and the hearth stones are wiped over for him with the legs of their women [...].[41]

Der Text beschreibt also vordergründig ein kannibalisches Mahl, für das Leute eingefangen, geschlachtet, gekocht und verzehrt werden. Der Sitz im Leben dieses Textes ist nicht ganz klar, möglicherweise handelt es sich um einen Spruch, in dem „die Machtergreifung des toten Königs im Himmel als Sonnengott in der Form einer kannibalischen Mahlzeit geschildert wird, wobei er mit Hilfe von Göttern Götter verzehrt und dadurch Zauberkräfte und Geisterkräfte sich einverleibt."[42] Da der König zu diesem Zeitpunkt bereits tot ist, ist der Kannibalismus imaginiert, oder anders ausgedrückt: er findet im Totenreich und nicht in der Welt der Lebenden statt.

Gobes interpretiert diesen Text als "a cosmic account, a description of sunrise, in the course of which the stars of the night disappear into the red dawnlight, and can therefore be mythologically interpreted as being swallowed by the rising sun-god who absorbs their powers."[43] Wie dem auch sei, letztlich können wir feststellen, dass auch die ägyptischen Texte keine Hinweise auf einen gewohnheitsmäßigen Kannibalismus in Ägypten oder bei anderen Völkern liefern.

Kannibalismus bei den Hethitern

Soviel darf gleich vorweggenommen werden: bei den Hethitern oder, wenn wir etwas vorsichtiger formulieren, in Texten in hethitischer Sprache finden wir, was uns bisher nicht vergönnt war – Berichte über gewohnheitsmäßige Kannibalen. Wie es scheint ist der nun wiederzugebende Bericht der erste der Menschheitsgeschichte, der uns einen kannibalischen Stamm beschreibt, oder, wenn wir ihn als literarischen Text auffassen, das Motiv eines kannibalischen Stammes in die Weltliteratur einführt:

Euer Vieh, jener [...] Welcher Mensch zu ihnen ge[langt] (oder: unter ihnen st[irbt]), den pflegen Sie zu essen. Wenn Sie einen fetten Menschen sehen, töten sie ihn und essen ihn auf. Als es geschah, daß der Sutäer und die Stadt zu [...] der Stadt Ukapuwa zu Hilfe kamen, da zogen ihm der Sutäer Kaniu und die Stadt Ukapuwa entegegen. Er verfolgte den Sohn des Enlil; in die Stadt bracht er ihn. Und auch seine Truppen bracht er hinein in die Stadt. Kaniu nahm gekochtes Schweinefleisch

---

41 Goebs 2004: 169-171.
42 Helck 1980: 313-314.
43 Goebs 2004: 143-144.

und legte es ihm vor. Falls er es erkennt, dann ist er ein Gott; falls er es aber nicht erkennt, dann ist er ein Mensch, dann ist er sterblich und wir werden gegen ihn kämpfen. Sohn des Enlil nahm das Fleisch und aß es; [auch] ihnen [gab er] zu essen; zu trinken gab er ihnen.[44]

Nach einer längeren Lücke setzt der Text wieder ein und die Schandtaten des Gegners werden abermals beschrieben:

Und sie aßen. Z[uppa ...] rettet sich und sie ... [...] Die Boten des Königs von Halab ergriffen wir und ließen sie wieder nach Halab. Die Mutter des Zuppa ergriffen sie in Tinispa, töteten sie und aßen sie auf.[45]

Wie wir aus den Ortsnamen erkennen können, erzählt uns dieser Text nicht von Ereignissen im Zentralgebiet der Hethiter, sondern aus einer ihrer Randgebiete, dem heutigen Syrien. Volk vertritt die Meinung, dass es sich hier um einen historiographischen Text handelt, der die Bewohner Syriens noch gefährlicher darstellt, als sie es tatsächlich waren, um die Heldentaten des hethitischen Königs, der in ihr Gebiet zieht, zu glorifizieren.[46]

Wenn wir dem Text folgen, gab es in Syrien eine Gruppe von Menschen, die es vor allem auf fette Männer abgesehen hatte und sich von ihnen ernährte. Leider ist dieser Text unsere einzige Quelle für die Kannibalen in Syrien, ja gar die einzige Quelle für „echten", gewohnheitsmäßigen Kannibalismus im Alten Orient überhaupt und der Charakter des Textes ist schwer festzulegen.[47] Nach der Erwähnung der Kannibalen folgt ja eine Erzählung über einen Test der Göttlichkeit – nach modernen Standards gehört zumindest dieser Teil des Textes eher in den Bereich der Märchen als ins Genre einer ethnographischen Beschreibung. Nach Haas zeigt der Gegner im Verlauf dieser „Prüfung" durch den Verzehr von Schweinefleisch, das nach Haas dem Menschenfleisch im Geschmack ähnlich sein soll, dass er ein Mensch und kein böser Dämon ist, da ein göttliches Wesen, das bevorzugt Menschen frisst, das Schweinefleisch verschmäht hätte. Nachdem klar ist, dass es sich um einen menschlichen Gegner und keinen Gott handelt, wird der Kampf gegen ihn und seine Truppen aufgenommen. An dieser Stelle sollte noch darauf hingewiesen werden, dass Haas diese Episode in Verbindung mit der Erzählung um das Gastmahl des Tantalos, des mythischen Königs von Lydien, bringt. Tantalos lädt bekanntermaßen die Götter ein und setzt ihnen seinen Sohn Pelops vor und stellt die Götter also ebenfalls auf die Probe.[48]

Bemerkenswert ist, dass uns hier – allem Anschein nach zum ersten Mal – der menschenfressende Feind begegnet. Ob es sich hier um Wilde handelt, wird aus dem bruchstückhaften Text nicht ganz klar, denn möglicherweise leben die Menschenfresser in einer Stadt – Tinishipa – und Städte sind normalerweise nicht der bevorzugte Wohnort von Wilden.

---

44 Haas 2006: 52. Auf 51-54 bietet Haas einen Überblick über den Text und Hinweise auf weiterführende Literatur.
45 Haas 2006: 52.
46 Siehe dazu Volk 2006: 51.
47 Eine eingehende Charakterisierung und Besprechung des Textes liefert Gilan: 2008.
48 Siehe dazu Volk 2004.

Mensch im Topf – ein hethitisches Kochrezept?

Neben diesem Text gibt es noch einen weiteren möglichen Beleg für Kannibalismus bei den Hethitern, der jedoch, nach Auskunft des Bearbeiters des Textes, „ganz ohne Parallele" ist.[49] Im Rahmen der hethitischen Ersatzkönigrituale wird allem Anschein nach – der Text ist nicht gerade gut erhalten – ein Mensch geschlachtet und in einem Topf gekocht:

> Man tötet einen [Me]nschen. [...] koc[ht man] es mit einem Topf. [...] vom [Kö]rper ... [...] ...t man. Der/n Kopf [...] und ein [S]terblicher [...] so soll es sein.[50]

Für wen diese Speise gedacht war, berichtet uns der Text leider nicht. Während sich in den Ritualen keine Hinweise auf Kannibalismus finden lassen, sind bei den Hethitern Menschenopfer, oder um in der oben erwähnten Diktion von Pongratz-Leisten zu bleiben, „sacred killings" relativ breit belegt.[51] Beim Erhaltungszustand dieses Textes lassen sich eher keine Aussagen darüber machen, ob im Zuge hethitischer Rituale Menschen umgebracht und danach für den Verzehr vorbereitet worden sind.

Auch in der hethitischen Mythologie gibt es gelegentliche Verweise auf Kannibalismus, man denke hier etwa an den Kumarbi, der die Genitalien des An abbeißt und dadurch schwanger wird.[52] Wir können also zusammenfassen: In Mesopotamien, Ägypten und bei den Hethitern gibt es Berichte über Kannibalismus, wobei – mit der Ausnahme der syrischen Kannibalen – die Texte Kannibalismus zur Schilderung der extremsten Auswirkungen einer Hungersnot verwenden oder ihn in eine mythische Welt, beziehungsweise Traumwelt verlegen.

Abschließend möchte ich meine eingangs gestellte Frage beantworten. Allem Anschein nach waren es die Griechen – ein Verdienst, das ihnen selbst ihre glühendsten Verehrer bisher nicht zuerkannt haben –, die den Kannibalismus als typisches Merkmal des Wilden, des noch nicht zivilisierten Menschen, erkannten. Die aufgrund eines weniger fortgeschrittenen Zivilisationsprozesses im Alten Orient zu erwartenden Kannibalen konnten im Rahmen dieses kurzen Überblicks über die Quellen leider nicht gefunden werden – aber die Hoffnung stirbt zuletzt, dass sich nicht unter irgendeinem Hügel in Mesopotamien noch ein Archiv verbirgt, dass uns von den Kannibalen der grauen Vorzeit berichtet ...

---

49 Vgl. Kümmel 1967: 165.
50 Kümmel 1967: 165 (KBo XV 4).
51 Siehe dazu das einschlägige Kapitel bei Kümmel 1967: 150-168.
52 Zu den Mythen um Kumarbi siehe Haas 2006: 130-176.

Literaturliste

Alster Bendt, *Wisdom of Ancient Sumer*, Bethesda / Maryland, 2005.
Borger Rykle / Fuchs Andreas, *Beiträge zum Inschriftenwerk Assurbanipals*, Wiesbaden, 1996.
Crouch C.L., *Israel & The Assyrian. Deuteronomy, the Succession Treaty of Esarhaddon, and the Nature of Subversion* (= Ancient Near East Monographs 8), Atlanta, 2014.
Ebeling Erich, „Anthropophagie", in: *Reallexikon der Assyriologie* 1, 1928, 114.
Edzard Dietz Otto, „Kannibalismus", in: *Reallexikon der Assyriologie und vorderasiatischer Archäologie* 5, 1976-1980, 389-390.
Eyre Christopher, The Cannibal Hymn – A cultural and literary Study, Liverpool, 2002.
Frahm Eckart, *Geschichte des alten Mesopotamien*, Stuttgart, 2013.
Fuchs Andreas, „Waren die Assyrer grausam?", in: Martin Zimmermann (Hrsg.): *Extreme Formen von Gewalt in Bild und Text des Altertums* (= Münchner Studien zur Alten Welt 5), München, 2009, 65-119.
Geller M.J., The Last Wedge, *Zeitschrift für Assyriologie und Vorderasiatische Archäologie* 87, 1997, 43-95.
Gilan Amir, „Were there Cannibals in Syria? History and Fiction in an Old Hittite Literary Text", in: Ettore Cingano, Lucio Milano (Hrsg.), *Papers on Ancient Literatures: Greece, Rome and the Near East*, Padova, 2008.
Groneberg Brigitte, „Atrahmhasis, Tafel II iv-v", in: D. Charpin, F. Joannès (Hrsg.), *Marchands, Diplomates et Empereus*, Paris, 1991, 397-410.
Haas Volkert, „Das Gastmahl des Tantalos", in: Hildegard Piegeler, Inken Pohl, Stefan Rademacher (Hrsg.), *Gelebte Religionen*, Würzburg, 2004, 59-64.
Haas Volkert, *Die hethitische Literatur: Texte, Stilistik, Motive*, Berlin, 2006.
Heimpel W., „Löwe A.I. Mesopotamien", in: *Reallexikon der Assyriologie und vorderasiatischer Archäologie* 7, Berlin / New York, 1987-1990, 80-85.
Huber Irene, *„Ersatzkönige im griechischen Gewand: Die Umformung der šar pūhi*-Rituale bei Herodot, Berossos, Agathias und den Alexander-Historikern", in R. Rollinger (Hrsg.), *Von Sumer bis Homer. Festschrift für Manfred Schretter zur Vollendung des 60. Lebensjahres* (= AOAT 325), Münster, 2005, 339-398.
Katz Diana, *The Image of the Netherworld in Sumerian Sources*, Bethesda, MD, 2003.
Kienast B., „Hungersnot", in: *Reallexikon der Assyriologie und vorderasiatischer Archäologie* 4, Berlin / New York, 1972-1975, 498-501.
Kreberbik Manfred, "Geschlachte Gottheiten und ihre Namen", in: O. Loretz, K.A. Metzler, H. Schaudig (Hrsg.): *Ex Mesopotamia et Syria Lux. Festschrift für Manfried Dietrich zu seinem 65. Geburtstag* (= Alter Orient und Altes Testament 281), Münster, 2002, 289-298.
Lambert W.G. / Millard Alan R, *Atra-Hasīs: the Babylonian Story of the Flood*, Oxford, 1970.
Lambert W.G., *Babylonian Creation Myths* (= Mesopotamian Civilizations 16), 2013.
Lisman Jan J.W., *Cosmogony, Theogony and Antropogeny in Sumerian Texts* (= Alter Orient und Altes Testament 409), Münster, 2013.
Maul Stefan M., *Die Wahrsagekunst im Alten Orient*, München, 2013.
Millard A.R., "Nabû-bēl-šumāte", in: *Reallexikon der Assyriologie und vorderasiatischer Archäologie* 9, Berlin / New York, 1998-2001, 30-31.
Oeming Manfred, „Ich habe einen Greis gegessen", *Biblische Notizen* 47, 1989, 90-106.

Oppenheim A. Leo, „The Interpretation of Dreams in the Ancient Near East. With a Translation of an Assyrian Dream-Book", *Transactions of the American Philosophical Society*, New Series 46, 1956, 179-373.

Parpola Simo, Watanabe Kazuko, *Neo-Assyrian Treaties and Loyalty Oaths* (= State Archives of Assyria 2), Helsinki, 1988.

Pongratz-Leisten Beate, „Ritual Killing and Sacrifice in the Ancient Near East", in: K. Finsterbusch / A. Lange / K. F. D. Römheld (Hrsg.), *Human Sacrifice in Jewish and Christian Tradition*, Leiden / Boston, 2007, 3-33.

Rollinger Robert, Wieshöfer Josef, „Kaiser Valerian und Ilu-bi'di von Hamat. Über das Schicksal besiegter Feinde, persische Grausamkeit und die Persistenz altorientalischer Traditionen", in H. Baker et al. (Hrsg.): *Stories of long ago*, FS M.D. Roaf, Münster, 2012, 497-515.

Ursula Rössler-Köhler, „Kannibalismus", in: *Lexikon der Ägyptologie* 3, Wiesbaden, 1980, 314-315.

Schaudig Hanspeter, *Die Inschriften Nabonids von Babylon und Kyros' des Großen samt den in ihrem Umfeld entstandenen Tendenzschriften: Textausgabe und Grammatik* (= Alter Orient und Altes Testament 256), Münster, 2001.

Primitives Essen?
Überlegungen zum kulturanthropologischen Beigeschmack klassischer Menschenfresserei[1]

Martin Gronau

"In der Einsamkeit frißt sich der Einsame selbst auf,
in der Vielsamkeit fressen ihn die vielen."
Friedrich Nietzsche

Die Menschenfresserei erscheint bisweilen ebenso ungeheuerlich wie ihre metaphorischen Potenziale.[2] Der eingangs zitierte Aphorismus, mit dem der Philosoph, Poet und klassische Philologe Friedrich Nietzsche in althergebrachter Tradition das „Land der Menschenfresser"[3] zu charakterisieren suchte, macht eines jedenfalls sehr deutlich: Kannibalismus muss nicht zwangsläufig am animalischen Rand der Welt verortet werden. Menschenfresserei existiert gerade auch in ihrem allzu menschlichen Kern. Nicht ohne Grund spricht man davon, dass Menschen von ihren Artgenossen *abgeschlachtet*, dass Ethnien von anderen *einverleibt* werden, dass bisweilen nicht nur einsame Individuen, sondern auch ganze Gesellschaften sich wie im Wahn *selbst verzehren* – stets getrieben von einer unmenschlich primitiven Fresssucht, die tief in ihrer *conditio humana* verwurzelt zu sein scheint.

Gewiss ließe sich der (Un)Begriff der ‚Menschenfresserei' als Ausdruck einer absoluten (Einver)Leib(ungs)Metaphorik fassen: Der verspeiste Mensch ernährt seinen unersättlichen Verkoster. Dementsprechend verdichten sich in der Figur des ‚Menschenfressers' grundlegende anthropologische Reflexionen.[4] Der Kannibale symbolisiert nicht nur das animalische Andere, sondern auch die Bestie im Menschen selbst.[5] In loser Anlehnung an Blumenbergs metaphorologische *Theorie der Unbegrifflichkeit* soll in der vorliegenden Studie nun vor allem diesem (kultur)anthropologischen Gehalt der Kannibalismusnarrative auf den Grund gegangen werden, genauer, jener Menschenfressergeschichten, die uns aus der motivprägenden griechischen Antike überliefert sind.

Ganz allgemein verfolgt der Aufsatz dabei zwei Ziele: Zum einen soll er als Einführung in das weitläufige Labyrinth antiker Menschenfresserdiskurse dienen, quasi als Orientierungshilfe. Im genreübergreifenden Dickicht der griechischen Schauernarrative wimmelt es ja geradezu von verschiedensten Kannibalenfiguren, die zwar auf den ersten Blick artver-

---

1 Da der vorliegende Aufsatz nicht ausschließlich für Althistoriker verfasst ist, werden Quellentexte in bisweilen modifizierten Standardübersetzungen zitiert. Die Quellenkurzverweise und Editionsabkürzen in den Fußnoten folgen weitgehend dem Abkürzungsverzeichnis in ‚Brill's New Pauly' (BNP). Die Herausgeber spezieller Editionen werden in eckigen Klammern angegeben.
2 Grundlegend ist hier der Sammelband Pape & Fulda 2001. Siehe auch Moser 2005.
3 Kritische Studienausgabe II: 520.
4 Därmann 2008 I: 15-41; vgl. auch Pape 2001: 303-340.
5 Grundlegend der Sammelband Keck & Kording & Prochaska 1999. Zur metaphorologischen Genese des ‚beast within' siehe z.B. Averill 1990: 103-132.

wandt zu sein scheinen, bei genauerer Betrachtung jedoch große funktionale Unterschiede offenbaren. Um hier nicht den Überblick zu verlieren, sollen die wichtigsten Figurationen des griechischen Menschenfressers kurz präsentiert bzw. vorgestellt werden, jedoch eher in der Form eines illustrativen Panoramas denn als systematische Typologie. Welche klassischen Kannibalen begegnen in den griechischen Quellen? Wie sind sie konnotiert? Und aus welchem Grund bzw. mit welcher Funktion werden sie bisweilen als Menschenfresser beschrieben? Hieran schließt sich die zweite Zielstellung des Aufsatzes an. Die einführenden Fragestellungen sollen sodann nämlich durch eine tiefere kulturanthropologische Analyse des entsprechenden Diskursnetzes an Erkenntnispotenzial gewinnen. Vornehmlich werden hierbei jene metaphorischen Facetten der klassischen Kannibalismuserzählungen aufgefächert, die durch rein intentionalistische Deutungen derselben allzu sehr im Dunkeln bleiben müssten.

Es ist bekannt, dass sich die moderne geschichtswissenschaftliche Kannibalismusforschung zumeist auf die argumentative Funktion der Menschenfresserberichte in Prozessen kollektiver Identitäts- und Alteritätsbildung konzentriert. Auch im Rahmen des vorliegenden Sammelbandes wird mit gutem Grund vornehmlich gefragt, welche Funktionen der Vorwurf der Menschenfresserei in bestimmten antiken Kulturen erfüllen konnte – vor allem in religiösen, politischen, ethnischen und kulturellen Konfliktkonstellationen.[6] Selbst der vermeintlich moderne Mensch lernt diese Lektion ja schon im Kindesalter: Wer sich beim Essen danebenbenimmt, dieser grundlegendsten aller sozialen Tätigkeiten,[7] disqualifiziert sich häufig auch für andere gesellschaftliche, politische oder kulturelle Rollen – weshalb es schon seit Jahrtausenden als überaus funktional erscheinen konnte, gerade auch die Essgewohnheiten der Anderen als fremd- und abartig zu diffamieren. Jedenfalls lässt sich auf diese Weise wohl am besten erklären, warum uns aus ganz verschiedenen Epochen der Geschichte so viele Geschichten über habitualisierten Kannibalismus überliefert sind, aber kaum handfeste Beweise desselben: Menschenfresserei disqualifiziert; aber eher als Argument denn als Praxis, eher im Wort als in der Tat. In zahlreichen wissenschaftlichen Studien – nicht nur zur klassischen Antike – wird dies jedenfalls schon seit einiger Zeit hinreichend belegt.[8]

In vorliegendem Artikel soll nun stärker ins Bewusstsein gerufen werden, dass es jedoch vielfältige Funktionen erfüllen kann, jemanden als Menschenfresser zu bezeichnen, keineswegs immer nur diskreditierende. Eine lebensnahe Veranschaulichung liefert die allbekannte amouröse Floskel, man habe seinen Partner bzw. Partnerin doch „zum Fressen gern". Nahezu jeder Liebhaber wird schließlich schon am eigenen Leib erfahren haben, welch geradezu ‚qualifizierende' Wirkung diese grundkannibalische Redensart gelegentlich zu zeitigen vermag. Auch mit Blick auf die griechische Antike lässt sich Ähnliches beobachten. So wird im Folgenden allein schon die zu skizzierende Masse und bunte Vielfalt klassischer Kannibalennarrative deutlich machen, dass man schon in der griechischen Le-

---

6 Siehe z.B. die Beiträge von Friedrich Pöhl, Jonas Scherr und Katharina Degen.
7 Grundlegend Simmel 1984: 205-211. Zur ‚gastrosophical turn' der modernen Geschichtswissenschaft siehe u.a. Schindler 2000: 275-286.
8 Aufbauend auf Arens' grundlegender Studie sei hier z.B. verwiesen auf: Grant 1981: 161-170; Murphy & Mallory 2000: 388-394; Baudy 1999 I: 257-271; Kaufmann 2012: 8-24; Hook 2005: 17-40; Harland 2007: 56-75; Nagy 2009. Siehe v.a. auch die anderen Aufsätze des vorliegenden Sammelbandes.

benswelt nicht immer nur versuchte, mit diesem vermeintlich unsagbaren Stigma der Menschenfresserei das Fremde, das Andere, billigerweise schlecht zu machen.

Um dies aufzuzeigen, bietet es sich an, einige übliche semantische Schlüsse älterer Forschungstraditionen umzukehren. Bisher wurde zumeist gefragt: Was sagten die Autoren unserer altgriechischen Quellentexte über (myth)historische Individuen oder Kollektive aus, wenn sie ihnen die Eigenschaft ‚Menschenfresser' zugeschrieben haben? – wobei die häufigste Antwort wohl ‚Unmenschlichkeit' lautet. Nun soll zunächst einmal gefragt werden: Was sagt es uns denn über den klassischen Kannibalen aus, wenn er in den überlieferten Texten mit ganz vielfältigen menschlichen wie auch nichtmenschlichen Wesensarten und Figuren assoziiert – und damit auch beschrieben – wird? Anders ausgedrückt: Selbst der menschenfressende Kyklop Polyphem erlangt seine Faszination ja gerade dadurch, dass er im homerischen Epos keineswegs nur als primitive Bestie vorgestellt wird, sondern auch als Sohn eines Gottes, der zudem in geradezu paradiesischen Sphären lebt, idyllisch, gottbegünstigt, mit regelrecht automatisch wachsenden Pflanzen wie im Goldenen Zeitalter.[9] Lassen sich nicht auch daraus Rückschlüsse über die metaphorischen Potenziale des Menschenfressers im antiken Griechenland gewinnen? Wie auch daraus, dass die „gerechten Issedonen" den klassischen Berichten zufolge ihre Toten zu verspeisen pflegten, obwohl sie in der griechischen Ethnographie geradezu als Präfiguration eines edlen Naturvolkes fungierten?[10] Oder auch daraus, dass selbst der vorolympische Göttervater Kronos in althergebrachten Mythen seine eigenen Nachkommen aus Angst vor deren aufkeimenden Machtansprüchen verspeist,[11] und nichtsdestotrotz mit Vorstellungen einer friedlich-paradiesischen Urzeit assoziiert werden konnte? An dieser Stelle stößt man an Probleme der Aussagelogik: Wenn der griechische Held Achilles in den homerischen Epen mit einem menschenfressenden Löwen assoziiert wird, so sagt dies schließlich nicht nur etwas über das beschriebene Objekt (‚Achilles') aus, sondern auch über das beschreibende Attribut (den ‚Löwen').[12] Ganz ähnlich müsste es sich doch auch mit den vielfältigen Beschreibungen vermeintlicher ‚Kannibalen' verhalten, die in umfangreichen Narrativen seit der griechischen Archaik im hellenischen Kulturraum kursierten und im Folgenden regelrecht paradigmatischen Wert erlangten.

Der klassische Menschenfresser

Nähert man sich den klassischen Quellen, fällt zunächst einmal auf, dass die altgriechische Sprache kein eigentliches Wort für Kannibalismus besitzt. Unsere Quellen sprechen hier von ‚Menschenfresserei' (v.a. der ἀνδρο- bzw. ἀνθρωποφαγία) oder auch vom ‚gegenseitigen Fressen' (der ἀλληλοφαγία), welches aber bisweilen noch durch das Anhängsel ‚innerhalb einer Art' (τοῦ γένους) spezifiziert werden musste. Auffällig ist zudem, dass Wörter

---

9 Siehe insbesondere Hom. Od. IX 105-115: „Keiner rührt eine Hand zum Pflanzen und Pflügen. Sie stellen alles anheim den unsterblichen Göttern. Es wächst ja auch alles ganz ohne Saat oder Pflug, der Weizen, die Gerste, die Reben." Vgl. allgemein Rücker 2012: 10-25; Raible 2005: 595-601. Zum Sinnbild des kannibalischen Hirten siehe nach wie vor Baudy 1999 II: 221-242. Siehe auch FN 23.
10 Siehe FN 33.
11 Siehe FN 18.
12 Vgl. Gilhus 2006: 7.

des betreffenden Wortfeldes in unseren Quellen eher selten überliefert sind – was durchaus den Eindruck erwecken kann, dass die Menschenfresserei in der griechischen Antike als markerschütterndes *skandalon* empfunden wurde, als regelrecht unaussprechliches Tabu.[13]

Wortgeschichtliche Engführungen dieser Art sind methodologisch fragwürdig. Kannibalismus kann schließlich auch umschrieben werden, ohne schlimme Wörter in den Mund zu nehmen. Die Opferschlachtung der Iphigenie im ‚Agamemnon' des Aischylos wird werkimmanent weder ausführlich beschrieben, noch mit den entsprechenden *termini* bezeichnet, dafür jedoch schlagwortartig mit einem ‚thyestischen Mahl' assoziiert,[14] also dem wohl populärsten Typus kannibalischer Grenzüberschreitung. Jenseits aller Terminologie wird Menschenfresserei in unseren Quellen eben oft nur *an*gedeutet; dies aber durchaus *ein*deutig.

Stellen wir zunächst die grundlegende Frage: Wer konnte in der Lebenswelt der griechischen Klassik wohl als *der* Menschenfresser *schlechthin* angesehen werden? Ist es eventuell jener Thyestes, dessen Kinder tragischerweise geschlachtet, zerstückelt, gekocht, und ihm sodann – ohne sein Wissen – als jenes sprichwörtlich gewordene ‚thyestische Mahl' vorgesetzt wurden,[15] welches in anderen Erzählungen z.B. auch Tereus[16] oder Harpagos[17] in

---

13 Siehe jüngst z.B. Hose 2011: 50; sowie Hook 2005: 17. Zur vermeintlichen bildlichen ‚Undarstellbarkeit' des antiken Kannibalismus siehe Blome 1998, 86-91.

14 Siehe vor allem die Weissagung der Kassandra in Aesch. Ag. 1217ff, aber auch 1096-1097, sowie 1590-1602. Vgl. Neitzel 1985: 403-416.

15 Am ausführlichsten ist das Thyest-Narrativ in der gleichnamigen Tragödie des Seneca überliefert, die jedoch auf zahlreiche prominente Vorlagen aufbauen konnte. Aus Rache setzt Atreus seinem unwissenden Bruder Thyest ein Mahl vor, das aus dessen geschlachteten Kindern (mit Ausnahme des Aigisthos) zubereitet wurde. In Sen. Thy. 267f. wird das Geschehen als „monströs", „perfide", „niegesehen" und „fern aller Menschennatur" charakterisiert. Dramatische Stücke mit dem Titel ‚Thyestes' wurden dabei jedoch zahlreichen Autoren zugeschrieben; neben Sophokles und Euripides z.B. auch Agathon, Apollodoros, Karkinos, Chairemon, Kleophon und dem ‚Kyniker' Diogenes; vgl. Seidensticker 1985: 116-136. Wie das Thyest-Narrativ auch in anderen Werken aktiviert werden konnte, zeigt v.a. Hook 1992; 2005: 17-40. Zum ‚thyestischen Mahl' vgl. z.B. auch Soph. Aj. 1291ff.; Eur. El. 699ff.; Eur. Iph. T. 193ff, 812f.; Eur. Or. 11ff., 812 ff., 995ff.; Aristot. Poet. 1453a. Das Menschenfressermotiv zieht sich dabei wie ein roter Faden durch die mythische Genealogie. Aigisthos, der einzige Sohn des Thyestes, der der Opferschlachtung durch Atreus entkommt, wird in anderen Erzählungen von Orestes beim Opfer erschlagen; vgl. z.B. Eur. El. 758ff, 816ff. Auch um Pelops, den Vater des Thyest und Atreus, rankt sich eine klassische Menschenfressererzählung. Dessen Vater Tantalos habe ihn zerstückelt, gekocht und den Göttern zur Speise vorgesetzt (vgl. z.B. Pind. Ol. I 26-51; 65f; Apollod. Epit. 2,3; Hyg. Fab. 83; Ov. Met. VI 401-411), um deren vermeintliche Allwissenheit zu prüfen. Vgl. Serv. Georg. 3,7.

16 Der kannibalische Tereus-Mythos war in der griechischen Klassik sehr bekannt. Sophokles hat z.B. einen (weitgehend verlorenen) ‚Tereus' (TrGF fr. 581-595) geschrieben, der auch in Aristophanes' ‚Vögel' parodiert wird. In der mythischen Version nach Apollod. 3,193-195 sowie Ov. Met. 6,424-674 rächen sich zwei Frauen am thrakischen König, indem sie dessen Sohn Itys töten, zerstückeln, seine Glieder kochen und ihm letztlich zu einem Mahl vorsetzen, dessen tragisches Substrat sich dem Speisenden im thyestischen Sinne erst nachträglich offenbart. Vgl. auch die Tereus-Passage in Burkert 1972, sowie Nagy 2009: 53-55.

17 In einer Erzählung nach Hdt. I 118-119 bestraft der medische Herrscher Astyages seinen Verwandten Harpagos mit einem (ausführlich beschriebenen) thyestischen Mahl: „Astyages ließ das Kind [des Harpagos] [...] schlachten [σφάξας], die Gliedmaßen zerteilen [κατὰ μέλεα διελών] und die einen [τὰ μὲν ... τῶν κρεῶν] als Fleischstücke braten [ὤπτησε], die anderen kochen [δὲ ἥψησε], und nachdem er alles fertig hatte richten lassen, ließ er es bereitstellen. Als sich dann die anderen Gäste und Harpagos

ähnlicher Weise zu sich nehmen? Oder könnte es vielleicht der Urgott Kronos höchstselbst sein, der aus Motiven des Machterhaltes seine eigenen Kinder verspeist haben soll?[18] Oder ist es der Ägypter Busiris, der barbarische Menschenschlächter, der in allerlei klassischen Erzählungen als Sinnbild hybrischen Frevels herhalten muss?[19] Oder Agaue, die im dionysischen Wahn mitsamt einer Gruppe ekstatischer Furien ihren eigenen Sohn jagt, zerreißt und frisst?[20] Oder ist es gar Tydeus, der außer Kontrolle geratene Krieger, der Berserker, der im Blutrausch das Hirn seines getöteten Gegners ausgeschlürft haben soll?[21] Eine derart enzyklopädische Aufzählung berühmter mythhistorischer Individuen ließe sich auch unter Verweis auf antike *bildliche* Repräsentationsformen noch einige Zeit fortsetzen.[22] Allerdings liefe man dabei wohl Gefahr, in substanzloses, katalogisches *name-dropping* zu entgleiten. An den verschiedenen narrativen Kontexten der bereits aufgezählten Menschenfresser-Figuren kann der Kenner griechischer Mythologie auch so schon ablesen, dass Kannibalismus in den klassischen Erzählungen oft mit Wahn und Frevel, Selbstverlust und Fremderkenntnis einherzugehen scheint.

Gegenüber den bereits erwähnten *Einzel*figuren kann in stärker ethnographischer Tradition sodann auch auf einige Menschenfresser*kollektive* verwiesen werden. Im überlieferten Satyrspiel des Euripides heißt es, dass die riesenhaften Kyklopen „genüsslich Menschenfleisch verzehren [βορᾷ χαίρουσιν ἀνθρωποκτόνῳ]", weil es das „süßeste Fleisch

---

zur Stunde des Mahles [τοῦ δείπνου] eingefunden hatten, [...] wurde neben Harpagos ein Tisch mit Fleischstücken seines eigenen Sohnes [κρεῶν ... τοῦ παιδὸς τοῦ ἑωυτοῦ] aufgestellt – und zwar alles außer Kopf, Händen und Füßen. Dies nämlich lag getrennt in einem Korb verhüllt. [...]" Vgl. auch Hdt. I 73, wo eine Gruppe skythischer Lehrer dem Mederkönig Kyaxaras aus Vergeltung eines der unterrichteten Kinder als Jagdspeise zubereiten.

18 Zum Kronos-Mythos siehe v.a. Hes. Theog. 454-505, vgl. aber auch Apollod. I 1,4. Auf diesem mythischen Fundament konnte er mit vermeintlichen Kinderopfer- und Kinderfresserritualen im (kretischen?) Lyktos und in Karthago verbunden werden, so z.B. in Plat. Min. 315c; vgl. aber auch Eur. Iph. T. 625ff.; Theophr. Frgm. 13 [Pötscher]; Diod. XX 14,4-7; Philon v. Byblos FGrHist 790 F3; Lact. Inst. I 21,13. Zu den ‚kronischen' Moloch-Opfern siehe allgemein auch Nagy 2009: 19-24.

19 Siehe v.a. Isoc. Or. XI 5; 7; 31-32; 38. In Callim. Ait. Fr. 48-52 [Asper] wird Busiris konkret mit dem menschenfressenden Tyrannen Phalaris in eine paradigmatische Beziehung gesetzt. Zahlreiches weiteres – auch bildliches – Quellenmaterial zum fresssüchtigen Barbarenkönig lieferte jüngst Hoernes 2012: 233-269.

20 Auch der Mythos von Agaue, die im mänadischen Wahn ihren eigenen Sohn Pentheus zerreißt und frisst, war äußerst populär. Aischylos schrieb so z.B. eine ‚Pentheus'-Tragödie; v.a. aber aus Eur. Bacch. sind wir über die dionysische Zerfleischung des thebanischen Herrschers informiert, die auch an die *sparagmoi* des Orpheus (z.B. Aesch. TrGF III T 68, F 23-25) oder des Hippasos (Antoninus Liberalis 10,3) erinnert; vgl. auch Theokr. 26 sowie Ov. met. 3,511-731. Rituelle Verstetigung fand der Mythos im Frauenfest der Agrionia. Zum Motivkomplex von Kindsmord und Wahnsinn siehe allgemein die umfangreiche Studie Hesse 2007. Zur kannibalischen Omophagie der Mänaden siehe z.B. Burkert 1999: 253-254.

21 Frühe Belege für das kannibalische Narrativ finden sich in Hes. Frgm. 10 [Merkelbach/West]; Thebais fr. 9 [Bernabé]; Eur. Frgm. 537 [Nauck]; vgl. sodann aber auch Apollod. III 76-77; Stat. Theb. VIII 751-766. Eine Terrakottagruppe vom Pediment des Tempels von Pyrgi aus der ersten Hälfte des 5. Jh. v. Chr. stellt Tydeus dar, wie er das Hirn seines Gegners Melanippos ausschlürft. In der klassischen Deutung des Mythos brachte sich Tydeus mit dem kannibalischen Fressakt um die Unsterblichkeit, die ihm von den Göttern geschenkt werden sollte. Weiteres Material liefert auch Jucker 1997: 82-88.

22 Zu bildlichen Darstellungen der Kannibalenmahle siehe v.a. Blome 1998, 72-95, insb. 86-91, und das dort aufgeführte Material.

[γλυκύτατά ... τὰ κρέα]" sei.²³ Stärker als bei Homer tritt Polyphem hier als ein regelrecht (austauschbares) Exemplar einer ganzen (Menschfresser)Gattung in Erscheinung; wie in ähnlicher Weise bisweilen auch die gigantischen Laistrygonen als kollektive (Gelegenheits)Menschenfresser charakterisiert werden.²⁴ Bedeutsam sind diese beiden Menschenfresservölker vor allem deshalb, weil sie motivprägend auf spätere ethnographische Diskurse einwirkten. Da die antike Völkerkunde zumeist keine klaren Grenzen zwischen ‚mythischen' und ‚historischen' Gesellschaften zog, war es den klassischen Autoren ein Leichtes, selbst in der Beschreibung vermeintlich zeitgenössischer Völkerschaften auf diese homerischen Modelle zu rekurrieren, sie mit anderen Völkerschaften regelrecht zu analogisieren oder zu parallelisieren.²⁵ In klassischen Quellentexten wird verschiedenen – zumeist (semi)nomadisch und randständig lebenden – Fremdvölkern daher oft nachgesagt, auf vielfältigste Weise dem Kannibalismus gefrönt zu haben,²⁶ z.B. den Bassarern,²⁷ den Achaiern am Pontos,²⁸ den Heniochern²⁹, oder manch skythischen oder sonstigen Stämmen, die ganz allgemein „Menschenfresser" gewesen sein sollen; und ähnlich wie die Kyklopen „weder Recht [δίκην] noch Gesetz [νόμῳ]" kannten.³⁰ Zumeist bleiben die uns überliefer-

---

23 Eur. Cycl. 113-128. Während bei Homer (insb. Od. IX 105-115; 289-298) nicht klar wird, ob *alle* Kyklopen Androphagen sind, geht Euripides' Satyrspiel (z.B. Eur. Cycl. 21-23; 445-446) viel eindeutiger von einer gleichgearteten Kyklopengemeinschaft aus. Weitere Kyklopennarrative finden sich z.B. bei Bakchyl. Frgm. 59 [GL]; Aristoph. Plut. 299ff.; Callim. Epigr. 47; Lykophr. Alex. 657; Philoxenos (von Kythera) Frgm 817-824 [GL]; Prop. II 33c; Plin. Nat. III 89; VII 9; Stat. Theb. VI 716ff.; Val. Fl. IV 104; Ov. Met. XIV 160ff.; Apollod. Epit, VII 3-9; Q. Smyrn. VIII 125ff.; Philostr. Ap. IV 36; (Ps.)Hyg. Fab. 125. Antisthenes soll ein Buch geschrieben haben ‚Über den Gebrauch von Wein, oder Über Trunkenheit, oder über den Kyklopen', womit deutlich wird, dass auch die Menschenfresserei des Polyphem als dionysischer Selbstverlust deutbar gewesen sein könnte. Zur Zusammenführung von Kannibalismus und ‚wildem' Nomadismus im Sinnbild des Kyklopen siehe v.a. Rücker 2012: 10-25 und Raible 2005, 595-601; vgl. auch Schubert 2008: 17-41 und Weiß 2008: 3-15. Zu Homer, Euripides und der Kannibalismusliteratur siehe v.a. Rawson 1995: 1159-1187; vgl. auch Rundin 1996: 170-215.
24 Zu diesen nicht-nomadisch lebenden Riesen siehe v.a. Hom. Od. X 81-132; aber auch Hes. Frgm. 150 [Merkelbach/West]; Apollod. Epit.VII 12; Lykophr. 662ff.; Paus. VIII 29,2; Anony. Odyssea Frgm. [trans. Page, Vol. Select Papyri III, No. 137]; Ov. Met. XIV 233-243; Ov. Fast. IV 69; Plin. Nat. VII 9. Zu gigantisierten Menschenfressern siehe v.a. Kistler 2007: 347-360.
25 Siehe z.B. Plin. Nat. VII 9, wo skythische Menschenfresser konkret mit Laistrygonen und Kyklopen assoziiert werden. Mit Fokus auf die soziale Organisationsform der Kyklopen vgl. z.B. auch Plat. Leg. III 680bff. sowie Aristot. Pol. I 1252b 19ff.
26 Zum problematischen Verhältnis von *res fictae* und *res factae* im antiken Nomadismusdiskurs siehe z.B. Schubert 2008: 17-41.
27 Theophr. De pietate fr. 3 [Pötscher].
28 Aristot. Pol. VIII 1338b19-22.
29 Aristot. Pol. VIII 1338b19-22.
30 Hdt. IV 106. Zu den nomadischen Androphagen, die nach Herodot fern von allen Menschen einige Tagesreisen nördlich der Skythen leben, siehe auch Hdt. IV 18; IV 100. Ephoros FGrH 70 F 42 beschreibt die Lebensweisen [βίους] gewisser Skythen als „hart und übel [χαλεπούς], so dass sie selbst Menschen fressen [ἀνθρωποφαγεῖν]"; vgl. auch FGrHist 70 F 158. Zum skythischen Bluttrunk siehe v.a. Hdt. IV 62; IV 70. Zumindest kannibalische Opferritten konnten aber auch konkurrierenden ‚Kulturvölkern' wie den Karthagern, Ägyptern, oder sogar einzelnen griechischen Stämmen nachgesagt werden. Plat. Min. 315b-c assoziiert die karthagischen Moloch-Opfer z.B. mit dem kannibalisch konnotierten Opferritus der arkadischen Lykaia. Im Falle Ägyptens verdichten sich die Kannibalismusberichte vornehmlich in der kannibalisch konnotierten Menschenopferpraxis des Busiris;

ten ethnographischen Kannibalismusberichte recht unspezifisch.[31] Manchmal werden sie jedoch konkretisiert, v.a. wenn sie *endo*kannibalische Bestattungsriten betreffen. Nach Herodot sollen so z.B. die Massageten,[32] die „gerechten" Issedonen,[33] die Kallatier[34] und die Padaier[35] sehr erpicht darauf gewesen sein, ihre alten, toten oder kranken Angehörigen zu verspeisen, wobei auch die Zubereitungsarten nicht selten explizit beschrieben werden.

Die *habitualisierte Menschenfresserei* wird in derartigen Zusammenhängen meist als ethnographisches *mirabilium* eingesetzt, anhand dessen sich die extremen Arten des menschlichen Umgangs mit dem Tod ausloten lassen. In *exo*kannibalischen Erzählungen schwingt nicht selten eine absolute Nihilierung des bezwungenen Gegners mit: Der Andere wird *ver*speist. Der *endo*kannibalische Fressakt scheint demgegenüber stärker zwischen einverleibender *Verinnerlichung* und verzehrendem *Konsum* menschlicher Zutat oszillieren zu können. So sei es für die Massageten „die schönste Form der Bestattung [τάφος κάλλιστος], in den Kindern [ἐν τοῖς τέκνοις] beigesetzt zu sein [τεθάφθαι]",[36] wohingegen aus dem Vorgehen der Padaier, die ihre Kranken zu verspeisen pflegen, reiner diätischer Pragmatismus zu sprechen scheint: „Wenn einer der Stammesgenossen krank geworden ist", dann töten und „verzehren [κατευωχέονται]" ihn seine nächsten Verwandten, „da sie behaupten, dass ihnen sein Fleisch verloren ginge [τὰ κρέα σφίσι διαφθείρεσθαι], wenn er durch Krankheit aufgezehrt würde."[37] Die zeitgenössischen Rezipienten entsprechender ethnographischer Literatur werden derart *fremd*artige Bestattungsrituale und Speisegewohnheiten ihrer fernen Art*genossen* dabei wohl weniger mit Schauer, als vielmehr mit außerordentlicher Faszination aufgenommen haben; an erster Stelle werden hier schließlich ritualistische Extreme durchgespielt.[38]

Auch wenn sich zu den bereits aufgezählten kannibalischen Völkerschaften und menschenfressenden Individuen wohl die schönsten Quellen zitieren und die grausigsten Geschichten nacherzählen ließen, bietet es sich an, auf der Suche nach den bedeutendsten Menschenfressern zunächst noch einen Schritt weiter zu gehen, genauer, in *artfremde* Sphären. Schon die Padaier fürchteten Herodot zufolge ja, dass das Fleisch ihrer Angehörigen

---

vgl. FN 19. Zur Kinderschlachtung und zum Bluttrunk ägyptischer Söldner siehe auch Hdt. III 11. Zu den arkadischen Lykaia siehe unten FN 70. Vgl. auch Strab. IV 5,4 zu den irischen Hibernern; Strab. XI 11,8 zu den Derbikern (?) in der Kaukasus-Region; Plin. Nat. VI 195 zu den Äthiopen; Plin. Nat. VII 11f. zu den androphagen Skythen.

31 Aristot. Pol. VIII 1338b19-22 spricht von „vielen Völkern [πολλὰ δ' ἔστι τῶν ἐθνῶν], die zum Töten [πρὸς τὸ κτείνειν] geneigt sind und zur Menschenfresserei [ἀνθρωποφαγίαν]". Vgl. auch Aristot. Eth. Nic. VII 1148b19-24, wo „verwilderten Stämmen am Schwarzen Meer" Kannibalismus unterstellt wird. Plat. Leg. 781e-782d identifiziert kannibalische Menschenschlachtungen „auch heute noch [ἔτι καὶ νῦν] bei vielen [πολλοῖς] (Völkerschaften)".
32 Hdt. I 216; Dissoi Logoi 90 2,14 [DK].
33 Hdt. IV 26, der hier wohl auch ein verlorenes Epos des Aristeas verarbeitet.
34 Hdt. III 38.
35 Hdt. III 99-100.
36 Dissoi Logoi 90 2,14 [DK].
37 Hdt. III 99-100.
38 Hdt. III 99-100 kontrastiert die endokannibalischen Padaier in diesem Sinne direkt mit anderen indischen Völkerschaften, die „kein Lebewesen töten [οὔτε κτείνουσι οὐδὲν ἔμψυχον]", „nichts säen [οὔτε τι σπείρουσι]", und einfach nur „Gras essen [ποιηφαγουσί]". Auch Ephoros FGrH 70 F 42 bringt die Kannibalen in einem solchen Sinne gegen diejenigen Völkerschaften in Stellung, die „gar gänzlich auf andere Lebewesen [τῶν ἄλλων ζῴων] (als Nahrung) verzichten [ἀπέχεσθαι]."

von Krankheiten – und nicht von ihnen selbst! – verzehrt werden könnte. Was sagt es in diesem Sinne nun über den ‚klassischen Kannibalen', dass in einigen tragischen Fragmenten selbst das (Krebs)Geschwür menschliches „Fleisch [σάρκας]" zu „fressen [ἐσθίει]" pflegt[39] und damit gewissermaßen als krankhaft-kannibalischer Teil des Menschen agiert? Da sich der antike ‚Kannibalismus' weitgehend in der Idee der ‚Menschenfresserei' erschöpft, ist es jedenfalls nur konsequent, auch *nicht-menschliche* Wesensarten in den Blick zu nehmen, die in klassischer Zeit als menschenfressend beschrieben wurden; bei den Kyklopen und Laistrygonen handhabt es die moderne Kannibalismusforschung schließlich ebenso.

Die damit zu vollziehende *zoologische* Perspektiverweiterung lenkt den Blick folgerichtig wohl auf die prominentesten Menschenfresser (nicht nur) der griechischen Klassik: die Tiere, genauer, jene undomestizierbaren wilden Raubtiere, vor denen der antike Grieche Todesangst haben musste, wenn er sich fernab der *polis* zu bewegen gedachte. In den naturhistorischen Schriften der Zeit galten Menschen bisweilen als deren Lieblingsspeise. In seiner ‚Historia Animalium' beschreibt Aristoteles so z.B. die Hyäne, wie sie Menschen „jagt" und sogar Gräber aufbricht, „weil sie auf den Verzehr von Menschenfleisch [τῆς σαρκοφαγίας τῶν ἀνθρώπων] so versessen ist".[40] Und zu den Wölfen stellt er fest: „Einzeln umherstreifend fressen sie eher Menschen [ἀνθρωποφαγοῦσιν] als in Rudeln."[41] Passenderweise fühlt man sich hier an andere kannibalische Einzelgänger erinnert, die als Figurationen des Anti-Sozialen vor allem *außerhalb* der Gemeinschaft ihr menschenfressendes Gemüt auszuleben scheinen.

Im mythisch-historischen Raum verschwimmen die Grenzen zwischen wilden Tieren und ungeheuerlichen Bestien, gar Monstern.[42] Die berühmten Rosse des Diomedes[43] und die stymphalischen Vögel[44] scheinen sich z.B. kaum von ihren überaus friedlichen Artgenossen zu unterscheiden, bis auf den Umstand, dass sie in den klassischen Herakles-Erzählungen exponierte „Menschenfresser", eben ἀνθρωποφάγοι, sind. Das fürchterliche Seeungeheuer Ketos, das in mythischer Tradition regelmäßig Kinder als Speiseopfer einfordert, erinnert in graphischen Darstellungen oft an einen monströsen Fisch. Die Skylla, seine mythische Verwandte, ließ sich demgegenüber viel hybrider und ambivalenter, eben tiermenschlicher, versinnbildlichen. In den klassischen Erzählungen werden beide gleichermaßen als „menschenverschlingend" beschrieben.[45]

---

39 Eur. Frgm. 792 [Seeck]; Aischyl. Frgm. 102 [Werner].
40 Aristot. Hist. An. VIII 594a26.
41 Aristot. Hist. An. VIII 594a26.
42 Vgl. Goetsch 2005: 555-571.
43 Palaiphatos, Peri apiston 7 bezeichnet die althergebrachte Vorstellung, dass die von Herakles erlegten Pferde des Diomedes „Menschenfresser [ἀνδροφάγοι]" gewesen seien, als „lächerlich". (Ps.)Herakl. Incred. 31 referiert sie als „menschenfressende [ἀνθρωποφάγους]" und „wilde [ἄγριαι] Nomaden [νομάδες]". Vgl. z.B. auch Diod. IV 15,3ff.; (Ps)Hyg. Fab. 30; Philostr. Imag. 2,25.
44 Die vermeintlich menschenfressenden Vögel (Paus. VIII 22,4 spricht von ὄρνιθάς ποτε ἀνδροφάγους) begegnen schon früh in den epischen ‚Heraklea' des Peisandros sowie des Panyassis. Siehe z.B. auch Apoll. Rhod. II 1052ff.; Apollod. II 92; Diod. IV 13,2; oder Stat. Theb. IV 297ff.
45 Palaiphatos, Peri apiston 37 referiert einen klassischen Ketos-Mythos, wonach das Meeresungeheuer von den Troern regelmäßig Mädchen als Speiseopfer verlangte. Vgl. auch Hom. Od. XII 125ff; Hes. Theog. 238, 270f., 330, 336f.; Apollod. I 10; II 103. Nach Apollod. Epit. VII 20 „besaß Skylla Gesicht und Brust einer Frau, am Leib aber sechs Hundeköpfe und 12 Hundefüße". Zum gesamten

Überaus leicht lässt sich hier eine Brücke schlagen von der ‚animalischen' Menschenfresserei in den naturkundlichen Schriften zurück zu jener im kannibalischen Mythos: Man denke hier nur an den Martichoras des Ktesias, ein in Indien lebendes tigerähnliches Mischwesen mit Menschengesicht; auch er freilich ein „Menschenfresser", wie diesmal sogar die Etymologie seines altpersischen Namens indiziert.[46] Vor allem muss hier aber auf den Minotauros verwiesen werden, halb Mensch, halb Stier, und: vollends „Menschenfresser".[47] Über die ebenfalls stiermenschliche Figur des (Dionysos) Zagreus konnte er zudem mit vermeintlichen Menschenfresserkulten auf Kreta verbunden werden.[48]

Im vormodernen Verständnishorizont wurde Anthropophagie keineswegs nur von Menschen betrieben, sondern primär von Tieren, Monstern und fürchterlichen Hybridwesen. Gerade *diese* Art urtümlicher Menschenfresser war auch in der Lebenswelt der griechischen Klassik überaus präsent. Sie lebten in Geschichten und in Bildern. Theatralisch prägten sie den städtischen Raum, wie sie auf aufwendig gestalteten Keramiken bisweilen selbst im *oikos* prominent platziert werden konnten.

In mythischen Sphären dienten derartige anthropophage Monster nicht selten als hybride Grenzwächter. Sie hüten das Tor zur Differenz,[49] welches vornehmlich von Helden wie Herakles, Odysseus, Ödipus oder Theseus überwunden werden sollte. Im Kontext übergeordneter Zivilisierungs- und Ordnungsnarrative macht es dabei keinen großen Unterschied, ob der mythische Kulturheros und Städtegründer Herakles nun z.B. menschenfressende *Tiere* (wie den nemäischen Löwen oder die Pferde des Diomedes), menschenfressende *Monster* (wie Ketos), menschenfressende *Giganten* (wie die Phlegräer)[50], oder men-

---

Motivkomplex siehe z.B. auch Lykophr. 470ff., 951ff.; Strab. XIII 1,32; Diod. IV 32,1; IV 42,1; Q. Smyrn. VI 283 ff.; (Ps.)Hyg. Fab. 31; Ov. Met. XI 207ff.

46 Altpersisch *martijaqâra* = ‚Menschenfresser'. Der früheste Beleg für den Martichoras findet sich wohl in Ktesias' ‚Indika' (FGrHist 688 F 45). Nach Aristot. Hist. An. II 501a25-b1 seien Gesicht und Ohren des „wilden [ἄγριον]" und „menschenfressenden [ἀνθρωποφάγον]" Ungeheuers „menschenähnlich [ἀνθρωποειδές]" gewesen; vgl. z.B. auch Paus. IX 21,4; Plin. Nat. VIII 75; Philostr. Ap. III 45.

47 Die Sage vom Minotauros, dem alle 9 Jahre jeweils 7 athenische Mädchen und Jungen als Tribut zum Fraß vorgeworfen wurden, war außerordentlich populär. In zahlreichen attischen Dramen wurde der Stoff verarbeitet, so z.B. in Sophokles' ‚Minos', und in Euripides' ‚Kretern' und ‚Theseus'. Weitere Reflexe des Motivs finden sich z.B. bei Hes. Frgm 145 [Merkelbach/West]; Plat. Leg. IV 706a; Plat. Phaid. 58a; Plat. Min. 318d-321b; Apollod. III 313. In Eur. Frgm. 472a+2 [Seeck] wird dem Minos selbst „männertötendes Schlachten" und der rohe Verzehr menschlichen Fleisches potentiell vorgeworfen. Schon früh sind uns auch mythenkritische Bearbeitungen überliefert, siehe z.B. Aristot. Frgm. 485 [Rose]; Philochoros FGrHist 328 F17a oder Palaiphatos, Peri Apiston 2.

48 Laut einer problematischen orphischen Anthropogonie wurde der stiermenschlich figurierte Dionysos Zagreus als Kleinkind von den Titanen zerrissen und verspeist. Zu den verschiedenen Erzähltraditionen siehe v.a. die kritische Studie Edmonds 1999: 35-73. Zur Epiklese des Dionysos Zagreus siehe Callim. Aitia Frgm. 47, V. 117 [Asper]; Frgm. 424 [Asper] (vgl. Orphica Fr. 35 Kern), vgl. auch Aischyl. Frgm. 124; Diod. IV 5,2; IV 6,1; V 75,4; Paus. VII 19,4; (Ps.)Hyg. Fab. 167; Nonn. Dion. VI 155ff. Das ‚Kreter'-Fragment Eur. Frgm. 472 [Seeck] verbindet einen ‚Nachtschwärmer'-Zagreus mit einem Zeus-Kult: „…ein reines Leben [ἁγνὸν δὲ βίον] führe ich, seit ich Eingeweihter des Zeus vom Ida wurde und des nächtlichen Zagreus ekstatischen Rauch und die rohverschlingenden Mähler [ὠμοφάγους δᾶτας] feierte." Zum vermeintlichen kretischen Ursprung des Kannibalismus siehe schon Hankin 1929: 48.

49 Goetsch 2005: 555-571. Vgl. zum gesamten Themenkreis der menschenfressenden Monster Quammen 2003.

50 Zum Kannibalismus der ‚gigantischen' Phlegräer siehe v.a. Ephoros FGrH 70 F 34: „Diejenigen aber, die die Region bewohnten [κατοικοῦντες], die einst [πάλαι] Phlegra genannt wurde [ὀνομαζομένην],

schenfressende *Menschen* (wie Busiris) vom Erdkreis tilgt: In *all* diesen Fällen wird die vormals als feindlich empfundene menschliche Lebenswelt *politisch urbar* gemacht.

Dass derart zivilisierende Reinigungsakte bisweilen gerade an neuralgischen Punkten zu geschehen haben, z.B. an der Grenze von *polis* und Wildnis, lässt sich vor allem anhand der tiermenschlichen Sphinx veranschaulichen. Dem Mythos zufolge pflegte dieses mythische Mischwesen diejenigen Menschen zu verspeisen, die vor den Toren Thebens das von ihm gestellte *Menschenrätsel* nicht zu lösen vermochten.[51] Wie das damit verknüpfte Ödipus-Narrativ deutlich macht, konnte die Überwindung derartiger menschenfressender und zumindest partiell anthropomorpher Monster eben auch die Selbsterkenntnis des griechischen Menschen versinnbildlichen.[52] Der halbanimalische Menschenfresser ist hier ein rätselhaftes Zerrbild seiner eigentlichen Opfer, ihr bedrohliches *alter ego*, welches es im Kontrast zum menschlichen Selbst *erst* als solches zu erkennen und *dann* zu besiegen gilt. Nicht immer sieht man sich dem Menschenfresser nur im Anderen konfrontiert – wie hiermit noch einmal vor Augen geführt sein sollte.

Besondere Eigenschaften und Funktionen klassischer Kannibalismusnarrative

Im klassischen Anthropophagiediskurs sind es meist *tierhafte* Wesen, die Menschenfleisch verspeisen; so eben auch als animalisch charakterisierte Menschen. Wie ein blutroter Faden zieht sich dieser Aspekt jedenfalls durch die meisten Narrative, ganz gleich, ob diese nun in epischen oder dramatischen Gedichten, oder z.B. auch in historiographischen und ‚wissenschaftlichen' (Schul)Schriften überliefert sind.[53]

---

nun aber Pallene, waren [ἦσαν] ‚rohe' Menschen [ἄνθρωποι ὠμοί], Tempelräuber [ἱερόσυλοι] und Menschenfresser [καὶ ἀνθρωποφάγοι], die sogenannten ‚Giganten' [οἱ καλούμενοι Γίγαντες], von denen gesagt wird, dass Herakles sie besiegte, nachdem er Troia eroberte." Siehe auch Kistler 2007: 347-360. Die Funktion des Herakles als Kulturheros wird v.a. im Corpus Isocrateum wunderbar ausgebaut.

51 Schon im archaischen thebanischen Epen-Zyklus taucht die menschenfressende Sphinx auf, vgl. Oidipodea Frgm. 3 [West] (=Schol. Eur. Phoen. 1760). Aischylos soll eine Ödipus-Trilogie geschrieben haben, in der eine 'Sphinx' das Satyrspiel bildete; vgl. zudem z.B. auch Hes. Theog. 326ff.; Lasos Frgm. 706a [GL]; Korinna Frgm. 672 [GL]; Aischyl. Sept. 539ff.; 773ff.; Asklepiades FGrH 12 F7a; Apollod. III 52-55; Lykophr. 1465; Paus. IX 26,2; Diod. IV 64,4; (Ps.)Hyg. Fab. 67; 151; Ov. Met. VII 759ff.; Sen. Oed. 87ff.; 245ff.; Stat. Theb. I 66; II 500ff.

52 Eine Analyse der kannibalisch konnotierten Selbst- und Fremderkennungsmythen aus dem antiken Griechenland liefert hier z.B. Lusetti 2008; insb. 439-466.

53 Wie subtil der Aspekt der Animalität in klassische Menschenfressermythen eingeflochten werden konnte, zeigt vor allem die Erzählung um den argivischen König Adrastos, der die Flüchtlinge Tydeus und Polyneikes in seiner Stadt aufnimmt. Nach Eur. Frgm. 753+1 erhielt dieser ein Traumorakel, wonach er seine Töchter an „wilde Tiere [θηρσὶν]" binden solle. Dieses enigmatische Heiratsorakel ergibt letztlich vor allem deshalb Sinn, weil Tydeus und Polyneikes wohl die Häute eines Ebers und eines Löwen als Bekleidung (oder auch als Schildzeichen) trugen, und weil beide vom zeitgenössischen Publikum wohl aufs Engste mit dem animalischen Akt der Menschenfresserei assoziiert werden konnten. Zu Tydeus siehe oben FN 21; aber auch dem Polyneikes wird in klassischen Erzählungen bisweilen vorgeworfen, das „Blut der Verwandten [αἵματος κοινοῦ] verzehren [πάσασθαι]" zu wollen, so z.B. in Soph. Ant. 201-202.

Aristoteles zählt in seiner ‚Nikomachischen Ethik' einige Fälle von manischem oder krankhaftem Kannibalismus auf. Er verweist hier z.B. auf einen Mann, „der seine Mutter als Opfergabe geschlachtet [καθιερεύσας] und verzehrt [φαγών] hat", oder auf einen „Sklaven, der die Leber [τὸ ἧπαρ] seines Mitsklaven aufgegessen hat."[54] Im Übrigen führt er die Menschenfresserei aber vor allem auf einen natürlichen Lusttrieb „tierischer Wesensarten" zurück:

> „Ich meine die bestialischen Wesen [τὰς θηριώδεις], wie z.B. bei jenem Weibstück, von dem man erzählt, es schlitze die Schwangeren auf und verzehre die Kinder, oder was man vereinzelt von den verwilderten Stämmen am Schwarzen Meer berichten hört, dass sie ihre Lust darin finden, rohes Fleisch [ὠμοῖς] oder Menschenfleisch [ἀνθρώπων κρέασιν] zu verschlingen oder sich gegenseitig [ἀλλήλοις] die Kinder zum festlichen Fraß zu geben, oder die Geschichte von Phalaris."[55]

Schon auf den ersten Blick führt diese Passage vor Augen, wie eng verschiedenste Kannibalismus*typen* in der antiken Weltwahrnehmung assoziativ miteinander verschränkt sein konnten – woraufhin die moderne Forschung auch mit bisweilen recht artifiziell anmutenden Systematisierungsversuchen zu reagieren scheint.[56] Überaus vielsagend ist die zitierte Quellenstelle des Aristoteles aber auch insofern, als dass sie in ihren Einzelheiten auf einige wichtige Spezifika des klassischen Menschenfresserdiskurses zu verweisen vermag.

Kinderfresserei. Schon den klassischen Griechen galt die *Kinder-* oder gar *Säuglings-* fresserei besonders faszinierend und furchtbar zugleich. An sich wurde dem zarten Fleisch der Jugend eine besonders verführerische Wirkung nachgesagt. Zugleich fungierten die (eigenen) Kinder aber auch als Metapher für die leibliche Zukunft des eigenen Geschlechtes, weshalb ihr Verzehr noch in gesteigertem Maße tabuisiert erschien. Wie der Reiz des Verbotenen die schauerliche Faszination der Kannibalen an sich begründet, so trifft dies in

---

54 Aristot. eth. Nic. VII 1148b19-24.
55 Aristot. eth. Nic. VII 1148b19-24.
56 Die vielfältigen Querverweise in unseren Quellen, sowie das bunte Netz der Metaphern und Motive, machen es gleichermaßen unmöglich, wie auch unnötig, sich den Quellen mit allzu großem Systematisierungs- und Kategorisierungsdrang zu nähern. Im Einzelnen ist es zwar überaus interessant zu analysieren, welche Funktion z.B. der Notkannibalismus in klassischen Belagerungsbeschreibungen erfüllen konnte, oder der Endokannibalismus in ethnographischen Fremdvölkerberichten, aber erst die komplexe Diversität und Konnektivität der verschiedensten Motive führt vor Augen, welch ungeheures metaphorische und argumentative Potenzial die Sinnfigur des Kannibalen (nicht nur) in der griechischen Klassik besitzen konnte. In seiner Rezension zu Fulda & Pape 2001 bringt es der Berliner Literaturwissenschaftler Erhard Schütz auf den Punkt; siehe Schütz 2004: 595: „Gerade bei einem derart aparten und idiosynkratisch besetzten Thema, und gerade, wenn es von so vielen Seiten beleuchtet wird, gerät man leicht in die Lage dessen, der sich nicht mehr über die Vernunft der Frage wundert, wieviel Engel auf eine Nadelspitze gehen mögen, sondern beflissen diese nach Größe und Farbe zu unterscheiden sucht. Das ist hier trefflich möglich – ob nun Männer-, Frauen- oder „Kindlfresser" (128), roh oder gekocht, tot oder lebendig, ganz oder partiell, exo- oder endo-, aus Hunger oder Wollust, der Feinde oder der Götter wegen ... Unübertroffen bleiben ohnehin die 10 Arten, die eine Jenaer Dissertation 1792 zu unterscheiden wußte – Anthropophagia religiosa, popularis, augusta, militaris, furiosa, consuetudinaria, pia, necessaria, gentilitia und morbosa". Wie wichtig es ist, dem bisweilen zu widerstehen, veranschaulicht vor allem Peter-Röcher 1994: insb. 116-153, deren Konzentration auf ritualisierten „Fleischkannibalismus" in Abgrenzung zu anderen Formen des eher „symbolischen" oder „medizinischen Kannibalismus" wenig überzeugend ist; vgl. Erhardt 2000: insb. 341.

besonderem Maße also auf die Kinderfresser zu; insbesondere auf diejenigen, die wissentlich oder unwissentlich ihre *eigenen* Kinder zu verspeisen pflegten,[57] wie vor allem die Thyest-Motivik immer wieder deutlich macht.

Menschenopfer. Vor allem der von Aristoteles beschriebene Fall des anonymen Mannes, der seine Mutter schlachtet und verzehrt, verweist zudem auf die in den Quellen nicht selten anzutreffende Gleichsetzung von Menschenopfer und Anthropophagie. Schon das ‚thyestische Mahl' nach der Opferschlachtung der Iphigenie machte ja deutlich, dass Menschen*opfer*narrative von den griechischen Zeitgenossen nicht selten als klassische Menschen*fresser*mythen deutbar waren. Wie die altertumswissenschaftliche Religionsgeschichtsschreibung überaus quellengesättigt nachgewiesen hat, lagen Menschenopfer und Tieropfer im griechischen Verständnishorizont bedenklich nah beisammen.[58] Nicht selten starb im Schlachtzeremoniell ein Tier für einen Menschen, oder ein Mensch für ein Tier den rituellen Opfertod. Da das Ritual des (blutigen) Speiseopfers damit gewisse kannibalische Konnotationen implizierte, konnte in den entsprechenden Festen ein kollektiver Ausnahmezustand zelebriert werden, der sich eben auch durch ein virtuelles Ausleben des Unmenschlichen auszeichnete.[59]

Rohheit. Ähnlich vielsagend ist auch Aristoteles' Beschreibung der „wilden Stämme" am Schwarzen Meer – nicht nur aufgrund ihrer vermeintlichen Neigung, in Form der Kinder ihre eigene Zukunft zu verzehren. Indem Aristoteles regelrecht *beiordnend* betont, dass diese animalischen Völker *entweder* rohes Fleisch *oder* Menschenfleisch verspeisen, bedient sich der Philosoph eines zentralen Motivs klassischer Kulturtheorie: Gerade an jenen Rändern der zivilisierten Welt, an denen das (prometheische) Feuer der menschlichen Kultur *noch nicht* zu brennen vermag, an denen also *noch kein* heiliger Herd das zivilisierte Kochen der Nahrung ermöglicht, scheinen *Roh(fleisch)-* und *Menschen*fresserei Hand in Hand zu gehen.[60]

---

57 Siehe hier die Motivkomplexe um Kronos (vgl. FN 18), Tantalos (FN 15), Thyestes (FN 15) oder auch Agaue (FN 20). Zum europäischen Topos des ‚Kinderfressers' siehe v.a. Baudy 1999 I: 257-271 und Hesse 2007. Wie stark dieses Motiv auch in späteren Zeiten noch weiterwirken konnte zeigt z.B. auch Degen in diesem Sammelband. Das Motiv des dionysischen (Frauen)Wahnes wird wohl am pointiertesten in Apollod. III 37 ausgedrückt: „Dionysos […] kam nach Argos, und da man ihm dort die gebührende Ehre versagte, schlug er die Frauen mit Wahnsinn: In den Bergen aßen sie das Fleisch ihrer eigenen Kinder, die sie eben noch gestillt hatten."

58 Burkert 1999: 244. Ob selbst der berühmten Opferschlachtung dreier persischer Gefangener vor der Schlacht bei Salamis ein kannibalisches Mahl folgte, lässt sich hier nicht klar bestimmen. Siehe hierzu v.a. Burkert 1990: 25; mit Blick auf Phainias v. Eresos Frgm. 25 [Wehrli] [~FGrHist 1012 F 19]. Zum griechischen Menschenopfer ganz allgemein siehe nach wie vor z.B. Burkert 1972; Henrichs 1981:196-235; Hughes 1991; Bonnechère 1994; Henrichs 2006: 59-87.

59 Rücker 2012: 19 bringt einige zentrale Thesen von Baudy 1983: 131-174; 1999 II: 221-242; 2008: 61-85 sowie Burkert 1972; 1981: 91-133; 1987: 149-176; 1990: 13-39; 1999: 243-256 auf den Punkt: „Das kannibalische Mahl war keine kultische Realität, aber als gewollte ritualbegleitende Fiktion verlieh es dem Tieropfer den symbolischen Gehalt eines Menschenopfers." Zudem erklärt sich dadurch auch, weshalb die klassischen Menschenopfernarrative so oft kannibalische Konnotationen haben. Zumindest in der Wahrnehmung der Zeitgenossen folgte den rituellen Opferschlachtungen damit nicht selten wohl ein Festschmaus, bei dem man sich die Mahlteilnehmer – wie die zügellosen Trunkenbolde in Auerbachs Keller – „ganz kannibalisch wohl" fühlen konnten. Siehe zu diesem Problemkreis auch die verschiedenen Beiträge des Sammelbandes Detienne & Vernant 1986.

60 Schon lange vor Claude Lévi-Strauss konnten das ‚Gekochte' und das ‚Rohe' als Paradigmen von

Letzlich führt uns die zitierte Quellenstelle aus der ‚Nikomachischen Ethik' auch vor Augen, dass wir aufgrund unserer eingeschränkten Quellenlage wirklich nur einen sehr selektiven Einblick in den klassischen Anthropophagiediskurs gewinnen können. Die Frau, von der Aristoteles berichtet, stammt eventuell aus einem uns völlig unbekannten Mythos, wie uns auch der psychopathische „Sklave, der die Leber seines Mitsklaven aufgegessen hat", ansonsten nicht bekannt ist. Da auch heutzutage noch vereinzelte Fälle eines pathologisch bedingten Kannibalismus in den Nachrichten auftauchen, scheint es zumindest in letzterem Falle durchaus denkbar zu sein, dass Aristoteles hier auf einen authentischen Fall verweist. Auch zu „dem, was über Phalaris gesagt wird [τὸ περὶ Φάλαριν λεγόμενον]", muss Aristoteles in der uns überlieferten Schulschrift ja gerade deshalb keine erklärenden Worte verlieren, weil sie für seine Schüler eben Allgemeingut war. Zum Glück sind wir hier zumindest anderweitig darüber informiert, dass der berühmte Tyrann von Akragas gern Menschen gefressen haben soll; auch er vornehmlich „Kinderfleisch [παιδίου]", eben eine besonders zarte, besonders tabuisierte Kost.[61]

Tyrannei. Gerade die bei Aristoteles nur stichwortartig angedeutete ‚Geschichte des Phalaris' ist dabei wohl der eindringlichste Beweis dafür, dass der schauerliche Vorwurf der Menschenfresserei in der Tat oft einen verleumderischen Unterton besitzen konnte. Vor allem im Kontext polemischer Herrscherkritik leistete die Beschuldigung der Menschenfresserei damit wohl gute Dienste, auch wenn wir in konkreten Fällen kaum über *zeitgenössische* Quellen verfügen. Nicht nur orientalische Despoten werden in verschiedenen Geschichten mit gruseligen Menschenfressergeschichten in Verbindung gebracht,[62] sondern

---

,Kultur' und ‚Natur' inszeniert werden. Oft geht erst mit einer zivilisierten Speise*zubereitung* auch die zivilisierte Speise*auswahl* einher. Es sei daran erinnert: Auch die nomadisch-kannibalischen Padaier bei Hdt. III 99 fressen explizit „rohes Fleisch [κρεῶν ... ὠμῶν]"; die ‚gigantischen' Phlegaer bei Ephoros FGrH 70 F 34 sind nicht nur Menschen*fresser*, sondern auch selbst „*rohe* Menschen [ἄνθρωποι ὠμοὶ]"; in Eur. Frgm. 472a+2 [Seeck] stellt er Pasiphae dem Minos frei, doch ihr „*rohes* Fleisch [ὠμοσίτου ... σαρκός]" zu verzehren; auch Zagreus wird hier mit „rohverschlingenden Mählern [ὠμοφάγους δᾷτας]" assoziiert; und gerade auch die Mänaden verspeisen ihr *sparagmos*-Opfer freilich „roh". Rücker 2012: 10-25 exemplarifiziert das Sinnbild des ‚Rohen' in ihrer Untersuchung zum rohfleischfressenden Polyphem als frühem Repräsentanten nomadischer Lebensweise. Nach Hom. Od. IX 289-298 schlachtet Polyphem die Gefährten des Odysseus nicht in kultivierter Weise, sondern erschlägt sie brutal am Boden, so dass ihre Gehirne regelrecht die Erde tränken. Sodann verzehrt er sie wohl roh, „wie ein Löwe des Felsengebirges [λέων ὀρεσίτροφος]", und ohne einen Opferanteil für die Götter abzukappen; schließlich „verschmähte er weder Eingeweide [ἔγκατά], noch Fleisch [σάρκας], noch die markichten Knochen [ὀστέα]." Auch der ekstatische und bisweilen mit dem menschenfressenden Minotaurus assoziierte Gott Dionysos lässt sich in einem solchen Sinne anführen: In den klassischen Quellen wird er von allen olympischen Göttern wohl am häufigsten mit kannibalisch konnotierten Opfermythen verbunden – und trägt dabei nicht ohne Grund die Epitheta ὠμηστή und ὠμάδιος, also: „Roh(fleischfress)er"; vgl. mit Blick auf Alkaios Frgm. 129 [Voigt] z.B. Burkert 1999: 253; sowie auch Nagy 2009: 122-124.

61 Aristot. Eth. Nic. VII 1149a13ff; vgl. auch Klearchos Frgm. 61 [Wehrli].
62 Zu den klassischen Busiris-Polemiken siehe oben FN 19; inkl. Isocr. Or. XI 5; 7; 31-32; 38. Zum ‚thyestischen Mahl' des Harpagos siehe FN 17; vgl. hierzu jedoch auch das skythischen Lehrern aus Vergeltungsgründen angerichtete Kindermahl des Mederkönigs Kyaxars in Hdt. I 73. Nach Hdt. IX 112 ließ die Gemahlin des Xerxes die Frau des Masites grausam entstellen und warf dabei z.B. deren abgeschnittenen Brüste den Hunden zum Fraß vor. ‚Kannibalischere' Narrative sind demgegenüber mit Kyros verbunden, dem nach Hdt. I 212-214 gerade von der Massagetenkönigin vorgeworfen wird, „unersättlich an Blut [ἄπληστον ... αἵματος]" zu sein. Um Kyros dennoch mit Blut zu „sättigen", „füllte

auch einzelne verhasste Griechen. Oft werden in diesem Zusammenhang unappetitliche Gewaltszenarien konstruiert und überaus kreativ und fantasievoll ausformuliert.[63] Der tyrannische Kinderfresser Phalaris erlangte so z.B. auch durch seinen von ihm in Betrieb genommenen ‚bronzenen Stier' Berühmtheit; also jene mörderische Metallkonstruktion, in der er seine Folteropfer, wohl vor dem vermeintlichen Verspeisen, lebendig geröstet haben soll.[64] Und über den im 4. Jahrhundert lebenden Tyrannen Alexandros von Pherai ist uns die Erzählung überliefert, er habe Menschen in Tierfelle eingenäht, und sie sodann von echten wilden Tieren zerreißen und fressen lassen.[65] Derartige sich gegenseitig an Grausamkeit übertrumpfenden Berichte vom ruchlosen Treiben namhafter Tyrannen umschreiben *dermaßen* sadistische Varianten der Menschenfresserei, dass es nicht einmal klar zu bestimmen ist, *wer* oder *was* hier eigentlich als *Tier* oder als *Mensch* agiert oder eben verspeist wird.

Selbst in philosophischen Diskursen begegnet der *tyrannische* Menschenfresser dabei als eine überaus beliebte Argumentationsfigur. Da das primitive Fressen des Kannibalen gut die *disqualifizierende* Zügellosigkeit maßlosen Handelns versinnbildlichen konnte, ist es jedenfalls kaum verwunderlich, dass das Motiv der Menschenfresserei z.B. auch in der eher abstrakten Tyrannenkritik Platons prominent platziert ist.[66] An mehreren Stellen seiner ‚Politeia' beschreibt er den Durst nach Menschenblut als ein nahezu psychologisches Wesenselement eines tyrannischen Alleinherrschers. Der bestialische Tyrann „enthalte sich keiner Speise".[67] Und wer das Schicksal eines Tyrannen wähle, nehme damit in Kauf, „seine eigenen Kinder zu verzehren".[68] Bisweilen formuliert Platon die Transgression eines zügellosen Alleinherrschers ins Kannibalische sehr explizit:

Tomyris einen Schlauch mit Menschenblut, suchte unter den gefallenen Persern nach dem Leichnam des Kyros und steckte, als sie ihn gefunden hatte, seinen Kopf in den Schlauch. Schmähend sagte sie zum Toten Folgendes: ‚Du hast mich, obwohl ich noch lebe und dich im Kampf besiegt habe, zugrunde gerichtet, weil du meinen Sohn durch List gefangen genommen hast. Ich aber werde dich, wie ich angedroht habe, mit Blut sättigen [αἵματος κορέσω]'." Vgl. Motiv des Bluttrunks vgl. auch Hdt. III 15, wo Psammenitos nach einer fehlgeschlagenen Verschwörung Stierblut trinken muss und stirbt. Zur Fresssucht des Lyderkönigs Kambles, der im Hungerwahn seine eigene Frau gefressen haben soll, siehe v.a. Xanthos, Lydiaka FHG 12. Zum Notkannibalismus während eines Feldzuges des Kambyses siehe Hdt. III 25.

63 Zum Problemkreis der (kannibalischen) Gewaltdarstellungen siehe neben Blome 1998: 72-95 ganz allgemein auch Zimmermann 2009: 7-45, 155-192; sowie mit stärker ikonographischem Fokus Stähli 2005: 19-44; Seidensticker & Vöhler 2006; Muth 2009: 193-229.

64 Zu seinem bronzenen Stier, in dem er Menschen röstete, vgl. schon Pind. P. I 95; sowie Timaios FGrH 566 F 28b [~Pol. XII 25]; Diod. XIII 90; Lukian. Phalaris. Bei Callim. Aitia Frgm. 48-52 [Asper] ist eine gewisse Parallelisierung der Menschenfresser Phalaris und Busiris überliefert. Vgl. hier auch das eherne Pferd des Aemilius Censorinus.

65 Plut. Pelopidas 29.

66 Siehe hierzu allgemein Hook 1992. Zu den politischen Konnotationen spezifischer Fleischspeiserituale (u.a. bei Platon) siehe z.B. Därmann 2008 II: 87-105, sowie auch Pauling 2012: 57-78.

67 Plat. Rep. IX 571d. Hier wird die Entstehung des Tyrannen mit dem Überhandgewinnen des ‚Tierischen' und ‚Wilden' im unterbewussten Schlaftraum analogisiert. Vgl. auch Plat. Rep. IX 574e mit stärkerem Fokus auf den erotischen Lusttrieb des Tyrannen: „Seit er aber vom Eros tyrannisch beherrscht wird, wird er sich weder jedes schrecklichen Mordes [φόνου δεινοῦ] enthalten noch irgendeiner solchen Speise [βρώματος] oder Tat [ἔργου], sondern Eros lebt tyrannisch in ihm in gänzlicher Zügellosigkeit [ἀναρχίᾳ] und Gesetzlosigkeit [ἀνομίᾳ] [...]".

68 Vgl. Plat. Rep. X 619b-c. Vor allem im hier referierten ‚Mythos von Er' betont Platon, dass derjenige,

„Wann fängt die Umwandlung von einem Volksvorsteher in einen Tyrannen nun an? Nicht etwa dann, wenn der Vorsteher angefangen hat, dasselbe zu tun, wie jener in der Geschichte [μύθῳ], welche von dem Arkadischen Heiligtum des Lykäischen Zeus erzählt wird? [...] Also dass derjenige, der menschliches Eingeweide gekostet hat [γευσάμενος], wenn dergleichen unter andere von anderen Opfertieren [ἱερείων] mit hineingeschnitten ist, notwendig zum Wolfe wird? [...] Ist es nun nicht ebenso, wenn ein Volksvorsteher, der die Menge sehr lenksam findet, sich des Blutes seiner Stammgenossen [ἐμφυλίου αἵματος] nicht enthält, sondern – wie sie es gern machen – durch ungerechte Beschuldigungen vor Gericht führt und Blutschuld auf sich lädt [μιαιφονῇ], indem er Menschenleben vertilgend [βίον ἀνδρὸς ἀφανίζον] und mit unheiliger Zunge und Bauch [γλώττῃ τε καὶ στόματι ἀνοσίῳ] Verwandtenmord [φόνου ξυγγενοῦς] kostend [γευόμενος] bald vertreibt, bald hinrichtet, [...] dass einem solchen sodann bestimmt ist, entweder durch seine Feinde unterzugehen oder ein Tyrann zu werden - und also aus einem Menschen ein Wolf [λύκῳ ἐξ ἀνθρώπου]?"⁶⁹

Der Menschenfresser wirkt hier als politisch-zoologische Metapher. Platon assoziiert die bestialische Psychogenese des Tyrannen dabei mit einem bekannten Ritual: In einem arkadischen Kult für Zeus Lykaios, also den ‚Wolfs'-Zeus, sollen im Rahmen von Initiationsriten regelmäßig kannibalische Menschenopfer inszeniert worden sein. Junge Männer wurden in diesem Zusammenhang als wilde, nomadische Hirten für eine bestimmte Zeit aus der zivilisierten Welt der *polis* ausgeschlossen. In dieser Zeit galten sie als potenziell menschenfressende ‚Wölfe', die erst nach ihrer animalischen Hirtenzeit wieder als kultivierte ‚Eichelfresser' in die politische Menschengemeinschaft reintegriert werden sollten.⁷⁰ Das ganze Zeremoniell lässt ich dabei auch mit dem berühmten Sagenkreis um Lykaon, den ‚wölfischen' Pelasgos-Sohn, fundieren: Als Zeus in menschlicher Gestalt eines Tagelöhners zu ihm kam, um sich als Gast bewirten zu lassen, ließ Lykaon ein Kind schlachten, seine Eingeweide mit denen der üblichen Tieropfer vermischen und auftischen. Zeus zerstörte daraufhin das Haus des Lykaon und verwandelte ihn in einen Wolf.⁷¹ In Platons kritischer Beschreibung einer tyrannischen Wesensart, die gleichermaßen kannibalisch wie anima-

---

der das Schicksal eines Tyrannen wählt, dazu verdammt sei, seine eigenen Kinder zu fressen: „...derjenige, welcher das erste Los gezogen hatte, sei sogleich darauf zugegangen und habe sich die größte Tyrannenschaft [τυραννίδα] erwählt. Aus Unvernünftigkeit [ἀφροσύνης] und Gefräßigkeit [λαιμαργίας] aber habe er gewählt, ohne alles genau zu betrachten, und so sei ihm das darin enthaltene Geschick, seine eigenen Kinder zu verzehren [παίδων αὐτοῦ βρώσεις], und anderes Unheil [ἄλλα κακά] entgangen."

69 Plat. Rep. VIII 565d-566a.
70 Siehe auch Plat. Min. 315b-c; Pind. O. XIII 108; Xen. An. I 2,10; Kallisthenes FGrH 124 F23; Theophr. De pietate Frgm. 13 [Pötscher]; Theop. FGrH 115 F343; Euanthes FGrH 320 F1; Architimos FGrH 315 F1; bisweilen mit starkem Fokus auf Damarchos von Parrhasia auch Paus. IV 22,7; VI 8,2; VIII 2,6; 38,6ff. Grundlegende Analysen und Deutungsvarianten derartiger Quellen finden sich bei Burkert 1972: insb. 98-108; Henrichs 1981: 196-235; Baudy 1999 II: 221-242.
71 Zu verschiedenen Versionen des Mythos vgl. Hes. Frgm. 163 [Merkelbach/West]; Eumelos v. Korinth FGrH 451 F8 (~Apollod. III 100); Nikolaos v. Damaskos FGrH 90 F38; Lykophr. 481; Apollod. III 96-99; Ov. Met. I 240ff.; (Ps.)Hyg. Fab. 176. Zudem sind wir darüber unterrichtet, dass z.B. Xenokles im Jahr 415 v. Chr. eine ‚Lykaon'-Tragödie aufführte, nach Ail. Hist. II 8 bezeichnenderweise im Bunde mit den ‚Bakchen', einem ‚Ödipus', sowie einem ‚Athamas'-Satyrspiel.

lisch erscheint, werden damit ganz vielfältige intertextuelle Bezugspunkte funktional zusammengeführt.

Zwischenfazit

Die grob skizzierte Verknüpfung verschiedenster kannibalischer *Narrative* und *Riten* sollte deutlich machen, dass sich das metaphorische Potenzial des Menschenfressers in der griechischen Antike keineswegs im stigmatisierenden Effekt des Kannibalismus*vorwurfs* erschöpfen lässt. Ein kleiner Blick auf den bunten ethnologischen Diskurs der herodoteischen ‚Historien' veranschaulicht dies gut. Aufgrund ihrer lebensweltlichen Ferne erscheinen die *weder* bedrohlichen *noch* potenziell beherrschbaren Menschenfresservölker hier vornehmlich als Orientierungspunkte einer kulturellen *mental map*:[72] Die Massageten, die im (nord)östlichen Asien ihre Eltern zu verzehren pflegen, leben bei Herodot „gerade gegenüber" den ebenfalls endokannibalischen Issedonen. Wohl im südlicheren Indien sind die Kannibalenvölker der Padaier und Kallatier zu lokalisieren, während die partiell kannibalischen Skythen, sowie das eigentliche Volk der ‚Androphagen' den Norden der Ökumene bevölkern. Letztere sind zwar irgendwie Menschen, leben aber – wie Tiere oder auch Kyklopen – nach „wildesten Sitten", „ohne Recht und Gesetz",[73] und interessanterweise auch umgeben von einer riesigen unbevölkerten Einöde bzw. Wüste, die es fraglich werden lässt, woher das Kannibalenvolk *per se* eigentlich seine Lieblingsspeise bezieht; ihr näheres Umland scheint für Herodot schließlich „ganz menschenleer [ἔθνος ἀνθρώπων οὐδέν]".[74] In der Ferne angrenzend an dieses damit wohl ‚autarkste' bzw. selbstgenügsamste Menschenfresservolk lebt nach Herodot letztlich auch noch der Stamm der Neuren. Von ihnen berichtet er nun mit skeptischem Unterton das zauberhafte Märchen, dass diese sich angeblich einmal im Jahr für einige Tage in Wölfe verwandeln sollen.[75] Dies ist der zentrale Punkt: Ohne *per se* besonders inferiorisiert zu werden, fungieren auch sie, die Neuren, im Spiel der anthropologischen Metaphern damit als wandelbare Teilzeitmenschenfresser, die gelegentlich ihre humane Wesensart zu verlieren scheinen; ganz ähnlich also wie der ‚wölfische' Tyrann in der politischen Philosophie; ähnlich wie der ‚wölfische' Frevler Lykaon im klassischen Mythos; ähnlich wie die ‚wölfischen' Jünglinge im entsprechenden arkadischen Initiationsritus.[76] Das zugrundeliegende Sinnbild des menschenfressenden (Wer)Wolfes ist hier überall zu fassen,[77] weshalb man fast meinen

---

72 Eine exemplarische Studie zur entsprechenden Lokalisierung von Nomaden in griechischen Raumvorstellungen liefert Schubert 2009: 251-276.
73 Hdt. IV 106.
74 Hdt. IV 18. Leider bleibt die Ursache der ‚Menschenleere' unklar, also ob Herodot an dieser Stelle beispielsweise intendiert, dass die gesamte Umgebung einfach ‚leergefressen' wurde.
75 Hdt. IV 105: „Die Neuren [Νευροὶ] haben skythische Sitten [νόμοισι]. […] Diese Menschen [οἱ ἄνθρωποι οὗτοι] möchte man für Zauberer [γόητες] halten: Denn wie von den Skythen und den Hellenen im Skythenlande behauptet wird, wird jeder Neure einmal im Jahr zum Wolf [λύκος], aber nur auf wenige Tage, nach deren Ablauf er wieder sein voriges Wesen annimmt."
76 Zum Sinnbild des (Wer)Wolfes im griechischen Denken siehe ganz allgemein Detienne & Svenbro 1986: 148-163.
77 Burkert 1972: 97-152; vgl. Detienne & Svenbro 1986: 148-163. Siehe auch die auf Herodot konzentrierte Untersuchung bei Wesselmann 2011: 252-282.

könnte, dass sich die inhärente Bestialität des Menschen in Gestalt dieses hybriden Monsters besonders gut ausdrücken und überwinden ließ. Bei seinem Wandern durch die verschiedensten Diskurse und literarischen Genres behält das lykanthropische Grundmotiv zwar weite Teile seiner ambivalenten *Form*. Je nach Erzählkontext gewinnt es dabei jedoch immer wieder neue und spezifische *Funktionen*. Anders ausgedrückt: Die verschiedenen Kannibalen, die das ausufernde Labyrinth griechischer Menschenfresserdiskurse bevölkern, weisen zwar eine gewisse *Gestalt*verwandtschaft auf, verfügen dabei jedoch über einen jeweils ganz verschiedenartigen Daseins*zweck*.

Der Kannibale in klassischen Kulturtheorien

Die Doppelheit des menschlichen Wesens war schon in der griechischen Klassik zentraler Gegenstand anthropologischer Selbstbestimmung. Vor allem sein vermeintliches Oszillieren zwischen menschlicher Kultur und animalischer Natur gewinnt dabei fast schon paradigmatische Qualitäten. Solange diese Ambivalenz konzeptionell akzeptiert und dann auch noch mit dem Gegensatz vom Gekochten und Rohen regelrecht parallelisiert oder gar in Eins gesetzt wird, scheint es *per se* unmöglich, die inhärente Bestialität des Menschen gänzlich wegzudenken. Es ist wohl dieses binäre Denksystem, welches es auch dem selbstreflexiven ‚Hellenentum' ermöglichte, sich in vielfältigsten Formen mit seiner vermeintlich inhärenten Animalität zu konfrontieren, seine eigenen monströsen Potenziale auszulagern, seine wölfische Vernichtungslust in Überwindungsmythen zu verpacken, und z.B. auch in die Figur des Kannibalen hineinzuprojizieren. Niemand sonst konnte schließlich so funktional die autonome und gewissermaßen auch autarke ‚Bestie Mensch' versinnbildlichen – oder besser: verständlich machen! – wie der Menschenfresser!

Bereits im ersten Teil der vorliegenden Studie wurde dies deutlich gemacht: Anders als es der *moderne* Begriff ‚Kannibalismus' impliziert, hatte die ‚Menschenfresserei' im antiken Griechenland äußerst viel mit Tieren zu tun; *primär* weil (manche) Tiere *Menschen* fressen; *sekundär* weil Tiere sich auch *gegenseitig* fressen, und damit gewissermaßen der kannibalischen Allelophagie frönen. Diese auch in späteren naturwissenschaftlichen Schriften noch anzutreffende tierkundliche Prämisse wurde dabei schon in Hesiods ‚Werken und Tagen' wirkungsvoll (vor)formuliert:

> „Diese Ordnung [νόμον] setzte nämlich Kronion den Menschen, den Fischen, allem Getier und den fliegenden Vögeln: dass Tiere einander auffressen [ἔσθειν ἀλλήλους], weil bei ihnen kein Recht [δίκη] herrscht, während er den Menschen Recht verlieh, das höchste Gut unter allen."[78]

Spätestens seit dem 5. Jh. v. Chr. entwickelte sich die hier fassbare ‚tierhafte Lebensweise' [θηριώδης βίος] zu einem regelrecht formelhaften Topos der griechischen Anthropologie und Kulturtheorie.[79] Immer wieder wird vor diesem Hintergrund eine bestialische Lebens-

---

78 Hes. erg. 277-280. Zur Allelophagie bei den Tieren (insb. bei den Fischen) siehe v.a. auch Aristot. Hist. An. VIII 591a17; sowie 593b27.
79 Grundlegend Dierauer 1977: insb. 25-39. Kritischer, aber unter Verweis auf die meisten wichtigen Quellenstellen noch immer O'Brien 1985: 264-277. Siehe v.a. Aischyl. Palamedes Frgm. 181 [TGrF];

weise beschrieben, die vor allem von gegenseitiger Gewalt, Unordnung und Zügellosigkeit geprägt ist: der Mensch als des Menschen Wolf.[80] Diese gelegentlich auch kannibalisch konnotierte (raub)tierhafte Lebensform war dabei seit dem 5. Jh. zunehmend als *Archetyp* des menschlichen Lebens deutbar. Auch wenn Protagoras' berühmte Schrift ‚Über den Urzustand' verloren ist, sind uns doch zahlreiche Textzeugnisse überliefert, in denen nicht nur über das Wesen des Menschen an sich, sondern auch über den Prozess der Mensch*werdung* reflektiert wird, dabei auch über die allmähliche Herausbildung und Herauslösung der politisch-zivilisierten Lebenswelt der Menschen aus einer gleichförmig antisozialen Lebensweise der (übrigen) Tiere. Der Mensch wird hier erst dann zum echten Menschen, wenn er es schafft, die schon von Hesiod geprägte selbstverzehrende Lebensform wilder Tiere hinter sich zu lassen, sich von ihr als ‚politisches' sowie ‚vernunft- und sprachbegabtes' Lebewesen zu emanzipieren.[81] In zahlreichen Erzählungen vom Ursprung menschlicher Kultur wird damit auch die bestialische Menschenfresserei in ein System zivilisatorischer Konsequenz eingebunden – zumeist, jedoch nicht immer, an jenen ‚primitiven Anfang', der in Form pseudohistorischer Urzustandsimaginationen den Dreh- und Angelpunkt der klassischen Anthropologie bildete.[82]

In den entsprechenden Erzähltraditionen mangelt es den primitiven Urmenschen vor allem an zwei zentralen Kulturkonstituenten: den τέχναι und den νόμοι, also an *Kunstfertigkeiten* und sittlichen *Gesetzen*. Die auf das Feuer angewiesene Kochkunst konnte gemeinsam mit dem Ackerbau z.B. dafür verantwortlich gemacht werden, dass die Menschen kein rohes Fleisch mehr zu sich nehmen müssen. Die Sitten und Gesetze hingegen sorgten in der Wahrnehmung der zeitgenössischen ‚Anthropologen' ganz allgemein dafür, dass sich die ursprünglich animalischen Menschen nun selbst züchtigen, sich selbst beherrschen ließen, dass sie ihren Trieben moralische und rechtliche Schranken legten. Oft wird die Humanisierung des Menschen dabei mit göttlichen Kulturgaben in Verbindung gebracht, z.B. mit dem

---

Eur. Suppl. 201-218; Demokr. DK 68 B 5; (Ps.-)Kritias DK 88 B 25; Isokr. Or. III 6 (=XV 254), IV 28, XI 25; Hom. H. XX 4; Berossos FGrHist 680 F 1a+b. Vgl. freilich auch Soph. Ant. 332-373 sowie Aischyl. Prom. 442-507.

80 Das bipolare Diktum aus der Widmung von Thomas Hobbes' ‚De cive' geht bekanntlich über Plaut. Asin. 495 und Sen. epist. XCV 33 auf klassisches Gedankengut zurück.

81 Es lässt sich hier diskutieren, ob der griechische Entwicklungsgedanke treffender als ‚Könnensbewusstsein' oder als Progressions- bzw. gar ‚Fortschritts'-Wahrnehmung umschrieben werden sollte. In einem Fragment des potenziellen Sokrateslehrers Archelaos wird die Absonderung des Menschen von den übrigen Tieren regelrecht protoevolutionistisch beschrieben; vgl. DK 60 A 4, 5-6: „[...] Über die Lebewesen [περὶ δὲ ζώιων] sagt er [Archelaos], dass, als die Erde zuerst warm wurde in der mittleren Region, wo das Heiße und das Kalte vermischt waren, viele Lebewesen zu erscheinen begannen, die Menschen eingeschlossen. Alle hatten dieselbe Lebensweise [τὴν αὐτὴν δίαιταν] und erhielten ihre Nahrung vom Schleim. Diese waren kurzlebig, aber später entstand ihnen die Abstammung voneinander [ἡ ἐξ ἀλλήλων γένεσις]. Die Menschen wurden von den anderen Lebewesen abgesondert [διεκρίθησαν] und führten Anführer [ἡγεμόνας], Gesetze [νόμους], Künste [τέχνας], Städte [πόλεις] und das übrige ein." Zur politischen Kulturalität als Definitionskriterium des Menschen siehe z.B. Aristot. Pol. I 2, 1253a1-4, 25-39.

82 Die vielfältigen Quellentexte zu klassischen Kulturanthropologie und den Kulturentstehungstheorien sind bereits grundlegend aufgearbeitet, z.B. von Lovejoy & Boas 1935; Gatz 1967; Blundell 1986; Müller 2003; Utzinger 2003; oft auch mit umfangreichen Registern, Motivindizes und Stellenverzeichnissen. Vgl. auch die Einzelstudien des Sammelbandes Alexandridis & Wild & Winkler-Horaček 2008.

Feuer (des Prometheus) oder dem Getreide (der Demeter). Eine wichtige Rolle spielen zudem auch die Erfindungen sogenannter πρῶτοι εὑρεταί, also „erster Erfinder" (wie Palamedes), „erster Gesetzgeber" (wie Theseus), oder ganz allgemein „erster Kulturheroen", die (wie Herakles) eben dafür verantwortlich gemacht wurden, dass die menschliche Lebenswelt weitgehend von *menschenfressenden* wie *urtümlichen* Bestien befreit wurde.[83] Indem der griechische Bürger sich durch den so begünstigten Zugewinn der ‚technischen' und ‚nomischen' Qualitäten beiläufig als Individuum im städtischen Kollektiv denken lernte, erhob er sich als namhaftes Subjekt sodann auch über den primordialen Existenzzustand der anonymen Tiere, die von ihm (mitsamt ihren kannibalisch-primitiven Fressgewohnheiten) nun zunehmend an die Peripherie der menschlichen Lebenswelt verdrängt werden konnten.

Aufgrund ihres gewissermaßen idealtypischen Charakters wurden derartige Urzustände keineswegs nur in der fernsten Vergangenheit lokalisiert, sondern auch in extremen Situationen der Gegenwart. Für den modernen Leser scheinen viele klassische Kannibalismus-Narrative zwar nur schaurige Sagen zu sein. Der mythogene Vergangenheitsbezug der Griechen verlieh diesen Narrativen jedoch eine gewisse lebensweltliche Bedeutsamkeit, wenn nicht gar eine Aura des Faktischen.[84] In seinem ‚Panathenaikos' benutzt Isokrates das im Theater permanent weitergesponnene Netz der Menschenfresser-Mythen jedenfalls als *historisches* Argument. Für ihn sind die dramatischen Menschen- und Kinderfressermythen hier ein *historischer* Beweis dafür, dass in diversen griechischen Städten – anders als im kulturschöpferischen Athen! – vor einiger Zeit noch animalische Zustände herrschten,[85] wie sie für ihn auch heute noch in gewissen unzivilisierten Gegenden anzutreffen seien. Mehr noch, im ‚Archidamos' schildet der athenische Rhetoriklehrer die unmenschlichen Zustände in einigen vom Bürgerkrieg zerfressenen peloponnesischen Städten. In seiner überaus eindrücklichen Beschreibung des zivilisatorischen Zerfalls dieser *poleis* lässt er den tierhaften Urzustand mitten im hellenischen Kerngebiet wieder auferstehen. Nicht ohne Grund findet Isokrates' Bericht seinen Höhepunkt dabei in der Beschreibung einer Menschenschlachtung, die auch kannibalische Implikationen aufweist.[86] Letztlich fragt sich auch

---

83 Grundlegend Kleingünther 1933; vgl. auch Thraede 1962: 158-196.
84 Vgl. Flaig 2005: 215-248.
85 Isokr. or. XII 121-122: „Welche Verbrechen nämlich dürften wir in den anderen Poleis [ἐν ταῖς ἄλλαις πόλεσι] nicht ausgeführt finden, die an Grausamkeit [ἀνοσιότητι] und Entsetzlichkeit [δεινότητι] alles überbieten, und zwar insbesondere in den Poleis, die in jenen Zeiten [καὶ τότε] für die größten galten und auch heute noch [καὶ νῦν] diesen Ruf haben? Werden wir nicht festellen, dass dort lauter Morde [φόνους ... παμπληθεῖς] an Brüdern, Vätern und Gastfreunden verübt wurden, dass Mütter abgeschlachtet wurden [σφαγὰς μητέρων], dass Beischlaf [μίξεις] und Zeugung von Kindern [παιδοποιίας] mit denen geschehen ist, von denen man selbst abstammte? Werden wir nicht finden, dass in jenen Poleis der Verzehr der eigenen Kinder [παίδων βρῶσιν] von den allernächsten Verwandten [ὑπὸ τῶν οἰκειοτάτων] hinterlistig betrieben wurde, dass Eltern ihre eigenen Kinder aussetzten [ἐκβολὰς ὧν ἐγέννησαν], Menschen im Fluss ertränkt und geblendet wurden und so viele Greueltaten [τοσαύτας τὸ πλῆθος κακοποιίας] verübt wurden, dass keinem derer, die gewohnt sind, jedes Jahr die damals geschehenen Unglücksfälle im Theater aufzuführen, der Stoff jemals ausgehen wird?"
86 Der bei Isokr. or. VI 64-69 beschriebene Grad der im Krisengebiet entstandenen „Asozialität [τοσαύτην ἀμιξίαν]" gipfelt dabei nicht nur in der Feststellung, dass die betroffenen Menschen dort „ihre eigenen Mitbürger [πολίτας] mehr fürchten als ihre Feinde [πολεμίους]", sondern extremerweise auch noch damit „aufgehört haben, auf ihren Altären Opfertiere zu töten [τὰς θυσίας ἐπὶ τῶν βωμῶν]. Stattdessen schlachten sie sich gegenseitig ab [σφάττουσιν ἀλλήλους]". Der in dieser Passage wieder präsent

Platon in seinen ‚Gesetzen', wie es auf der Welt zugegangen sein muss, bevor die Menschen z.B. Getreide anbauten, beziehungsweise bevor Demeter den Menschen das Getreide überhaupt erst zugänglich machte:

> „Meinen wir etwa nicht, dass sich die Lebewesen [τὰ ζῷα] in dieser Zeit [...] daran machten, sich gegenseitig zu verspeisen [ἐπὶ τὴν ἀλλήλων ἐδωδὴν] – wie auch heutzutage noch [καθάπερ νῦν]? [...] Dass Menschen einander [ἀνθρώπους ἀλλήλους] als Opfer schlachten [τὸ θύειν], sehen wir schließlich auch gegenwärtig noch [ἔτι καὶ νῦν] bei vielen [πολλοῖς] (Völkerschaften)."[87]

Spätestens mit diesem Beispiel sind wir nun mitten im Herzen der griechischen Anthropologie angelangt. Hier wird über einen animalisch-kannibalischen Natur- bzw. Urzustand nachgedacht, der aufgrund seiner vermeintlichen *Prinzipialität* zumindest das *Potenzial* zu besitzen schien, jederzeit wieder präsent zu werden. Die entsprechenden Vorstellungen eines urzeitlichen Kannibalismus lassen sich weit zurückverfolgen. Schon im Œuvre des Empedokles sind entsprechende Fragmente überliefert, die davon handeln, wie sich Familienmitglieder gegenseitig als Opfer schlachten und verspeisen.[88] In einem berühmten, aber schwer zu datierenden Orphiker-Fragment werden entsprechende Vorstellungen auf den Punkt gebracht:

> „Es gab eine Zeit, da die Menschen [φῶτες] ihre Lebensgrundlage [βίον] voneinander [ἀπ' ἀλλήλων] bezogen – indem sie Fleisch verzehrten [σαρκοδακῆ], und der stärkere Mensch [κρείσσων] den schwächeren [ἥττονα] einfach auffraß [δάϊζεν]."[89]

Die Idee eines urtümlichen Kannibalismus wurde bisweilen auch bei den frühen Sophisten und Dramatikern, sowie in den umfangreichen Publikationen aus den Schulen des Platon, Isokrates und Aristoteles thematisiert.[90] Im Folgenden sollen nun aber vor allem einige

---

gewordene ‚tierhafte Urzustand' wird von Isokrates ausführlicher beschrieben in Or. III 5-7; XI 25; sowie IV 28, wo explizit die Einführung der Feldfrüchte (also des Ackerbaus) dafür verantwortlich gemacht wird, „dass wir nicht (mehr) wie wilde Tiere leben [τοῦ μὴ θηριωδῶς ζῆν]". Ein klassisches Beispiel für Hungerkannibalismus während einer langwierigen Stadtbelagerung liefert Thuk. II 70 mit Blick auf die Poteidaianer. Auch hier erscheint der verzweifelte kannibalische Akt – „einige [τινες] hatten sich auch gegenseitig aufgefressen [ἀλλήλων ἐγέγευντο]" – als *äußerstes* Übel und als *letzter* Ausdruck sozialer und humaner Degeneration vor dem endgültigen Zusammenbruch.

87 Plat. Leg. 781e-782d. Vgl. zu den kannibalisch konnotierten Menschenopfern auch Plat. Min. 315b-c.
88 Emp. DK 31 B 136 handelt davon, wie „in Unbedachtheit des Sinnes [ἀκηδείῃσι νόοιο] einander zerfleischt [ἀλλήλους δάπτοντες]" wird; vgl. auch B 139. Die ausführlichere Beschreibung des kannibalischen Fressaktes in Emp. DK 31 B 137 lässt leider nicht deutlich werden, ob sich der Autor auf einen urzeitlichen Kannibalismus bezieht, oder eine ebenfalls diskutable Vegetarismuslegitimation anhand eines Seelenwanderungsmotivs betreibt: „Der Vater hebt seinen eigenen Sohn, der eine andere Gestalt angenommen hat [μορφὴν δὲ' ἀλλάξαντα], empor, schlachtet ihn [σφάζει] und spricht ein Gebet dazu, der arge Tor [νήπιος]. Sie aber sind verstört, die den Flehenden opfern wollen. Der Vater aber, taub gegen seine klagenden Rufe, schlachtet ihn [σφάξας] und bereitet so im Hause [ἐν μεγάροισι] ein böses Mahl [κακὴν ... δαῖτα]. Ebenso ergreifen den Vater der Sohn und die Mutter ihre Kinder, rauben ihnen mit Gewalt das Leben und verspeisen das Fleisch der Verwandten [φίλας κατὰ σάρκας ἔδουσιν]."
89 Orph. fr. 292 [Kern].
90 Ähnlich wie bei Eur. Suppl. 201-218, wo die ‚tierhafte Lebensweise' der Urzeit u.a. durch die „Nahrung der Früchte [τροφήν τε καρποῦ]" überwunden wird, betont z.B. Isokr. Or. IV 28-29, dass die Gabe der „Feldfrüchte [καρπούς]" dafür verantwortlich ist [αἴτιοι γεγόνασιν], daß wir nicht (mehr) wie wilde Tiere

unbekanntere Fragmente aus nachklassischer Zeit zitiert werden, in denen diese Tradition in besonders eindringlicher Weise weiterlebte. In einem wohl um 300 v. Chr. geschriebenen Buch des zumeist mit Epikur in Verbindung gebrachten Philosophen Kolotes heißt es dementsprechend:

> „Diejenigen, die die gesetzliche Ordnung eingerichtet [νόμους διατάξαντες καὶ νόμιμα] sowie festgesetzt haben, dass die Städte durch Könige und Ämter (?) beherrscht werden, haben das Leben [βίον] zu stabiler Sicherheit [ἀσφάλειαν] und Ruhe [ἡσυχίαν] geführt und von Unruhe [θορύβων] befreit. Wenn dies jemand aufheben sollte, würden wir (wieder) das Leben von Tieren führen [θηρίων βίον βιωσόμεθα] und wer zufällig gerade auf jemand anderen trifft, würde diesen einfach verschlingen [κατέδεται]."[91]

Auch eine uns ansonsten unbekannte Tragödie des Moschion – die wohl aus dem 3. Jahrhundert stammt – verarbeitet das Kannibalismus-Motiv in einem solchen Sinne:

> „Zuerst sollte ich mich daran machen, in meiner Rede den ursprünglichen Zustand [ἀρχὴν ... καὶ κατάστασιν] der menschlichen Lebensweise [βροτείου ... βίου] darzulegen. Es gab nämlich einst ein Zeitalter [αἰών], in dem die Sterblichen ähnlich lebten [διαίτας εἶχον ἐμφερεῖς] wie wilde Tiere [θηρσὶ<ν>]. [...] Die schwarze Erde wurde nicht mit krummen Pflügen in Schollen geschnitten, um die Getreidefrucht [καρποῦ ... ὀμπνίου] zu nähren. [...] Das Fressen des Fleisches [βοραὶ δὲ σαρκοβρῶτες] ließ die Ernährungsweise [δαῖτας] bei ihnen kannibalisch [ἀλληλοκτόνους] werden. Das Gesetz [νόμος] galt wenig und die Gewalt [βία] thronte neben Zeus. Und der Schwache [ἀσθενὴς] war der Fraß [βορά] der Stärkeren

---

leben [τοῦ μὴ θηριωδῶς ζῆν]"; vgl. mit stärkerer Betonung der urtümlichen Menschenfresserei z.B. auch Or. XI 25. Bei Demokr. DK 68 B5 leben die Urmenschen aufgrund des Feuermangels zwar „ohne die geringste Ahnung von milder Nahrung [τροφῆς ἡμέρου]", ernähren sich dabei wohl aber eher von Wildpflanzen, als von Menschenfleisch. In Kritias DK 88 B 25 scheint die „ungeordnete und tierhafte [ἄτακτος ... καὶ θηριώδης] Lebensweise [βίος]" der frühen Menschen zwar durch „reine Muskelkraft [ἰσχύος]" und frevlerische Zügellosigkeit determiniert zu sein, leider werden in der überlieferten Passage aber keine Ausführungen zur Ernährungsweise getätigt. Zumindest in Aristot. Pol. 1253a1-4, 25-39 wird der „unpolitische Mensch [ὁ ἄπολις]" als ein „wildes Tier [θηρίον]" beschrieben, das „getrennt von Recht und Gesetz [χωρισθεὶς νόμου καὶ δίκης]" und „ohne Tugend [ἄνευ ἀρετῆς]" nicht nur „das gottloseste [ἀνοσιώτατον] und wildeste [ἀγριώτατον] Wesen" ist, sondern auch „das schlimmste [χείριστον] in Hinblick auf Sexualität und Nahrungsaufnahme [πρὸς ἀφροδίσια καὶ ἐδωδήν]"; womit freilich auf animalischen Inszest und Kannibalismus verwiesen ist, welche Aristoteles auch bei nomadisch lebenden ‚Sklavenvölkern' lokalisiert. Eine ausführlichere Beschreibung einer frühen (wieder eng mit Opferriten verbundenen) Form des Kannibalismus findet sich in einem Fragment des Aristoteles-Schülers Theophrast; vgl. Theophr. De pietate Fr. 13 [Pötscher]: „Ursprünglich [ἀπ' ἀρχῆς] opferte man den Göttern Früchte [καρπῶν]. Als wir aber mit der Zeit die Frömmigkeit vernachlässigt hatten und als die Menschen auch noch einen Mangel an Feldfrüchten erlitten und keine gewöhnliche Nahrung mehr zu finden war, ließ man sich hinreißen, das Fleisch der Mitmenschen zu verspeisen [σαρκοφαγεῖν ἀλλήλων]. Damals brachten sie [...] zum ersten Mal den Göttern Opfer von sich selbst dar [...]. Von da an bis auf den heutigen Tag opfert man nicht nur in Arkadien an den Lykaia und in Karchedon dem Kronos von öffentlicher Hand ganz allgemein Menschen [ἀνθρωποθυτοῦσιν] [...]"; vgl. auch Aristoph. Ran. 1032; Euhemeros FGrHist 63 F 22. Siehe ganz allgemein die Ausführungen von Nagy 2009: insb. 34-43.

91 Kolotes Frgm. 22 R [Long & Sedley] [~Opere di Epicuro, ed. Parente, Torino 1983, p. 577].

[τῶν ἀμεινόνων]. Als aber die Zeit, die alles erzeugt und ernährt, die menschliche Lebensweise [τὸν θνητὸν ... βίον] wieder verwandelte [...] wurden die milden Feldfrüchte [καρπὸς ἡμέρου τροφῆς] entdeckt, [die Gaben] der heiligen Demeter. [...] Und die Menschen führten ihre verwilderte Lebensweise [τὸν ἠγριωμένον ... βίον] über zu einer milden Lebensart [εἰς ἥμερον δίαιταν]. Und das Gesetz [νόμος] legte fest, die Gestorbenen in Grabhügeln zu verbergen und den unbegrabenen Leichnamen den nötigen Anteil staubiger Erde zukommen zu lassen, auf dass kein Denkmal [μνημόνευμα] für das vormals gottlose Fressen [τῆς πρόσθε θοίνης ... δυσσεβοῦς] sichtbar sei."[92]

Ähnlich spannend ist auch ein dem Athenion zugeschriebenes Komödienfragment, das sich leider nur sehr unsicher datieren lässt:

„Weißt du nicht, dass die Kunst des Kochens [μαγειρικὴ τέχνη] mehr als alle anderen (Künste) zur Frömmigkeit beigetragen hat? [...] Die Kochkunst nämlich hat uns befreit von einer tierhaften [θηριώδους] und treulosen [παρασπόνδου] Lebensweise [βίου] und vom feindseligen Kannibalismus [δυσχεροῦς ἀλληλοφαγίας]. Sie hat uns in eine gewisse Ordnung [τάξιν] geführt und uns diejenige Lebensweise [βίον] aufgebunden, die wir nun haben. [...] Als der Kannibalismus [ἀλληλοφαγίας] und viele Übel [κακῶν] existierten, erhob sich zunächst ein kluger Mann. Als erster hat er ein Opfervieh [ἱερεῖον] geschlachtet [ἔθυσ'] und das Fleisch [κρέας] gebraten. Und da dieses Fleisch süßer [ἥδιον] war als Menschenfleisch [ἀνθρώπου κρεῶν], verzehrten sich [ἐμαςῶντο] die Menschen nicht (mehr) selbst, sondern opferten [θύοντες] und rösteten [ὤπτων] (von nun an) Weidevieh. [...] Wegen dieses (kulinarischen) Vergnügens [ἡδονὰς], von dem ich spreche, wollte niemand mehr Menschenfleisch essen [φαγεῖν], und sei es auch nur von einem Leichnam [ἔτι νεκροῦ]. Und alle schätzten es nun, in Gemeinschaft zu leben [αὑτοῖς ... συζῆν], und Städte entstanden [ἐγένονθ' αἱ πόλεις], die aufgrund dieser Kunst des Kochens – wie ich sagte – bevölkert waren. [...] Wir Köche [ἡμεῖς οἱ μάγειροι] [...] haben die Dinge entdeckt, die das ‚gute Leben' [τὸ ζῆν καλῶς] wirklich ausmachen."[93]

Die Überwindung des Kannibalismus markiert (und symbolisiert) hier die Entstehung menschlicher Kultur; wenn auch bisweilen in stark zugespitzter Weise. Gewissermaßen wird die Menschenfresserei hier in einem *diätischen*, quasi ernährungsgeschichtlichen Sinne gedeutet. Es sei daran erinnert: Schon in epischer Tradition wurden die Menschen nicht nur formelhaft als „Sterbliche" umschrieben, sondern auch als „Getreideesser [σιτοφάγοι]"; konkret auch in Abgrenzung zu den Kyklopen.[94] Und in zahlreichen (rituell

---

[92] Moschion TrGF I 97 Frgm. 6.
[93] Athenion PCG IV 13 F 1. Die Überlieferungssituation ist hier außerordentlich kompliziert. Über Athenaios XIV 80, 660e–661b sowie Juba II von Mauretanien (BNJ 275 F 86; 104) lassen sich inhaltliche Elemente der Passage eventuell bis auf den peripatetischen Mythenkritiker Palaiphatos zurückführen (BNJ 44 F 8), der sich bekanntlich mit ähnlichen Themen auseinandersetzte. Auch wenn der Text selbst, Utzinger 2003: 190 folgend, wohl aus dem 1. Jh. v. Chr. stammt, erscheint das in ihm formulierte Gedankengut doch weit älter; vgl. z.B. (Ps.)Plat. Epin. 974d-975a.
[94] Hom. Od. IX 191; vgl. auch II 290; XX 108; sowie Hdt. IV 109. Auch bei Hes. Erg. 31 wird die Getreideähre schon ganz grundlegend mit menschlichem Wohlergehen assoziiert. Auch in der späteren Luxuskritik ist dies ein beliebter Topos. Nach Porphyr. De abst. I 47 soll Diogenes in diesem Sinne

verstetigten) Demeter- und Triptolemos-Narrativen ist es gerade diese Ackerfrucht, die die Menschen aus ihrer kannibalisch-prähumanen Vorzeit erlöst.[95]

Selbst *kulinarische* Erklärungsmuster schwingen in den zitierten Quellentexten mit: Noch die Kyklopen des Euripides schätzten den besonders „süßen" Geschmack des Menschenfleisches. Bei Athenion hingegen wird dessen verhältnismäßig *schlechter* Geschmack nun dafür verantwortlich gemacht, dass die Menschen irgendwann dazu übergegangen seien, sich nicht mehr gegenseitig, sondern das weitaus „süßere [ἥδιον]" Tierfleisch zu verzehren. Nimmt man den komödiantischen Hintergrund des Athenion-Fragmentes ernst, könnte man fast meinen, der menschenfleischfressende Kannibale sei hier nichts anderes als ein ewiggestriger Geschmacksverächter, der für den kulinarischen Segen der ‚nouvelle cusine' – also der zivilisierten Hochkulturküche! – nur Verachtung übrig hat.

Freilich ist die Athenion-Passage reine Parodie, zudem in alter Tradition. Schon in der pseudo-platonischen ‚Epinomis' aus dem 4. Jh. v. Chr. klingt eine gewisse Polemik gegen eine als primitiv erachtete Urkunst des *Kochens* an, die in gewissen Kreisen wohl schon seit langem dafür gepriesen wurde, dem Fressen von Menschenfleisch ein Ende bereitet zu haben.[96] Für das Verständnis derartiger Diskurse ist es wichtig zu wissen, dass die Kochkunst in eben jener Zeit in Athen einen regelrechten Boom erlebte. Die oft nicht nur *parodistisch*, sondern auch *paränetisch* gefärbte gastronomische Dichtung erfreute sich seit Ende des 5. Jahrhunderts v. Chr. immer größerer Beliebtheit. Der Koch wird ein regelrecht prominenter Typus in der mittleren Komödie.[97] Wir sind von Starköchen unterrichtet, die verschiedenste regionale Küchen – auch die sizilianische! – nach Athen brachten und Kochbücher publizierten.[98] Diese Entwicklungen stehen dabei nicht nur in einem gewissen Zusammenhang mit der zunehmenden Popularität der Schlaraffenlandmotivik,[99] sondern auch mit der in bestimmten Kreisen aufkommenden Luxus- und Verweichlichungskritik.[100]

---

gesagt haben: „Nicht werden aus Brotessern Diebe und Feinde, sondern aus Fleischessern Sykophanten und Tyrannen."

95 Vgl. Baudy 2008: 70.
96 (Ps.)Plat. Epin. 974d-975a: „Zuerst stehe [ἔστω δὴ πρῶτον] unter diesen [ersten bzw. primitiven, MG] Künsten diejenige, welche das gegenseitige Auffressen der Lebewesen [ἀλληλοφαγίας τῶν ζῴων], wie die Sage [μῦθός] lautet, einesteils [i.e. in Bezug auf Menschenfleisch] unter uns ganz beseitigt [παράπαν ἀποστήσασα], andernteils [i.e. in Bezug auf Tierfleisch] auf ein gesetzliches Maß [εἰς τὴν νόμιμον ἐδωδὴν] zurückgeführt hat. Mögen es uns unsere Vorfahren [οἱ πρόσθεν] zu Gute halten, und sie werden es, wer immer die ersten Urheber [πρῶτοι] dieser Kunst gewesen sein mögen, doch wir können hier nichts weiter mit ihnen zu schaffen haben. Sodann wird auch die Anfertigung des Gersten- und Weizenmehls und die Bearbeitung derselben zur Speise [τροφὴ] als schön [καλὴ] und gut [ἀγαθή] gelten müssen. Aber auch diese Kunst wird wahrlich nicht im Stande sein, einen Mann [ἄνδρα] wirklich weise [σοφὸν] zu machen." Vgl. v.a. auch Hippokr. VM 7,1.
97 Vgl. Nesselrath 1990: 297-309. Dohm 1964: 58f. betont dabei die Bedeutung des Kochs schon in der Alten Komödie.
98 Siehe z.B. Athen. IX 379d-e für prominente Vertreter. Vgl. auch Bernhardt 2003: 199-207.
99 Zur Vorstellung des Schlaraffenlandes, wie sie z.B. auch bei den Komikern Pherekrates und Kratinos zu fassen ist, siehe z.B. Fauth 1973: 39-62. Dass in diesen Fällen auch die dem Urkannibalismus konträre Idee eines friedlichen Urvegetarismus zum Disput stand, zeigt z.B. Telekleides Frgm. 1 [PCG VII]. Hier wird die „ursprüngliche Lebensweise [βίον ἐξ ἀρχῆς]" des Menschengeschlechtes als „allumfassender Frieden [εἰρήνη … ἁπάντων]" beschrieben, in dem sich die Nahrung den Menschen regelrecht selbst darbietet und ‚neidloser' Überfluss herrscht, so dass die Menschen letztlich „fett [πίονες] und so groß

In ihrem Eigenlob instrumentalisierten und popularisierten die sich selbst als professionelle *Techniten* verstehenden Köche wohl auch die Vorstellung, dass sich die Wesensart einer Speise quasi-kausal auf die Wesensart des Speisenden auswirken könne.[101] Die uns bloß in parodistischer und kritischer Brechung überlieferte Argumentation dürfte wohl folgendermaßen ausgesehen haben: ‚Wir Köche sind die wahren Erzieher des Menschengeschlechts. Wer gut gegessen hat, ist ja auch ein besserer Mensch!' Diese klassische Denkfigur, die auch im modernen Bio-Motto ‚good food, good mood' noch durchscheint, ist in stark elaborierter Form dabei nicht nur im Corpus Hippocraticum anzutreffen, sondern auch in zahlreichen ethnologischen Exkursen der griechischen Historiographie.[102] Hierüber hatte sie auch Einfluss auf die zeitgenössische Ausdeutung kannibalischer Fressgewohnheiten: Manche Fremdvölker würden demnach ja gerade *deshalb* Menschenfleisch fressen oder Menschenblut trinken, weil sie meinen, dass damit die Lebenskräfte ihrer Speise in sie übergingen; man denke hier nur an die Skythen, die regelmäßig das Blut ihres ersten getöteten Kriegsgegners getrunken haben sollen.[103] Auch später ließen sich aus dieser Denkfigur noch ‚plausible' Begründungen für Kannibalismus ziehen: Ältere Frauen – wie potenziell auch das säuglingsfressende „Weibstück" bei Aristoteles! – sollen *deshalb* Kinderblut getrunken haben, weil sie glaubten, sich dadurch verjüngen zu können.[104] Als klassisches Beispiel für eine derartige diätische Kausallogik ließe sich selbst der ‚löwenhafte' Achilles anführen: Er habe ja gerade *deshalb* so animalische Kräfte entwickelt, weil er sich schon als

---

wie Giganten [μέγα χρῆμα Γιγάντων]" waren. Gemäßigtere Ausdrucksformen einer originären Goldzeit finden sich selbst in den überlieferten Texten der klassischen Philosophenschulen; vgl. z.B. die auch auf Hes. Erg. 116ff. bezugnehmende Passage des Aristoteles-Schülers Dikaiarchos, Bios Hellados Fr. 49 [Wehrli]: „Der Peripatetiker Dikaiarch […] sagt, wo er die ursprüngliche Lebensweise [τὸν ἀρχαῖον βίον] Griechenlands schildert, dass die Menschen der Frühzeit [τοὺς παλαιοὺς] den Göttern nahe [ἐγγὺς θεῶν], von Natur [φύσει] die besten Menschen [βελτίστους] gewesen seien und das beste Leben [τὸν ἄριστον βίον] geführt hätten. Sie, die verglichen mit den heutigen Menschen […] für ein goldenes Geschlecht [χρυσοῦν γένος] gehalten werden, hätten keine beseelten Lebewesen [ἔμψυχον] getötet […]."

100 Siehe für zahlreiche Quellenbelege z.B. Bernhardt 2003: insb. 199-207; zu den verzehrenden Leidenschaften im klassischen Athen siehe allgemein immer noch Davidson 1999.
101 Zur μαγειρικὴ τέχνη siehe z.B. Dohm 1964: 203-211.
102 Die spezifische Entwicklung menschlicher Diätik (vom animalisch Rohen zum Gekochten) wird z.B. in Hippokr. VM 3,3-5 beschrieben; vgl. auch 7,1: „Welcher Unterschied kann also gesehen werden zwischen dem Denken dessen, der Arzt [ἰητρὸς] genannt wird und allgemein als Fachmann [χειροτέχνης] anerkannt ist und als Entdecker der Diät [δίαιταν] und Ernährung [τροφήν] für Kranke, und jenem, der am Anfang [ἀπ' ἀρχῆς] für alle Menschen die Nahrung [τροφήν] fand und zur Verfügung stellte, derer wir uns heute bedienen, anstelle jener wilden [ἀγρίης] und tierhaften [θηριώδεος] Ernährung [διαίτης] (der Urzeit)?" Der Aspekt spezifischer Ernährungsformen spielt freilich auch in der antiken Klimatheorie eine wichtige Rolle, wie sie z.B. in der hippokratischen Schrift ‚Über die Umwelt' formuliert ist. Einen historiographischen Ausdruck findet das entsprechende Modell z.B. in Hdt. IX 122: „Aus weichen Ländern [ἐκ τῶν μαλακῶν χώρων] pflegen weiche Menschen [μαλακοὺς] zu kommen. Ein und demselben Erde [γῆς] sei es nämlich nicht gegeben, sowohl üppige Frucht [καρπὸν θωμαστὸν] hervorzubringen als auch Männer [ἄνδρας], die tüchtig seien für den Krieg [ἀγαθοὺς τὰ πολέμια]"; vgl. auch I 71. Zum kannibalischen Essen bei Herodot siehe Müller 2009: 171-187.
103 Hdt. IV 64.
104 Ganz allgemein macht Halm-Tisserant 1993 in ihrer umfangreichen Studie zum ‚Kind im Kochtopf' deutlich, dass eine Vielzahl griechischer Kannibalennarrative aufs Engste mit Unsterblichkeitsfantasien verwoben ist; man denke hier nur an Tydeus oder Tantalos.

Kind unter der Obhut des Kentauren Cheiron vom *rohen* Fleisch der entsprechenden Tiere genährt habe.[105]

In einem berühmten Diktum Ludwig Feuerbachs wurde diese Vorstellung fast zweieinhalbtausend Jahre später auf den Punkt gebracht: „Der Mensch ist, was er ißt".[106] Dieser unscheinbare Satz provoziert dabei eine fundamentale anthropologische Frage: Ist der Menschenfresser dann nicht *der* Mensch *schlechthin*? Drückt sich nicht in *ihm* das wahre Wesen des Menschen am ehesten aus; also der Mensch als jenes wilde und undomestizierte Tier, das sich – in Nietzsches Interpretation – noch nicht durch die Peitsche der Moral und das Joch der Demut hat zähmen und zu einem *kranken* Tier hat erniedrigen lassen? Mit Blick auf die große Faszination mancher klassischer Kannibalen scheint dies zumindest nicht ganz ausgeschlossen. Es sei daran erinnert: In vielen antiken Narrativen dienen die *Menschenfresser* als regelrecht *fantastische* (Prä)Figurationen von rechtsfreier Gewalt *und* Autonomie. Selbst das Leben des über den menschlichen Konventionen stehenden Kyklopen Polyphem gewinnt so zumindest das *Potenzial*, kannibalische Sehnsüchte zu wecken. Vor der Ankunft des Odysseus lebt der völlig selbstbestimmte Gelegenheitsmenschenfresser idyllisch und gottbegünstigt. Wie im Goldenen Zeitalter wachsen die wichtigsten Pflanzen bei ihm ganz automatisch. Die Hammel blöken. Der gewaltige Hirte erlebt hier schönste Natur im Überfluss. Gelegentlich kommen gar artfremde Delikatessen aus Übersee angesegelt, die dann noch selbstständig zur Schlachtbank laufen und darauf warten, als Abendbrot verspeist zu werden; fast (aber nur fast!) wie im Schlaraffenland. Eine derartige Homer-Interpretation ist zwar einseitig und maßlos überspitzt. Sie zeigt zumindest aber auf, dass die semantischen Potenziale klassischer Menschenfresserei je nach Deutungshorizont und Lesart in ganz verschiedene Richtungen weisen können – unabhängig von vermeintlich originären *Autoren*intentionen aus archaischer Zeit.

Interpretationsbeispiel: Der kannibalische Achill

Wie spannend es bisweilen sein kann, sich von wortgeschichtlichen und intentionalistischen Quellendeutungen zu lösen und stattdessen auf das genreübergreifende Spiel der kannibalischen Metaphern und Allegorien einzugehen, soll anhand einer besonders populären Menschenfresser-Figur exemplifiziert werden: mittels des zornigen Achilles, des homerischen Helden schlechthin. Wie ein einsamer und hungriger Wolf wandert dieser größte aller Krieger bekanntlich durch die Troja-Geschichte. Nirgendwo wird er direkt als ‚Menschenfresser' bezeichnet, und doch wird er oft als ein solcher umschrieben. An ihm lässt sich wohl am besten aufzeigen, wie subtil in der Lebenswelt der griechischen Antike die metaphorische Transgression des Menschen ins Bestialische vonstattengehen konnte.[107]

Dies dürfte bekannt sein: Achilles ist in den althergebrachten epischen Erzählungen ein überaus menschlicher Held mit übermenschlichen Wurzeln. Er besitzt animalische Kräfte, vor allem deshalb, weil er sich unter der jugendlichen Obhut des Kentauren Cheiron vornehmlich vom rohen Fleisch wilder Tiere ernährte, deren Lebenskräfte er sich auf diese

---
105 Siehe hierzu noch immer Robertson 1940: 177-180; vgl. auch FN 108.
106 Feuerbach 1972: 26–52; vgl. auch Belliger & Krieger 2000: 63-67.
107 Zum transgressiven Aspekt der Kannibalismusnarrative siehe v.a. Harland 2007: 56-75.

Weise einverleibt haben soll.[108] In der homerischen Ilias ist der berühmte Troja-Kämpfer von Zorn zerfressen.[109] Als ihn Hektor aus Angst davor, nach seinem Tod von Tieren gefressen zu werden, um eine reguläre Totenehre bittet, erleidet Achilles einen fast schon kannibalischen Kontrollverlust: „Fleh mich nicht an, du Hund [κύον]! […] Könnten Wut [μένος] und Zorn [θυμὸς] mich selbst doch dazu treiben, dein Fleisch [κρέα] abzuschneiden und roh [ὤμ'] zu verzehren [ἔδμεναι]!"[110] Im weiteren Kontext der Passage erscheint diese kannibalische Drohung durchaus konsequent: Die Trojaner werden in der animalisierenden Bildsprache der Ilias mehrfach als Lämmer bzw. Schafvieh umschrieben, Achilles hingegen wird mit einzeln umherziehenden und daher für Menschen besonders gefährlichen Raubtieren assoziiert.[111] Nach Ansicht Apollons verhalte sich Achilles so wie ein gewalttätiger, zügelloser und wilder „Löwe [λέων], der […] in die Herden der Sterblichen [ἐπὶ μῆλα βροτῶν] eindringt, um sich ein Mahl [δαῖτα] zu holen".[112] Auch der kriegstreibenden Hera – also einer der Schutzgöttinnen des Achilles! – wird in diesem Kontext passenderweise vorgeworfen, dass sie doch „am liebsten den Priamos selbst, seine Söhne [also auch Hektor] und überhaupt aller Troer roh [ὠμὸν] verschlingen [βεβρώθοις]" würde.[113]

Wie der epische Kampf zwischen Achilles – als Raubtier – und Hektor – als Weidevieh – ausgeht, ließ sich auch in nacharchaischer Zeit noch auf zahlreichen Keramiken recht eindeutig versinnbildlichen, so z.B. auf einem in Wien befindlichen Skyphos, der wohl um das Jahr 480 hergestellt wurde [Abb. I].[114]

Achill liegt auf seiner *klinē*. In der rechten Hand hält er ein Messer – gemäß der ikonographischen Tradition eines der üblichen Schlachtwerkzeuge beim Opferritual![115] In der linken Hand hält er ein Stück Fleisch, welches er entgegen aller symposiastischen Essgewohnheiten ganz allein verzehrt.[116] Unter ihm – anstelle eines hier sonst oft befindlichen

---

108 Die wichtigsten – auch ikonographischen – Belege für die in vorklassische Zeiten zurückgehende Vorstellung, dass Achilles gerade durch den Verzehr des rohen Fleisches wilder Tiere so ungeheure Kräfte entwickeln konnte, liefert noch immer Robertson 1940: 177-180, der verschiedene literarische Belege nicht ohne Grund auch mit Tydeus' Hirnschlürferei in Stat. Theb. VIII 751-766 in Verbindung bringt. Besonders wichtig ist in diesem Zusammenhang stets eine proto-attische Halsamphore [LIMC ‚Achilleus', Nr. 21; vgl. auch Nr. 4], auf der Cheiron für den kleinen Achilles nicht nur gejagte Hasen herbeibringt, sondern auch einen kleinen erlegten Löwen, ein Wildschwein, und evtl. einen Wolf. Vgl. hierzu neben Pind. N. III 46-50 auch Apollod. III 13,6; Stat. Ach. II 96-102; Scholia ad Hom. Il. XVI 37. Schon in Hom. Il. XXIV 207 bezeichnet Hekabe den Gegner ihres Sohnes als „Rohfresser [ὠμηστὴς]"; wie sonst vornehmlich die wilden Tiere bezeichnet werden, vgl. z.B. VII 256 & XV 592 [ὠμοφάγοισιν: Löwen]; XI 454 [ὠμησταὶ: Geier]; XI 479 [ὠμοφάγοι: Schakale]; XVI 157 [ὠμοφάγοι: Wölfe]. Zur Symbiose von Menschen und Wildtieren in antiken Erzählungen siehe auch Hellmann 2008: 183-203.
109 Zum Zusammenhang von Zorn und Kannibalismus in antiken Erzählungen siehe allgemein Braund & Gilbert 2003: 250-285.
110 Hom. Il. XXII 345-354.
111 Vgl. z.B. Hom. Il. IV 426-438; VIII 131; XXII 260-276.
112 Hom. Il. XXIV 40-44.
113 Hom. Il. IV 34-36.
114 Kunsthistorisches Museum Wien Inv.-Nr. AnSa IV 3710; LIMC ‚Achilleus' Nr. 659. Zahlreiches vergleichbares Material liefert die im Folgenden maßgebliche Studie Giuliani 2003: 135–161; vgl. zur Problemfigur Achilles auch Hoff 2005: 225–246.
115 Nach Giuliani 2003: 150 wird Achilles mit der (ungewöhnlichen) Messerdarstellung als Opferschlächter bzw. μάγειρος charakterisiert.
116 Giuliani 2003: 147. Zur Normativität des *gemeinsamen* Fleischverzehrs siehe v.a. auch Baudy 1983:

Hundes! – liegt der geschundene, blutende Körper seines abgeschlachteten Gegners, partiell gar überdeckt, bzw. in eins gehend mit den übrigen Fleischstücken, die vom Beistelltisch mit roter Farbe akzentuiert herunterhängen. Blut scheint sich mit Blut zu vermischen, und Tierfleisch mit Menschenfleisch. Wie im Fall der Iphigenie scheint auch dieses animalische Opfer damit keine wirklichen Tabus zu kennen: ‚Was geschlachtet ist, wird auch gegessen'; ganz gleich, ob es sich dabei um einen Artgenossen handelt.

An diesem subtilen Beispiel zu den merkwürdigen Tischsitten des Achilles lässt sich jedenfalls wunderbar zeigen, wie kompliziert die Dinge in Sachen Kannibalismus bisweilen stehen: Seinem Ruf, *der* große Held der Griechen zu sein, konnten die transgressiven, geradezu bestialisch anmutenden, Gewaltexzesse des Achilles schließlich nichts zur Sache tun. Vielleicht haben sie ihn sogar erst mitbegründet.[117]

Schlussbemerkungen

Der kulturanthropologische Beigeschmack des klassischen Menschenfressermotivs ließe sich gewiss noch viel detaillierter analysieren als in der vorliegenden Studie. Man stelle sich hier nur eine nähere Untersuchung des vielversprechenden Vegetarismusdiskurses vor, wie er nicht nur bei Phytagoreern und Orphikern, sondern z.B. auch in den kultur- und religionsgeschichtlichen Schriften des Dikaiarch oder Theophrast geführt wurde.[118] Ähnlich interessant hätte sich wohl auch die Untersuchung einiger kulturkritischer oder gar antinomischer Quellen aus dem Kynosarges oder der Stoa erwiesen.[119] Selbst wenn man sich den betreffenden Fragmenten aufgrund ihrer komplizierten Überlieferungslage nur in äußerster Vorsicht nähern kann, steht doch zumindest fest: In den Schriften z.B. eines Diogenes oder Chrysipp wurde das vormals so bestialisch gezeichnete Sinnbild des ‚tierhaften Lebens' neu verhandelt; als provokantes ‚*natürliches*' Paradigma einer ‚*kulturell*' überwu-

---

131–174; vgl. auch Simmel 1984: 205-211; sowie Därmann 2008 I: 15-41.
117 Es kann zumindest fraglich erscheinen, ob die dargestellten Gewaltexzesse des Achilles ein *kritisches* Aussagepotenzial hatten (wie Giuliani 2003: 155 zumindest andenkt). Burkert 1981:113 betont demgegenüber den Reiz derartiger Gewaltfantasien: „Und doch, wenn Achill die Troer schlachtet, bestätigt er sich selbst eben als den Mächtigen, Überlebenden, und die anderen sehen grausend und bewundernd zu." Viele klassische Menschenfressernarrative zeichnen sich in diesem Sinne durch eine starke Selbstreferentialität aus. Die gewaltige Faszination, die ‚Menschenfresser'-Figuren wie Polyphem oder auch Achilles entwickeln konnten, lässt sich wohl am ehesten mit deren ungeheuerlichen narzißtischen Identifikationspotenzialen begründen. Zum egoistisch-individualistischen Mahl siehe noch immer Simmel 1984: 205-211; vgl. auch Därmann 2008 I: 15-41. Zur allgemeinen ästhetischen und auch wissenschaftlichen Faszination der Anthropophagie siehe v.a. Fulda 2001: 7-52.
118 Zu Vegetarismus und Tierfriede siehe Gatz 1967: 165-174; sowie Nagy 2009: 25-34. Zu Dikaiarchos und Theophrastos im Konkreten siehe v.a. Müller 2003: 260-281. Allein schon die Imaginationen eines ‚Goldenes Zeitalters' machen dabei ja deutlich, dass auch in den klassischen Quellentexten neben einem Ur*kannibalismus* bisweilen auch Vorstellungen eines Ur*vegetarismus* begegnen; in dessen Konsequenz das blutige Opfern sowie der anschließende Verzehr von „beseelten Lebewesen" (wie Tieren und Menschen) auch als widernatürliche Kultursünde deutbar war.
119 Die grundlegende Vorarbeit liefert hier Hook 2005: 17-40; siehe aber auch die Miszelle Rankins 1969: 381-384.

Abbildung I: Skyphos, attisch, rotfigurig, um 480 v. Chr., Kunsthistorisches Museum Wien, Inv.-Nr. AnSa IV 3710
Foto: Martin Gronau

cherten menschlichen Gesellschaft.[120] Mithilfe der Kannibalenfigur konnten derartige Autoren die von anderen Philosophen unhinterfragte Konventionalität menschlicher Konventionen problematisieren: ‚Warum sollte ein historisches Phänomen bei Tieren *natürlich* sein, Menschen hingegen *widernatürlich*?'[121] In einer kynischen Thyest-Tragödie soll die

---

120 Siehe z.B. Zenon v. Kition Frgm. 67 A [Long & Sedley].
121 Siehe z.B. Chrysippos v. Soloi Frgm. 67 F [Long & Sedley]. Es ist hier freilich klar, dass die Autoren entsprechender kulturkritischer Texte nicht wirklich Bewunderer der Menschenfresserei oder gar praktizierende Kannibalen waren, als die sie uns oft überliefert sind. In ausgewählten philosophischen und anthropologischen Diskursen instrumentalisierten und verargumentierten sie einfach nur das populäre Kannibalismusmotiv, weil sie damit besonders effizient althergebrachte Denkmuster (wie

Menschenfresserei bei Fremdvölkern in diesem Sinne als Beweismittel dafür hergehalten haben, dass das „Mitessen von Menschenfleisch [τῶν ἀνθρωπείων κρεῶν] nichts Unfrommes [μηδ' ἀνόσιον]" sei.[122] Und in seinem Postulat, sich an der effizienten Natürlichkeit der Tiere ein Vorbild zu nehmen, soll Chrysipp in regelrecht unmenschlichem Pragmatismus sogar dafür plädiert haben, amputierte Körperteile – z.B. im Kampf abgeschlagene Beine – und verstorbene Eltern doch einfach zu verspeisen;[123] getreu dem Motto: ‚Es ist doch sonst nur schade um das Fleisch.' Eine ernsthafte *Sach*debatte über Menschenfresserei lässt sich aus der fragmentarischen Überlieferung kaum begründen, schon eher eine zynische Kritik des Kynismus. So oder so erinnern derartige Quellentexte noch einmal stark an die endokannibalischen Essgewohnheiten exotischer Fremdvölker. Und sie vermitteln erneut ein merkwürdiges Bild des Kannibalen: Der Menschenfresser als Naturkostanhänger? Der Kannibale als ökologisch nachhaltiger Resteverwerter? Dies sollte deutlich geworden sein: Der *Vorwurf* des Kannibalismus *konnte* zwar in der Tat stigmatisieren. Die Menschenfresserei *an sich* erfüllte in all ihrer bunten Faszination jedoch keineswegs nur inferiorisierende Funktionen. Zwar *oft*, aber keineswegs *immer* ist der Kannibale einfach *nur* der ‚böse Andere' – auch wenn er dieses Potenzial stets in sich trägt.

Der griechische Kannibalismusdiskurs hat sich als sehr vielschichtig und gehaltvoll erwiesen. In einer regelrechten *tour de force* durch das narrative Menschenfresserlabyrinth der griechischen Antike konnte eine Vielzahl verschiedenartigster Quellen und Erzähltraditionen gesichtet und zumindest auch ansatzweise gedeutet werden. Nun sollen die wichtigsten Ergebnisse noch einmal auf den Punkt gebracht werden:

Der Kannibale als anthropologische Figur. Mit den vielfältigen Wesensarten des ‚klassischen Menschenfressers' ließen sich schon in der griechischen Antike zahlreiche anthropologische (Gedanken)Experimente führen. Nicht selten erscheint der Menschenfresser als eine flexibel konstruierbare Spielfigur, anhand derer die klassische Anthropologie ausprobieren konnte, wie weit man das menschliche Wesen denn verrenken, verbiegen und verformen kann, um es dabei immer noch als Menschen zu erkennen.[124] Man kann zwar betonen, dass z.B. die griechischen Historiographen peripheren Fremdvölkern durch den Vorwurf des Kannibalismus ‚Menschlichkeit' abgesprochen haben. Dass derartige

---

z.B. die Kultur-Natur-Antithese oder spezifische Naturalisierungsrhetoriken) aufbrechen konnten. Nicht ohne Hintergedanken wurden sie erst von ihren (späteren) Kritikern mit einiger polemischer Zuspitzung als aktive Kannibalismusbefürworter fehlinterpretiert – und in dieser Deutung auch überliefert; siehe z.B. SVF III 746: „Chrysippos aus Soloi schrieb unsittliche Gesetze [νόμους ... οὐ θεμιτούς]. Er sagte nämlich, dass es nötig sei [δεῖν], dass Söhne mit ihren Müttern schliefen, Töchter aber mit ihren Vätern. Im Übrigen stimmte er mit Zenon von Kition überein. Diesbezüglich sprach er nämlich auch vom Menschenfressen [ἀνθρωποβορεῖν]. Er sagte, dass das Telos aller Dinge das Süße und Vergnügliche [τὸ ἡδυπαθὲς] sei." Vgl. Diog. Laert. VII 188, sowie zu Zenon, Diogenes und Kleanthes auch SVF I 584. Siehe zu dem gesamten Problemkreis v.a. Hook 2005: 17-40, der im massiven Gebrauch der Kannibalismusrhetorik bei stoischen und kynischen Philosophen sogar eine bewusste Abgrenzung zu Platon zu erkennen glaubt.

122 Diog. Laert. VI 73.
123 Chrysippos v. Soloi Frgm. 67 G [Long & Sedley]. Zur Leichenfresserei bei Kynikern und Stoikern siehe v.a. Daraki 1982: 155-176.
124 In seiner Studie zum neuzeitlichen ethnographischen Diskurs assoziiert Klarer 1999: 389-410 die utopischen Aspekte des Kannibalismusdiskurses passenderweise mit einem karnevalesken Identitätsspiel; vgl. auch Harland 2007: 56-75.

Menschenfresservölker *nichtsdestotrotz* als *menschliche* Gemeinwesen beschrieben werden, ist demgegenüber jedoch ein eindeutiges Zeichen dafür, dass die klassische Anthropologie in ihnen überhaupt erst ihre spezifische Vorstellung von ‚Menschlichkeit' auslotete. Der Mensch ist hier nun mal oft ein *Tier*, wenn auch – wie das Menschenrätsel der Sphinx verdeutlicht! – ein besonders wandelbares; ein Monster, das von Zeit zu Zeit auch gegen sich selbst oder seine Artgenossen destruktiv zu werden droht.[125] Die antiken Menschenfressererzählungen selbst konnten dabei literarische Vehikel ganz vielfältiger Diskurse sein. *An ihnen* wurden anthropologische Probleme der Natürlichkeit und Konventionalität des Menschen verhandelt. *In ihnen* ließen sich bisweilen Fragen humaner Nachhaltigkeit und Selbstgenügsamkeit stellen. Einige Erzählungen offenbarten dabei sogar kulinarische oder zumindest diätische Konnotationen, die sich in ambivalenter Weise auszuprägen wussten: Im einen Fall erscheint der Kannibale als sprichwörtlich gewordener ‚Gastronom (ur)alter Schule', der sich den einfachen Geschmack bewahrt hat und an der natürlichen Diät der Vor-Getreidezeit festhält. Im anderen Fall scheint er hingegen jenem Kind gebliebenen Schlemmermäulchen zu ähneln, das sich nur mit dem süßesten und zartesten Fleisch zufrieden gibt. Der Kannibale ist hier ebenso wandelbar wie der griechische ‚Humanismus', den er spiegelt.

Typenvielfalt des Kannibalen. Der klassische Menschenfresser konnte daher viele Gestalten annehmen. Er begegnete in den untersuchten Quellentexten als wildes Tier, Geschwür, tragischer Held, Psychopath, heroischer Krieger, Berserker, ekstatische Furie, Monster, Nomade, blutrünstiger Tyrann, Werwolf, Rohkostanhänger, Kinderfänger, primitiver Urmensch, Barbar, Antivegetarier, Hirte, Pragmatiker, Vatergott, u.v.m. Oft schien er nichts anderes als eine hässliche Ausgeburt anthropologischer Selbstspiegelung zu sein, eine figurative Ausdrucksform narzißtischer Tagträumerei. Mehr noch: Muss der Menschenfresser vielleicht sogar als schärfster Kritiker kulinarischer (Un)Vernunft gelten?[126] Sollte der kannibalische Fressakt sogar als extremste Metapher einer dekonstruktiven Autopoiesis verstanden werden?[127] Derartige metaphorologische Deutungen des antiken Kannibalismus klingen bisweilen zwar recht gestelzt. Zumindest reflektieren sie aber die schon in den antiken Quellentexten fassbare Unbegrifflichkeit und Unbegreifbarkeit des fürchterlichen Aktes des Menschenfressens.

Der verspeiste Mensch. Ein letzter wichtiger Aspekt klang schon mehrmals an: Im Kern des klassischen Kannibalismusdiskurses lässt sich eine anthropologische Urangst identifizieren, konkret, die Angst des Menschen, von anderen Lebewesen *verspeist*, *verdaut*, also *einverleibt* zu werden.[128] Schon die archaischen Erzählungen über bestialische Tiere und menschenverschlingende Monster arbeiteten primär mit dieser grundlegenden Furcht, nicht ordentlich *bestattet*, sondern ordinär *verschlungen* zu werden; schließlich habe der *mensch-*

---

125 Schon in Telekleides' dramatischer Kritik des athenischen Sykophantentums klingt in diesem Sinne leise das Sinnbild einer sich selbst verzehrenden Gesellschaft an, wenn er das Ende der vielen „Prozesse [δικῶν]" fordert, die einander doch ohnehin nur „gegenseitig auffressen [ἀλληλοφάγων]", vgl. Telekleides Frgm. 2 [Kock].
126 Röttgers 2009: insb. 94-98.
127 Vgl. Fulda & Pape 2001, S. 16.
128 Sigmund Freud setzte seinen Fokus demgegenüber stärker auf die Ur*schuld* eines originären brüderlichen Vatermordes und -verzehrs; vgl. v.a. Burkert 1990, 24f.

liche Körper *als solcher* unversehrt zu sein.[129] Der Teufel liegt bisweilen im Detail: Sieht man einmal von der menschlichen Zutat ab, wird auch in den homerischen Kyklopen- und Laistrygonen-Erzählungen ein Akt des Essens geschildert, der ansonsten recht normal erscheint. Schwer zu verdauen war für das verdutzte Publikum wohl vor allem der ungeheuerliche Fakt, dass die *menschlichen* Gefährten des Odysseus von ihren Verkostern „wie kleine *Tiere*" erschlagen oder „wie *Fische* aufgespießt" werden, bevor sie letztlich als *entmenschlichte* Zutat des „traurigen Mahles" enden.[130] Auch die schauerlichen Foltergeschichten der griechischen Tyrannen zogen ja gerade hieraus ihre Grausamkeit, dass ein zum Tier degradierter Mensch das Schicksal eines Viehs erleiden muss, konkret also die Zerfleischung als bestialische Alternative zur humanen Bestattung.[131] Dies kann gar nicht oft genug betont werden: Im klassischen Menschenfresserdiskurs wird nicht nur der *Täter* verunmenscht, sondern vor allem auch sein *Opfer*. An dem epischen Szenario ‚Achilles frisst Hektor' besteht das *skandalon* damit nicht nur in der unmenschlichen *actio* des Achilles, sondern vor allem auch in der unmenschlichen *passio* des Hektor; also darin, was er als Mensch – selbst wenn er tot ist – potenziell erleiden muss. Das „unaussprechbare Tabu" der klassischen Menschenfresserei ist damit keineswegs nur darin zu sehen, dass ein Mensch einen anderen *frisst*, sondern vielmehr darin, dass ein Mensch *gefressen wird*; egal von wem. Menschenfresser gibt es schließlich viele.

---

129 Zum Problem von Korporalität und Gewalt siehe z.B. Griffith 1998: 230–256; sowie ganz allgemein die Beiträge in den Sammelbänden Fischer & Moraw 2005; Seidensticker & Vöhler 2006; sowie Zimmermann 2009: 7-45.

130 Siehe v.a. Hom. Od. IX 289-298, sowie X 81-132.

131 Hierum dreht sich freilich auch die Polyneikes-Sage; vgl. Aischyl. Sept. 1035: „Die heißhungrigen Wölfe [κοιλογάστορες λύκοι] werden nicht sein Fleisch [τούτου δὲ σάρκας] verzehren [πάσονται]". Selbst in der vor Kannibalismusmetaphorik nur so strotzenden ‚Ilias' besteht Hektors (und Hekabes) größte Angst darin, dass sein Leichnam den *Hunden* zum Fraße vorgeworfen wird (Hom. Il. XXII 345-354; vgl. auch XXIV 212-213), was der zornige Achill als Drohung gleich aufzugreifen weiß: „Hunde [κύνες] und Geier [οἰωνοί] werden dich gänzlich zerfleischen [δάσονται]!". Wie schon der einführende Nietzsche-Aphorismus zeigen sollte, fällt es modernen Klassikern recht leicht, die metaphorischen Potenziale antiker Narrative zu aktualisieren. Die Penthesilea Kleists zerfleischt mitsamt ihrer Hundemeute jenen Achill, der Christa Wolf wiederum als „Vieh" erscheint.

Literaturverzeichnis

Alexandridis, Annetta; Wild, Markus; Winkler-Horaček, Lorenz (Hg.) 2008, *Mensch und Tier in der Antike. Grenzziehung und Grenzüberscheitung*, Wiesbaden 2008.
Averill, James R. 1990, Inner feelings, the works of the flesh, the beast within, diseases of the mind, driving force, and putting on a show. Six metaphors of emotion and ther theoretical extensions, in: David E. Leary (Hg.): *Metaphors in the History of Psychology*, Cambridge, 1990, 103–132.
Baudy, Gerhard 1983, Hierarchie oder: Die Verteilung des Fleisches. Eine ethnologische Studie über die Tischordnung als Wurzel sozialer Organisation, mit besonderer Berücksichtigung der altgriechischen Gesellschaft, in: Burkhard Gladigow; Hans G. Kippenberg (Hg.), *Neue Ansätze in der Religionswissenschaft*, München, 1983, 131–174.
Baudy, Dorothea 1999, 'Kinderfresser'. Ein europäischer Topos zur Verunglimpfung des 'anderen', in: Anette Keck, Inka Kording, Anja Prochaska (Hg.), *Verschlungene Grenzen. Anthropophagie in Literatur und Kulturwissenschaften*, Tübingen, 1999, 257–271.
Baudy, Gerhard 1999, Der kannibalische Hirte. Ein Topos der antiken Ethnographie in kulturanthropologischer Deutung, in: Anette Keck, Inka Kording, Anja Prochaska (Hg.), *Verschlungene Grenzen. Anthropophagie in Literatur und Kulturwissenschaften*, Tübingen, 1999, 221–242.
Baudy, Gerhard 2008, Zum Brotessen verdammt - durch Brot erlöst, in: Iris Därmann, Harald Lemke (Hg.), *Die Tischgesellschaft. Philosophische und kulturanthropologische Annäherungen*, Bielefeld, 2008, 61–85.
Belliger, Andréa; Krieger, David J. 2000, Repräsentation und Selbst-Referenz oder Man ist, was man is(s)t, in: Lothar Kolmer, Christian Rohr (Hg.), *Mahl und Repräsentation. Der Kult ums Essen*, Paderborn u.a., 2000, 63–67.
Bernhardt, Rainer 2003, *Luxuskritik und Aufwandsbeschränkungen in der griechischen Welt*, Stuttgart, 2003.
Blome, Peter 1998, Das Schreckliche im Bild, in: Fritz Graf (Hg.), *Ansichten griechischer Rituale. Geburtstags-Symposium für Walter Burkert*, Stuttgart, Leipzig, 1998, 72-95.
Blundell, Sue 1986, *The Origins of Civilisation in Greek and Roman Thought*, London, 1986.
Bonnechère, Pierre 1994, *Le Sacrifice humain en Grèce ancienne*, Liège, 1994.
Braund, Susanna; Gilbert, Giles (2003), An ABC of epic ira. Anger, beasts, and cannibalism, in: Susanna Braund, Glenn W. Most (Hg.), *Ancient Anger. Perspectives from Homer to Galen*, Cambridge, 2003, 250–285.
Burkert, Walter 1972: *Homo necans. Interpretationen altgriechischer Opferriten und Mythen*, Berlin, 1972.
Burkert, Walter 1981, Glaube und Verhalten. Zeichengehalt und Wirkungsmacht von Opferritualen, in: Jean Rudhardt, Olivier Reverdin (Hg.), *Le Sacrifice dans l'Antiquité*, Genf, 1981, 91–133.
Burkert, Walter 1987, The Problem of Ritual Killing, in: Robert G. Hamerton-Kelly (Hg.), *Violent Origins. Ritual Killing and Cultural Formation*, Stanford, 1987, 149–176.
Burkert, Walter 1990, Griechische Tragödie und Opferritual, in: Walter Burkert: *Wilder Ursprung. Opferritual und Mythos bei den Griechen*, Berlin, 1990, 13–39.
Burkert, Walter 1999, Aggression und Behagen. Die heiligen Schauer des Essens, in: Anette Keck, Inka Kording, Anja Prochaska (Hg.), *Verschlungene Grenzen. Anthropophagie in Literatur und Kulturwissenschaften*, Tübingen, 1999, 243–256.
Daraki, Maria 1982, Les fils de la mort. La nécrophagie cynique et stoïcienne, in: Jean-Pierre Vernant, Gheraldo Gnoli (Hg.), *La mort, les morts dans les sociétes anciennes*, Cambridge, 1982, 155–176.

Därmann, Iris 2008, Die Tischgesellschaft. Zur Einführung, in: Iris Därmann, Harald Lemke (Hg.), *Die Tischgesellschaft. Philosophische und kulturanthropologische Annäherungen*, Bielefeld, 2008, 15–41.

Därmann, Iris 2008, Platons politische Philosophie des Fleischesseropfers, in: Iris Därmann, Harald Lemke (Hg.), *Die Tischgesellschaft. Philosophische und kulturanthropologische Annäherungen*, Bielefeld, 2008, 87–105.

Davidson, James N. 1999, *Kurtisanen und Meeresfrüchte. Die verzehrenden Leidenschaften im klassischen Athen*, Berlin, 1999.

Detienne, Marcel; Svenbro, Jesper 1986, The Feast of the Wolves, or the Impossible City, in: Marcel Detienne, Jean-Pierre Vernant (Hg.), *The Cusine of Sacrifice Among the Greeks*, Chicago, London, 1986, 148–163.

Dierauer, Urs 1977, *Tier und Mensch im Denken der Antike. Studien zur Tierpsychologie, Anthropologie und Ethik*, Amsterdam, 1977.

Dohm, Hans 1964, *Mageiros. Die Rolle des Kochs in der griechisch-römischen Komödie*, München, 1964.

Edmonds, Radcliffe 1999, Tearing Apart the Zagreus Myth. A Few Disparaging remarks On Orphism and Original Sin, *Classical Antiquity* 18 (1), 1999, 35-73.

Erhardt, Hannes 2000, Rezension zu Peter-Röscher 1998, *Zeitschrift für Ethnologie* 125, 2000, 339-341.

Fauth, Wolfgang 1973, Kulinarisches und Utopisches in der griechischen Komödie, *Wiener Studien* N.F. 7, 1973, 39-62.

Feuerbach, Ludwig 1972, Das Geheimnis des Opfers oder Der Mensch ist, was er ißt, in: Ludwig Feuerbach, *Gesammelte Werke. Band II. Kleine Schriften IV* [1851-1866], Berlin, 1972, 26–52.

Fischer, Günter; Moraw, Susanne (Hg.) 2005, *Die andere Seite der Klassik. Gewalt im 5. und 4. Jahrhundert v. Chr.*, Stuttgart, 2005.

Flaig, Egon 2005, Der mythogene Vergangenheitsbezug bei den Griechen, in: Jan Assmann, Klaus E. Müller (Hg.), *Der Ursprung der Geschichte. Archaische Kulturen, das Alte Ägypten und das frühe Griechenland*, Stuttgart, 2005, 215–248.

Fulda, Daniel 2001, Unbehagen in der Kultur, Behagen in der Unkultur. Ästhetische und wissenschaftliche Faszination der Anthropophagie, in: Walter Pape, Daniel Fulda (Hg.), *Das andere Essen. Kannibalismus als Motiv und Metapher in der Literatur*, Freiburg, 2001, 7–52.

Gatz, Bodo 1967: *Weltalter, goldene Zeit und sinnverwandte Vorstellungen*, Hildesheim, 1967.

Gilhus, Ingvild Saelid 2006, *Animals, Gods and Humans. Changing Attitudes to Animals in Greek, Roman and Early Christian Ideas*, London, New York 2006.

Giuliani, Luca 2003, Kriegers Tischsitten - oder: Die Grenzen der Menschlichkeit. Achill als Problemfigur, in: Karl-Joachim Hölkeskamp, Jörn Rüsen, Elke Stein-Hölkeskamp, Heinrich Th. Grütter (Hg.), *Sinn (in) der Antike. Orientierungssysteme, Leitbilder und Wertkonzepte im Altertum*, Mainz, 2003, 135–161.

Goetsch, Paul 2005, Menschen und Monster, in: Justin Stagl, Wolfgang Reinhard (Hg.), *Grenzen des Menschseins. Probleme einer Definition des Menschlichen*, Köln, Weimar, Wien, 2005, 555–571.

Grant, Robert M. 1981, Charges of 'Immorality' Against Various Groups in Antiquity, in: Roelof van Broek (Hg.), *Studies in Gnosticism and Hellenistic Religions*, Leiden, 1981, 161–170.

Griffith, R. Drew 1998, Corporality in Ancient Greek Theatre, *Phoenix* 52 (3/4), 1998, 230–256.

Halm-Tisserant, Monique 1993, *Cannibalisme et immortalité. L'enfant dans le chaudron en Grèce ancienne*, Paris, 1993.

Hankin, Ernest Hanbury 1929, The Origin of Cannibalism, *The Science News-Letter* 15 (407), 1929, 48.

Harland, Philip A. 2007, 'These peaople are … men eaters'. Banquets of the Anti-Associations and Perceptions of Minority Cultural Groups, in: Philip A. Harland, Zeba Crook (Hg.), *Identity and*

Interaction in the Ancient Mediterranean: Jews, Christians and Others. Essays in Honour of Stephen G. Wilson, Sheffield, 2007, 56–75.

Hellmann, Oliver 2008, Antike Berichte über "Symbiose", Kooperation und Interaktion zwischen Menschen und Wildtieren, in: Annetta Alexandridis, Markus Wild, Lorenz Winkler-Horaček (Hg.), *Mensch und Tier in der Antike. Grenzziehung und Grenzüberscheitung*, Wiesbaden, 2008, 183–203.

Henrichs, Albert 1981, Human Sacrifice in Greek Religion. Three Case Studies, in: Jean Rudhardt, Olivier Reverdin (Hg.), *Le Sacrifice dans l'Antiquité*, Genf, 1981, 196–235.

Henrichs, Albert 2006, Blutvergießen am Altar. Zur Ritualisierung der Gewalt im griechischen Opferkult, in: Bernd Seidensticker, Martin Vöhler (Hg.), *Gewalt und Ästhetik. Zur Gewalt und ihrer Darstellung in der griechischen Klassik*, Berlin, 2006, 59–87.

Hesse, Katrin 2007, *Kindsmord und Wahnsinn. Untersuchungen zur Überlieferung mordender Eltern in der Antike. Inauguraldissertation zur Erlangung des Doktorgrades, vorgelegt der Philosophischen Fakultät der Ruprecht-Karls-Universität zu Heidelberg, 27. Juni 2006*, Heidelberg 2007.

Hoernes, Matthias 2012, Barbar, Fremdenmörder, Menschenfresser. Zur visuellen Konstruktion von Fremdheit in archaischen und klassischen Busiris-Bildern, in: Christoph Ulf, Eva-Maria Hochhauser (Hg.), *Kulturelle Akteure*, Würzburg, 2012, 233–269.

Hoff, Ralf v. d. 2005, "Achill, das Vieh"? Zur Problematisierung transgressiver Gewalt in klassischen Vasenbildern, in: Günter Fischer, Susanne Moraw (Hg.), *Die andere Seite der Klassik. Gewalt im 5. und 4. Jahrhundert v. Chr.*, Stuttgart, 2005, 225–246.

Hook, Brian S. 1992, *Tyranny and Cannibalism. The Thyestes Theme in Greek and Roman Literature. Ph.D.-Thesis*, Ann Arbor, 1992.

Hook, Brian S. 2005, Oedipus and Thyestes among the Philosophers. Incest and Cannibalism in Plato, Diogenes, and Zeno, *Classical Philology* 100 (1), 2005, 17–40.

Hose, Martin 2011, Von Festmählern und Kannibalismus. Das gemeinsame Essen im griechischen Drama, *Akademie Aktuell* (1), 2011, 48–51.

Hughes, Dennis D. 1991, *Human Sacrifice in Ancient Greece*, London 1991.

Jucker, Ines 1997, Tydeus und Melanippos vor Theben, *Antike Kunst* 40 (2), 1997, 82–88.

Kaufmann, Matthias 2012, Lücken im „Zaun der Zivilisation". Der Begriff des Kannibalismus und die Instabilität in der Konstruktion kultureller Grenzen, *AEON – Forum für junge Geschichtswissenschaft* 2, 2012, 8-24.

Keck, Anette; Kording, Inka; Prochaska, Anja (Hg.) 1999, *Verschlungene Grenzen. Anthropophagie in Literatur und Kulturwissenschaften*, Tübingen 1999.

Kistler, Erich 2007, Gigantisierte Kelten als Bösewichte. Ein Feindbild der Griechen, in: Helmut Birkhan (Hg.), *Kelten-Einfälle an der Donau. Akten des Vierten Symposiums Deutschsprachiger Keltologinnen und Keltologen: Philologische – Historische – Archäologische Evidenzen. Linz, Nordico-Museum, 18.–21. Juli 2005*, Wien, 2007, 347–360.

Klarer, Mario 1999, Cannibalism and Carnivalesque. Incorporation as Utopia in the Early Image of America, *New Literary History* 30 (2), 1999, 389–410.

Kleingünther, Adolf 1933, *ΠΡΩΤΟΣ ΕΥΡΕΤΗΣ. Untersuchungen zur Geschichte einer Fragestellung*, Leipzig, 1933.

Lovejoy, Arthur O.; Boas, George 1997, *Primitivism and Related Ideas in Antiquity [1935]. With Supplementary Essays by W.F. Albright and P.-E. Dumont*, Baltimore, London, 1997.

Lusetti, Volfango 2008, *Il cannibalismo e la nascità della coscienza*, Rom, 2008.

Moser, Christian 2005, *Kannibalische Katharsis. Literarische und filmische Inszenierungen der Anthropophagie von James Cook bis Bret Easton Ellis*, Bielefeld, 2005.

Müller, Reimar 2003, *Die Entdeckung der Kultur. Antike Theorien über Ursprung und Entwicklung der Kultur von Homer bis Seneca*, Düsseldorf, Zürich, 2003.

Müller, Sabine 2009, Völlerei, wundersame Brotvergrößerung und Kannibalismus. Politische und soziale Konnotationen des Essens bei Herodot, in: Christian F. Hoffstadt, Franz Peschke, Andreas

Schulz-Buchta, Michael Nagenborg (Hg.), *Gastrosophical Turn. Essen zwischen Medizin und Öffentlichkeit, Bochum*, Freiburg, 2009, 171–187.

Murphy, Eileen M.; Mallory, James P. 2000, Herodotus and the cannibals, *Antiquity* 74, 2000, 388–394.

Muth, Susanne 2009, Zur historischen Interpretation medialer Gewalt. Darstellungen von Leiden und Sterben im Athen des späten 6. und frühen 5. Jahrhundert v. Chr, in: Martin Zimmermann (Hg.), *Extreme Formen von Gewalt in Bild und Text des Altertums*, München, 2009, 193–229.

Nagy, Agnès A. 2009, *Qui a peur du cannibale? Récits antiques d'anthropophages aux frontières de l'humanité*, Turnhout, 2009.

Neitzel, Heinz 1985, Das Thyestes-Mahl im 'Agamemnon' des Aischylos (1096-1097. 1217-1222. 1590-1602), *Hermes* 113 (4), 1985, 403–416.

Nesselrath, Heinz-Günther 1990, *Die attische Mittlere Komödie. Ihre Stellung in der antiken Literaturkritik und Literaturgeschichte*, Berlin, New York, 1990.

O'Brien, Michael J. 1985, Xenophanes, Aesychlus, and the Doctrine of Primeval Brutishness, *The Classical Quarterly, New Series* 35 (2), 1985, 264-277.

Pape, Walter 2001, "Das ist eine harte Rede; wer kann sie hören?". Metaphorik und Realität der Anthropophagie: Eucharistie, Medizin, Liebe, in: Walter Pape, Daniel Fulda (Hg.), *Das andere Essen. Kannibalismus als Motiv und Metapher in der Literatur*, Freiburg, 2001, 303–340.

Pape, Walter; Fulda, Daniel (Hg.) 2001: *Das andere Essen. Kannibalismus als Motiv und Metapher in der Literatur*, Freiburg, 2001.

Pauling, Daniel 2012, Das Mahl als Spiegel. Aspekte utopischer Reflexion in athenischen und römischen Mahlschilderungen, in: Matthias Klinghardt, Hal Taussig (Hg.), *Mahl und religiöse Identität im frühen Christentum*, Tübingen, 2012, 57–78.

Peter-Röscher, Heidi 1994, *Kannibalismus in der prähistorischen Forschung. Studien zu einer paradigmatischen Deutung und ihren Grundlagen*, Bonn, 1994.

Quammen, David 2003, *Monster of God. The Man-Eating Predator in the Jungles of History and the Mind*, New York, 2003.

Raible, Wolfgang 2005, Grenzen des Menschseins. Inklusion und Exklusion durch Sprache, in: Justin Stagl, Wolfgang Reinhard (Hg.), *Grenzen des Menschseins. Probleme einer Definition des Menschlichen*, Köln, Weimar, Wien, 2005, 595–620.

Rankin, H. 1969, 'Eating people is right'. Petronius 141 and a ΤΟΠΟΣ, *Hermes* 97 (3), 1969, 381–384.

Rawson, Claude 1995, Narrative and the Proscribed Act. Homer, Euripides and the Literature of Cannibalism, in: Joseph P. Strelka (Hg.), *Literary Theory and Criticism. Festschrift René Wellek. Part II: Criticism*, 2. Aufl., Bern, Frankfurt, New York, 1995, 1159–1187.

Robertson, Donald 1940, The Food of Achilles, *The Classical Review* 54 (4), 1940, 177-180.

Röttgers, Kurt 2009: *Kritik der kulinarischen Vernunft. Ein Menü der Sinne nach Kant*, Bielefeld, 2009.

Rücker, Michaela 2012, Roh oder gekocht. Der Kyklop als früher Repräsentant nomadischer Lebensweise? in: Laila Prager (Hg.), *Nomadismus in der 'Alten Welt'. Formen der Repräsentation in Vergangenheit und Gegenwart*, Berlin, 2012, 10–25.

Rundin, John 1996, A Politics of Eating. Feasting in Early Greek Society, *The American Journal of Philology* 117 (2), 1996, 170–215.

Schindler, Margot 2000, Mahl und Repräsentation. Der Kult ums Essen. Oder: Den Historikern in die Kochtöpfe geschaut, in: Lothar Kolmer, Christian Rohr (Hg.), *Mahl und Repräsentation. Der Kult ums Essen*, Paderborn u.a., 2000, 275–286.

Schubert, Charlotte 2008, Zum problematischen Verhältnis von res fictae und res factae im antiken Nomadendiskurs, in: Alexander Weiß (Hg.), *Der imaginierte Nomade. Formel und Realitätsbezug bei antiken, mittelalterlichen und arabischen Autoren*, Wiesbaden, 2008, 17–41.

Schubert, Charlotte 2009, Nomaden in der Peripherie - Nomaden im Zentrum. Die Lokalisierung der Nomaden in griechischen Raumvorstellungen, in: Roxana Kath, Anna-Katharina Rieger (Hg.), *Raum - Landschaft - Territorium. Zur Konstruktion physischer Räume als nomadischer und sesshafter Lebensraum*, Wiesbaden, 2009, 251–276.

Schütz, Erhard 2004, Rezension zu Fulda & Pape 2001, *Monatshefte* 96 (4), 2004, 593-595.

Seidensticker, Bernd 1985, Maius solito. Senecas Thyestrs und die tragoedia rhetorica, *Antike und Abendland* 31, 1985, 116-136.

Seidensticker, Bernd; Vöhler, Martin (Hg.) 2006, *Gewalt und Ästhetik. Zur Gewalt und ihrer Darstellung in der griechischen Klassik*, Berlin, 2006.

Simmel, Georg 1984, Soziologie der Mahlzeit [1910], in: Georg Simmel, *Das Individuum und die Freiheit. Essais*, Berlin, 1984, 205–211.

Stähli, Adrian 2005, Die Rhetorik der Gewalt in Bildern des archaischen und klassischen Griechenland, in: Günter Fischer, Susanne Moraw (Hg.), *Die andere Seite der Klassik. Gewalt im 5. und 4. Jahrhundert v. Chr.*, Stuttgart, 2005, 19-44.

Thraede, Klaus 1962, Das Lob des Erfinders. Bemerkungen zur Analyse der Heuremata-Kataloge, *Rheinisches Museum* 105, 1962, 158–196.

Utzinger, Christian 2003, *Periphrades Aner. Untersuchungen zum ersten Stasimon der Sophokleischen 'Antigone' und zu den antiken Kulturentstehungslehren*, Göttingen, 2003.

Weiß, Alexander 2008, Nomaden jenseits der Topoi. Anstelle einer Einleitung, in: Alexander Weiß (Hg.), *Der imaginierte Nomade. Formel und Realitätsbezug bei antiken, mittelalterlichen und arabischen Autoren*, Wiesbaden, 2008, 3–15.

Wesselmann, Katharina 2011, *Mythische Erzählstrukturen in Herodots ‚Historien'*, Berlin, 2011.

Zimmermann, Martin (Hg.) 2009, *Extreme Formen von Gewalt in Bild und Text des Altertums*, München, 2009.

Die Kannibalen und das Ende der Römischen Republik[1]

Martin Lindner

„Es gab zu dieser Zeit einige, die behaupteten, Catilina habe, als er nach dem Ende seiner Rede die Spießgesellen seines Verbrechens den Eid zu leisten gedrängt habe, Menschenblut mit Wein vermischt in Schalen herumgereicht. Als nach der Selbstverwünschung [der Verfluchung ihrer selbst, sollten sie den Treueid brechen] alle, wie es bei den Festopfern gehandhabt zu werden pflegt, davon gekostet hätten, habe er seinen Plan offengelegt und darum eine Aussprache veranlasst, dass sie um so treuer zueinander ständen, wenn der eine von des anderen Mitschuld an einem so schweren Verbrechen wisse. Einige meinten, dies und vieles mehr sei von den Leuten frei erfunden worden, die glaubten, der Hass auf Cicero, der später aufgekommen ist, werde durch die Grässlichkeit des Verbrechens derer gemildert, die es gebüßt hatten. Uns ist diese Sache, so bedeutsam sie ist, zu wenig geklärt."[2]

1. Zum Kannibalen werden: Catilina und die späte Republik

Der Kontext dieser schaurigen Episode mag Manchen noch aus dem eigenen Lateinunterricht und der Lektüre von Sallusts *Catilinarischer Verschwörung* vertraut sein. Andere werden mit Erstaunen feststellen, dass der Passus in ihrer Schulausgabe ausgespart war oder vom Lehrer übersprungen wurde. Im Gegensatz dazu ließe sich behaupten, dass gerade der Bluteid helfen kann beim besseren Verständnis Catilinas und des „Zeitgeistes" seiner Überlieferung. Falls diese These Bestand haben soll, benötigt sie ein deutlich über Sallust hinausgehendes Ausgreifen. Der vorliegende Aufsatz soll dies auf zwei Wegen tun: Der eine (umrissen in Abschnitt 3) geht von der Reproduktion der Erzählung als Erzählung aus. Der andere und etwas „klassischere" beginnt mit der Frage nach dem historischen Hintergrund.

In diesem Sinne lassen sich Catilina und seine Anhänger als Kinder der sog. „Späten Republik", meist angesetzt ab den Einschnitten der 150er bis 130er Jahre v. Chr., betrach-

---

1 Ich danke meinen Kolleginnen und Kollegen in Göttingen und Wien für zahlreiche Anregungen und Rückmeldungen. Balbina Bäbler (die mir freundlicherweise auch die Vorabversion ihres Aufsatzes zu Herodot und Gelonos zur Verfügung stellte), Dorit Engster und Sylvia Lindner bin ich verbunden für die Durchsicht und die Anmerkungen zum Manuskript.
2 Sallust *Catilina* 22: *fuere ea tempestate qui dicerent Catilinam oratione habita, quom ad ius iurandum popularis sceleris sui adigeret, humani corporis sanguinem vino permixtum in pateris circumtulisse: inde quom post execrationem omnes degustavissent, sicuti in sollemnibus sacris fieri consuevit, aperuisse consilium suom, atque eo dictitare fecisse, quo inter se fidi magis forent alius alii tanti facinoris conscii. nonnulli ficta et haec et multa praeterea existumabant ab iis, qui Ciceronis invidiam quae postea orta est leniri credebant atrocitate sceleris eorum, qui poenas dederant. nobis ea res pro magnitudine parum comperta est.* (Übers. nach D. Flach).

ten. Rom hatte militärisch über seine Rivalen triumphiert und expandierte. Gegnerische Zentren wie Karthago, Korinth oder Numantia wurden zerstört; große Teile des griechischen Ostens gingen ins Imperium ein. Im Inneren profitierten Roms Bürger unterschiedlich von der neuen Lage, wie etwa die gescheiterten Reformen der Brüder Tiberius und Gaius Sempronius Gracchus zeigen. Deren Versuch einer Umverteilung von Ackerland hätte – unabhängig von möglichen anderen Intentionen – kleinbäuerliche Schichten und indirekt auch die Rekrutierungsbasis des Heers stärken können. Nach den gewaltsamen Toden der Reformer wurden die meisten Maßnahmen eingestellt oder zurückgefahren. Ein dauerhaftes Erbe dieser Zeit war der Einsatz radikaler Maßnahmen durch die politischen Protagonisten. Heeresreformen, durchgeführt nach einer Beinahe-Katastrophe gegen die Stämme der Kimbern und Teutonen, verschärften die Situation weiter. So wurde unter Gaius Marius an der Wende zum 1. Jahrhundert v. Chr. faktisch das besoldete Berufsheer eingeführt. Die neue Generation von Soldaten sah nun besonders zu ihrem Befehlshaber als sog. „Patron" auf und erwartete von ihm gewisse Gegenleistungen. Das Resultat all dieser Veränderungen war die bekannte Militarisierung sowie der Aufstieg und Konflikt jener „starken Männer" wie Sulla, Pompeius, Caesar, Marcus Antonius oder Octavian/Augustus. In immer weiter eskalierenden Auseinandersetzungen hebelten sie ein System aus, das auf Konsens und gegenseitiger Kontrolle einer oligarchischen Schicht beruht hatte.

Der Heereseinsatz in Italien, die Bürgerkriege im Reich und besonders die Proskriptionen – Ächtungen politischer Gegner mit oft tödlichem Resultat – wurden zeitgenössisch als Selbstzerfleischung begriffen. Entsprechend wurde bei Charakterisierungen der „starken Männer" auch vor und nach Catilina gerne das Bild des Kannibalen bemüht. So soll der siebenfache Konsul und Heeresreformer Marius laut einem Autor der frühen Kaiserzeit das abgeschlagene Haupt eines Gegners bei einem Bankett präsentiert haben.[3] Der gleichen Quelle verdanken wir die Schilderung, wie Marius' Widersacher Sulla die Köpfe seiner Proskriptionsopfer aufreihen ließ, „um sie mit den Augen zu verzehren, da es ihm nicht gestattet war, es mit dem Munde zu tun."[4] Caesar wird vom Dichter Lucan (ebenfalls im 1. Jahrhundert n. Chr. schreibend) das Wort in den Mund gelegt, sein Gegner Pompeius sei kaum mehr als ein wildes Tier. So habe er von Sullas Schwert Blut geleckt und könne nun seinen Blutrausch nicht mehr kontrollieren.[5] Kaum besser kommt Marcus Antonius in den Reden des Cicero davon: Der langjährige Vertraute Caesars habe sich „gesättigt mit dem Blut [...] von Bürgern"[6] und gewissermaßen die römische Bevölkerung ausgesaugt.[7] Spätere Autoren wie Plutarch und Seneca variierten das Bild des Antonius als Kannibale und Vampir.[8] Die Elemente wiederholen sich in Ciceros Darstellung von Dolabella, dem Amtsnachfolger des Antonius, der Leichen regelrecht mit den Augen ausgetrunken habe.[9]

---

3 Valerius Maximus 9,2,2. Die Wortwahl, Marius habe es zugelassen, dass die „Tischriten" durch Blut entweiht worden seien (*sanguine contaminari mensae sacra*), spricht allerdings nicht für einen faktischen Kannibalismus – obwohl die Quelle die Assoziation bewusst zu erwecken scheint.
4 Ebd. 9,2,1: *ut oculis illa, quia ore nefas erat, mandaret.*
5 Lucanus 1,327-333.
6 Cicero *Philippica* 2,59: *saturavit se sanguine [...] civium.*
7 Ebd. 2,71.
8 Plutarch *Antonius* 24,3-4 bzw. Seneca *Epistulae* 83,25.
9 Cicero *Philippica* 11,8.

Verglichen mit all diesen Akteuren erscheint Lucius Sergius Catilina als Muster eines Verlierers zwischen vielen Gewinnern. Er gehörte zu einer alten patrizischen Sippe und hatte theoretisch gute Chancen in einem System, in dem die höchsten Ämter meist unter wenigen etablierten Familien aufgeteilt wurden. Faktisch konnte er mit seiner Herkunft jedoch kaum punkten, da seine Vorfahren in der jüngeren Vergangenheit wenig erfolgreich agiert hatten.[10] Dennoch versuchte Catilina sein Glück in der üblichen Ämterlaufbahn, was wiederum den erfolgreichen Dienst im Heer voraussetzte. In seinem Fall war dies die Bewährung als Legat unter dem oben schon genannten Sulla, den die spätere Tradition – mit diversen „Kunstgriffen" – als Vorbild in Sachen Blutdurst bemühen sollte.[11] Catilinas weitere Karriere wurde begleitet von diversen Anklagen und sogar von Mordvorwürfen. Juristische Angriffe auf den politischen Gegner waren in dieser Zeit allerdings nicht ungewöhnlich und der Wahrheitsgehalt der Anschuldigungen lässt sich für uns heute kaum noch klären. 68 n. Chr. stieg Catilina trotz dieses Gegenwindes bis in das hohe Amt des Praetors auf und verwaltete anschließend die Provinz Africa. Der letzte Schritt – die Bewerbung um das Amt des Consuls – wurde ihm 66 v. Chr. verwehrt. Auslöser war anscheinend ein Gerichtsverfahren wegen Amtsvergehen, beziehungsweise die deswegen versäumte Meldefrist.[12] Die spätere Überlieferung setzt in diesem Zusammenhang eine erste Verschwörung an, bei der Catilina und ein anderer junger Adliger kurz vor einem Attentat auf die amtierenden Consuln und später sogar einen Großteil des Senats gestanden hätten.[13] Während die Forschung dieser Idee mit Skepsis begegnet,[14] bleibt unstritig, wie sehr auch Catilinas weitere Laufbahn von vergleichbaren Gerüchten und Skandalen begleitet war.

Zuerst kam Catilina selbst vor Gericht noch glimpflich davon. Die Situation eskalierte – inklusive der oben beschriebenen Episode um den kannibalischen Bluteid – mit dem Wahlkampf von 64 v. Chr. für das Konsulat im folgenden Jahr. Ausgerechnet Cicero, der als Anwalt Catilinas Verteidigung abgelehnt hatte, erhielt den Vorzug. Angesichts der Alter-

---

10 Passenderweise vergleicht Plinius d. Ä. (*Naturalis Historia* 7,104-106) Catilina mit seinem Urgroßvater, für dessen Ruhmestaten der Autor allerdings weit bis in die Zeit des Krieges gegen Hannibal zurückblicken muss.
11 Das Problem wird am besten sichtbar bei Cicero als unmittelbar Betroffenem: Einerseits musste er Unterstützung bei Leuten suchen, die selbst positive Verbindungen zu Sulla besessen haben mochten. Andererseits benötigte er abschreckende Beispiele wie die Gewaltherrschaft Sullas und (in einer mehr oder minder expliziten Linie) die Pläne staatsfeindlicher Personen und Gruppen, deren Bekämpfung Ciceros eigenen harten Kurs legitimieren sollte; vgl. etwa *In Catilinam* 2,20 und 3,23-25. Später vertrat ausgerechnet Cicero den zuvor mit angegriffenen Neffen des Diktators, Publius Cornelius Sulla, vor Gericht. Aulus Gellius überliefert in diesem Zusammenhang einen Skandal, als bekannt wurde, dass der Verteidiger sich bei seinem Klienten für einen Hauskauf verschuldet hatte (*Noctes Atticae* 12,12). Cicero musste nun eine zweite Version der Geschichte vermitteln, in der die Rollen bei den Proskriptionen und Verschwörungen umgedeutet wurden, damit Publius als Gerechter unter Schurken dastehen konnte; vgl. bes. *Pro Sulla* 65-68 und 72.
12 Die genauen Hintergründe sind von der späteren Überlieferung überlagert; vgl. Asconius 85-87 (Clark).
13 Komplette Darstellung bei Sallust *Catilina* 18-19; siehe auch die folgende Anmerkung.
14 Immer noch maßgeblich ist der Aufsatz von Robin Seager, der die acht Variationen der Geschichte herausgearbeitet hat. Ob nun der Ursprung der Gerüchte im angeblichen Plan bestand, mit dem die wegen Wahlbeeinflussung abgesetzten Autronius Paetus und Cornelius Sulla die Consul-Würde zurückerlangen wollten (Saeger 1964: 343), lässt sich nicht mit letzter Sicherheit klären. Falls es überhaupt eine „Erste Catilinarische Verschwörung" gegeben haben sollte, so war sie schon zu Ende, bevor sie wirklich begonnen hatte. Vgl. auch Bessone 2000.

native galt er als geringeres oder gar notwendiges Übel, obwohl ein Großteil der Oberschicht ihn „regelrecht für eine Beschmutzung der Consulatswürde" hielt.[15] Catilina überstand eine weitere Anklage wegen Beteiligung an Sullas Verbrechen und plante eine abermalige Kandidatur für das kommende Jahr. Dagegen liefen die alten Eliten Sturm und diskreditierten die vermeintlich revolutionäre Schuldenpolitik Catilinas. Dessen abermalige Wahlniederlage stärkte die ohnehin auftretenden sozialen Unruhen, denen sich der gescheiterte Kandidat aber wohl erst im November 63 v. Chr. anschloss.[16] Catilina „putschte" nun wirklich; Cicero inszenierte sich derweil in seinen Catilinarischen Reden als unbeugsamer Widersacher der Verschwörer und Retter der Republik. Die heute erhaltene Fassung basiert allerdings auf einer Überarbeitung, die einige Jahre später erschien.[17] Das Ergebnis ist die ausgefeilte Darstellung einer Gewalteskalation mit dem Monster Catilina im Zentrum, erzählt von einem Politiker, der mittlerweile um die Früchte seiner Arbeit fürchtete.[18] Tatsächlich war der Aufstand extrem kurzlebig gewesen: Der zum Staatsfeind erklärte Catilina war noch im folgenden Februar gefallen. Seine schlecht koordinierten Mitverschwörer hatte man gefangen und trotz juristischer Bedenken ohne Prozess exekutiert, was mittelfristig besonders Ciceros Ruf schaden sollte.[19] Wie dieser entrüstet feststellen musste, erwiesen seine Gegner in der Folge ausgerechnet Catilinas Grab ihre Verehrung.[20]

Die Überlieferung der Vorgänge ist stark von zwei Autoren geprägt, die keineswegs als objektive Beobachter gelten können. Gegenpositionen werden nur punktuell und stark gebrochen sichtbar.[21] Der erste Hauptzeuge ist Cicero selbst, der allerdings den Vorwurf des Kannibalismus gegen Catilina (noch) nicht zu kennen scheint; der zweite ist Sallust.[22]

---

15 Sallust *Catilina* 23,6: *quasi pollui consulatum credebant*.
16 Die einseitige Quellenlage gestattet kaum eine sichere Zuschreibung: Laut Sallust (*Catilina* 31,4-36,3) verteidigte sich der Angegriffene bis dahin zwar noch lautstark, war aber innerlich bereits zu einer aggressiveren Option „hinübergedriftet". Als Beleg wird ein Brief des aus Rom Abreisenden angeführt (ebd. 35,3): *publicam miserorum causam pro mea consuetudine suscepi, [...] quod non dignos homines honore honestatos videbam meque falsa suspicione alienatum esse sentiebam*. „Daher habe ich meiner Gewohnheit entsprechend die das Allgemeinwohl betreffende Sache der Notleidenden übernommen, [...] weil ich feststellen musste, dass Unwürdige mit Ehren bedacht wurden und ich durch einen falschen Verdacht ins Abseits gestellt wurde." (Übers. nach Th. Burkard). Vgl. auch Valerius Maximus 9,11,3. Die auf Waters 1970 und Seager 1973 zurückgehende Lesart, Catilina sei erst durch Ciceros Rede in die Arme der Aufständischen getrieben worden, ist u. a. von Phillips 1976 kritisiert worden. Zum Datierungsproblem, dessen Rolle in der Forschungsdebatte hier nicht ausgeführt werden kann, siehe Benson 1986 (selbst ein Anhänger eines sehr späten „Kurswechsels").
17 Cicero *Epistulae ad Atticum* 2,1,3.
18 Ein Überblick zu diesem Komplex und der aktuellen Forschungslage bei Odahl 2010.
19 Ciceros eigene Lesart konstruiert selbst aus dem eher kläglichen Scheitern in Rom eine Drohkulisse: Wäre Catilina bei seinen so unglücklich agierenden Mitverschwörern in der Stadt gewesen, hätte auch der kompetente Consul – also Ciceros selbst – nicht verhindern können, dass es zu einem erbitterten Kampf um das Überleben der Republik gekommen wäre (*In Catilinam* 3,17). Zum Problem der „Justizmorde" in der zeitgenössischen Überlieferung vgl. Drummond 1995; schon die ältere Forschung (zusammengestellt bei Wistrand 1968: 9-14) hat auch hier die Blut/Wunden/Todes-Metaphorik bemerkt.
20 Cicero *Pro Flacco* 95.
21 Beispielsweise in der Klagerede des Quintus Fufius Calenus, die sich bei Cassius Dio 46,1-28 findet. Hier wird Cicero vorgeworfen, die Konflikte erst angefacht und sich des missliebigen Kandidaten Catilina entledigt zu haben, obwohl dieser eigentlich unschuldig gewesen sei (ebd. 46,20,1-2).
22 Zur „Cicero-Seite" gehört zudem der im 1. Jahrhundert n. Chr. lebende Asconius Pedianus, der eine Art Werkkommentar verfasste, in den streckenweise zusätzliches Material eingearbeitet ist. Zu Methode

Gaius Sallustius Crispus war ein politischer Aufsteiger, der in den Wirren der untergehenden Republik auf Caesars Lager setzte. Dies kostete ihn zwar in einer Schmutzkampagne seinen Sitz im Senat, allerdings machte er als Protegé Caesars dennoch eine gewisse Karriere. Nach dessen Ermordung erfolgte der Rückzug ins Privatleben und Sallust arbeitete sich als Autor an einem System ab, von dem er sich abgestoßen und um seine Karriere betrogen fühlte.[23] Catilina und die Geschichte seiner erfolglosen Aktionen waren dafür der ideale Stoff. Wenig überraschend kommt das Ergebnis Ciceros Schreckensbild, das eine wichtige Vorlage bildete, oft sehr nahe. Der Catilina dieser Überlieferung mag gewisse Qualitäten wie Mut und Beharrlichkeit besitzen,[24] ansonsten steht er aber als Sinnbild für die (selbst)zerstörerischen Kräfte innerhalb der Späten Republik.

2. Kannibalismus und Politik: Der Bluteid

„Was für Zeiten, was für Sitten! Der Senat weiß davon, der Consul sieht es, und trotzdem lebt dieser Mensch noch!"[25] Bei aller Entrüstung Ciceros über den Aufrührer Catilina könnte man nun die einzelne Geschichte vom Bluteid als eben eine solche verwerfen. Liefert nicht Sallust selbst schon die „Quellenkritik" mit, wenn er die Episode als späteres Gerücht einstuft – erfunden zur Entlastung des unpopulär gewordenen Retters? Und wenn über eine solche Tat doch schon früher gemunkelt worden sein sollte: Warum erwähnt Cicero dies nicht in seinen Reden, obwohl er doch bei anderen Gegnern nicht vor dem Vorwurf des Menschenopfers zurückschreckt?[26]

Die Darstellung gibt allerdings weit mehr her, schon weil Catilina mit seinem angeblichen kannibalischen Bluteid nicht alleine steht. Der Umstand wird umso deutlicher, wenn man von den einzelnen Bestandteilen der Episode auf die weitere Tradition und anschließend auf den oben geschilderten Kontext blickt. Sallusts Erzählung besteht aus drei Komponenten, die sich mehr oder minder klar voneinander abgrenzen und an anderer Stelle wiederfinden lassen:

(a) die Adaption bekannter Schwurrituale mit Selbstverwünschung für den Fall des Eidbruchs, gemeinsamem Opfer zur Bekräftigung etc.;

(b) die Pervertierung ritueller Handlungen, indem Menschenblut statt Tierblut vergossen und konsumiert wird;

(c) das gegenseitige Wissen um eine gemeinsame Untat, das als Absicherung für die eigentlichen Absprachen dient.

Der kannibalische Akt hat weder an sich magische Wirkung, noch ist er im Sinne eines Opfers für eine bestimmte Gottheit gekennzeichnet. Er soll die Verschwörer zusammenhalten als Mitwisser und -schuldige an einer ungeheuren Tat, wobei im konkreten Fall die

---

und Quellenwert siehe Marshall 1985: 1-79.
23 Vgl. die Selbstdarstellung in Sallust *Catilina* 3-4 bzw. *Bellum Iugurthinum* 3-4 und zum Vorgehen Bringmann 1972.
24 Wie heikel dabei die Übertragung in moderne Tugendbegriffe ist, führt Bruggisser 2002 am Beispiel der *audacia* (zu lesen als Kühnheit, Dreistigkeit etc.) vor. Vgl. auch die Zusammenstellung bei Wilkins 1994: 157-162 sowie Melchior 2010 zur „Tugend des Staatsfeindes".
25 Cicero *In Catilinam* 1,1,2: *o tempora, o mores! senatus haec intellegit, consul videt; hic tamen vivit.*
26 So Cicero *In Vatinium* 14.

Abstufung bemerkenswert ist: Der Kannibalismus ist das „Initiationsritual" für die offenbar als schwerwiegender eingeschätzte Verschwörung zum Staatsputsch.[27] In der Logik der literarischen Darstellung ist dies nur folgerichtig, da – wie gezeigt – die Unruhen der Zeit längst als Kannibalismus in und an der Republik formuliert wurden. Lediglich der Teilaspekt der Tierhaftigkeit, wie ihn Lucan in der Rede gegen Pompeius formuliert,[28] ist in Sallusts Schilderung nicht wirklich sichtbar, anders als in vielen anderen antiken Kannibalismus-Erzählungen.

Die weitere Überlieferung nimmt nun ganz eigene Gewichtungen und gerne auch Verschärfungen vor. Gut anderthalb Jahrhunderte nach Catilinas Tod weiß Plutarch bereits, dass die Verschwörer gemeinsam einen Ritualmord begangen und das Fleisch des Toten verzehrt haben.[29] Zeitnah zu Plutarch findet sich im Werk des Florus die Ausführung, Catilina und die Seinen hätten Schalen voller Menschenblut herumgereicht und ausgetrunken.[30] Beiden Versionen fehlt eine Distanzierung, wie sie Sallust noch vorgenommen hatte. Dafür kennen beide die Erzähllogik eines kannibalischen Aktes, der nur den Auftakt zu einem noch viel schlimmeren quasi-kannibalischen Akt – dem Angriff von Bürgern auf ihr Staatswesen – bildet. Am deutlichsten wird dies im Fazit des Florus vom Bluteid als der „schlimmsten Freveltat, wäre nicht das, weswegen sie [das Blut] getrunken haben, noch schlimmer gewesen."[31] Bei Cassius Dio im 3. Jahrhundert ist die Geschichte um die Details bereichert, das Opfer sei ein Sklave gewesen, man habe auf die Eingeweide geschworen und diese anschließend gegessen.[32] Ein Faktor der Traditionsbildung scheint die Übersteigerung mit zunehmender zeitlicher Distanz zu sein.[33] Ein anderer wäre in der Angleichung an etablierte Abläufe und Darstellungen von Opfern zu sehen, verbunden mit dem Füllen bestimmter Leerstellen, ähnlich wie dies in verschiedenen Menschenopfer-Erzählungen abläuft.[34] Bestimmte Elemente weisen in Richtung eines Musters von „negativen Begleitern", die erstaunlich konstant in Kombination mit Kannibalismus überliefert werden. Ein besonders häufiges Muster (der Verstoß gegen Normen des Sexualverhaltens) findet sich

---

27 Heurgon 1949 (bes. 443) betont dagegen stärker das moralische Signal im Sinne einer Initialzündung, muss dafür aber m. E. unnötige Uminterpretationen vornehmen.
28 Siehe oben Anm. 5.
29 Plutarch *Cicero* 10,4. Zu Plutarchs Umgang mit dem Quellenmaterial vgl. Pelling 1985 bzw. Pelling 2011: 91-115.
30 Florus *Epitoma* 2,12,4.
31 Florus *Epitoma* 2,12,4: *summum nefas, nisi amplius esset, propter quod biberunt.*
32 Cassius Dio 37,30,3; zu einer möglichen Parallele mit einem kannibalischen Bluteid in Ägypten siehe unten Anm. 71.
33 Offenbar ist dies kein Automatismus: Eutrop gibt im 4. Jahrhundert n. Chr. zwar den Verlauf der Verschwörung mit den etablierten Details wieder, ebenso die Bewertung Catilinas als „Mann aus bestem Hause, aber von übelster Gesinnung", der sich „zur Vernichtung des Vaterlandes verschworen hat" (*Breviarium* 6,15: *L. Sergius Catilina nobilissimi generis vir, sed ingenii pravissimi ad delendam patriam coniuravit*). Den Bluteid scheint er jedoch für nicht erwähnenswert zu halten – oder wirklich nicht (mehr) zu kennen? Die Historia Augusta erwähnt zwar Catilina als abschreckendes Beispiel (*Avidius Cassius* 3,5 und *Clodius Albinus* 13,2), allerdings ebenfalls ohne den kannibalischen Akt; vgl. die ironische „Detailkritik" ebd. *Firmus* 6,4.
34 Vgl. stellvertretend für die hier nicht in der nötigen Ausführlichkeit zu behandelnde Thematik des antiken Menschenopfers Hughes 2000, die einschlägigen Beiträge in Bremmer 2007 und Nagy/Prescendi 2013 sowie knapper zum Konnex zwischen Menschenopfer und Verschwörungsdarstellungen auch Marasco 1981.

etwa wieder, wenn Plutarch der Geschichte einen möglichen Inzest Catilinas vorschaltet.[35] Für unsere Belange ist es aber vorläufig wichtiger zu verstehen, dass die Komponenten der Darstellung sich so nicht nur und nicht erst bei Catilina finden.

Ein prominentes Beispiel ist das Schicksal des Apollodoros in Kassandreia, der Nachfolgesiedlung von Poteidaia auf der Chalkidischen Halbinsel. Die Ereignisse sind uns überliefert in einem Fragment der Weltgeschichte des Diodor, die wohl zwischen 60 und 30 v. Chr. entstand.[36] Handlungsebene ist das frühe 3. Jahrhundert v. Chr., als die makedonische Stadt mehrere Herrscherwechsel durchlief. Apollodoros habe, so Diodor, nach der Alleinherrschaft gestrebt und ein kannibalisches Ritual durchgeführt, dessen Details uns vertraut vorkommen: Apollodoros opfert einen Menschen und teilt mit den anderen Verschwörern ein Mahl aus Eingeweiden und Blut. Danach tritt er soziale Unruhen los, die ihn an die Macht bringen sollen. Einige Punkte – das Opfer ist ein befreundeter Freier, der Akt wird zu Ehren der Götter durchgeführt – sind sogar schlimmer als in der besprochenen Catilina-Tradition.

Plutarch verdanken wir die Reduktion auf die Kernaussage der Geschichte: Apollodoros habe als Auftakt zu einem Putsch aus Machtgier einen Menschen geopfert (und implizit: verspeist).[37] Da die Ereignisse in Kassandreia ausdrücklich nur als *ein* Beispiel für derartiges Verhalten genannt werden, ist die Assoziation mit Catilina zumindest angelegt. Die schönste Version entstammt allerdings den „Kriegslisten" des Polyainos, eines makedonischen Gelehrten, der sich Mitte des 2. Jahrhunderts n. Chr. in Rom als Redner und Jurist einen Namen gemacht hatte.[38] Nun sind verschiedene Beteiligte sogar namentlich genannt. Apollodoros greift überdies zu dem Trick, die Verschwörer erst Eingeweide und Blut verspeisen zu lassen, bevor er ihnen den Körper zeigt. Dieser Punkt erinnert stark an das mythologische Vorbild vom Mahl des Thyestes, dessen umfangreiche Tradition hier nicht behandelt werden kann.[39] Wichtig ist der auch bei Polyainos zu findende Doppelschritt, Apollodoros habe mit der Tat die Verschwörer zu einem Bund der Mitwisser und -schuldigen zusammengeschweißt, die ihn anschließend bei seinem weit größeren Verbrechen unterstützt hätten. Der bemerkenswerte Unterschied ist, dass es sich bei Apollodoros um einen *erfolgreichen* Rebellen handelt. Anders als Catilina konnte er tatsächlich für mehrere Jahre die Herrschaft an sich reißen und wurde zum abschreckenden Beispiel eines brutalen Alleinherrschers. Diese Exzesse sind also gewissermaßen im kannibalischen Eid bereits angelegt, ohne dass sich daraus eine Handlungslogik ergeben würde. Apollodoros wird nicht zum Tyrannen, weil er Blut geleckt hat, sondern er begeht den Akt als Auftakt

---

35 Plutarch *Cicero* 10,3. Die hier nicht zu leistende Untersuchung der „negativen Begleiterzählungen" wird bearbeitet als Teil meines laufenden Habilitationsprojektes zur Anthropophagie in der griechisch-römischen Welt.
36 Diodor 22,5 (Exc. virt. 257).
37 Plutarch *Moralia* 556d.
38 Polyainos 6,7,2 (12). Zur problematischen Überlieferungslage und Datierung vgl. Schindler 1973 und Geus 2010.
39 In starker Verkürzung: Die Brüder Thyestes und Atreus geraten in einen Zwist um die Thronfolge. Nach einer Eskalation von Gewalttaten lädt Atreus seinen Bruder zu einer scheinbaren Versöhnung ein. Beim Bankett gibt er Thyestes dessen getötete Kinder als Speise, was dieser nicht rechtzeitig bemerkt und so unwillentlich zum Kannibalen wird. Die diversen Ausformungen des Mythos variieren in zahllosen Details, aber auch im Grad der „Teilhabe" des Thyestes; die noch immer beste Materialübersicht zur Aufnahme in der griechischen und römischen Literatur liefert Hook 1992.

zu viel schlimmeren Taten, entsprechend seines zerstörerischen Charakters. Die Verschwörung von Kassandreia ist – ohne den Punkt überstrapazieren zu wollen – somit das, was Catilinas Verschwörung gut zwei Jahrhunderte später hätte werden können. Dabei ist es müßig auflösen zu wollen, ob und wie sich die zwei literarischen Traditionen überkreuzt und die ihnen zugrunde liegenden Gerüchte gegenseitig „befeuert" haben mögen.

Die Idee eines kannibalischen Bluteides ist jedoch weit älter als alle bislang angeführten Quellen. Unsere frühesten Darstellungen in der griechischen Geschichtsschreibung entstammen dem Werk des Herodot und damit dem 5. Jahrhundert v. Chr. Die ersten zwei Fälle machen dabei etwas klar, was nach den bisher betrachteten Zeugnissen überraschen mag: Der kannibalische Bluteid muss nicht zwangsläufig als negativ gelten. Der Kontext der ersten Belegstelle ist eine politische Verwicklung zwischen einem medischen und einem lydischen Herrscher; zwischengeschaltet ist eine hier nicht zugehörige Vorgeschichte um Kannibalismus nach der Täuschung durch eine dritte Gruppe.[40] Der anschließende Krieg soll durch einen Friedenspakt beendet werden, der eine doppelte Absicherung benötigt. Zum einen wird eine Heirat zwischen den Kindern der Herrscher angebahnt. Zum anderen bringen sich – laut Herodot bei beiden Völkern Brauch – die Vertragsparteien selbst einen Schnitt am Arm bei. Daraus leckt das jeweilige Gegenüber das Blut von der Wunde. Unsere griechische Quelle stellt dabei klar, dass Eide bei Medern und Lydern ansonsten „wie bei den Griechen" ablaufen.[41] Das gegenseitige Lecken des Blutes firmiert bei Herodot ganz neutral als zusätzliche Form der Bekräftigung. Noch über ein halbes Jahrtausend später kennt der römische Autor Tacitus ein sehr ähnliches Konzept: Bei Verträgen zwischen zwei Königen gehöre es von jeher dazu, dass sich die Vertragspartner in den abgebundenen Daumen schnitten und ihr Gegenüber den Blutstropfen ablecken ließen.[42] Hintergrund der Schilderung sind in diesem Fall die Verhandlungen des Jahres 51 n. Chr. in Armenien zwischen König Mithradates und seinem Neffen Rhadamistos. Die Handlungslogik der Erzählung setzt dabei eine Kenntnis dieses Brauchs voraus. Mithradates sei überwältigt worden, als sein Gegenüber eine Panne bei der Vorbereitung der Daumenschnüre vortäuschte. Statt zum Bluteid, auf den Mithradates gewartet habe, sei es letztlich zur Ermordung durch Rhadamistos gekommen.[43] Eine Ablehnung der Eidform als solcher durch den – diesmal römischen – Autor ist in diesem Zusammenhang nicht zu erkennen. In die gleiche Richtung geht schon bei Herodot die Darstellung des Bluteides bei den Skythen. Dort verwende man ein Gefäß mit Wein, in das beide Parteien etwas Blut einträufelten. Nach diversen rituellen Handlungen sei es Sitte, die Verhandlungsführer und die wichtigsten Personen aus dem jeweiligen Gefolge das Blut-Wein-Gemisch trinken zu lassen.[44]

---

40 Herodot 1,73.
41 Herodot 1,74,5: ὅρκια δὲ ποιέεται ταῦτα τὰ ἔθνεα τά πέρ τε Ἕλληνες, καὶ πρὸς τούτοισι, ἐπεὰν τοὺς βραχίονας ἐπιτάμωνται ἐς τὴν ὁμοχροίην, τὸ αἷμα ἀναλείχουσι ἀλλήλων. Zu kurz greift m. E. die Erklärung von Asheri/Lloyd/Corcella 2007: 134, die Episode gehöre „to the same motif of popular saga as the one at ch.119". Bei Letzterer handelt es sich um eine Erzählung nach dem mythischen Vorbild des Thyestes (siehe oben Anm. 39), bei der ein Feldherr unwissend seinen eigenen Sohn verspeist. Der genannte Bluteid scheint mir dagegen eine eigenständige Narration zu bilden.
42 Tacitus *Annalen* 12,47,2.
43 Tacitus *Annalen* 12,47,3-5.
44 Herodot 4,70: ὅρκια δὲ ποιεῦνται Σκύθαι ὧδε πρὸς τοὺς ἂν ποιέωνται: ἐς κύλικα μεγάλην κεραμίνην οἶνον ἐγχέαντες αἷμα συμμίσγουσι τῶν τὸ ὅρκιον ταμνομένων, τύψαντες ὑπέατι ἢ ἐπιτάμοντες μαχαίρῃ σμικρὸν τοῦ σώματος, καὶ ἔπειτα ἀποβάψαντες ἐς τὴν κύλικα ἀκινάκην καὶ οἰστοὺς καὶ σάγαριν καὶ

Die Schilderungen wurden hier so ausführlich wiedergegeben, um einerseits die spätere Umwertung der Komponenten hervorzuheben – und um andererseits die Diskrepanz zwischen detaillierter Erzählung und fehlender Moral zu verdeutlichen. Die Episode ist offenbar noch Lukian Mitte des 2. Jahrhunderts n. Chr. so vertraut, dass er sie seinerseits als Muster eines verlässlichen Bundes aufgreift. In seinem Dialog über das Wesen der Freundschaft unterhalten sich der Skythe Toxaris und der Grieche Mnesippos. Toxaris schildert das gleiche Vorgehen wie bei Herodot berichtet; nur trinken beide Partner zeitgleich, und das Gefolge wird nicht erwähnt. Mnesippos erhält zudem die Auskunft, die Besonderheit dieses Paktes drücke sich bereits in der Zahl aus. Den Skythen seien nur drei solch enge Freundschaften gestattet, um nicht wie eine Frau mit vielen Liebhabern den Wert des einzelnen Bundes herabzusetzen.[45] Dieser zweite Teil wäre auch noch einmal vor dem Hintergrund des Stellenwertes von Freundschaft (und der Zahl von Freundschaften) in der griechischen und römischen Sichtweise interessant.[46] Für den ersten Schritt unseres Gedankengangs ist jedoch wichtiger, mit welch eindeutig positiver Konnotation Lukian die Episode vorbringt.

Die genannten Beispiele von Medern, Lydern und Skythen bedeuten keineswegs, dass Herodot nur den kannibalischen Bluteid mit freiwilligen Beteiligten kennt. Der dritte Fall gehört ins Umfeld des Krieges, den der Perserkönig Kambyses im späten 6. Jahrhundert v. Chr. gegen Ägypten führte. Ein griechischer Söldner hatte sich aus Ägypten abgesetzt und am persischen Hof seine Dienste angeboten. Als vorläufiger Höhepunkt der Episode bei Herodot gelingt den Persern – unter anderem dank des Überläufers – ein Vorstoß durch die Wüste.[47] Während sich nun das ägyptische Heer seinerseits zur Entscheidungsschlacht sammelt, greifen die weiterhin für sie kämpfenden Griechen und Karer zu einem brutalen Mittel: Die Söhne des geflüchteten ehemaligen Mit-Söldners werden in Sichtweite des Gegners geopfert. Das aufgefangene Blut vermischen die Täter mit Wasser und Wein, damit alle Söldner-Einheiten davon trinken können.[48] Der weitere Verlauf könnte als Moral gelesen werden, denn die ägyptische Seite erleidet trotz (oder wegen?) des kannibalischen Rituals eine verheerende Niederlage.[49] Herodot lässt sich jedoch nicht auf eine explizite Erklärung im Sinne von Ursache und Wirkung ein. Außerdem ließe sich spekulieren, ob hier nicht nur eine gewisse Inszenierung zur Abschreckung des Feindes vorgelegen haben könnte, die später für bare Münze genommen wurde.

Für „unseren" Catilina ist es letztlich irrelevant, ob und in welchem Umfang Meder, Skythen oder griechische Söldner gut ein halbes Jahrtausend zuvor kannibalische Bluteide praktizierten. Die Frage nach den Formen und Funktionsweisen der Transmission ist zwar

---

ἀκόντιον· ἐπεὰν δὲ ταῦτα ποιήσωσι, κατεύχονται πολλὰ καὶ ἔπειτα ἀποπίνουσι αὐτοί τε οἱ τὸ ὅρκιον ποιεύμενοι καὶ τῶν ἑπομένων οἱ πλείστου ἄξιοι. Wie Asheri/Lloyd/Corcella 2007: 631 richtig feststellen, gibt es lediglich Bildzeugnisse vom gemeinsamen Trinken aus einem Gefäß, nicht aber vom blutigen ersten Schritt dazu. Irreführend ist in diesem Zusammenhang allerdings der Verweis (ebd.) auf Arabien und Herodot 3,8,1, weil der dort geschilderte Ablauf insofern abweicht, als die Blutstropfen nicht verzehrt, sondern auf Steine geschmiert werden.

45 Lukian *Toxaris* 37 (vgl. auch ebd. 39 und 63).
46 Vgl. Konstan 1997 und Williams 2012; spezifischer zum Freundschaftsbegriff in Lukians *Toxaris* Pervo 1997.
47 Herodot 3,4-11.
48 Herodot 3,11.
49 Ebd.

spannend, kann aber nur kurz im folgenden Abschnitt angerissen werden. Entscheidend ist für uns an dieser Stelle das Erkennen einer literarisch etablierten Tradition, die sich in der späteren Aufnahme stark in der Bewertung unterscheiden kann. Diese inhaltliche Verklammerung ist nun keine Erfindung eines modernen Forschers, sondern schien schon für Tertullian um 200 n. Chr. nahezuliegen. In seiner apologetischen Schrift kontert er unter anderem die Vorwürfe, die Christen seien Kindermörder und Menschenfresser. Kannibalismus möge vorkommen, aber nur im Rest der Welt: „Was den blutigen Fraß und derartige aus den Tragödien bekannte Gerichte betrifft, so lest nach, ob nicht irgendwo berichtet ist – ich meine, es steht bei Herodot –, dass Völker für den Abschluss eines Bündnisses sich Blut bereitet haben, das man aus den Armen zu trinken gab. Irgendein Trank ist wohl auch unter Catilina genossen worden."[50] Die Episode funktioniert weiterhin als Moralisierung, aber der Unterschied zu Lukians positiver Verwendung des Eides als Freundschaftszeichen könnte kaum größer sein.

Ein letztes Beispiel stammt aus dem schon mehrfach genannten Werk des Plutarch. Zeitlich sind wir nicht weit von Herodots Ägypten-Episode entfernt, aber der Handlungsort ist diesmal Rom. Nach der Legende soll im Jahre 509 v. Chr. die Herrschaft des letzten König Tarquinius Superbus beseitigt und durch eine republikanische Ordnung ersetzt worden sein. Teil dieses Gründungsmythos ist die Figur des Publius Valerius Poblicola, der als Bewahrer und Gesetzgeber der frühen Republik gilt. Letztere war – so die Legende – durch eine Verschwörung bedroht: Junge Mitglieder hochrangiger Familien, darunter enge Verwandte der ersten Consuln Brutus und Collatinus, hätten Morde zur Rückführung der Tarquinier geplant. Plutarch berichtet in diesem Zusammenhang von einem „großen und fürchterlichen Eid", bei dem die Verschwörer „Blut von einem ermordeten Menschen für ein Trankopfer nutzten und seine Eingeweide berührten."[51] Was fehlt, ist der bestenfalls angelegte Verzehr, mit dem sich eine Leerstelle in der Erzählung ausfüllen ließe. Werden die Trankopfer lediglich ausgegossen, die Eingeweide nur berührt? Die starke Ähnlichkeit zu den obigen Narrationen macht es zwar plausibel, dem Autor eine solche Lesersteuerung zuzuschreiben. Als *argumentum ex silentio* bleibt die Deutung jedoch für sich genommen angreifbar.[52] Auch ist schon wegen der extrem dünnen Quellenlage und dem hohen zeitlichen Abstand des Zeugnisses eine gewisse Skepsis angebracht. Gleiches gilt für die Konsequenz der geschilderten Handlung: In Plutarchs Darstellung scheitern die jungen Leute, weil ein heimlicher Beobachter des Eides den Plan an Publicola verrät. Die Verschwörer werden trotz ihres Status und ihrer familiären Beziehungen hart bestraft, wie Plutarch in

---

50 Tertullian *Apologeticum* 9,9: *de sanguinis pabulo et eiusmodi tragicis ferculis legite, necubi relatum sit – est apud Herodotum, opinor – defusum brachiis sanguinem ex alterutro degustatum nationes quasdam foederi comparasse. nescio quid et sub Catilina degustatum est* (Übersetzung nach Carl Becker); zum Kontext des mutmaßlichen christlichen Kindsopfers vgl unten Anm. 56.

51 Plutarch *Publicola* 4,1: ὅρκον ὀμόσαι μέγαν ἔδοξε πᾶσι καὶ δεινόν, ἀνθρώπου σφαγέντος ἐπισπείσαντας αἷμα καὶ τῶν σπλάγχνων θιγόντας.

52 Affortunati/Scardigli 1992: 117 scheinen dies missuverstehen, wenn sie im Vergleich mit Catilina attestieren: „Details common to both conspiracies include [...] blood from which the conspirators must drink". Das Partizip ἐπισπείσαντας in der genannten Passage bezeichnet ein Aus- oder Daraufgießen wie in der bekannten Schilderung ägyptischer Opferpraktiken bei Herodot 2,39,1. Die Leerstelle kann gedanklich mit dem zusätzlichen Trinken von Blut gefüllt werden, der Text bringt die Information aber nicht explizit.

einem pathetischen Fazit vermerkt.⁵³ Es bleibt die Schilderung eines Eides, die auf drei Ebenen funktioniert: als Darstellung grausiger – womöglich kannibalischer – Handlungen, als Moralerzählung über Verbrechen und gerechte Strafen sowie als Metapher des „politischen Kannibalismus".

3. Die Macht der Geschichte

Weitere Beispiele ließen sich aus antiken Romanen heranziehen, die allerdings wegen zeitlicher und inhaltlicher Abweichungen hier nicht wirklich zielführend wären.⁵⁴ Es mag die Feststellung genügen, dass die Verbindung von Kannibalismus und Eid (oder eidähnlichen Handlungen) als literarisches Phänomen weiter existiert, auch neben der direkten Catilina-Tradition und über sie hinaus. Zentral bleibt aber, ob all die genannten Aufnahmen des Motivs eher für oder gegen eine historische Begebenheit sprechen – und was wir jenseits davon aus der Überlieferung ablesen können.

Für den ersten Teil der Frage gelangen wir rasch an methodische Grenzen. Der Kern besteht aus stark tendenziösen Berichten beziehungsweise aus einer von diesen (mit-) geprägten Tradition. Für heutige Forscherinnen und Forscher hängt die Beurteilung nicht zuletzt davon ab, welches Bild sie sich ansonsten von Catilina als Aufrührer oder als verhindertem Revolutionär machen.⁵⁵ Wir haben gelernt, einer Überlieferung zu misstrauen, die ein Ereignis erst nachträglich und in zunehmend grellen Farben malt. Dass eine Handlung nicht historisch sein dürfte, gerade weil sie so oft erzählt wird, ist im Fall von Catilina wohl nur ein vermeintliches Paradoxon. Umgekehrt lässt sich das Gegenteil aber auch nicht ausschließen – die Existenz eines Gerüchts ist noch kein Beweis für dessen Unwahrheit. Aus den obigen Quellen ließe sich nun eine beliebige Zahl von Variationen des „wahren Eides" herauslesen. Könnte Catilina nicht ein Ritual inszeniert haben, das nachträglich als Kannibalismus gedeutet wurde – ähnlich dem vermeintlichen Kannibalismus im christlichen Abendmahl?⁵⁶ Oder wäre nicht denkbar, dass eine Selbstdarstellung der Verschwörer

---

53 Plutarch *Publicola* 4,4-6,3 (Aufdeckung und Strafe) bzw. 6,4 (Fazit zu Brutus' Urteil als ἢ θεῖον ἢ θηριῶδες, „entweder göttlich oder wildwütig"; zu Plutarchs „Psychologie des Helden" vgl. Duff 1999: 72-98).

54 Zu denken wäre etwa an den Topos der kannibalischen Hirten in Ägypten, der in der Historiographie u. a. bei Cassius Dio 72,4,1 belegt ist; vgl. auch unten Anm. 71.

55 Nicht von ungefähr beginnt Zvi Yavetz seine Darstellung vom Scheitern der Catilinarischen Verschwörung mit einem Querschnitt der am häufigsten in der Forschung vertretenen Catilinabilder (Yavetz 1963: 485-487). Eine ganz andere Frage wäre die nach der historischen Bedeutsamkeit der Ereignisse, die Yavetz und andere eher skeptisch beurteilen.

56 Die früheste Ausformung der später so wirkungsmächtigen Erzählung findet sich m. W. bei Iustin (*Apologie* 1,26,7 und 2,12,2-5 sowie *Tryphon* 10,1). Das Motiv ist aber auch aus anti-jüdischer Propaganda und später aus der Auseinandersetzung zwischen verschiedenen christlichen Glaubensrichtungen bekannt; die ältere Forschung in dieser Hinsicht ist zusammengefasst bei Freudenberger 1967. Kritischer gegenüber einer „Tradition des Missverständnisses" ist Edwards 1992; vgl. allerdings auch McGowan 1994, Harrill 2008 und Bremmer 2013. Ein „typisch christliches" Motiv will Lanzillotta 2007 erkennen, zu möglichen alttestamentarischen Vorlagen vgl. Noort 2007. Der Komplex des Kannibalismusvorwurfs gegen das frühe Christentum wird ausführlicher behandelt im Aufsatz von Katharina Degen im vorliegenden Band.

als „wie durch Blut Verbundene" von ihren Feinden pervertiert wurde?[57] So spannend solche Spekulationen sein mögen, so wenig Sicherheit verschaffen sie uns. Die literarische Stilisierung, der stereotype Einsatz bestimmter Motive, die Übersteigerung mit zeitlicher Distanz und nicht zuletzt die Zweifel im frühesten Zeugnis lassen an der Historizität des Bluteides zweifeln. Sallust erklärt Catilinas Bluteid so stimmig als nachträgliche Propaganda der Cicero-Anhänger, dass man meint, ihm einfach glauben zu müssen. Aber ist ein Urteil im Sinne von „wohl nicht historisch" wirklich der entscheidende Punkt?

An dieser Stelle setzt die zweite Möglichkeit der Betrachtung an. Überspitzt gesagt, geht sie von der Frage aus, ob nicht der Kannibalismus uninteressanter als die Gerüchte über ihn ist. Dabei ist sicherlich nach deren Entstehung zu fragen, nach dem Zeitkontext der Variationen und nach den Ebenen einer positiven und negativen Sinngebung. Wenn wir aber von den Gerüchten als historischen Ereignissen (oder Ereignisketten) ausgehen, sollten wir dann nicht zugleich das Verhältnis Ereignis – Kontext anders ansprechen? Ohne das Thema zu sehr auf eine theoretische Ebene heben zu wollen, sei daher ein Gedankenexperiment erlaubt: Der Eid des Catilina als Beispiel für sog. „memetische Transmission".

Der Begriff „Mem" geht zurück auf eine Idee des Evolutionsbiologen Richard Dawkins, der damit einen Informationsreplikator bezeichnet hat, vergleichbar einem Gen. Hintergrund ist Dawkins' Vorstellung, dass bei der biologischen Evolution nicht (nur) Lebewesen und Spezies miteinander konkurrieren, sondern letzten Endes bestimmte „selfish genes".[58] Diese Gene sind insofern „selbstsüchtig", als sie lediglich auf ihre eigene Verbreitung abzielen, obwohl dies nicht unbedingt zum Wohl ihres Trägers sein muss. Die vermeintliche Intention der Gene ist nur ein Kunstgriff, um den Fokus der Theorie deutlich zu machen. De facto sind sie durch Selektionsprozesse mehr oder weniger erfolgreich (im Sinne von Häufigkeit der Reproduktion) und können nicht selbst auf Rothaarigkeit oder Nachtblindheit hin planen. Eine simple Analogie Gen – Mem trägt nur bedingt; Gleiches gilt für das Bild der „viralen Idee" oder andere populäre Missverständnisse des Ansatzes. Autoren wie Susan Blackmore haben dagegen aufgezeigt, was sich aus dem Konzept des „selbstsüchtigen" Replikators machen lässt. Meme in diesem Sinne können alle Formen von Informationseinheiten sein: Witze, Gerüchte, Vorurteile, Bauernregeln, aber auch Melodien, Aussprüche oder bestimmte Bildmotive.[59] Erfolg und Misserfolg entstehen im Sinne evolutionärer Prinzipien. Das leistungsfähigste Mem gewinnt, oder genauer: das am besten an die für eine Reproduktion relevanten Rahmenbedingungen angepasste Mem wird häufiger verbreitet. Dabei treten absichtliche oder zufällige Mutationen auf, etwa durch gezielte

---

57 Verschiedene Ideen von „Anschlusserzählungen" in der älteren Forschung sind zusammengefasst bei Heurgon 1949. Ein gewissermaßen „zeitversetzter Kandidat" wäre die von Cicero vorgebrachte Erzählung (*Pro Flacco* 95), laut der sich nach Catilinas Tod an dessen Grab weitere Verschwörer zu einem gemeinsamen Mahl getroffen haben sollen.
58 Die Idee wird erstmals entwickelt in Dawkins 1976 und hat seither eine gewisse Eigendynamik entwickelt, nicht zuletzt durch den Aktivismus seines Urhebers, der das ursprünglich sehr offene Konzept zunehmend auf den Nutzen für eine allgemeine Religionskritik fokussiert hat.
59 Verzichtet wird hier auf die Unterscheidung zwischen komplexen Memen und den etwas unglücklich benannten „Memplexen", einer Kombination oder Verschränkung von verschiedenen, auch einzeln auftretenden Memen; für Details siehe die folgende Anmerkung.

Diffamierung oder den bekannte „Stille-Post-Effekt". Ein Ohrwurm kann den anderen verdrängen, aber auch eine Neueinspielung davon eine ältere Version.[60]

Erzählungen – wenn wir sie als Meme behandeln wollen – handeln nicht intentional, nicht einmal ihre Träger müssen es unbedingt. Das Mem (kannibalischer) Bluteid ist deswegen erfolgreich, weil es sich gut an verschiedene Kontexte anpasst. Wiederum wäre präziser: Es funktioniert, weil bestimmte Variationen auch unter sich ändernden Rahmenbedingungen offenbar attraktiv für eine Weitergabe sind. Das Mem kann als Tatsachenerzählung weitergetragen werden, als Propaganda, als politische Metapher oder als Moralerzählung. Dabei sind auch Meme denkbar, die einzig auf einer willkürlichen Erfindung beruhen. In der Lesart von François Hartog gehören etwa die Skythendarstellungen bei Herodot in den Bereich der politisch motivierten Fiktion und besitzen keinen „realhistorischen" Wert für die skythische Geschichte.[61] Hartog tappt zwar damit in eine ähnliche Falle wie die ältere historische Stereotypen-Forschung.[62] Außerdem sind seiner Lesart starke Defizite in der Quellenkenntnis und -kritik entgegengehalten worden.[63] Für ein Mem vom kannibalischen Skythen wären diese ansonsten berechtigten Einwände aber nicht unbedingt entscheidend. Diese Aussage ist allerdings etwas ganz Anderes, als Herodot prinzipiell als unglaubwürdig beiseite wischen zu wollen: Aus Sicht der Griechen und Römer war es eine besonders grausige Sitte bei den Skythen und anderen Völkern, Körpertrophäen (bis hin zu Schädelbechern) anzufertigen.[64] Heute haben wir Funde, die eben diesen Brauch zu bestätigen scheinen.[65] Das wiederum mag uns erklären helfen, warum das Mem des kannibalischen Wilden am Rande der bewohnten Welt – auch vor und nach der hier besprochenen Zeit – solchen Erfolg hatte.[66]

---

60 Weiterhin die beste Einführung in das Thema bietet (trotz verschiedener Unschärfen) Blackmore 1999; stellvertretend für die Kritik am Transfer des Konzepts auf die Geistes- und Kulturwissenschaften vgl. Sperber 2000. Dawkins selbst hat seine Theorie u. a. in der Einleitung zum o. g. Band von Blackmore und in der Auseinandersetzung mit den Arbeiten von Daniel Dennett ausdifferenziert; die Texte sind teilweise aktualisiert und gekürzt nachgedruckt in Dawkins 2003: 115-145. Im Bereich der Altertumswissenschaften greifen etwa die Arbeiten von Cullen 2000 oder Krebs 2011 in unterschiedlichen Reflexionsgraden den Ansatz auf.
61 Erstmals entwickelt in seinem einflussreichen *Essai sur la représentation de l'autre* (Hartog 1980).
62 Die Forschungslage ist zusammengefasst bei Konrad 2006: 90-95; zur Anwendbarkeit des Stereotypenbegriffs in den Altertumswissenschaften vgl. Madreiter 2012: 9-32.
63 So in unterschiedlicher Gewichtung durch Pritchett 1993: 191-226, Bohak 2005 oder Bäbler 2011; anders dagegen Schubert 2013: 19-27 sowie punktuell Hall 1991 (z. B. 114), mit Abstrichen Bichler 2000: 70-71, Anm. 38; vgl. aber auch Redfield 1985 (erneut als Redfield 2002).
64 Das bekannteste literarische Zeugnis dürfte Poseidonios (F274 Kidd / F34 Theiler = Strabon 4,4,5 [198C] sein, wobei abermals die spätere Tradition wie Diodor 5,29,4-5 eine „optimierte" Version zeigt. Wie ähnlich die Darstellung etwa für die Kelten abläuft, illustriert Kistler 2009: 208-211 und passim.
65 Der Versuch eines (allerdings zu oberflächlich bleibenden) Überblicks bei Rind 1998: 44-47, zu Ähnlichkeiten mit Beispielen aus anderen kulturellen Kontexten bzw. Zeiten siehe Bäbler i. Dr.; im Einzelnen wäre besonders zu denken an die Funde von Bel'sk, Bisk, Gordion, Gournay-sur-Aronde oder Ribemont-sur-Ancre, wobei alleine die Angabe der Forschungsbeiträge den Umfang des vorliegenden Aufsatzes sprengen würde; eine Kritik aus anthropologischer Sicht bei Peter-Röcher 1994: 22-24 (mit Überblick über die ältere Literatur und weitere Beispiele).
66 Offenbar auch noch in der modernen Forschung – um nur eine kleine Auswahl zu geben: Romm 1992 will die geographischen Berichte dabei vorrangig als literarische Gattung interpretiert sehen. Hölscher 2000 versucht die Idee zeitbezogener, konzentrischer Kulturkreise auch bildlich als Kreise zu veranschaulichen. Isaac 2004 sieht entsprechende Erzählungen als eine mögliche Ausformung des von

Wir können uns nun vorstellen, wie Reisende bei den Skythen mit den Objekten konfrontiert waren und die Geschichten zu Hause verbreiteten. Wir sehen einen Sinn darin, wenn durch schaurige Erzählungen die Konkurrenz abgeschreckt oder die eigene Überlegenheit bekräftigt werden sollte (und mögen damit richtig liegen). Aus Sicht des Mems besteht der „Sinn" nur in der eigenen Verbreitung, der Erfolg nur in der anhaltenden Reproduktion. Dass Varianten nebeneinander erfolgreich existieren, muss dabei kein Widerspruch sein. Ein tatsächlich vorgekommener kannibalischer Bluteid wäre so gesehen „förderlich", aber nicht essentiell. Gerüchte müssen auch nicht einen einzelnen Urheber oder eine einzelne Intention besitzen. Sie können verändert und angepasst werden – absichtsvoll, eher unbewusst oder gar versehentlich. Um als „Wirt" einer Erzählung diese weiterzutragen, muss man sich weder über deren Tradition im Klaren sein, noch über die Darstellungsabsicht früherer Erzähler. Das „Mutieren" des Mems ist sogar hilfreich, weil nur so die Anpassung an geänderte Rahmenbedingungen gelingen kann. Als Historiker können wir diese Sicht nun umkehren und nach den Bedingungen fragen, die sich aus den Erfolgen eines Mems und seiner Variationen erschließen lassen.

Etliche der daraus hervorgehenden Konsequenzen sind uns längst vertraut, wie ein beliebiges Beispiel zeigen mag: So berichtet etwa Pomponius Mela zu Beginn der römischen Kaiserzeit vom merkwürdigen Volk der Blemmyer in Afrika. Diese haben angeblich „keinen Kopf und tragen das Gesicht auf der Brust".[67] Das bedeutet nun nicht, dass ein solcher Stamm in Afrika existiert haben muss. Für uns heute widerspricht das Mem dem dominanten naturwissenschaftlichen Weltbild; Menschen ohne Kopf/Hirn sind nicht lebensfähig, also machen wir uns diese Information über die Blemmyer nicht zu eigen. Wir können die vagen oder phantastischen Schilderungen zwar auf ihren „wahren Kern" hin untersuchen.[68] Wir tragen sie aber nicht als Tatsachenbericht weiter oder würden auch nicht prinzipiell die Existenz der Blemmyer leugnen, weil bislang keine zur Quelle passenden Überreste gefunden wurden. Die zitierte Passage und viele ähnliche Stellen zeigen, unter welchen Rahmenbedingungen ein Mem erfolgreich sein kann oder konnte. Die sich wandelnden Geschichten über Fabelwesen und -völker am Rande der Welt funktionierten etwa, um Vorstellungen und Bewertungen bestimmter Zivilisationsräume zu legitimieren. Als sich Kenntnisse und Weltbilder änderten, verschoben sich die Meme mit den neuen Grenzen oder „reagierten" in Mutationen auf die geänderten Bedingungen.

Antiker Kannibalismus hat für uns weniger den Nachteil einer medizinisch begründeten Unglaubwürdigkeit. Er wirkt schlicht plausibler als die Existenz kopfloser Wilder, was einen Teil seiner anhaltenden Popularität erklären könnte. Jedoch ist die Idee von allgemeingültigen „Rahmenbedingungen" eigentlich schief, wie sich ebenfalls am obigen Beispiel demonstrieren lässt: Es dürfte heute zwar kaum jemanden geben, der die Episode um die Blemmyer für bare Münze nimmt. In einer Forschungsdebatte um römische Fremdbilder sind die Bedingungen wiederum gänzlich andere. Die kopflosen Blemmyer sind hier

---

ihm identifizierten antiken „Proto-Rassismus". Wie stark faktische und imaginierte Distanz bis zum Ende der zivilisierten Welt auseinanderlaufen können, zeigt (trotz aller handwerklicher Defizite) plastisch Leedham 2011: bes. 236-238.

67 Pomponius Mela 1,48: *[Blemmyis] capita absunt, vultus in pectore est.*
68 So etwa Barnard 2005. Cappuis Sandoz 2008: 30 denkt an eine Fehlinterpretation von Stammeszeichen; Gesichter als Bemalungen oder Tätowierungen auf der Brust wären eine mögliche Erklärung, bleiben aber angesichts der Quellenlage nicht mehr als Spekulation.

erfolgreich (sprich: sie werden im Diskurs reproduziert), eben weil sie als gutes Zeugnis dafür funktionieren, wie kulturelle Randbereiche durch physische Abnormitäten gekennzeichnet wurden. Die Forschungsgeschichte oder die Philologie würde jetzt vom jeweiligen Forscher bzw. Autor ausgehen, Intentionen erkunden, Vorgänger und Nachfolger identifizieren und die Traditionslinien der Geschichte aufzeigen. Die Memetik fragt danach, wie die Geschichte es geschafft hat, Erfolg/Reproduktion zu erzielen. Beide Herangehensweisen müssen sich nicht gegenseitig ausschließen. Es sei in diesem Zusammenhang nur darauf verwiesen, wie die meisten unserer Zeugnisse als offene, dynamische Literatur funktionierten. So konnte Markus Mülke[69] eindrucksvoll aufzeigen, wie stark antike Werke von den ersten Schritten ihrer Weitergabe an einem ständigen Veränderungsprozess unterlagen. Selbst ein noch lebender Autor hatte darauf wenig bis keinen Einfluss – was allerdings nicht bedeuten soll, dass wir die „verselbständigten Geschichten" deswegen als Verfälschung abtun sollten.[70]

Zahlreiche und variierende Erzählungen über Kannibalismus in der späten Römischen Republik und der folgenden Tradition signalisieren in ersten Linie: Das Mem „behauptete sich". Der Kontext von blutigen Bürgerkriegen und Proskriptionen war günstig für diesen Erfolg. Gleiches gilt für die bestehende Verbreitung bestimmter Berichte und Motive durch einflussreiche Texte – auch wenn sie (wie im Fall von Herodot) vielleicht ursprünglich einen völlig anderen Zusammenhang hatten. Für ein bereits weit verbreitetes Mem ist es stets leichter, an eine neue Generation von Trägern weitergegeben zu werden. Gezielte Verleumdungen oder tatsächliche Ereignisse mögen ebenso eine Rolle gespielt haben. Die Leistungsfähigkeit des Mems bestand darin, in dieser Schnittmenge als Selbstbild der Zeit – und dessen weiterer Tradition – zu funktionieren. Daher haben die Erzählungen eine politische Aussage und sind in Stufen mit bestimmter Handlungslogik und Moral aufgebaut. Zentrales Element ist der innere Konflikt, der als regelrechte Selbstzerfleischung begriffen wurde, die letztlich ihre eigenen Träger verschlingt.[71] In dieser Funktionsweise kann Catilinas Bluteid kein positives Bündnis von freien Vertragspartnern ausdrücken, wie es im Dialog von Toxaris und Mnesippos geschildert wird. Entsprechend rückt der Aspekt

---

[69] Mülke 2008.

[70] „Wenn also Theon Euklid sachlich korrigierte und sprachlich-stilistisch glättete, wenn Hieronymus Victorin der kirchlichen Lehre anpaßte und zugleich das Latein der *Explanatio in apocalypsin* seinen Zeitgenossen gefälliger machte, dann wußten sie ohne Zweifel um die Breitenwirkung ihrer Bearbeitungen, genauso wie sie wußten, daß in der handschriftlichen Überlieferung ihrer Zeit die Entscheidung darüber, ob und wie ein Text zu bewahren sei, oft von anderen Kriterien abhing als vom Grundsatz der Treue zum Original: nämlich von der Autorität des Verfassers und des Herausgebers, von einem über alle Zweifel erhabenen und allgemein für wertvoll erachteten Inhalt, von seiner Verständlichkeit, von formaler Qualität und Schönheit" (ebd.: 259-260).

[71] In diesem Sinne auch Pagán 2012: 62, obwohl die von ihr gesehene Parallele zu Cassius Dio 72,4,1 und dem ägyptischen Aufstand von 172/173 n. Chr. m. E. weniger stark ist: Getötet wird „strategisch" ein potentieller Widersacher des Aufstandes (ein römischer Centurio), es gibt einen romanhaften Hinterhalt mit Verkleidung und Lösegeld (s. u.), der Schwur und das Verzehren der Eingeweide scheinen keinen zeitlichen Abstand zum Aufstand zu haben etc. Die Stelle ist ohnehin nur in einem unsicheren Auszug bei Xiphilinos erhalten. Pagán berücksichtigt zudem weder die ältere Tradition noch die Forschungsdiskussion um eine literarische Interdependenz zwischen der Darstellung bei Cassius Dio und Motiven des antiken Romans (zusammengefasst bei Plepelits 1980: 8-11).

des gewaltsam Geopferten und der gemeinsamen Schuld mit fatalen Folgen stärker in den Mittelpunkt.

Ob als Freundschaftszeichen oder als Untergangsfanal, der kannibalische Bluteid ist wegen seiner Leistungsfähigkeit im jeweiligen inhaltlichen Zusammenhang erfolgreich. Wir könnten sagen, dass die Träger der negativen Tradition die Erzählung (bewusst) verschärft haben. Oder wir könnten formulieren: Das Mem hat sich durch ständige Reproduktion und Mutation für die jeweiligen Rahmenbedingungen optimiert. Ältere Versionen wurden durch neuere verdrängt, die unter den geänderten Umständen besser funktionierten. Für die Apologeten des frühen Christentums waren diese Rahmenbedingungen andere als für den gescheiterten Politiker Sallust einige Jahrhunderte zuvor. Sallust hätte die Episode schlicht weglassen können, ohne seine Argumentation zu beeinträchtigen. Indem er aber eine eigentlich spektakuläre Erzählung als Erfindung entlarvte, konnte er im Gegenzug seine eigene Glaubwürdigkeit steigern.[72] Für spätere Autoren waren beispielsweise die moralische Distanzierung oder der Unterhaltungswert wichtiger. So mag man es als schlampig oder gar als ungerecht bezeichnen, wie der christliche Apologet Tertullian die positiven mit den negativen Erzähltraditionen über einen Kamm schert. Für seine Belange wird aber gerade dadurch eine bessere Wirkung erzielt: Der Akt an sich wird verworfen, römische Verschwörung und skythische Freundschaft verschwimmen in Bedeutungslosigkeit. Dass die heidnische Welt so viele Geschichten über kannibalische Bluteide kennt, offenbart vor allem ihre eigene Minderwertigkeit und die Verlogenheit der Vorwürfe gegen die Christen. Catilina und das Mem des „kannibalischen Bluteides" funktionierten in unterschiedlichen Geschichtskonzeptionen und Weltbildern durch Anpassung beziehungsweise erfolgreiche Selektion. Als (eher nicht) historisches Ereignis liefert dieser Kannibalismus schwerlich den Beleg für eine anthropologische Konstante – aber vielleicht ist dies auch einfach die falsche Frage.

---

72 Eher kurios ist die Begründung bei Wilkins 1994: 40-41, Sallust habe angesichts einer unsicheren Quellenbasis zu Andeutungen gegriffen, um so zu „Catiline's denigration by his association with nefarious crime" beizutragen. Die rationale Distanzierung am Ende der Passage spricht m. E. eher weniger für gezieltes „innuendo"; ähnlich dagegen auch Schmal 2001: 31-32.

Bibliographie

Quellen

Die obigen Zitate folgen den jeweils gültigen historisch-kritischen Ausgaben. Mit Rücksicht auf den breiteren Leserkreis sind im Folgenden zu allen Passagen leicht zugängliche Übersetzungen bzw. zweisprachige Ausgaben der antiken Werke aufgeführt.

Asconius, *Commentaries on Five Speeches of Cicero*, hg. u. übers. v. Simon Squires, Bristol, 1990.
Cassius Dio, *Römische Geschichte*, Bde. 2/3/5, hg. u. übers. v. Otto Veh, Düsseldorf, ND 2007.
Cicero, *Atticus-Briefe*, hg. u. übers. v. Helmut Kasten (= Sammlung Tusculum), Düsseldorf – Zürich, ^{5}1998.
Cicero, *Die Catilinarischen Reden*, hg., übers. u. erl. v. Manfred Fuhrmann (= Tusculum Studienausgaben), Düsseldorf – Zürich, 1998.
Cicero, *Die Philippischen Reden*, übers. v. Manfred Fuhrmann, überarb. u. eingel. v. Rainer Nickel (= Sammlung Tusculum), Berlin, 2013.
Cicero, *Die Prozessreden*, 2 Bde., hg. u. übers. v. Manfred Fuhrmann, Darmstadt, 1997.
Diodor, *Griechische Weltgeschichte*, Buch I–X, Teil 2, übers., eingel. u. komm. v. Gerhard Wirth (= Bibliothek der griechischen Literatur 35), Stuttgart, 1993.
Diodor, *Fragmente (Buch XXI–XL)*, übers., eingel. u. komm. v. Gerhard Wirth (= Bibliothek der griechischen Literatur 67/68), Stuttgart, 2008.
Eutrop, *Kurze Geschichte Roms seit Gründung*, hg. u. übers. v. Friedhelm L. Müller (= Palingenesia 56), Stuttgart, 1995.
Florus, *Römische Geschichte*, eingel., übers. u. komm. v. Günter Laser (= Edition Antike), Darmstadt, 2005.
Aulus Gellius, *The Attic Nights*, Bd. 2, hg. u. übers. v. John C. Rolfe (= Loeb Classical Library 200), Cambridge, MA – London, 1927.
Herodot, *Historien*, Bd. 1, hg. u. übers. v. Josef Feix (= Sammlung Tusculum), Düsseldorf, ^{7}2006.
Historia Augusta. Römische Herrschergestalten, 2 Bde., eingel., übers. u. erl. v. Ernst Hohl, bearb. u. erl. v. Elke Merten, Alfons Rösger u. Nicole Ziegler (= Bibliothek der Alten Welt, Römische Reihe), Zürich – München, 1976/1985.
Iustin, *Apologies*, eingel., übers. u. komm. v. Denis Minns u. Paul Parvis (= Oxford Early Christian Texts), Oxford, 2009.
Iustin, *Dialog mit dem Juden Tryphon*, eingel. u. übers. v. Philipp Häuser (= Bibliothek der Kirchenväter 33), Kempten, 1917.
Lucan, *Bürgerkrieg*, Bd. 1, eingel., übers. u. komm. v. Detlev Hoffmann, Christoph Schliebitz u. Hermann Stocker (= Edition Antike), Darmstadt, 2011.
Lukian, *[Works] in Eight Volumes*, Bd. 5, hg. u. übers. v. A. M. Harmon (Loeb Classical Library 302), Cambridge, MA – London, 1972.
Plinius, *Naturkunde*, Bd. 7, hg. u. übers. v. Roderich König (= Sammlung Tusculum), Zürich – Düsseldorf, 1996.
Plutarch, *Lives*, Bde. 1/7/9, hg. u. übers. v. Bernadotte Perrin (= Loeb Classical Library 46/99/101), Cambridge, MA – London, repr. 2002-2005.
Plutarch, *Moralia*, Bd. 6, hg. u. übers. v. William C. Helmbold (= Loeb Classical Library 337), Cambridge, MA – London, repr. 2005.
Pomponius Mela, *Kreuzfahrt durch die Alte Welt*, hg. u. übers. v. Kai Brodersen, Darmstadt, 1994.
Sallust, *De Catilinae coniuratione. Catilinas Verschwörung*, hg., übers. u. erl. v. Dieter Flach, Stuttgart, 2007.
Sallust, *Werke*, eingel., übers., u. komm. v. Thorsten Burkard (= Edition Antike), Darmstadt, 2010.

Seneca, *Epistulae morales ad Lucilium*, Bd. 2, hg. u. übers. v. Rainer Nickel (= Sammlung Tusculum), Düsseldorf, 2009.
Strabon, *Geographika*, Bd. 1, hg. u. übers. v. Stefan Radt, Göttingen, 2002.
Tacitus, *Annalen*, hg. u. übers. v. Erich Heller (= Sammlung Tusculum), Düsseldorf – Zürich, ⁴2002.
Tertullian, *Apologeticum*, hg. u. übers. v. Carl Becker, München, ⁴1992.
Valerius Maximus, *Memorable Doings and Sayings*, Bd. 2, hg. u. übers. v. D. R. Shackleton Bailey (= Loeb Classical Library 493), Cambridge, MA – London, 2000.

Literatur
Affortunati, Monica – Scardigli, Barbara 1992, Aspects of Plutarch's *Life of Publicola*, in: Philip A. Stadter (Hg.), *Plutarch and the Historical Tradition*, London – New York, 1999, 109-131.
Asheri, David – Lloyd, Alan – Corcella, Aldo 2007, *A Commentary on Herodotus. Books I-IV*, hg. v. Oswyn Murray und Alfonso Moreno, Oxford – New York, 2007.
Bäbler, Balbina 2011, Ein Spiegel mit Sprung. Das Skythenbild in François Hartogs „Le miroir d'Hérodote", in: Nikolai Povalahev, Vladimir Kuznetsov (Hg.), *Phanagoreia und seine historische Umwelt. Von den Anfängen der griechischen Kolonisation (8. Jh. v. Chr.) bis zum Chasarenreich (10. Jh. n. Chr.)*, Göttingen, 2011, 111-136.
Bäbler, Balbina i. Dr., *Herodot im Land der Skythen. Die Stadt Gelonos*, im Druck.
Barnard, Hans 2005, Sire, il n'y a pas de Blemmyes. The Re-Evaluation of Historical and Archaeological Data, in: Janet C. M. Starkey (Hg.), *People of the Red Sea* (= BAR International Series 1395; Society for Arabian Studies Monographs 3), Oxford, 2005, 23-40.
Benson, John M. 1986, Catiline and the Date of the Consular Elections of 63 B.C., in: Carl Deroux (Hg.), *Studies in Latin Literature and Roman History IV* (= Collection Latomus 196), Brüssel, 234-246.
Bessone, Luigi 2000, Le problème de la première conjuration de Catilina, *Patavium* 15, 2000, 23-36.
Bichler, Reinhold 2000, *Herodots Welt. Der Aufbau der Historie am Bild der fremden Länder und Völker, ihrer Zivilisation und ihrer Geschichte* (= Antike in der Moderne), Berlin, 2000.
Blackmore, Susan 1999, *The Meme Machine*, Oxford – New York, 1999.
Bohak, Gideon 2005, Ethnic Portraits in Greco-Roman Literature, in: Erich S. Gruen (Hg.), *Cultural Borrowings and Ethnic Appropriations in Antiquity* (= Oriens et Occidens 8), Stuttgart, 2005, 207-237.
Bremmer, Jan N. 2013, Early Christian Human Sacrifice between Fact and Fiction, in: Àgnes A. Nagy, Francesca Prescendi (Hg.), *Sacrifices humains. Dossiers, discours, comparaisons* (= Bibliothèque de l'École des Hautes Études, Section des Sciences Religieuses 160), Genf, 2013, 165-176.
Bremmer, Jan N. (Hg.) 2007, *The Strange World of Human Sacrifice* (= Studies in the History and Anthropology of Religion 1), Leuven – Paris – Dudley, 2007.
Bringmann, Klaus 1972, Sallusts Umgang mit der historischen Wahrheit in seiner Darstellung der Catilinarischen Verschwörung, *Philologus* 116, 1972, 98-113.
Bruggisser, Philippe 2002, *Audacia* in Sallusts „Verschwörung des Catilina", *Hermes* 130, 2002, 265-287.
Cappuis Sandoz, Laure 2008, La survie des monstres. Ethnographie fantastique et handicap à Rome, la force de l'imagination, *Latomus* 67, 2008, 21-36.
Cullen, Ben S. 2000, *Contagious Ideas. On Evolution, Culture, Archaeology, and Cultural Virus Theory*, Oxford, 2000.
Dawkins, Richard 2003, *A Devil's Chaplain. Selected Essay*, London, ²2003.
Dawkins, Richard 1976, *The Selfish Gene*, Oxford – New York, 1976.
Drummond, Andrew, 1995, *Law, Politics and Power. Sallust and the Execution of the Catilinarian Conspirators* (= Historia Einzelschriften 93), Stuttgart, 1995.
Duff, Tim 1999, *Plutarch's Lives. Exploring Virtue and Vice*, Oxford – New York, 1999.

Edwards, Mark J. 1992, Some Early Christian Immoralities, *Ancient Societies* 23, 1992, 71-82.
Freudenberger, Rudolf 1967, Der Vorwurf ritueller Verbrechen gegen die Christen im 2. und 3. Jahrhundert, *Theologische Zeitschrift* 23, 1967, 97-107.
Geus, Klaus 2010, Polyaenus travestitus? Überlegungen zur Biographie des Polyainos und zur Abfassung seines Werks, in: Kai Brodersen (Hg.), *Polyainos. Neue Studien*, Berlin 2010, 55-68.
Hall, Edith 1991, *Inventing the Barbarian. Greek Self-Definition Through Tragedy* (= Oxford Classical Monographs), Oxford, 1991.
Harrill, J. Albert 2008, Cannibalistic Language in the Fourth Gospel and Greco-Roman Polemics of Factionalism (John 6:52-66), *Journal of Biblical Literature* 127, 2008, 133-158.
Hartog, François 1980, *Le miroir d'Hérodote. Essai sur la représentation de l'autre* (= Bibliothèque des histoires), Paris, 1980.
Heurgon, Jacques 1949, Salluste et le serment sacrificiel de Catilina, in: *Mélanges d'archéologie et d'histoire offerts à Charles Picard*, Bd. 1 (= Revue Archéologique, 6. sér., 29), Paris, 1949, 438-447.
Hölscher, Tonio 2000, Einführung, in: ders. (Hg.), *Gegenwelten zu den Kulturen Griechenlands und Roms in der Antike*, München – Leipzig, 2000, 9-18.
Hook, Brian S. 1992, *Tyranny and Cannibalism. The Thyestes Theme in Greek and Roman Literature*, Ann Arbor, 1992.
Hughes, Dennis D. 2000, *Human Sacrifice in Ancient Greece*, London – New York ²2000.
Isaac, Benjamin H. 2004, *The Invention of Racism in Classical Antiquity*, Princeton – Oxford 2004.
Kistler, Erich 2009, *Funktionalisierte Keltenbilder. Die Indienstnahme der Kelten zur Vermittlung von Normen und Werten in der hellenistischen Welt*, Berlin, 2009.
Konrad, Jochen 2006, *Stereotype in Dynamik. Zur kulturwissenschaftlichen Verortung eines theoretischen Konzepts*, Tönning – Lübeck – Marburg, 2006.
Konstan, David 1997, *Friendship in the Classical World* (= Key Themes in Ancient History), Cambridge – New York – Melbourne, 1997.
Krebs, Christopher B. 2011, *A Most Dangerous Book. Tacitus's Germania from the Roman Empire to the Third Reich*, New York – London, 2011.
Lanzillotta, Lautaro R. 2007, The Early Christians and Human Sacrifice, in: Jan Bremmer (Hg.), *The Strange World of Human Sacrifice* (= Studies in the History and Anthropology of Religion 1), Leuven – Paris – Dudley, 2007, 81-102.
Leedham, David 2011, *The Limits of the Habitable World. Ireland and the Conquest of Britain* (The Bitter Sea 1), Chester, 2011.
Madreiter, Irene 2012, *Stereotypisierung – Idealisierung – Indifferenz. Formen der Auseinandersetzung mit dem Achaimeniden-Reich in der griechischen Persika-Literatur* (= Classica et Orientalia 4), Wiesbaden, 2012.
Marasco, Gabriele 1981, Sacrifici umani e cospirazioni politiche, *Sileno* 7, 1981, 167-178.
Marshall, Bruce A. 1985, *A Historical Commentary on Asconius*, Columbia, 1985.
McGowan, Andrew 1994, Eating People. Accusations of Cannibalism Against Christians in the Second Century, *Journal of Early Christian Studies* 2, 1994, 413-442.
Melchior, Aislinn 2010, Citizen as Enemy in Sallust's *Bellum Catilinae*, in: Ralph M. Rosen, Ineke Sluiter (Hg.), *Valuing Others in Classical Antiquity* (= Mnemosyne Supplements 323), Leiden – Boston 2010, 391-417.
Mülke, Markus 2008, *Der Autor und sein Text. Die Verfälschung des Originals im Urteil antiker Autoren* (= Untersuchungen zur antiken Literatur und Geschichte 93), Berlin – New York 2008.
Nagy, Àgnes A., Prescendi, Francesca (Hg.) 2013, *Sacrifices humains. Dossiers, discours, comparaisons* (= Bibliothèque de l'École des Hautes Études, Section des Sciences Religieuses 160), Genf, 2013.

Noort, Ed 2007, Child Sacrifice in Ancient Israel. The Status Quaestionis, in: Jan Bremmer (Hg.), *The Strange World of Human Sacrifice* (= Studies in the History and Anthropology of Religion 1), Leuven – Paris – Dudley, 2007, 103-125.

Odahl, Charles M. 2010, *Cicero and the Catilinarian Conspiracy* (= Routledge Studies in Ancient History 1), New York – London, 2010.

Pagán, Victoria E. 2012, *Conspiracy Theory in Latin Literature*, Austin, 2012.

Pelling, Christopher 2011, *Plutarch and History. Eighteen Studies*, Swansea 2011.

Pelling, Christopher 1985, Plutarch and Catiline, *Hermes* 113, 1985, 311-329.

Pervo, Richard I. 1997, With Lucian: "Who Needs Friends?" Friendship in the Toxaris, in: John T. Fitzgerald (Hg.), *Greco-Roman Perspectives on Friendship* (= Resources for Biblical Study 34), Atlanta, 1997, 163-180.

Peter-Röcher, Heidi 1994, *Kannibalismus in der prähistorischen Forschung. Studien zu einer paradigmatischen Deutung und ihren Grundlagen* (= Universitätsforschungen zur prähistorischen Archäologie 20), Bonn, 1994.

Phillips, Edward J. 1976, Catiline's Conspiracy, *Historia* 25, 1976, 441-448.

Plepelits, Karl 1980, Einleitung, in: Achilleus Tatios, *Leukippe und Kleitophon*, eingel., übers. u. erl. v. Karl Plepelits (= Bibliothek der griechischen Literatur 11), Stuttgart, 1980, 1-71.

Pritchett, Walter K. 1993, *The Liar School of Herodotos*, Amsterdam, 1993.

Redfield, James 2002, Herodotus the Tourist, in: Thomas Harrison (Hg.), *Greeks and Barbarians* (= Edinburgh Readings on the Ancient World), Edinburgh, 2002, 24-49.

Redfield, James 1985, Herodotus the Tourist, *Classical Philology* 80, 1985, 97-118.

Rind, Michael M. 1998, *Menschenopfer. Vom Kult der Grausamkeit*, Regensburg, [2]1998.

Romm, James S. 1992, *The Edges of the Earth in Ancient Thought. Geography, Exploration, and Fiction*, Princeton 1992.

Schindler, Friedel 1973, *Die Überlieferung der Strategemata des Polyainos* (= Sitzungsberichte der Österreichischen Akademie der Wissenschaften, Philosophisch-Historische Klasse 284.1), Wien, 1973.

Schmal, Stephan, *Sallust*, Darmstadt, 2001.

Schubert, Charlotte 2013, Einführung, in: Michaela Rücker, Christine Taube, Charlotte Schubert (Hg.), *Wandern, Weiden, Welt Erkunden. Nomaden in der griechischen Literatur* (= Texte zur Forschung 104), Darmstadt, 2013, 3-40.

Seager, Robin 1973, Iusta Catilinae, *Historia* 22, 1973, 240-248.

Seager, Robin 1964, The First Catilinarian Conspiracy, *Historia* 13, 1964, 338-347.

Sperber, Dan 2000, An Objection to the Memetic Approach to Culture, in: Aunger, Robert (Hg.): *Darwinizing Culture. The State of Memetics as a Science*, Oxford – New York, [2]2003, 163-173.

Waters, Kenneth H. 1970, Cicero, Sallust and Catiline, *Historia* 19,1970, 195-215.

Wilkins, Ann T. 1994, *Villain or Hero. Sallust's Portrayal of Catiline* (= American University Studies, Series XVII, Classical Languages and Literature 15), New York et al., 1994.

Williams, Craig A.2012, *Reading Roman Friendship*, Cambridge, 2012.

Wistrand, Erik, 1968, *Sallust on Judicial Murders in Rome. A Philological and Historical Study* (= Studia Graeca et Latina Gothoburgensia 24), Göteborg, 1968.

Yavetz, Zvi 1963, The Failure of Catiline's Conspiracy, *Historia* 12, 1963, 485-499.

„Denn sie sind Menschen- und Grasfresser...".
Zu Kannibalismusdiskursen der Römischen Kaiserzeit.

Jonas Scherr

Der folgende Beitrag soll einen Überblick über die wichtigsten Stränge früh- und hochkaiserzeitlichen Schreibens über Kannibalismus geben.[1] Darauf aufbauend schließt sich eine kurze Detailuntersuchung zum Motiv der Abschaffung des Kannibalismus als zivilisatorische Maßnahme an.[2] Anhand zweier ausgewählter Beispiele soll in den Blick genommen werden, welche Rolle der Topos der Menschenfresserei in diesem Kontext spielte.

Neben den gängigen anthropologischen und ethnologischen Differenzierungen – etwa in Endo- und Exokannibalismus[3] – sind für den Zeitraum der Frühen und Hohen Römischen Kaiserzeit zuletzt besonders Perspektiven fruchtbar angewandt worden, die das Schreiben über Kannibalismus nach Literaturgattungen und/oder thematischen Bereichen zu ordnen suchen.[4] Einer derartigen Vorgehensweise folgt auch der vorliegende Beitrag. Dabei wird der Fokus vorwiegend auf der Ebene der Sprache, der Kommunikation und der Motivik liegen. Durch diese auf diskursive Akte gerichtete Perspektive bleibt die (für die Prinzipatszeit zumeist ohnehin nicht eindeutig beantwortbare) Frage nach deren faktischer Grundlage weitgehend ausgeblendet. Somit werde ich mich auch auf die in den letzten Jahrzehnten zuweilen engagiert geführte Debatte um die Realität oder Fiktionalität von Berichten über Kannibalismus nicht einlassen.[5]

Mythisch-Kultische Menschenfresserei

Kaiserzeitliches Schreiben über Kannibalismus kann losgelöst von jenem früherer Perioden kaum sinnvoll betrachtet werden, da es dieses in vielerlei Hinsicht fortführt und weiter-

---

1 Auf das Christentum bezogene sowie von Christen stammende Quellen werden dabei weitgehend ausgeklammert, da diesen im vorliegenden Sammelband ein eigener Beitrag (Degen, in diesem Band) gewidmet ist.
2 Wie ich in einer aktuell im Entstehen begriffenen Monographie darlege, lässt sich in der Literatur der römischen Kaiserzeit insbesondere im Kontext enkomiastischer bzw. panegyrischer Texte verschiedentlich das Motiv der Zivilisierung von Barbaren fassen, das zur Verherrlichung des jeweiligen Protagonisten gebraucht wird. Dieser erhält damit den Nimbus des Kulturbringers, wodurch zugleich die Unterwerfung von und Herrschaft über besagte Barbaren legitimiert und diskursiv unterfüttert wird; vgl. dazu zuletzt u.a. Woolf 1998: 48-76, Kousser 2005 und Fear 2011. Wie hier zu zeigen sein wird, erscheint in derartigen Zusammenhängen bisweilen als Teilelement auch der Kannibalentopos, der als Vehikel der Darstellung der (vom Zivilisator zu beseitigenden) Barbarei instrumentalisiert wird.
3 Eingeführt von Steinmetz 1896, gefolgt etwa von Volhard 1939, Becher 1967 und Conklin 2001.
4 Vgl. bes. Nagy 2009, die sich allerdings mit antiken Kannibalismusdiskursen insgesamt befasst, ohne die Kaiserzeit analytisch gesondert zu behandeln; s. zuvor mit ähnlicher Kategorisierung auch McGowan 1994.
5 Gemeint ist besonders die Debatte seit der prominenten Arbeit von Arens 1979.

entwickelt. In hohem Maß trifft dies auf mythische, mythisierende oder auf den Mythos bezogene Texte zu, wofür sich als ein besonders augenfälliges Beispiel der „Thyestes" des jüngeren Seneca anführen lässt: Aus Rache für verschiedene Untaten des Pelopssohnes Thyestes werden dessen Kinder von seinem Bruder Atreus getötet und ihm (zunächst) unbemerkt als Mahlzeit aufgetischt. Tragödien mit demselben Thema und wohl auch demselben Titel waren zu Senecas Zeit von Sophokles und Euripides, aber auch von Ennius und Accius überliefert.[6] Doch heute ist die Version Senecas die einzige nahezu vollständig erhaltene Fassung des Thyestesmythos, sodass Vergleiche mit früheren Ausführungen nur beschränkt möglich sind.[7]

Immerhin wird deutlich, dass Thyestes in allen bekannten Versionen auf sehr ähnliche Weise dargestellt wird: Auch wenn es der Bruder Atreus ist, der die Kinder des Thyestes tötet und sie diesem unbemerkt als Mahlzeit kredenzt, so ist es dennoch Thyestes, der durch den eigentlichen kannibalischen Akt völlig den Rahmen der gesellschaftlichen Normen sprengt.[8] Durch den Verzehr seiner eigenen Kinder katapultiert er sich aus der menschlichen Gesellschaft hinaus und hört auf, in irgendeiner Weise gesellschafts- oder gar herrschaftsfähig zu sein. Die Tat ist, obwohl unbewusst verübt, ein Verbrechen geradezu kosmisch-apokalyptischen Ausmaßes.[9] Zu dieser extrem negativen inhaltlichen Funktion des Kannibalismusmotivs tritt eine entsprechende sprachliche und dramaturgische Gestaltung: regelrecht alptraumhaft mutet die Beschreibung der Tötung und Zubereitung der Kinder des Thyestes an, die das Stück dominiert und in ihrer intensiven Gestaltung als charakteristisch für die Tragödien Senecas insgesamt angesehen werden kann.[10]

In ähnlicher Weise werden kannibalische Praktiken auch in anderen mythischen oder mythisierenden Schriften funktionalisiert. Stets ist Kannibalismus hier ein Verbrechen unvorstellbaren Ausmaßes und stellt eines der größtmöglichen Vergehen gegen die Regeln jedweder Gesellschaft dar.[11] Dieses Charakteristikum ließe sich insofern als ein grundlegendes Element der semantisch-diskursiven Kontinuität antiker Kannibalismuskonzepte begreifen: Ob im Falle des Thyestes, des Lykaon, des Tereus oder des Kronos-Saturn höchstselbst[12], das Verzehren von Menschen bzw. Artgenossen ist im mythischen Kontext

---

6 Vgl. Nagy 2009: 51; Burkert 1997: 119, A. 2, vgl. ebd.: 119-125 ausführlich zum Thyestesmythos.
7 Insgesamt sind uns viele ältere kannibalismusbezogene Mythen überhaupt nur durch kaiserzeitliche Überlieferung zugänglich, was *eo ipso* bereits ein gewichtiges Zeugnis für die Gebundenheit entsprechender kaiserzeitlicher Diskurse an ihre chronologischen Vorläufer darstellt, andererseits aber auch ein starkes *caveat* nach sich zieht, die Kontinuitäten zu sehr zu betonen, da ja eben Vergleiche nur begrenzt möglich sind.
8 Vgl. hierzu und zum Folgenden Nagy 2009: 51-55, bes. 52. Wie Lefèvre 1985: 1277 betont, stellt das Mahl bei Seneca den Wendepunkt vom jungen, stoisch beeinflussten Thyestes (Verse 404-490) zu dessen Gegenbild (Verse 920-937) dar und markiert dessen Übergang zur Maßlosigkeit.
9 Vgl. McGowan 1994: 427 m. A. 34.
10 S. zur Stellung des Kannibalismusmotivs im Thyestes etwa Poe 1969: 364; zur Stellung der Szene im Tragödienwerk Senecas vgl. Boyle 1997: 29; allgemein zu Senecas Thyestes Lefèvre 1985.
11 Eine echte Ausnahme hiervon stellen allenfalls die Diskurse um das Verhalten der Menschen der vorzivilisatorischen Urzeit dar. Diese werden hier allerdings dem ‚philosophischen' Diskursstrang zugeordnet und an späterer Stelle gesondert besprochen.
12 S. zu Lykaon und dem mit ihm verbundenen arkadischen Kult Burkert 1997: 98-108, Nagy 2009: 93-99 und McGowan 1994: 428-429, zu Tereus Burkert 1997: 201-207 und Nagy 2009: 53-55; der kannibalische Akt des Kronos ist am einflussreichsten und ausführlichsten in der Theogonie Hesiods dargelegt (bes. 454-505), doch zeugt etwa die Verarbeitung des Verhaltens des Urgottes bei Apollodor,

stets eine extrem deviante, eine widernatürliche und antisoziale Praxis. Diese steht meist – wie etwa bei Thyestes oder im Lykaonmythos – in direktem Zusammenhang mit kultischen Menschenopfern[13], was angesichts der gängigen Praxis des Verzehrs eines Teils der geopferten Lebewesen bei Tieropfern wohl kaum überrascht.[14]

Teil desselben assoziativen Netzes sind in der kaiserzeitlichen Vorstellungswelt ganz konkrete magisch bzw. religiös fundierte Bedeutungszuschreibungen, etwa die Bekräftigung eines Eides durch ein gemeinsames kannibalisches Mahl oder ritualisierte Formen der Gruppenbindung.[15] Kannibalische Menschenopfer werden so teilweise gar zu einem konzeptuell besonders wirkungs- und wertvollen Mittel, das aber dennoch verboten und absolut unethisch bleibt. Daraus resultiert schließlich, dass die meisten der mythischen Kannibalen früher oder später eine schwere Strafe für ihr Verhalten ereilt, sei es die Verwandlung in einen Werwolf und die Blitze des Zeus-Juppiter bei Lykaon, der Verlust der Herrschaft und der Tod bei Kronos, die (Selbst-)Verbannung im Falle des Thyestes oder der Verlust der Unsterblichkeit und stattdessen der Tod bei Tydeus.[16] Dabei kommt

---

Bibliothek, 1,1,5 von der literarischen Rezeption auch in der frühen Kaiserzeit; vgl. zu diesem Mythos i. Allg. Baudy 1999a; im Kontext antiker Kannibalismusdiskurse ausführlich Nagy 2009: 19-55. Letztere weist besonders auf die Ambivalenz der Kronosüberlieferung hin, denn neben dem extrem negativ besetzten Thema des Kinderfressers bietet sich ja etwa auch das Bild des Kulturheroen und des Herrschers im goldenen Zeitalter (besonders auch in römischer Gestalt des Saturnus).

13 Vgl. aber etwa auch den für die Kaiserzeit verschiedentlich belegten kannibalischen Akt im Mythos des Tydeus, eines der ‚Sieben gegen Theben' (etwa bei Apollodor, Bibliothek, 3,76-77 und prominent bei Statius, Thebais, 8,751-766), wo die Ursache und Assoziation des Kannibalismus nicht das Menschenopfer, sondern die Rache und die übersteigerte Wut ist. Vgl. hierzu Braund/Gilbert 2003: 276-277.

14 S. dazu etwa Hughes 1991: 187-189; vgl. auch ebd., 82-92, wo das gedankliche Kontinuum zwischen (potentiell kannibalischen) Menschenopfern und (,vegetarischen') Opfern ohne rituelle Tötung dargestellt wird; es habe demnach eine verbreitete Ansicht gegeben, derzufolge das gängige Tieropfer als eine Art historischer Kompromiss zwischen beiden Extremen gedacht wurde. Vgl. zustimmend auch McGowan 1994: 423.

15 Vgl. etwa die Schilderung der Bekräftigung von Friedensschlüssen durch (auto-)kannibalische Handlungen bei Pomponius Mela, De Chorographia, 2,12, die kannibalische Eidbesiegelung durch Apollodoros von Kassandreia bei Diodor, Historische Bibliothek, 22,51, die Verschwörung der ägyptischen Bukolen bei Cassius Dio, Römische Geschichte, 7,9-12, die ebenfalls mit einem Akt der Menschenfresserei einhergeht, oder die ‚magische' Besiegelung des Bundes der catilinarischen Verschwörer durch einen kannibalischen Akt u.a. bei Plutarch, Cicero, 10,3-4, Florus, Epitomae, 2,12,4 und Cassius Dio, Römische Geschichte, 37,30,3 (die ihrerseits aber bereits auf republikanischen Quellen aufbauen, vgl. Sallust, Coniuratio Catilinae, 22,1-2; s. dazu mit weiteren Belegen und Literaturverweisen Rives 1995: 72-73). Vgl. zu derartigen kannibalischen Schwurritualen auch Bickerman 1980: 227-231 und Nippel 1990: 27-28. Besonders interessant ist die Diskussion eines derartigen Vorwurfs gegen die Juden, in der Flavius Josephus die Vorwürfe zu widerlegen sucht: Flavius Josephus, Contra Apionem, 2,89-102.

16 Vgl. etwa die diesbezüglich recht verdichtete Passage Ovid, Metamorphosen 1,227-232, wo die Strafe direkt auf die Tat des Lykaon folgt: „nec contentus eo, missi de gente Molossa / obsidis unius iugulum mucrone resolvit / atque ita seminices partim ferventibus artus / mollit aquis, partim subiecto torruit igni. / quod simul inposuit mensis, ego [d.h. Juppiter; Anm. d. Verf.] vindice flamma / in domino dignos everti tecta penates...". Insgesamt ist Ovid ein Autor, der durch vielfältige Verwendungen des Kannibalismusmotives auffällt. Er bringt dieses einerseits oft mit inzestuösen Praktiken, andererseits mit Vorstellungen mythischer Urzeit und kulturevolutionistischen Konzepten in Verbindung; s. dazu ausführlich Kilgour 1990: 28-45, weiters McGowan 1994: 429 m. A. 45 und Nagy 2009: passim (s. Index, s.v. ‚Ovide').

dem Zusammenhang zwischen dem Vergehen des Kannibalismus als (Ur-)Schuld und der Strafe (bei Kronos etwa in Gestalt des neuen Göttervaters Zeus, der eine neue Ordnung etabliert) dann eine regelrecht kathartische Bedeutung zu.[17] Zugleich besitzt in manchen Fällen – so beispielsweise bei Tereus oder Thyestes – die kannibalische Mahlzeit selbst bereits einen Strafcharakter für den Esser, manchmal aber auch für den Gegessenen (etwa im Falle des Melanippos, der so von Tydeus bestraft wird).

Den Verspeisten des Mythos wurde zuweilen durchaus prominente kultische Verehrung zuteil, wie dies beispielsweise für Pelops in Olympia und im Kontext der Olympischen Spiele der Fall gewesen zu sein scheint. Nach Pausanias soll dort auch dessen Schulterblatt ausgestellt gewesen sein, das freilich zu seiner Zeit nicht mehr (?) existiert hätte.[18] Dies verweist uns auch darauf, dass für die Menschen der Kaiserzeit die kannibalischen Mythen trotz ihrer immanenten Ferne zugleich mindestens in kultischem Sinne ganz nah und ganz real waren. Wir sollten uns also davor hüten, die Distanz zwischen ‚Mythos' und ‚Realität' zu sehr zu betonen.

Neben verschiedenen weiteren Figuren, die uns bereits aus vorkaiserzeitlicher Überlieferung bekannt sind und als Kannibalen in Erscheinung treten[19], bietet die Literatur der Prinzipatszeit durchaus auch verschiedene in den Mythos versetzte Neuschöpfungen. Auch diese folgen aber im Wesentlichen den Deutungsmustern älterer Umsetzungen von Kannibalismusdarstellungen.

Beispielhaft ließe sich hier Lukans Figur „Erictho" anführen, die unter Zuhilfenahme von Menschenopfern und Anthropophagie schwarze Magie praktiziert, was Lukan in der ihm eigenen düster-makaberen Weise darstellt[20]: „*Auch machten ihre Hände nicht vor einem Mord Halt, wenn frisches Blut nötig war, das als erstes aus der geöffneten Kehle brach, und wenn ihr Mahl des Todes bebende Eingeweide forderte. [...] Oft legte sich die finstere Thessalierin sogar bei dem Begräbnis eines Verwandten auf seine teuren Glieder, und während sie ihm Küsse aufdrückte, verstümmelte sie seinen Kopf. Mit ihren Zähnen löste sie seinen zusammengepressten Mund. Sie biss ihm vorn die Zunge ab, die aus seiner trockenen Kehle hing, ließ ihr Murmeln in seine eisigen Lippen strömen und vertraute den stygischen Schatten einen geheimen Frevel an.*"[21]

Schon aus dieser kurzen Passage dürfte gerade angesichts des letzten Teilsatzes die intendierte Deutung der geschilderten Taten der Erictho als massiver Tabubruch ebenso deut-

---

17 Vgl. mit einer ähnlichen Interpretation des kannibalischen Aktes im (kaiserzeitlich ebenfalls breit rezipierten) Tereusmythos als „Urschuld", die in diesem Fall Mord und das Essen von Fleisch bei den Menschen etabliert: Burkert 1997: 204. Indem Zeus die Beteiligten der Szenerie in Vögel verwandelt, hebt er einerseits die Situation auf, zeigt andererseits aber auch ganz plastisch die Entmenschlichung, die durch den anthropophagischen Akt geschehen ist.
18 Pausanias, Periegesis, 5,13-14, spez. 5,13,4-6, wozu ausführlich Burkert 1997: 108-119; s. auch McGowan 1994: 428 und Nagy 2009: 46-47 und passim.
19 Vgl. allg. bes. Burkert 1997: 97-152 und passim, der die wichtigsten Fälle aus dem griechischen Mythos behandelt.
20 Vgl. hierzu und zum Folgenden auch Nagy 2009: 143 und 226-227 sowie ausführlich Gordon 1987.
21 Lukan, Pharsalia 6,556-559 und 564-569: „*[nec refugit caedes, vivum si sacra cruorem] / extaque funereae poscunt trepidantia mensae. / volnere sic ventris [...]. saepe etiam caris cognato in funere dira / Thessalis incubuit membris atque oscula figens / truncavit que caput compressa que dentibus ora / laxavit sicco que haerentem gutture linguam / praemordens gelidis infudit murmura labris / Arcanumque nefas Stygias mandavit ad umbras.*"

lich werden wie deren inhaltliche Funktion als magisches Vehikel finsterer Zwecke.[22] Indem sie zugleich als Verkünderin der Katastrophe – nämlich der Niederlage der Pompeianer bei Pharsalos – gegenüber Sextus Pompeius auftritt, nimmt die Szenerie geradezu endzeitliche Züge an.[23] Die Gestaltung der Figur Erictho durch Lucan ist, wenngleich der Dichter mit ihr in gewisser Weise ein neues Genre schafft, das in vielerlei Hinsicht auf den modernen Typus der ‚Hexe' vorausweist[24], doch zugleich auch auf die hellenistische Tradition der Lamiae zurückzuführen, was gerade mit den kannibalischen Zügen ihrer Schandtaten in Verbindung zu bringen ist.[25] So zeigt sich also auch bei dieser scheinbar ‚originär kaiserzeitlichen' Schöpfung ein hohes Maß an Gebundenheit an die Überlieferung und den größeren griechisch-römischen Diskurs.

Anthropophagie und Ethnographie

Für den kaiserzeitlichen Literaturkonsumenten waren Kannibalen gewissermaßen allgegenwärtig, zugleich aber (fast) immer weit entfernt. Neben der zeitlichen und gedanklichen Entfernung, die wir eben an den Kannibalen des Mythos beobachten konnten, meint dies auch die räumliche Entfernung. Insbesondere in ethnographischen Kontexten findet sich der Topos des menschenfressenden Barbaren[26] oder auch Halb- oder Fabelmenschen wiederum mit einer auffallenden Kontinuität von früheren Epochen in die Prinzipatszeit hinein und über diese hinaus. Diese Kannibalen sind fast durchgängig am Rande der bekannten Welt – und damit auch am Rande des gesicherten Wissens und des mehr oder weniger akkurat Vorstellbaren – verortet, wie sich anschaulich an der Darstellung Irlands bei Strabon zeigt, die diesem Beitrag seinen Titel gegeben hat: *„Um Britannien herum gibt es auch noch andere kleine Inseln, jedoch auch eine große, Ierne, welche ihm nördlich gegenüberliegt, mehr lang als breit. Von ihr wissen wir nichts Gewisses zu berichten, außer dass ihre Bewohner noch roher sind als die Britannier, da sie sowohl Menschen- als auch Grasfresser sind und es für rühmlich halten, ihre verstorbenen Eltern zu verzehren und sich öffentlich zu begatten sowohl mit anderen Frauen als auch mit ihren Müttern und Schwestern. Aber auch dieses erzählen wir, ohne glaubwürdige Zeugen zu haben [...]."*[27]

---

22 Die Tat wird hier ganz ausdrücklich zum magisch konnotierten, unheiligen und obskuren Verbrechen (*arcanum nefas*), das auf die Schatten der Unterwelt, auf finstere Geister bezogen ist (*stygiae umbrae*).
23 S. mit einer ähnlichen Einstufung etwa Clauser 1993: 127, der in diesem Zusammenhang von einem *„image of unnatural horror and atrocity"* spricht.
24 So Johnson 1987: 19.
25 Vgl. Gordon 1987: 240. S. für den weiteren Hintergrund zur Gestaltung der Erictho auch Clauser 1993, der die Zauberin in den Kontext der sonstigen römisch-lateinischen Tradition von *„literary witches"* einbettet.
26 Vgl. zur Rolle von Kannibalismus als möglichem Teil des Barbarenbildes u.a. Speyer/Opelt 2001: 840; Dauge 1981: 244, 452 und besonders 622 mit diversen Beispielen aus (vorwiegend) kaiserzeitlicher Literatur; ausführlich Nagy 2009: 107-124.
27 Strabon, Geographika, 4,5,4: „εἰσὶ δὲ καὶ ἄλλαι περὶ τὴν Βρεττανικὴν νῆσοι μικραί· μεγάλη δ' ἡ Ἰέρνη πρὸς ἄρκτον αὐτῇ παραβεβλημένη, προμήκης μᾶλλον ἢ πλάτος ἔχουσα. περὶ ἧς οὐδὲν ἔχομεν λέγειν σαφές, πλὴν ὅτι ἀγριώτεροι τῶν Βρεττανῶν ὑπάρχουσιν οἱ κατοικοῦντες αὐτήν, ἀνθρωποφάγοι τε ὄντες καὶ πολυφάγοι, τούς τε πατέρας τελευτήσαντας κατεσθίειν ἐν καλῷ τιθέμενοι καὶ φανερῶς μίσγεσθαι ταῖς τε ἄλλαις γυναιξὶ καὶ μητράσι καὶ ἀδελφαῖς. καὶ ταῦτα δ' οὕτω λέγομεν ὡς οὐκ ἔχοντες

Je weiter weg von der eigenen, als zivilisiert begriffenen Welt sich Völkerschaften befanden, so ließe sich als Faustregel für die Unterstellung kannibalischer Sitten sagen, desto eher wurde ihnen von antiken Autoren im Allgemeinen und der Kaiserzeit im Besonderen Kannibalismus unterstellt. An den Rändern der bekannten Welt werden demnach die barbarischsten Barbaren verortet, die sogar Menschen fressen. Damit entspricht diese Vorstellung den allgemeineren ethnozentrischen Konzepten des Abfalles des kulturellen Niveaus vom Zentrum (je nach Autor Rom oder Griechenland) zur Peripherie.[28] Die Übergänge zwischen Kannibalen- und Barbarendiskursen sind somit fließend: nicht zufällig ist für Strabon die Anthropophagie der Iren ganz explizit ein Ausweis ihrer barbarischen Rohheit.

Mit seiner Darstellung zeigt uns Strabon aber auch noch etwas anderes: Anders als dies weite Teile traditioneller griechischer und römischer ‚Ethnographie' tun (und wie wir dies auch gleich bei Plinius sehen werden), schildert er uns am Rand der bekannten Welt ‚nur' Kannibalen, aber keine mythischen Fabelwesen. Im Gegenteil, andernorts bringt er explizit seine Kritik an solchen fabelhaften Berichten zum Ausdruck.[29] Und ganz im Sinne dieses nüchtern-pragmatischen Rationalismus, der als zentrales Charakteristikum der ethnographischen Darstellung Strabons gelten kann[30], verbleiben also aus der traditionellen Palette der Schrecken für solche Regionen der Extremperipherie offenbar nur mehr Kannibalismus, Promiskuität, Inzest und tierhafte Lebensweise.

Ein demgegenüber recht ‚klassischer' Fall der Schilderung kannibalischer Barbaren und dabei Ausweis der erstaunlichen Persistenz spezifischer, stigmatisierender Barbarentopoi bezüglich einzelner Völkerschaften sind die Skythen.[31] Von Herodot ausgehend, findet sich die Zuschreibung kannibalischer Sitten an diese auch in der Kaiserzeit verschiedentlich wieder.[32] Besonders interessant unter den diesbezüglichen kaiserzeitlichen Darstellungen ist die des älteren Plinius, der in seiner Naturalis Historia schreibt: *„(9) Dass es skythische Stämme gibt, und zwar in der Mehrzahl, die Menschenfleisch essen, haben wir schon erwähnt. Das könnte vielleicht unglaubhaft erscheinen, wenn wir nicht bedächten, dass früher mitten im Erdkreis Völker von solcher Entartung lebten, nämlich die Kyklopen und Laistrygonen, und dass vor kurzer Zeit noch bei den jenseits der Alpen wohnenden Völker die Sitte herrschte, Menschen zu opfern, was von Menschenfresserei nicht weit entfernt ist. (10) Aber neben den Skythen, die gegen Norden wohnen, [...] führt man die schon erwähnten Arimaspen an, deren Kennzeichen ein einziges Auge mitten auf der Stirn ist [...].*

ἀξιοπίστους μάρτυρας [...]."

28 S. dazu im Kontext kaiserzeitlicher ‚Ethnographie' etwa Lund 1990: passim, u.a. 17, 31, 35.
29 Vgl. Strabon, Geographika, 2,1,9.
30 Vgl. Müller 1980: 121–122.
31 Vgl. zum Folgenden Nagy 2009: 111–114; vgl. zur außergewöhnlichen Persistenz von Barbarentopoi in der kaiserzeitlichen ethnographischen Literatur unlängst ausführlich Woolf 2011: 89–117.
32 Vgl. etwa Aulus Gellius, Noctes Atticae, 9,4,6, der explizit aus älteren Autoren referiert und dabei die ‚am weitesten entfernten Skythen', die sich von Menschenfleisch ernähren und „*Anthropophagoi*" heißen, neben den einäugigen Arimaspen und weiteren Fabelmenschen verortet. Eine ausführliche Schilderung bietet Pomponius Mela (De Chorographia 2,9-15), der verschiedenen Stämmen kannibalische Kult- und Bestattungsbräuche zuschreibt, um dann auf die „*Anthropophagi*" zu sprechen zu kommen, die sogar Mahlzeiten aus menschlichen Eingeweiden zubereiten würden (2,14: „*apud Anthropophagos ipsae etiam epulae visceribus humanis apparantur.*"). Auch Strabon kommt mehrfach auf skythische Anthropophagie zu sprechen, ohne aber genauere Angaben zu machen: Strabon, Geographika, 4,5,4 und 7,3,9.

[...] dies berichten viele Schriftsteller, darunter als die berühmtesten Herodot und Aristeas aus Prokonnesos. (11) Oberhalb anderer skythischer Kannibalen aber liegt in einem großen Tal des Imavusgebirges eine Gegend, Abarimon genannt, wo in Wäldern Menschen leben, deren Füße nach hinten gekehrt sind, Wesen von außerordentlicher Schnelligkeit, die allenthalben mit wilden Tieren herumziehen. [...] (12) Die zuerst genannten Menschenfresser, die, wie gesagt, nach Norden hin zehn Tagesreisen jenseits des Flusses Borysthenes wohnen, trinken aus Menschenschädeln und binden sich [dazu], wie Isigonos aus Nikaia berichtet, Häute samt den Haaren anstelle von Mundtüchern vor die Brust. Er behauptet auch, in Albanien würden Menschen mit grünblauen Augäpfeln geboren, die schon in der Kindheit graue Haare hätten [...]."[33]

Wir können diesen Ausführungen verschiedene Informationen entnehmen: Für Plinius steht die skythische Menschenfresserei auf derselben Glaubwürdigkeitsstufe wie jene der mythischen Urzeit, aber auch die Menschenopfer der nördlich der Alpen lebenden Völker (etwa der Gallier). Zugleich bringt Plinius die oben bereits angesprochene gedankliche Assoziation von Menschenopfer und Kannibalismus klar zum Ausdruck, die für ihn ganz explizit ‚nicht weit voneinander entfernt sind' („*hominem immolari [...], quod paulum a mandendo abest*"). In direkter Nachbarschaft zu den Kannibalen finden sich aber dann bereits Fabelwesen, und nicht umsonst verweist Plinius wie in einer kritische Kommentare antizipierenden Rechtfertigung darauf, dass es sich hier zwar um reines Buchwissen handle, das aber (für ihn) glaubwürdigen Autoren entstamme. Glaubwürdiges und Unglaubwürdiges sind demnach sehr nahe beieinander, gehen geradezu ineinander über.

Wir dürfen für die ‚ethnographischen', sich mit allgemeineren Barbarendiskursen mischenden Kannibalismusdebatten der Kaiserzeit festhalten, dass es sich in den meisten Fällen um Menschenfresserei handelt, die der ‚Fachliteratur' der Zeit entstammt, welche zumeist auf deutlich älterer Überlieferung aufbaut. Die Anthropophagie ferner Völker wird zwar üblicherweise als eine plausible Realität angenommen, aber am äußersten Rand des Bekannten und Vorstellbaren verortet: Die Menschenfresser markieren geradezu die Grenze zum Mythisch-Fantastischen. Doch es handelt sich zumeist nicht um Unterstellungen einer echten Ernährung von Menschenfleisch, sondern um Zuschreibungen von rituellem Kannibalismus im Kontext etwa von Bestattungen, Menschenopfern, Bekräftigungen von Schwüren, Eiden oder Gemeinschaftsbildungen. Wenn doch ein ‚Ernährungskannibalismus' beschrieben wird, ist dies innerhalb der entsprechenden Schilderungen bisweilen wiederum als Extremfall und ‚Maximum an Barbarei' angeführt.[34] Kannibalen sind so zwar potentiell

---

33 Plinius maior, Naturalis Historia, 7,9-12: „*(9) Esse Scytharum genera et quidem plura, quae corporibus humanis vescerentur, indicavimus. id ipsum incredibile fortasse, ni cogitemus in medio orbe terrarum [ac Sicilia et Italia] fuisse gentes huius monstri, Cyclopas et Laestrygonas, et nuperrime trans Alpis hominem immolari gentium earum more solitum, quod paulum a mandendo abest. (10) sed iuxta eos, qui sunt ad septentrionem versi, [...] produntur Arimaspi, quos diximus, uno oculo in fronte media insignes. [...] multi, sed maxime inlustres Herodotus et Aristeas Proconnesius scribunt. (11) super alios autem Anthropophagos Scythas in quadam convalle magna Imavi montis regio est quae vocatur Abarimon, in qua silvestres vivunt homines aversis post crura plantis, eximiae velocitatis, passim cum feris vagantes. [...] (12) priores Anthropophagos, quos ad septentrionem esse diximus, decem dierum itinere supra Borysthenen amnem ossibus humanorum capitum bibere cutibusque cum capillo pro mantelibus ante pectora uti Isigonius Nicaeensis. idem in Albania gigni quosdam glauca oculorum acie, a pueritia statim canos [...].*"

34 S. etwa die oben (A. 32) bereits genannte Schilderung bei Pomponius Mela, De Chorographia 2,9-15,

reale, aber dennoch fernab des jeweils eigenen Gesichtsfeldes der Autoren angesiedelte, grauenerregende Monster, eine Extremausprägung des marginalisierten und stigmatisierten ‚Die' der Barbaren im Gegensatz zum bekannten, vertrauten, als hochstehend und zivilisiert betrachteten ‚Wir' der griechisch-römischen Mittelmeerwelt.[35] Gerade auch in Verbindung mit philosophischen Überlegungen zu einer früheren kannibalischen Entwicklungsstufe im Rahmen der Kulturentstehung können die Kannibalen dabei als ‚unterentwickelt', als ‚noch nicht zivilisiert' aufgefasst werden. Für die Kannibalen birgt dies bei aller diskursiven Abwertung ‚immerhin' den Gedanken eines Weiterentwicklungspotentials in sich. Wie auch sonst bisweilen in Barbarendiskursen zu beobachten ist, werden die Kannibalen dabei zugleich zu einem Spiegel der eigenen Gesellschaft und der eigenen Ursprünge der jeweiligen Autoren und nehmen so in besonders starker Ausprägung die Funktion einer literarischen Projektionsfläche ein.

Kannibalismus: der konkrete Einzelfall

Neben den genannten beiden Bereichen kaiserzeitlicher Kannibalismusdiskurse, in denen die Zuschreibungen von Menschenfresserei meist sehr vage sind und gedanklich, chronologisch und/oder geographisch weit entfernt vom Autor verortet werden, bietet sich ein weiteres Feld, jenes der konkreteren, situativ bezogenen Schilderungen und Unterstellungen von Menschenfresserei. Ein Teil derartiger Quellenstellen führt thematisch in den Bereich des Not- und Belagerungskannibalismus.

Verschiedene kaiserzeitliche Quellen berichten von solchen Ereignissen. Unlängst hat Agnès Nagy die diesbezüglich sehr aufschlussreichen Darstellungen von Belagerungssituationen untersucht, die Valerius Maximus in seiner Sammlung von Exempla unter der Kategorie ‚Not' (*„necessitas"*) bietet.[36] Jene Schilderungen, in denen die Belagerten in ihrer verzweifelten Situation vor Hunger zum Verzehr Verstorbener schreiten, betreffen dabei ausschließlich Barbaren – weder Griechen noch Römer (und auch nicht deren Verbündete) greifen zu diesem letzten Mittel, was der Autor mit der überdeutlichen, moralisch-didaktischen Botschaft verbindet, dass ein derartig abscheuliches Verhalten[37] für ‚zivilisierte Menschen' keinesfalls tolerabel sei. Es sei also besser, den eigenen Tod der kannibalischen Barbarei vorzuziehen.[38]

Eine vergleichbare Aussage findet sich auch bei Strabon, wenn er über die skythische Sitte der Menschenfresserei schreibt und dann behauptet: *„in Belagerungsnöten sollen die*

---

bes. 2,14.
35 Vgl. mit ähnlicher Tendenz auch Baudy 1999: spez. 238-239, dessen damit zusammenhängende These vom Ursprung des Kannibalismusmotives in entsprechend konnotierten ritualisierten Opfermählern allerdings nicht recht zu überzeugen vermag.
36 Valerius Maximus, Factorum et dictorum memorabilium libri novem, 7,6; vgl. dazu und zum Folgenden Nagy 2009: 121-122.
37 Ebd., 7,6, Ext. 3: Notkannibalismus ist eine ‚verabscheuungswürdige Gottlosigkeit' (*„execrabilis impietas"*).
38 Vgl. ebd., 7,6,2 (Casilinum), 7,6,3 (Praeneste) und 7,6, Ext. 1 (Kreta) gegen 7,6, Ext. 2 (Numantia) und 3 (Calagurris); die Präferenz für den eigenen Tod gegenüber Notkannibalismus findet sich in 7,6, Ext. 2.

Kelten, Iberer und mehrere andere dasselbe getan haben."[39] Es führt wohl kaum zu weit, dem Geographen zu unterstellen, dass er damit konkret ‚barbarische' Völker meint. Dies erweist sich ja auch an den genannten Beispielen der Kelten und Iberer, die Strabon beide grundsätzlich – wenn auch mit Ausnahmen – dieser Kategorie zurechnet.[40] So ergibt sich auch für ihn, dass Notkannibalismus zwar generell vorstellbar ist, dass aber letztlich doch nur Barbaren zugetraut wird, tatsächlich eine solche verwerfliche Tat zu begehen. Auch der im dritten Jahrhundert n. Chr. schreibende platonische Philosoph Porphyrios vertritt eine ähnliche Haltung, jedoch ohne konkrete Beispiele zu nennen: *„Und in Hungersnöten haben auch manche Belagerte voneinander gegessen, doch werden diese für verdammt und die Handlung für gottlos gehalten."*[41]

Not- bzw. Belagerungskannibalismus ist, so ließe sich allgemein sagen, für die kaiserzeitlichen Literaten ein durchaus auch in oder nahe bei ihrer eigenen Lebenswelt vorstellbares Phänomen, das aber dennoch als verabscheuungswürdig und inakzeptabel verstanden und daher – wenn überhaupt – den ‚Anderen' als mögliche Verhaltensweise unterstellt wird.[42]

Eine Ausnahme vom gerade Festgestellten, zugleich aber auch eine gewisse Bestätigung dessen stellen die Zeugnisse zu Not- und Belagerungskannibalismus dar, die Flavius Josephus in seiner Darstellung des ‚Jüdischen Krieges' überliefert. Der Autor, der sich zum Zeitpunkt der geschilderten Ereignisse bereits in römischer Gewalt befand und nach dem Krieg seine Freiheit, das römische Bürgerrecht und die Gunst des neuen Kaisers Vespasian erringen sollte, berichtet von einem Fall des Notkannibalismus in dem von Titus belagerten Jerusalem.[43] Aus Verzweiflung, Hunger und Wut sowie in der Ansicht, dass ihr Kind im allerbesten Falle ein nicht lebenswertes Leben als Sklave bevorstehe, habe dort eine Mutter ihr eigenes Kind umgebracht, gebraten und zur Hälfte verspeist. Dabei handelt es sich der Darstellung nach um ein aufsehen- und schreckenerregendes Ereignis von singulärer Qualität, das Josephus als ‚schrecklich' („φρικτός"), ‚unglaublich' („ἄπιστος") und ‚widernatürlich' („ἐπὶ τὴν φύσιν"), als ‚frevelhaft' („ἀθέμιστος") und als eine Gräueltat („μύσος") wertet. Und für Titus ist dieses ‚Verbrechen des Kinderfressens' („τὸ τῆς τεκνοφαγίας μύσος") so gewaltig, dass es sogar die Zerstörung der Stadt Jerusalem rechtfertigt.

Interessant ist dabei vor allem zweierlei. Einerseits ist diese Episode so zu deuten, dass durch die Grausamkeit der irregeleiteten, tyrannischen Anführer der Verteidiger Jerusalems auch das Allerschlimmste möglich wird.[44] Andererseits sehen wir hier den Sonderfall einer

---

39 Strabon, Geographika, 4,5,4: „... ἐν ἀνάγκαις πολιορκητικαῖς καὶ Κελτοὶ καὶ Ἴβηρες καὶ ἄλλοι πλείους ποιῆσαι τοῦτο λέγονται."

40 Vgl. zu Strabons diesbezüglichen Zuordnungsschemata Almagor 2005: passim; s. spez. 52 zu Kelten und Iberern.

41 Porphyrios, De abstinentia, 2,56: „καὶ γὰρ ἐν λιμοῖς πολιορκούμενοί τινες ἀλλήλων ἐγεύσαντο, καὶ ὅμως ἐναγεῖς οὗτοι ἐνομίσθησαν καὶ τὸ πρᾶγμα ἀσεβές."

42 Etwas gnädiger in seinem Urteil ist ausgerechnet Juvenal – doch nur, um die gewünschte Differenz zum durch Aberglauben, Alkohol, allgemeine Barbarei und Streitbarkeit ausgelösten Fall von Kannibalismus, den er den Einwohnern des ägyptischen Ombos unterstellt, auszudrücken: Juvenal, Satiren, 15,93-109. Er argumentiert, dass angesichts der verzweifelten Not der Belagerten etwa im Fall von Calagurris (der oben in der Version von Valerius Maximus geschildert wurde) deren Menschenfresserei zumindest halbwegs entschuldbar sei.

43 Flavius Josephus, Bellum Iudaicum, 6,3,3-5; s. dazu auch die Diskussion bei Nagy 2009: 153-156.

44 Wie sich auch andernorts in einer der Topik des wahnsinnigen Tyrannen verpflichteten Passage zeigt, in

Kannibalismusschilderung, bei der der Autor tatsächlich am Ort der behaupteten Ereignisse war – wenn auch vor, nicht in der Stadt – und behauptet, es habe ‚unzählige Zeugen' („ἄπειροι μάρτυρες") der Tat gegeben. Es ist dennoch möglich, dass es sich um ein bloßes Element der Topik ohne realen Gehalt handelt. Denn Josephus instrumentalisiert die Episode, um die Eroberung und Zerstörung Jerusalems zu rechtfertigen bzw. zu entschuldigen, betreibt aber zugleich auch ein wenig Ehrenrettung für seine Landsleute und versucht den Kannibalismus zumindest auf einen einzigen Fall zu reduzieren. Vorstellbar wäre, dass er damit auf entsprechende, zu seiner Zeit vielleicht im Umlauf befindliche Gerüchte reagiert haben könnte. Dennoch handelt es sich wohl um eines der Zeugnisse der römischen Kaiserzeit, die einer glaubwürdigen Schilderung von Kannibalismus noch am nächsten kommen.[45]

Weitere Formen der konkreten Unterstellung von Kannibalismus entstammen politisch-sozialen Konfliktsituationen. Dabei wird durch den Einsatz des Kannibalismusvorwurfs die soziale bzw. diskursive Stigmatisierung und Exklusion bestimmter Individuen oder Gruppen betrieben.[46] Der kannibalische Akt ist auch hier meist rituell bzw. kultisch konnotiert und besitzt Bezüge zur Vorstellung von Menschenopfern. Er dient größtenteils als Chiffre für die maximale Entmenschlichung der Beteiligten, aber teilweise auch für deren Bindung untereinander. Als Ausweis dafür mögen die oben bereits angesprochenen Beispiele der kannibalischen Besiegelung eines Eides durch den archetypisch bösen Tyrannen Apollodoros von Kassandreia[47] im Bericht Diodors oder der durch einen Akt der Anthropophagie beschworene Aufstand der Bukolen in Ägypten nach Cassius Dio ebenso dienen wie jenes kannibalische Verschwörungsritual, das dem Catilina neben Sallust vor allem kaiserzeitliche Quellen zuschreiben[48], nicht aber sein direkter Gegner M. Tullius Cicero.[49] Das Kannibalismusmotiv verleiht hier der politischen Schandtat ein zusätzliches Gewicht durch seine Eigenschaft als kultisch-magische Frevelei.

Etwas anders gelagert ist die von Juvenal so genüsslich zur Gegenüberstellung von römisch-griechischer Zivilisation und ägyptischer Dekadenz und Barbarei instrumentalisierte Unterstellung eines Falles von Kannibalismus an die Bewohner von Ombos, die diese 127

---

der Josephus schreibt, dass Kannibalismus das Einzige gewesen sei, was zur Vollendung von Simon bar Gioras Irrsinn noch gefehlt hätte (Flavius Josephus, Bellum Iudaicum, 4,9,8), ist das Kannibalismusmotiv hier stark mit dem Thema des ‚schlechten Anführers' verknüpft, der selbst barbarische Eigenschaften aufweist und seine Untergebenen barbarisiert. Denn schon dadurch, dass Josephus den Fall als absolut singulär herausstellt, wird deutlich, dass nicht etwa alle Bewohner der Stadt oder gar die Juden insgesamt Kannibalen (geworden) seien. S. ähnlich auch die Deutung bei Nagy 2009: 154-155.

45 Angesichts der starken literarischen Formung und Instrumentalisierung der Menschenfressermotivik liegt oft der Verdacht nahe, dass entsprechende Zeugnisse in der kaiserzeitlichen Literatur wenig glaubwürdig sind – letztendlich lässt sich dies aber für keinen einzigen der behandelten Fälle wirklich klären. In diesem Sinne muss die Frage nach der Authentizität kaiserzeitlicher Kannibalismusberichte offen bleiben, weswegen sie von vornherein auch nicht im Zentrum der vorliegenden Untersuchung stand.

46 S. zum Folgenden ausführlich Nagy 2009: 125-150 und McGowan 1994: 431-433.

47 Vgl. zu Apollodoros, der in der antiken Literatur verschiedentlich als Musterbeispiel für Grausamkeit herangezogen wird, den Überblick bei Kaerst 1894.

48 Interessant zu beobachten ist, wie sich die Darstellung von Sallust (Trinken von Menschenblut, gemischt mit Wein) über Livius/Florus (Trinken puren Menschenblutes) zu Plutarch (Essen von Menschenfleisch) steigert.

49 Vgl. oben: 2 m. A. 15 mit den diversen Belegen.

n. Chr. an einem Einwohner des nahegelegenen Tentyra begangen haben sollen.[50] Hier resultiert die anthropophage Tat aus einer religiösen Streitigkeit zwischen beiden Städten. Durch Alkoholeinfluss und die allgemeine Barbarei der Ägypter mündet die Situation in einen Kampf und schließlich in einen Akt von Kannibalismus der aufgebrachten Bewohner von Ombos, die sich an einem Gefangenen aus Tentyra satt essen. Juvenal stellt die Szene entlang der oben diskutierten Traditionen des Kannibalismus als Barbarentopos als Ausdruck jenseitig übersteigerter Wut und dadurch völliger Entmenschlichung dar. Die Menschenfresserei der Ägypter ist ein Ereignis von kosmischer Bedeutung, eine Schandtat ohnegleichen.[51] Man mag die Quintessenz aus Juvenals Satire so formulieren: Egal aus welcher Perspektive, ob historisch, philosophisch, pragmatisch oder religiös argumentierend, die kannibalische Tat ist – gerade angesichts des seiner Ansicht nach im (und durch das) Imperium Romanum erreichten Standes an Zivilisiertheit selbst im einstigen Barbaricum[52] – durch nichts entschuldbar und Ausdruck des völlig barbarischen Grundcharakters der ägyptischen Kultur.[53] Damit instrumentalisiert Juvenal das Menschenfressermotiv für seine Zwecke: die literarische Abwehr von ,fremden, gefährlichen' ägyptischen Einflüssen in Rom und im Reich (wie etwa den Isis- und Sarapiskulten).[54] Einen vergleichbaren Charakter wie dieses Zeugnis Juvenals hat ansonsten etwa auch die Unterstellung von Kannibalismus an die gallischen Druiden durch Plinius, die in den Kontext des Vorgehens Roms gegen diese einzuordnen ist und die unten noch näher besprochen wird.

Doch es gibt auch von diesen Grundmustern abweichende Beispiele. Es ist zwar richtig, dass der Gedanke der Menschenfresserei vorwiegend verknüpft ist mit dem des ,barbarischen Anderen' im Gegensatz zum ,zivilisierten Selbst', doch es gilt auch für die Kaiserzeit, was M. Gronau für die griechische Klassik hervorhebt, nämlich dass der Aspekt der Vorstellung des ,barbarischen Anderen' im ,zivilisierten Selbst' genauso zu berücksichtigen ist.[55] Ganz plastisch können wir dies bei Livius greifen, der im Kontext seiner Schilderung des Geschehens direkt nach der Schlacht bei Cannae berichtet: *„Besonders zog ein Numider die Aufmerksamkeit aller auf sich, der mit zerfleischter Nase und Ohren lebendig unter einem auf ihm liegenden, toten Römer hervorgezogen wurde, welcher verstorben war, während er mit zur Raserei gewandelter Wut den Feind mit den Zähnen zerfetzte, weil seine Hände zum Halten einer Waffe nicht mehr zu gebrauchen waren."*[56]

Die erschrockenen, aber dennoch bewundernden Worte des Livius zeigen ein ambivalentes Bild: Da ist zunächst einmal der Aspekt des Soldaten, der tapfer und – ganz wörtlich

---

50 Juvenal, Satiren, 15; vgl. zum Folgenden Alston 1996: 100-103 und Nagy 2009: 246-248.
51 Man möge dankbar sein, dass die Götter den Menschen nicht die Gabe des Feuers, die sie durch Prometheus erhalten hatten, als Strafe für diese Tat wieder entzogen hätten, so Juvenal (Satiren, 15,84-86).
52 Vgl. Juvenal, Satiren, 15,110-113.
53 Und selbst innerhalb des Menschenfressertums ist die Barbarei der Ägypter ja noch ein Maximum, verspeisen sie ihr Opfer doch sogar roh (Juvenal, Satiren, 15,81-83)!
54 So Alston 1996: 101-103, bes. 103; anders Nagy 2009: 248.
55 Vgl. M. Gronau in diesem Band.
56 Titus Livius, Ab urbe condita, 22,51,9: *„praecipue convertit omnes subtractus Numida mortuo superincubanti Romano vivus naso auribusque laceratis, cum manibus ad capiendum telum inutilibus, in rabiem ira versa laniando dentibus hostem exspirasset."* Vgl. zur Stelle und zu den folgenden Überlegungen zum Konnex von *ira*, *rabies* und Kannibalismus sowie zur anschließend angesprochenen Passage bei Silius Italicus Braund/Gilbert 2003: 275-276.

– bis zum Letzten und Äußersten kämpfend für Rom sein Leben gibt und der den erklärten Feind mit der einzigen Waffe bekriegt, die ihm noch bleibt, was an sich wohl durchaus lobenswert wäre. Da diese letzte Waffe aber seine Zähne sind, sodass der Nahkampf zum Akt des Kannibalismus gerät, ist das Verhalten des Soldaten letztendlich trotzdem ein klares ‚Zuviel', eine Überschreitung der Grenzen des Menschlichen. Deutlich greifbar ist dies in der expliziten Wandlung der legitimen Wut (*ira*) des Kombattanten zur nicht mehr akzeptablen Übersteigerung der Raserei (*rabies*).

Noch stärker ist dieser Aspekt des Kannibalismus als Chiffre der (Selbst-)Bestialisierung des Menschen durch außer Kontrolle geratene Wut in der epischen Verarbeitung der Szene bei Silius Italicus. Auch hier ist die Deutung des Verhaltens des Soldaten die der Raserei, genauer: als einer ‚religiösen Raserei der Tapferkeit' („*virtutis sacra rabies*")[57], wodurch die Ambivalenz zwischen Mut und Pflichterfüllung auf der einen und Bestialisierung und Grenzüberschreitung auf der anderen Seite einen sakral konnotierten Ausdruck findet. Dieser Eindruck setzt sich im Folgenden fort, wenn der Dichter die Szene überaus plastisch so darstellt: „*Der Mann [d.i. der römische Soldat; J.S.] hatte weder Speer noch Schwert; im Kampf hatte Fortuna die Waffe davongetragen. Im unbewaffneten Kampf fand der Schmerz dem Mars trotzdem eine Waffe: es wurde mit blutbeflecktem Rachen gekämpft, und anstelle des Eisens befriedigte der Zahn die Wut. Schon waren von dem Biss die Nase zerfleischt und die Augen geblendet, schon war der Kopf verstümmelt durch die abgerissenen Ohren und selbst das Gesicht auf schreckliche Weisen zernagt, und der Schlund quoll über von Blut. Und es gab keine Sättigung, bis der Geist die schlingenden Münder verließ und der dunkle Tod sich der vollen Rachen bemächtigte.*"[58]

Einerseits durch die bloße Übertragung der Szene aus der Historiographie ins Epos, andererseits durch die sakralisierte, übersteigerte und gezielt grauenerregende Darstellungsweise, kommt der Stoff nun den oben besprochenen Variationen des Kannibalismusmotives im Mythos sehr nahe. Die Raserei, die außer Kontrolle geratene Wut lässt die Grenzen zwischen Menschlichkeit, Unmenschlichkeit und Übermenschlichkeit verschwimmen.

Damit sind wir zugleich auch beim letzten der hier zu besprechenden Stränge kaiserzeitlicher Kannibalismusdiskurse angekommen – denn gerade die Kontrolle der *ira* ist für die zeitgenössische Philosophie (und besonders für die römische Stoa) ein ganz zentrales Merkmal der Differenz zwischen Mensch und Tier, zwischen Zivilisierten und Barbaren.

Philosophie, Theorie und Anthropophagie

Der Stoiker Seneca der Jüngere räsoniert in seiner Abhandlung ‚Über die Güte' („*De clementia*") über die eben angesprochene Raserei („*rabies*") und ihre Verbindung zu Entmenschlichung und Kannibalismus: „*Grausamkeit ist das am wenigsten menschliche Übel und ist unwürdig einer so milden Seele. Tierisch ist diese Wut, sich an Blut und Wunden zu*

---

57 Silius Italicus, Punica, 6,42.
58 Ebd., 6,45-53: „*[...] non hasta viro, non ensis; in artis / abstulerat Fors arma. tamen certamine nudo / invenit Marti telum dolor: ore cruento / pugnatum, ferrique vicem dens praebuit irae. / iam lacerae nares foedataque lumina morsu, / iam truncum raptis caput auribus, ipsaque diris / frons depasta modis, et sanguine abundat hiatus. / nec satias, donec mandentia linqueret ora / spiritus et plenos rictus mors atra teneret.*"

freuen, den Menschen abzuwerfen und in ein wildes Tier überzugehen. Was macht es denn, Alexander, für einen Unterschied, ob du Lysimachos einem Löwen vorwirfst oder ihn selbst mit eigenen Zähnen zerfleischst? Dein Rachen ist es, jene deine Vertiertheit. Wie wünschtest du, dass du lieber Klauen hättest, du jenes Maul hättest, groß genug, Menschen zu fressen! [...] Das ist es, warum wohl am meisten die Wildheit zu verabscheuen ist, weil sie die Grenzen, zuerst die gewöhnlichen, dann die menschlichen, überschreitet."[59]

Das Bild des Kannibalismus, das hier nur als hypothetisches Maximum der grausamen Ermordung in den Raum gestellt wird, ist wieder ein äußerst negativ besetztes. Menschenfresserei wird hier als paradigmatischer Ausdruck der Entmenschlichung eingesetzt und findet als Synonym für eine Vertierung, eine Bestialisierung Verwendung. Seinen Gefolgsmann Lysimachos durch einen Löwen zerreißen zu lassen war eine derartig unmenschliche, tierische Tat, dass es für Senecas Urteil keinen Unterschied gemacht haben würde, wenn Alexander auch noch den letzten Schritt getan und Lysimachos selbst gefressen hätte.

Die Basis des Übels, dessen Spitze der Kannibalismus wäre, ist aber die *ira*, die, wie Seneca andernorts betont, zusammen mit ihren ‚Gefolgsleuten' (*„comites"*) namens ‚Raserei' (*„rabies"*), ‚Wildheit' (*„saevitia"*), ‚Grausamkeit' (*„crudelitas"*) und ‚Wut' (*„furor"*) auftritt.[60] Diese sind es, die es zu besiegen gilt, um Mensch zu sein und zu bleiben. Die völlige Entmenschlichung des Menschen durch die Anthropophagie wird so zur Folie für Senecas Erörterungen zur Affektkontrolle, einem Kernbereich stoischer Ethik. Das zugrundeliegende Bild der Gegenpole ‚zivilisierter Mensch' und ‚kannibalische Bestie', zwischen denen Zorn und Kontrollverlust die Scheide bilden, kann als durchaus verbreitetes Konzept im Denken weiter Teile der uns erschließbaren Publizistik wenigstens des späten ersten Jahrhunderts nach Christus gelten.[61]

Einen aufschlussreichen Blick auf gleich mehrere philosophische Denktraditionen und ihr Verhältnis zum Kannibalismus bietet eine zweiteilige Stelle im Werk des Sextus Empiricus über die Grundzüge des pyrrhonischen Skeptizismus. Zunächst bemerkt der ‚Anti-Philosoph' nüchtern: *„Es ist aber bei uns verboten, menschliches Fleisch zu kosten, doch bei allen barbarischen Völkern ist es gleichgültig. Aber was soll ich von den Barbaren sprechen, wo doch sogar Tydeus das Gehirn eines Feindes verspeist haben soll und es bei den Stoikern heißt, es sei nicht unangemessen, das Fleisch eines anderen Menschen zu essen oder auch das eigene?"*[62] Er schreibt also zunächst ganz analog zu den oben bereits

---

59 Seneca, De clementia, 1,25,1-2: *„Crudelitas minime humanum malum est indignumque tam miti animo; ferina ista rabies est sanguine gaudere ac volneribus et abiecto homine in silvestre animal transire. Quid enim interest, oro te, Alexander, leoni Lysimachum obicias an ipse laceres dentibus tuis? Tuum illud os est, tua illa feritas. O quam cuperes tibi potius ungues esse, tibi rictum illum edendorum hominum capacem! [...] Hoc est, quare vel maxime abominanda sit saevitia, quod excedit fines primum solitos, deinde humanos [...]."*
60 Seneca, De ira, 2,12,6.
61 Vgl. Braund/Gilbert 2003: 275-280; es sei für Parallelen nochmals auf die bereits angeführten Beispiele aus Statius' Thebais oder Italicus' Punica verwiesen. Vgl. generell zur ‚Aggressionstheorie' Senecas und deren Kontext Bäumer 1982.
62 Sextus Empiricus, Gründzüge der pyrrhonischen Skepsis, 3,207: „ἀλλὰ καὶ τὸ ἀνθρωπείων γεύεσθαι σαρκῶν παρ' ἡμῖν μὲν ἄθεσμον, παρ' ὅλοις δὲ βαρβάροις ἔθνεσιν ἀδιάφορόν ἐστιν. καὶ τί δεῖ τοὺς βαρβάρους λέγειν, ὅπου καὶ ὁ Τυδεὺς τὸν ἐγκέφαλον τοῦ πολεμίου λέγεται φαγεῖν, καὶ οἱ ἀπὸ τῆς Στοᾶς οὐκ ἄτοπον εἶναί φασι τὸ σάρκας τινὰ ἐσθίειν ἄλλων τε ἀνθρώπων καὶ ἑαυτοῦ;"

festgestellten Tendenzen kaiserzeitlichen Denkens Kannibalismus den Barbaren zu. Doch die Situation ist nicht so eindeutig, wie es scheint, denn auch die Mythen der Griechen und Römer kennen kannibalische Akte, und auch die Stoa hält Kannibalismus nicht für verwerflich – die vermeintlich ‚Zivilisierten' sind also wenigstens in diesem Aspekt kaum besser als die ‚Wilden'.

Die Zuschreibung kannibalischer Erwägungen an die Stoa findet ihre Fortsetzung dann einige Kapitel weiter, wenn Sextus Empiricus in kritischer Auseinandersetzung auf Chrysipp zu sprechen kommt. Einer der Punkte, die ihm in der Lehre des Stoikers missfallen, ist dieser: *„Und in demselben Werk führt er uns auch mehrfach an das Menschenessen heran. Er sagt jedenfalls: ‚Wenn von den Lebenden ein Gliedmaß abgetrennt wird, das als Nahrung brauchbar ist, so soll man es nicht vergraben oder wegwerfen, sondern verzehren [...].' [...] Über die Beerdigung der Eltern sagt er ausdrücklich: ‚[...] Ist also das Fleisch zu gebrauchen, so wird man dasselbe als Nahrung verwenden [...]'."*[63] Diese ökonomisch begründete Erlaubnis der Nekrophagie hält Sextus Empiricus zwar für sehr verwerflich – doch letzten Endes präsentiert er uns solche Erwägungen als vor allem lächerlich: *„So ist das meiste, was die Philosophen sagen. Aber sie würden es nicht wagen, das in die Tat umzusetzen – zumindest, wenn sie nicht gerade Mitbürger von Kyklopen und Laistrygonen wären."*[64]

Auch wenn sicher nicht alle Mitbürger des Skeptikers seine Ansichten über die stoische Philosophie teilten, blieben doch derartige kannibalische Überlegungen sowohl Chrysipps wie auch der Kyniker wohl tatsächlich bloße Theorie, die zwar gezielt provozieren und geltende Konventionen radikal hinterfragen sollte, die bei etwaiger praktischer Umsetzung aber sehr schnell mit geltendem Recht kollidiert wäre.[65] Dennoch wurden derartige Lehren tradiert, so findet sich bei Diogenes Laertios etwa die trocken-nüchtern referierte Verhaltensregel, die die Stoiker für ‚den Weisen' (ὅ σοφός) aufgestellt hätten: *„Je nach den Umständen wird auch menschliches Fleisch gegessen werden."*[66] Zumindest in – wenn auch eher randständigen und sicher kontroversen – philosophischen Diskursen war Anthropo- bzw. Nekrophagie unter bestimmten Bedingungen durchaus ein akzeptables menschliches Verhalten.[67]

---

63 Ebd., 3,247-248: „καὶ συνεχῶς καὶ τὸ ἀνθρωποφαγεῖν ἐν τοῖς αὐτοῖς συντάγμασιν ἡμῖν ἐπεισάγει· φησὶ γοῦν 'καὶ ἐὰν τῶν ζώντων ἀποκοπῇ τι μέρος πρὸς τροφὴν χρήσιμον, μήτε κατορύττειν αὐτὸ μήτε ἄλλως ῥίπτειν, ἀναλίσκειν δὲ αὐτό [...]. [...] περὶ τῆς τῶν γονέων ταφῆς ῥητῶς φησιν [...] διὸ καὶ χρησίμων μὲν ὄντων τῶν κρεῶν τροφῇ χρήσονται αὐτοῖς [...]."

64 Ebd., 3,249: „τοιαῦτα μὲν πλεῖστα ὅσα λέγουσιν οἱ φιλόσοφοι· ἅπερ οὐκ ἂν τολμήσειαν διαπράττεσθαι, εἴγε μὴ παρὰ Κύκλωψιν ἢ Λαιστρυγόσι πολιτεύοιντο."

65 Vgl. dazu eingehend mit diversen Belegen für entsprechende Aussagen Chrysipps und des Diogenes von Sinope (vorwiegend aus Zeugnissen bei Diogenes Laertios) Nagy 2009: 41-43, s. auch 118 und 147-148. Ausführlich behandelt die Überlieferung zu stoischen und kynischen Überlegungen einer ökonomischen Nekrophagie Daraki 1982; vgl. spez. 156, wo sie den ansprechenden Vorschlag macht, die nekrophagischen Anweisungen in Trimalchios Testament (Petronius, Satyricon, 141) als Parodie Petrons auf solche stoischen Überlegungen zu verstehen.

66 Diogenes Laertios, Leben der Philosophen, 7,121: „γεύσεσθαί τε καὶ ἀνθρωπίνων σαρκῶν κατὰ περίστασιν."

67 Vgl. etwa die Diskussion bei Plutarch, De esu carnium, 2,3 (Moralia 997E-998A), der den Vegetarismus des Empedokles und des Pythagoras der Nekrophagie anderer, offensichtlich bewusst nicht namentlich genannter Philosophen entgegenstellt, wobei er letztere als amoralisch, unrein und als Philosophie für Barbaren verwirft, den Vegetarismus dagegen als gute, reine Lebensweise der Griechen alter Zeiten

Auch der (Neu-)Platonismus befasste sich mit dem Thema der Menschenfresserei. Exemplarisch sei Porphyrios herangezogen: *„Daraus, dass Kriege und Hungersnöte Gründe für das Essen anderer Lebewesen (geworden) sind, folgt nicht, dass dies auch aus Lust erlaubt wäre, so wie wir auch die Menschenfresserei nicht zulassen. Und daraus, dass man irgendwelchen Mächten Tiere opfert, folgt nicht, dass man diese auch isst. Denn auch die, die Menschen opfern, essen deshalb doch nicht etwa menschliches Fleisch. Dadurch ist belegt, dass aus dem Opfern von Tieren ganz und gar nicht auch das Essen derselben folgt."*[68] Ganz egal, ob nun aus Gründen der Not oder aus Gründen des Kultes: Anthropophagie ist schlichtweg inakzeptabel für Porphyrios. Sie stellt für ihn, den überzeugten Vegetarier, der mit seinem Werk ‚Über die Enthaltsamkeit von beseelten Wesen' („Περὶ ἀποχῆς ἐμψύχων") seinen ehemaligen Mitschüler Castricius Firmus überzeugen will, ebenfalls zu dieser Ernährungsweise und Weltanschauung zurückzukehren, gewissermaßen die schlimmste Form der insgesamt abzulehnenden Fleischesserei dar: Weder Kannibalismus noch Fleischkonsum überhaupt können für Porphyrios logisch gerechtfertigt werden.

Eben diesen Standpunkt hatte anscheinend auch der Vorsokratiker Empedokles vertreten, der aufgrund seiner Reinkarnationslehre ebenfalls den Vegetarismus befürwortet hatte. Denn ein Tier zu töten und zu essen ist solchen Vorstellungen gemäß nichts anderes als Kannnibalismus, da aller Wahrscheinlichkeit nach die Seele eines Menschen (dramatisierend ausgedrückt also ‚potentiell die des eigenen Großvaters') in besagtem Tier steckt.[69] Für Sextus Empiricus hingegen sind derartige Argumentationen nur ein willkommenes Beispiel für die unsinnigen Verirrungen der Philosophie – denn wenn es, wie Empedokles und die Pythagoreer postuliert hätten, ein ‚Pneuma' gebe, das alles durchdringe und mit dieser Seelenwanderung in Verbindung zu bringen sei, dann dürfe man doch keine Grenze setzen zwischen Menschen und Tieren auf der einen und etwa Steinen und Pflanzen auf der anderen Seite. Zu Ende gedacht würde daher die aus seiner Sicht verfehlte Sichtweise der Philosophen den Hungertod bedeuten.

Porphyrios führt uns mit seiner obigen Stellungnahme schließlich auch zu einem letzten Punkt, der hier noch anzusprechen ist: das Motiv des Kannibalismus im Kontext von Kulturentstehungslehren.[70] Auch in diesem Bereich zeichnet sich die Literatur der Kaiserzeit maßgeblich durch Rezeption und Modifikation archaischer, klassischer und hellenistischer Traditionen aus. So diskutiert Porphyrios die Vorstellung Theophrasts, es habe in der kulturellen Entwicklung der Menschheit zuerst eine Phase pflanzlicher Opfer an die Götter gegeben, dann eine der Menschenopfer, schließlich eine des Tieropfers, wobei die Opfer jeweils von den Kultteilnehmern verspeist worden seien. Porphyrios ist zwar weitgehend mit dem Peripatetiker einverstanden, was die Abfolge der Phasen angeht, doch folgt aus der

---

rühmt.
68 Porphyrios, De abstinentia, 2,57: „οὐ τοίνυν ἐπεὶ λιμοὶ καὶ πόλεμοι αἴτιοι τῆς τῶν ἄλλων ζῴων βρώσεως γεγόνασιν, ἐχρῆν ταύτην καὶ δι' ἡδονὴν παραδέξασθαι, καθάπερ οὐδὲ τὴν ἀνθρωποφαγίαν προσηκάμεθα· οὐδὲ ἐπεὶ ἔθυσάν τισι δυνάμεσιν ζῷα, ἐχρῆν καὶ ἐσθίειν αὐτά. οὐδὲ γὰρ ἀνθρώπους θύσαντες ἐγεύσαντο τούτου γε ἕνεκα σαρκῶν ἀνθρωπίνων. ἀλλ' ὅτι μὲν τῷ θύειν οὐχ ἕπεται τὸ καὶ ἐσθίειν πάντως τὰ ζῷα, διὰ τούτων ἀποδέδεικται."
69 Diskutiert und überliefert bei Sextus Empiricus, Adversus mathematicos 9,127-131 (9,127 = Empedokles Fr. 136 Diels-Kranz; 9,129 = Empedokles Fr. 137 Diels-Kranz).
70 Vgl. dazu Nagy 2009: 15-55, spez. 28-36 zu Porphyrios' Gedankengängen (und deren Basis im Werk des Theophrast) in diesem Kontext.

bloßen Durchführung von Menschenopfern für ihn (wie schon gesehen) keineswegs, dass diese etwa auch gegessen worden wären.[71] Freiwilliger Kannibalismus[72] ist dem Neuplatoniker offenbar so fern, dass er selbst in der Ferne mythisch-philosophischer Diskurse nicht real sein kann und sein darf.

Ein weiteres interessantes Beispiel der kaiserzeitlichen Verarbeitung des Kannibalismusmotives im Kontext philosophischer Kulturentstehungslehren bietet uns Athenaios. Dieser überliefert ein Fragment der „Samothrakes" eines gewissen Athenion – mit dem Kommentar, der enthaltene Gedankengang komme ihm ‚nicht unplausibel' („οὐκ ἀπεικότως") vor.[73] Der Text geht von der Behauptung aus, „ ...dass die Kochkunst am meisten von allen Künsten zur Frömmigkeit beiträgt... ".[74] Dies wird im dialogisch gestalteten Text folgendermaßen begründet: „Sie befreite uns von einem tierhaften und gesetzlosen Leben und dem widerwärtigen Kannibalismus und führt uns zu einer gewissen Ordnung und ermöglichte uns das Leben, das wir nun führen. [...] Als Kannibalismus und andere Schlechtigkeiten noch weit verbreitet waren, tat sich ein nicht unbegabter Mensch hervor, der als erster Tieropfer darbrachte und das Fleisch briet. Und weil das Fleisch süßer war als Menschenfleisch, aßen sie dieses nicht mehr, sondern opferten das Vieh und brieten es. Und als sie eine gewisse Erfahrung mit diesem Vergnügen gesammelt hatten, wurde dies der Anfang eines Aufschwungs der Kochkunst. So erinnern sie sich auch jetzt noch an frühere Zeiten, indem, wenn sie Eingeweide den Göttern zu Ehren braten, sie kein Salz daran tun – denn dessen Gebrauch hatten sie damals noch nicht entdeckt."[75]

Grundlage des Kannibalismus war also letzten Endes in dieser parodistischen Umsetzung der Kulturentstehungslehre nicht so sehr Hunger und Mangel nach dem Ende des Goldenen Zeitalters wie bei Empedokles oder kultische Verirrung wie bei Theophrast,[76] sondern vielmehr die bloße Unkenntnis dessen, dass das Fleisch von Tieren viel besser schmeckt als das der Mitmenschen. Damit ist die Kochkunst also – das Rätsel ist gelöst – die entscheidende Triebkraft in der Entwicklung des Menschen!

---

71 Porphyrios, De abstinentia, 2,53: „ἡ γοῦν ἱστορία οὐ μόνον ὧν Θεόφραστος ἐμνήσθη, ἀλλὰ καὶ ἄλλων πλειόνων τὴν μνήμην παρέδωκεν ὡς καὶ ἀνθρώπους θυόντων τῶν πάλαι, καὶ οὐ δήπου διὰ τοῦτο καὶ βρωτέον ἀνθρώπους." Vgl. zur Stelle im Gesamtzusammenhang der Werke Theophrasts und des Porphyrios Nagy 2009: 30.
72 Im Gegensatz zu aus Not resultierenden Fällen der Anthropophagie wie dem oben besprochenen Belagerungskannibalismus. Doch auch dieser ist ja für Porphyrios völlig inakzeptabel, wenngleich zumindest in seiner Existenz vorstellbar.
73 Athenaios, Deipnosophistae, 14,80; er gibt an, er stütze sich dabei auf die Einschätzung des Juba von Mauretanien.
74 Ebd.: „...ὅτι πάντων ἡ μαγειρικὴ τέχνη πρὸς εὐσέβειαν πλεῖστα προσενήνεχθ' ὅλως ...".
75 Ebd.: „τοῦ θηριώδους καὶ παρασπόνδου βίου ἡμᾶς γὰρ ἀπολύσασα καὶ τῆς δυσχεροῦς ἀλληλοφαγίας ἤγαγ' εἰς τάξιν τινὰ καὶ τουτονὶ περιῆψεν ὃν νυνὶ βίον ζῶμεν. [...] ἀλληλοφαγίας καὶ κακῶν ὄντων συχνῶν γενόμενος ἄνθρωπός τις οὐκ ἀβέλτερος ἔθυσ' ἱερεῖον πρῶτος, ὤπτησεν κρέας. ὡς δ' ἦν τὸ κρέας ἥδιον ἀνθρώπου κρεῶν, αὐτοὺς μὲν οὐκ ἐμασῶντο, τὰ δὲ βοσκήματα θύοντες ὤπτων. ὡς δ' ἅπαξ τῆς ἡδονῆς ἐμπειρίαν τιν' ἔλαβον, ἀρχῆς γενομένης ἐπὶ πλεῖον ηὔξον τὴν μαγειρικὴν τέχνην. ὅθεν ἔτι καὶ νῦν τῶν πρότερον μεμνημένοι τὰ σπλάγχνα τοῖς θεοῖσιν ὀπτῶσιν φλογί ἅλας οὐ προσάγοντες· οὐ γὰρ ἦσαν οὐδέπω εἰς τὴν τοιαύτην χρῆσιν ἐξευρημένοι."
76 Vgl. dazu etwa Müller 2003: 58-59 und 266-267 – bemerkenswerterweise sind die dort jeweils besprochenen Zeugnisse sämtlich nur bei kaiserzeitlichen Autoren überliefert.

Unabhängig davon, ob nun Athenion wirklich jener Komödiendichter am Hofe Jubas war, als den ihn große Teile der Forschung identifizieren wollen[77], sehen wir zumindest einen hellenistisch-römischen Klientelkönig der augusteischen Zeit, der sich mit einer Komödie befasst, die eine Parodie auf kannibalistische Urzeitvorstellungen enthält, sowie einen griechischen Publizisten der Wende vom zweiten zum dritten Jahrhundert, der dies ebenso tut. Damit haben wir einen anschaulichen Beleg für das durch die Prinzipatszeit hindurch ungebrochene Interesse an derartigen Themen vor uns. Kannibalismus blieb demnach offenbar bis in severische Zeit hinein ein gängiges Versatzstück von Diskursen im Umfeld der Kulturentstehungslehren. Menschfresserei war dabei regelmäßig eng verknüpft mit Vorstellungen von primitivem, urzeitlichem Verhalten.

Die Abschaffung der Menschenfresserei als zivilisatorische Maßnahme

Das erste der beiden hier zu besprechenden Zeugnisse entstammt der Naturalis Historia des älteren Plinius, genauer einer längeren Abhandlung über ‚okkulte' Praktiken aller Art.[78] Eines der zentralen Merkmale der *magicae vanitates*, um die es Plinius geht, ist dabei die Durchführung von Menschenopfern.[79] Nachdem Plinius in 30,12 dargestellt hat, dass diese bis in das frühe erste Jahrhundert v. Chr. auch in Rom noch praktiziert und erst 97 v. Chr. verboten worden sei, kommt er in 30,13 auf die für ihn aktuelle Situation zu sprechen.

„Die gallischen Provinzen jedenfalls hat sie [die Magie; J.S.] fest in Besitz genommen, ja sogar bis in unsere Zeit. Denn erst der Prinzipat des Tiberius Caesar beseitigte ihre Druiden und diese Sorte von Sehern und Ärzten. Aber was muss ich dies über eine Kunst berichten, die sogar den Ozean überschritten hat und bis ans Ende der Welt vorgedrungen ist? Britannien feiert sie auch heute noch besinnungslos mit solchen Zeremonien, dass es den Anschein haben kann, Britannien habe sie den Persern übergeben. So sehr stimmen sie [die Völker; J.S.] auf der ganzen Welt in dieser Kunst überein, obwohl sie ansonsten nicht übereinstimmen und einander nicht kennen. Und es kann nicht genug gewürdigt werden, wie viel den Römern zu verdanken ist, die diese Monstrositäten beseitigt haben, bei denen einen Menschen zu töten als sehr fromm, ihn zu verspeisen ja sogar als sehr heilsam galt."[80]

---

77 Für Kaibel 1896 kann die Szene aufgrund innerer Merkmale nicht vor dem 3. Jh. v. Chr. entstanden sein; Jacoby 1943: 350 (im Kommentar zu Juba von Mauretanien, Nr. 275, F86) wollte dagegen in Athenion den Dichter an Jubas Hof sehen und datiert ins 1. Jh. v. Chr., was im Wesentlichen der Haltung von Austin/Kassel 1983: 13 und Bäbler 1997 entspricht. Nesselrath 1990: 71-72 bietet die wichtigsten Argumente für eine solche Identifikation, trifft aber selbst keine echte Entscheidung.
78 Vgl. zur Passage i. Allg. bes. Hofeneder 2008: 393-401.
79 Vgl. auch Rives 1995: 79.
80 Plinius maior, Naturalis Historia, 30,13: *„Gallias utique possedit, et quidem ad nostram memoriam. namque Tiberii Caesaris principatus sustulit Druidas eorum et hoc genus vatum medicorumque. sed quid ego haec commemorem in arte oceanum quoque transgressa et ad naturae inane pervecta? Britannia hodieque eam adtonita celebrat tantis caerimoniis, ut dedisse Persis videri possit. adeo ista toto mundo consensere, quamquam discordi et sibi ignoto. nec satis aestimari potest, quantum Romanis debeatur, qui sustulere monstra, in quibus hominem occidere religiosissimum erat, mandi vero etiam saluberrimum."*

Dass Plinius den Galliern bzw. den nördlich der Alpen siedelnden Völkern im Allgemeinen die Praxis von Menschenopfern unterstellt, die für ihn mit dem Gedanken des Kannibalismus eng assoziiert sind, ist oben bereits besprochen worden. Hier macht er den Konnex noch einmal und noch stärker als zuvor deutlich.

Der Topos des Kannibalentums erfüllt hier die Funktion, die Druiden noch schrecklicher und grauenhafter darzustellen, als ihnen dies zu Plinius' Zeiten ohnehin schon anhing, um so die römischen Repressionen gegen sie zu rechtfertigen.[81] Zugleich aber mag man sich fragen, weshalb Plinius denn den Vorwurf der Anthropophagie in einer so ambivalenten Weise einflicht. Denn schließlich behauptet er *sensu stricto* nicht, dass die Druiden oder die Gallier insgesamt tatsächlich Menschen äßen, sondern nur, dass es ihnen als *„saluberrimum"* gelte, dies zu tun.[82] Es ist daher wohl durchaus legitim, darüber nachzudenken, ob Plinius vielleicht ganz bewusst und völlig im Sinne seiner Aussage- und Implikationsabsicht auch hier eben nur suggeriert, dass es derartiges bei ihnen gebe.[83]

Die Vorstellung druidischer Menschenopfer war den Lesern des Plinius höchstwahrscheinlich geläufig. Und dass ‚Menschenopfer von Menschenfressen nicht weit weg ist', war sicher nicht nur Plinius selbst einleuchtend. Wenn er darum die obige Nachricht so formuliert, wie er es tut, kann er bei un- oder nur mäßig kundigen Lesern den Eindruck erwecken, die Druiden seien Kannibalen. Zugleich antizipiert er aber gewissermaßen die Kritik besser informierter Rezipienten seines Werkes, indem er eben gar nicht behauptet, dass die Druiden solche Dinge wirklich täten, sondern nur, dass sie derartige Praktiken gutheißen würden. Damit untermauert er seine Aussage, dass die römischen Maßnahmen gegen die Druidenschaft überaus positiv zu bewerten wären. Wäre der Vorwurf von Menschenopfern alleine vielleicht (gerade angesichts derartiger Vorkommnisse auch bei diversen anderen Völkern und bei den Römern selbst) nicht ausreichend gewesen, um die Druiden als ‚paradigmatisch barbarisch' und als ernsthafte Bedrohung darzustellen, so dürfte die suggestive Assoziation derselben mit Menschenfresserei eine deutlich besser Wirkung entfaltet haben.

Diese stilisierte Darstellung römischer Bekämpfung des ‚Barbarentums in seiner schlimmsten Form', vertreten durch die gallischen Druiden, fügt sich trefflich an die eben beobachtete Vorstellung von Kannibalismus als früher Entwicklungsstufe des Menschen und als Ausdruck extremer Barbarei. Und die Rolle des Zivilisators, der solchen als retardiert gedachten Menschen die Barbarei austreibt bzw. sie – positiv gewendet – auf höhere Stufen der kulturellen Entwicklung führt, kommt für Plinius dem römischen Volk zu. Dessen allgemeine ‚Zivilisierungsmission' bringt er andernorts noch viel deutlicher zum Aus-

---

81 Es ist hier nicht der Ort, zu der damit angesprochenen ‚Druidenverfolgung' Stellung zu nehmen. Dazu sei auf Scherr 2012/2013 verwiesen, wo die Fragen nach der Historizität und den soziokulturellen Implikationen einer derartigen Repression ausführlich behandelt werden. Eindeutig scheint mir, dass eine politische Bekämpfung der Druidenschaft in der frühen Kaiserzeit zumindest in einem gewissen Maß wirklich stattfand.

82 Dazu tritt, dass diese und die oben behandelte Nachricht aus Plinius' Werk überhaupt die einzigen kaiserzeitlichen Quellen sind, die die Gallier bzw. die Druiden mit dem Phänomen des rituellen Kannibalismus direkt in Verbindung bringen. Von Menschenopfern der Gallier hingegen ist in den antiken Quellen recht häufig die Rede; s. nur die schon in quantitativer Hinsicht sehr eindrücklichen Zeugnisse bei Hofeneder 2008: passim (s. Index, s.v. ‚Menschenopfer').

83 Er selbst war durch seine eigenen Gallienaufenthalte aller Wahrscheinlichkeit nach gut informiert und konnte entsprechend wissen, dass die Druiden *de facto* wohl keine kannibalischen Riten praktizierten.

druck, freilich ohne dort Kannibalismus als spezifische Ausdrucksform der Barbarei zu benennen.[84] In diesem Sinne instrumentalisiert Plinius das Motiv des Kannibalismus zur literarischen Fixierung maximalen Barbarentums, das ihm als Folie und Gegenpol für sein Bild des glorreichen, kulturbringenden Römischen Reiches dient.[85] Vielleicht steht er damit aber gleichzeitig in der Tradition kaiserlicher Publizistik, die das Vorgehen gegen die gallischen Druiden möglicherweise in ähnlicher Weise mit deren Menschopfern und Vorwürfen des Kannibalismus begründet hatte. In diesem Falle läge also nicht nur eine literarische, sondern auch eine direkt politische Instrumentalisierung des Vorwurfes der Menschenfresserei vor.

Auch Plutarch verwendet das Thema der Abschaffung kannibalischer Sitten als Baustein in der Konstruktion eines kulturbringenden Protagonisten. Der erste der beiden Teile seiner (quasi-)enkomiastischen Schrift ‚Über das Glück oder die Tugend Alexanders des Großen' ist größtenteils der Grundmotivik des Makedonenkönigs als Zivilisierer der östlichen Barbaren gewidmet.[86] Hier findet auch die oben besprochene Topik des skythischen Kannibalismus Verwendung, die von Plutarch als eine Art von Bestattungskannibalismus gestaltet wird. Durch dessen Abschaffung erscheint Alexander als weiser Philosophenkönig und mythisch verklärter Kulturbringer: *„Oh wundervolle Philosophie, durch die [...] die Skythen die Verstorben nicht mehr verspeisen, sondern bestatten!"*[87]

Das Thema der Menschenfresserei ist an dieser Stelle jedoch nur einer von verschiedenen ganz der Tradition verpflichteten Topoi der Barbarei östlicher Völker – daneben finden sich u. a. Inzest und Polygamie –, die Plutarch dazu benutzt, um ein kunstvoll stilisiertes Bild des ‚Kulturbringers Alexander' zu entwerfen.[88] Eine Position als Extrem innerhalb derartiger Barbareien ist für die Menschenfresserei dabei nicht auszumachen. Insgesamt dienen die solchermaßen stereotyp gestalteten Barbaren nicht nur als Kontrast zu dem Zivilisator Alexander, sondern zugleich auch als Ausweis für die Größe seines Reiches und seiner Leistung: Jene fabelhaften Halbmenschen am Rand der Welt und der Vorstellungskraft, von denen die Literatur berichtete, hatte Alexander nicht nur erreicht, sondern auch unterworfen, und ihnen dann auch noch ihre schrecklichen Sitten ausgetrieben.

In beiden behandelten Fällen lässt sich konstatieren, dass die Menschenfresserei als Chiffre der Barbarei angewandt wird, um den Gegenpol zur Zivilisation in Gestalt der jeweiligen kulturbringenden Kraft (d.h. Rom bzw. Alexander) zu markieren. Die Beseitigung der Anthropophagie der Druiden und der Skythen wird so zum Symbol des Prozesses der ‚Entbarbarisierung' und dadurch zum Vehikel der literarischen Verherrlichung.

---

84 Gemeint ist Plinius maior, Naturalis Historia, 3,39; vgl. dazu Fear 2011: 24-32, der beide hier angesprochenen Passagen im Gesamtzusammenhang derartiger Vorstellungen von zivilisatorischen Aufgaben Roms behandelt.

85 Vgl. ähnlich auch Woolf 1998: 220-222. Eine vergleichbare Tendenz haben auch Parallelquellen zur römischen Repression gegen die Druiden, ohne aber den Vorwurf von Kannibalismus anzubringen, vgl. besonders Sueton, Divus Claudius, 25,5 und Strabon, Geographika, 4,4,5. Vgl. zu den Quellen für die ‚Druidenverfolgung' ausführlich Scherr 2012/2013: 192-202.

86 Vgl. allgemein zu dieser ersten der beiden ‚Reden' D'Angelo 1998; zum enthaltenen Bild des ‚Kulturbringers Alexander' spezifischer Humbert 1991 und Asirvatham 2005.

87 Plutarch, De Fortuna aut Virtute Alexandri Magni, 1,5,4 (= Moralia, 328C): „ὦ θαυμαστῆς φιλοσοφίας, δι' ἣν [...] Σκύθαι θάπτουσι τοὺς ἀποθανόντας οὐ κατεσθίουσι."

88 Vgl. für diverse Parallelstellen zu diesem Tableau an Barbarentopoi D'Angelo 1998: 188.

Zusammenfassung

Kaiserzeitliche Kannibalismusdiskurse sind in einem sehr hohen Maße traditionsgebunden, schreiben vielfach auf eigene Weise frühere Diskurse fort und entwickeln die betreffenden Konzepte weiter. Anthropophagie ist dabei fast immer Chiffre für Entmenschlichung, Barbarei und Bestialität. Im Zentrum stehen damit meist Vorstellungen vom Kannibalen als Bestie: der und das Andere als Bestie, die Bestie im Anderen – wir selbst als Bestie, die Bestie in uns. Selbst in den positiv besetzten Nekrophagiekonzepten der Kyniker und vor allem der Stoiker ist der Menschenfresser tendenziell eine Art Un-, weil Über-Mensch in Gestalt des idealisierten Weisen.[89]

Auch das spezifischere Motiv der Abschaffung des Kannibalismus als zivilisatorische Maßnahme lässt sich hier einordnen. Denn dabei ist die Anthropophagie Signal und Symbol für extreme Barbarei, für Primitivität und ‚Vormenschlichkeit' – und kann damit als symbolisches Objekt der fundamental kulturstiftenden Funktion dienen, die der jeweilige Protagonist erfüllt.

Mit Blick auf die Kannibalen des Mythos und den Bereich philosophischer Überlegungen zu Anthropophagie lassen sich diese Deutungsmuster weitgehend bestätigen. Hier sind es regelmäßig Fragen der Grenzziehung und Grenzübertretung sowie Assoziationen als Zäsur, Übergang und Wendepunkt, mit denen der Kannibalismus verknüpft ist. Damit lassen sich letztendlich die Spannungsfelder und Grenzen zwischen Identität und Alterität sowie zwischen Menschlichkeit, Unmenschlichkeit und Übermenschlichkeit als die zentralen Charakteristika kaiserzeitlicher Diskurse um Kannibalen und Kannibalismus identifizieren.

---

89 Vgl. Daraki 1982: 157.

Literaturverzeichnis

Almagor, Eran 2005: Who is a barbarian? The barbarians in the ethnological and cultural taxonomies of Strabo, in: Daniela Dueck, Hugh Lindsay, Sarah Pothecary (Hgg.), Strabo's cultural geography: the making of a kolossourgia, Cambridge, 2005, 42-55.

Alston, Richard 1996: Conquest by text: Juvenal and Plutarch on Egypt, in: Jane Webster/Nick Cooper (Hgg.): Roman imperialism: post-colonial perspectives (=Leicester Archaeology Monographs 3), Leicester, 1996, 99-109.

Arens, William 1979: The man eating myth: anthropology and anthropophagy. New York, 1979.

Asirvatham, Sulochana R. 2005: Classicism and Romanitas in Plutarch's "De Alexandri Fortuna aut Virtute", in: The American Journal of Philology 126, 2005, 107-125.

Austin, Colin/Kassel, Rudolf 1983: Poetae comici Graeci, Band 4: Aristophon – Crobylus, Berlin, 1983.

Bäbler, Balbina 1997: s.v. ‚Athenion (5)', in: Der Neue Pauly 2, 1997, Sp. 203.

Bäumer, Änne 1982: Die Bestie Mensch: Senecas Aggressionstheorie, ihre philosophischen Vorstufen und ihre literarischen Auswirkungen (= Studien zur klassischen Philologie 4), Frankfurt (M.) u.a., 1982.

Baudy, Gerhard 1999: Der kannibalische Hirte. Ein Topos der antiken Ethnographie in kulturanthropologischer Deutung, in: Annette Keck (Hg.): Verschlungene Grenzen. Anthropophagie in Literatur und Kulturwissenschaften (= Literatur und Anthropologie 2). Tübingen, 1999, 221-242.

Baudy, Gerhard 1999a: s.v. ‚Kronos', in: Der Neue Pauly 6, 1999, Sp. 864–870.

Becher, Hans 1967: Die endokannibalistischen Riten als früheste Erscheinungsform der Anthropophagie, Zeitschrift für Ethnologie 92, 1967, 248-253.

Bickerman, Elias J. 1980: Ritualmord und Eselskult. Ein Beitrag zur Geschichte antiker Publizistik, in: Elias J. Bickerman (Hg.): Studies in Jewish and Christian History. Part Two (= Arbeiten zur Geschichte des antiken Judentums und des Urchristentums 9), Leiden, 1980, 225-255 (= erweiterte Fassung des gleichnamigen Aufsatzes in: Monatsschrift für Geschichte und Wissenschaft des Judentums 71, 1927, 171-187 und 255-264).

Boyle, Anthony J. 1997: Tragic Seneca: an essay in the theatrical tradition, London/New York, 1997.

Braund, Susanna/Gilbert, Giles 2003: An ABC of epic ira: anger, beasts, and cannibalism, in: Susanna Braund/Glenn W. Most (Hgg.): Ancient anger: perspectives from Homer to Galen (= Yale classical studies 32), Cambridge u.a., 2003, 250-285.

Burkert, Walter 1997: Homo necans: Interpretationen altgriechischer Opferriten und Mythen, 2., um ein Nachw. erw. Aufl., Berlin/New York, 1997.

Clauser, Mark 1993: Lucan's Erictho and the Roman witch tradition, Diss., Columbus, 1993.

Conklin, Beth A. 2001: Consuming grief: compassionate cannibalism in an Amazonian society, Austin, 2001.

Daraki, Maria 1982 : Les fils de la mort: la nécrophagie cynique et stoïcienne, in : Gherardo Gnoli, Jean-Pierre Vernant (Hgg.) : La mort, les morts dans les sociétés anciennes, Cambridge u.a., 1982, 155-176.

Dauge, Yves A. 1981 : Le barbare: recherches sur la conception romaine de la barbarie et de la civilisation (= Collection Latomus 176), Brüssel, 1981.

Fear, Andrew 2011: The Roman's Burden, in: Roy K. Gibson, Ruth Morello (Hgg.): Pliny the Elder: Themes and Contexts (= Mnemosyne Supplements 329), Leiden u. a. 2011, 21-34.

Gordon, Richard 1987: Lucan's Erictho, in: Michael Whitby, Philip Hardie, Mary Whitby (Hgg.), Homo viator: Classical essays for John Bramble, Bristol/Oak Park, 1987, 231-241.

Hofeneder, Andreas 2008: Die Religion der Kelten in den antiken literarischen Zeugnissen, Bd. 2: Von Cicero bis Florus (= Mitteilungen der Prähistorischen Kommission der Österreichischen Akademie der Wissenschaften 66), Wien, 2008.

Hughes, Dennis D. 1991: Human sacrifice in ancient Greece (Zugl. Diss., Columbus 1986), London/New York, 1991.

Humbert, Sylvie 1991: Plutarque, Alexandre et l'hellénisme, in: Suzanne Saïd (Hg.): ἙΛΛΗΝΙΣΜΟΣ. Quelques jalons pour une histoire de l'identité grecque. Actes du Colloque de Strassbourg 25-27 octobre 1989 (= Travaux du Centre de Recherche sur le Proche Orient et la Grèce Antiques 11), Leiden u.a, 1991, 169-182.

Jacoby, Felix 1943: Die Fragmente der griechischen Historiker, Teil 3. Geschichte von Staedten und Voelkern: (Horographie und Ethnographie) a. Kommentar zu Nr. 262 – 296, Leiden 1943.

Johnson, Walter R. 1987: Momentary monsters: Lucan and his heroes (= Cornell studies in classical philology 47), Ithaca u.a., 1987.

Kaerst, Julius 1894: s.v. ‚Apollodoros (43)', in: Paulys Realencyclopädie der classischen Altertumswissenschaft 1/1, 1894, Sp. 2851.

Kaibel, Georg 1896: s.v. ‚Athenion (8)', in: Paulys Realencyclopädie der classischen Altertumswissenschaft 2/2, 1896, Sp. 2041.

Kilgour, Maggie 1990: From communion to cannibalism: an anatomy of metaphors of incorporation, Princeton, 1990.

Kousser, Rachel 2005: From Conquest to Civilization: The Rhetoric of Imperialism in the Early Empire, in In: Jean-Jacques Aubert/Zsuzsanna Várhelyi (Hgg.): A Tall Order: Writing the Social History of the Ancient World. Essays in honor of William V. Harris (= Beiträge zur Altertumskunde 216), München/Leipzig, 2005, 185-202.

Lefèvre, Eckard 1985: Die philosophische Bedeutung der Seneca-Tragödie am Beispiel des "Thyestes", in: Hildegard Temporini (Hg.): Aufstieg und Niedergang der römischen Welt: Geschichte und Kultur Roms im Spiegel der neueren Forschung, Bd. 2,32,2, Berlin, 1985, 1263-1283.

Lund, Allan A. 1990: Zum Germanenbild der Römer: eine Einführung in die antike Ethnographie, Heidelberg, 1990.

McGowan, Andrew 1994: Eating People: Accusations of Cannibalism Against Christians in the Second Century, Journal of Early Christian Studies 2, 1994, 413-442.

Müller, Reimar 2003: Die Entdeckung der Kultur: antike Theorien über Ursprung und Entwicklung der Kultur von Homer bis Seneca, Düsseldorf u.a., 2003.

Müller, Klaus E. 1980: Geschichte der antiken Ethnographie und ethnologischen Theoriebildung: von den Anfängen bis auf die byzantinischen Historiographen. Teil II (= Studien zur Kulturkunde 52), Wiesbaden, 1980.

Nagy, Agnès A. 2009: Qui a peur du cannibale? Récits antiques d'anthropophages aux frontières de l'humanité (= Bibliothèque de l'École des Hautes Études, Sciences Religieuses 140; zugl. Diss., Genf 2006), Turnhout, 2009.

Nesselrath, Heinz-Günther 1990: Die attische Mittlere Komödie: ihre Stellung in der antiken Literaturkritik und Literaturgeschichte (= Untersuchungen zur antiken Kultur und Geschichte 36), Berlin/New York, 1990.

Nippel, Wilfried 1990: Griechen, Barbaren und "Wilde": alte Geschichte und Sozialanthropologie, Frankfurt (M.), 1990.

Poe, Joe P. 1969: An Analysis of Seneca's Thyestes, Transactions and Proceedings of the American Philological Association 100, 1969, 355-376.

Rives, James B. 1995: Human Sacrifice among Pagans and Christians, The Journal of Roman Studies 85, 1995, 65-85.

Rücker, Michaela 2012: Roh oder gekocht. Der Kyklop als früher Repräsentant nomadischer Lebensweise?, in: Laila Prager (Hg.): Nomadismus in der 'Alten Welt' - Formen der Repräsentation in Vergangenheit und Gegenwart (= Kultur: Forschung und Wissenschaft 16), Berlin u.a., 2012, 10-25.

Scherr, Jonas 2012/2013: Die Druiden, das kulturelle Gedächtnis und die Romanisierung. Gedanken zur römischen ‚Druidenverfolgung', in: Orbis Terrarum 11, 2012/2013, 189-210.

Speyer, Wolfgang/Opelt, Ilona 2001: s.v. ‚Barbar I.', Reallexikon für Antike und Christentum Supplement 1, 2001, 811-895.

Steinmetz, Rudolf S. 1896: Endokannibalismus, Mitteilungen der anthropologischen Gesellschaft in Wien 26, 1896, 1-60.

Volhard, Ewald 1939: Kannibalismus (= Studien zur Kulturkunde 5), Stuttgart, 1939.

Woolf, Greg 2011: Tales of the barbarians: ethnography and empire in the Roman west (Blackwell Bristol lectures on Greece, Rome and the classical tradition), Malden u.a., 2011.

Woolf, Greg 1998: Becoming Roman: the origins of provincial civilization in Gaul, Cambridge u.a., 1998.

Ecce miser assasti me in parte una. regira aliam et manduca! Zum Umgang mit dem Vorwurf des Kannibalismus gegen die frühen Christen

Katharina Degen

> Dicimur sceleratissimi de sacramento infanticidii et pabulo inde et post convivium incesto. – Man sagt, wir seien die schlimmsten Verbrecher wegen des rituellen Kindsmordes, wegen des Fraßes von den Gemordeten und wegen der auf das Mahl folgenden Blutschande.[1]

Mit diesen Worten fasst der nordafrikanische Kirchenvater und Apologet Tertullian um das Jahr 197 n. Chr. die Vorwürfe zusammen, denen sich die frühen Christen nachweislich spätestens seit der Mitte des zweiten bis in die erste Hälfte des dritten Jahrhunderts ausgesetzt sahen: ritueller Mord, Kannibalismus und Inzest. Fast alle zeitgenössischen apologetischen Schriften gehen auf eine oder mehrere dieser Anschuldigungen ein.[2] Die Verbreitung des Vorwurfs der Anthropophagie[3] wird dabei erstmals explizit von Justin dokumentiert, der in seiner zweiten Apologie beschreibt, wie die Christen der Verleumdung ausgesetzt sind, sie äßen Menschenfleisch (ἀνθρωπίνων σαρκῶν βορά), und im Dialog mit dem Juden Tryphon fragt: *Habt denn auch ihr von uns die Ansicht, daß wir wirklich Menschen essen* (ἐσθίομεν ἀνθρώπους)*?*[4] Auch in der Folgezeit setzen sich die griechischen Apologeten Tatian, Athenagoras und Theophilos mit dem Kannibalismusvorwurf auseinander.[5] Ihre Darstellung der Unterstellungen bleibt jedoch relativ unspezifisch. Erst der bei Eusebios von Caesarea überlieferte, etwa auf das Jahr 177 n. Chr. zu datierende Brief der Märtyrer von Lyon und Vienne konkretisiert die Anschuldigungen. So bezieht der Martyriumsbericht den anfänglich genannten Vorwurf der thyestischen Mahlzeiten (Θυέστεια δεῖπνα) an spä-

---

1 Tert. apol. 7,1. Die hier und im Folgenden verwendete Übersetzung stammt von Becker 1992. Diese wurde der moderneren Übertragung von Georges 2011 vorgezogen, da sie den Ton Tertullians besser nachahmt.
2 Vor allem die Vorwürfe des Kannibalismus und Inzests werden fast immer in Kombination angeführt. Leider müssen sich die Ausführungen im Folgenden auf das Anthropophagiemotiv beschränken. Eine genauere Analyse der Verknüpfung der beiden Anschuldigungen kann in diesem Rahmen nicht geleistet werden.
3 Die Begriffe ‚Kannibalismus' und ‚Anthropophagie' werden im Folgenden synonym verwendet, da weder das Griechische noch das Lateinische eine solche begriffliche Differenzierung kannte. Die Texte sprechen im Kontext des Menschenessens entweder von ἀνθρωποφαγία oder nutzen Paraphrasen.
4 Just. Mart. apol. II,12,2; dial. 10,1. Die für den *Dialogus cum Tryphone* verwendete Übersetzung stammt von Haeuser 1917. In seiner ersten Apologie hatte Justin den Kannibalismusvorwurf nur auf häretische Gruppen bezogen, noch nicht auf die Christen insgesamt: Apol. I,26,7.
5 So wendet sich Tat. orat. 25,5 gegen den Vorwurf der ἀνθρωποφαγία; Athenag. suppl. 3 spricht von thyestischen Mahlzeiten (Θυέστεια δεῖπνα); Athenag. suppl. 35 und Theoph. Autol. 3,15 wehren sich gegen die Anschuldigung der ἀνθρωποβορία.

terer Stelle speziell auf das Verzehren von Kindern (παιδία φάγοιεν).⁶ Dass sich der Kannibalismusvorwurf gegen die Christen generell auf diese Bedeutung verengt haben dürfte, wird aus den Texten der Folgezeit ersichtlich. Der eingangs zitierte Kirchenvater Tertullian spricht im Zusammenhang mit dem Vorwurf der Anthropophagie ausschließlich von der rituellen Opferung (*infanticidium*) und dem Konsum unschuldiger Kinder und deutet in einigen Passagen an, dass es sich dabei um einen Initiationsritus (*initiari*) handle.⁷ Ein ähnliches Bild entwirft auch sein Zeitgenosse Minucius Felix, wenn er den heidnischen Protagonisten seines Dialogs Octavius formulieren lässt: *Und dann erst, was man sich über ihre Initiationsriten (de initiandis tirunculis) erzählt! [...] Um die ahnungslosen Initianden zu täuschen, bedeckt man ein Kind mit Teig (infans farre contectus) und legt es dem vor, der in ihre Mysterien eingeweiht wird. Der Neophyt lässt sich, durch die Teighülle getäuscht, zu Stichen verleiten, bei denen er nichts Arges vermutet, und tötet so das Kind mit Wunden, die dem Auge verborgen bleiben. Das Blut dieses Kindes – welch furchtbarer Frevel! – lecken sie gierig auf (sitienter sanguinem lambunt) und reißen sich noch um die zerstückelten Glieder (membra dispertiunt). Das also ist das Opfer, mit dem sie sich verbrüdern (haec foederantur hostia), durch die Mitwisserschaft an diesem Verbrechen verbürgen sie sich gegenseitig Stillschweigen.*⁸ Auch wenn der christliche Autor in dieser Darstellung mit Übertreibungen arbeitet, um die Absurdität der präsentierten Vorstellungen zu verdeutlichen, lassen sich anhand der Passage dennoch zentrale Aspekte der zeitgenössischen Anschuldigungen gegen die Christen aufzeigen: Der Kannibalismusvorwurf bezieht sich explizit auf das Töten eines Kindes mit anschließendem Trinken des Blutes und Essen des Fleisches zum Zweck, die Initianden durch ihr unwissentlich begangenes Verbrechen an die christliche ‚Sekte' zu binden und zur Verschwiegenheit zu bringen, wie es auch in Hinblick auf politische Verschwörungen unterstellt worden ist.⁹ Noch in der Mitte des dritten Jahrhunderts findet sich diese Vorstellung – wenn auch weniger ausführlich – bei dem Kirchenvater Origenes, der in seiner Abhandlung gegen Kelsus bemerkt, der früher übliche Vorwurf, die Christen würden ein Kind töten und sich sein Fleisch teilen (καταθύσαντες παιδίον μεταλαμβάνουσιν αὐτοῦ τῶν σαρκῶν), werde trotz seiner Absurdität (παραλόγως) auch in seiner Zeit noch von einigen Leuten geglaubt.¹⁰

Die Frage, warum derartige Vorwürfe gegen die frühen Christen entstehen und eine solche Popularität bei den Gegnern der Glaubensgemeinschaft erreichen konnten, ist in der Wissenschaft bereits seit dem 17. Jahrhundert gestellt und diskutiert worden und weckte insbesondere nach Arens' anthropologischer Studie zur generellen Fiktionalität von Kanni-

---

6 Martyrium Lugdunensium 1,14 und 26 (= Eus. HE 5,1,14 und 26) in Musurillo 1972: 62-85.
7 Während sich Tertullian in apol. 2,5 und 4,11 eher allgemein zum Vorwurf des Kinderfressens äußert, geht er in apol. 7,1 und 8,2 sowie in nat. 1,7,10.31 konkret auf die Vorstellung eines rituellen Kindermordes mit anschließendem Trinken des Blutes und Essen des Fleisches ein. Die Charakterisierung dieser Handlungen als Initiationsritus erfolgt in apol. 8,7 und in nat. 1,7,23; 1,15,2-3.6.
8 Min. Fel. 9,5. Die hier und im Folgenden verwendete Übersetzung stammt von Kytzler 1993.
9 Vgl. die Vorwürfe gegen den Verschwörer Catilina, in denen vor allem das Trinken des Blutes als Element des Bindungseids im Vordergrund steht und die im Laufe der Zeit immer stärker ausgeschmückt werden: Sall. Cat. 22 und Flor. epit. 2,12,4 beschränken sich noch auf den Bluttrank, Plut. Cic. 10,3f. spricht bereits vom Menschenopfer und bei Cass. Dio 37,30,3 wird explizit die Opferung eines Kindes benannt.
10 Orig. c. Cels. 6,27.

balismusbehauptungen im Jahr 1979 ein verstärktes Interesse, das bis heute anhält.[11] Sowohl zu den Ursprüngen und der kulturellen Bedeutung des Kannibalismusvorwurfs als auch zu dessen Entwicklung liegen zahlreiche Abhandlungen vor. So wurde die Frage nach den Gründen für die gegen die Christen geäußerte Anschuldigung, Menschen und insbesondere Kinder zu essen, am Ende des 17. Jahrhunderts von Wormius mit der These beantwortet, die Vorwürfe würden aus falschen Vorstellungen von der christlichen Märtyrerverehrung und der Eucharistie resultierten.[12] Vor allem das Missverständnis der eucharistischen Blut- und Leibsymbolik galt lange als schlüssiges Argument.[13] Bereits Dölger erkannte jedoch, dass dies nicht die einzige Begründung sein konnte, da zuvor schon andere Gruppen – die Juden, politische Verschwörer und Magier – derartigen Vorwürfen ausgesetzt waren. Er folgerte, der Vorwurf sei von diesen auf die Christen übertragen worden.[14] Zudem habe er sich zuerst nur auf einzelne Häresien bezogen, sei dann aber auf die gesamte Christenheit ausgedehnt worden.[15] Während Dölger trotz dieser Beobachtungen der Eucharistie-These weiterhin Geltung zusprach, ist die jüngere Forschung inzwischen weitgehend davon abgekommen.[16] Sie erklärt den Vorwurf gegen die Christen sowie die nachweisbar existierenden Parallelen zu anderen antiken Kannibalismusbehauptungen in Anlehnung an Arens vornehmlich als Mittel der eigenen Identitätsstiftung durch Abgrenzung von fremden, als gesellschaftliche Gefahr wahrgenommenen Gruppierungen.[17] So versteht

---

11 Zwar befasst sich Arens nicht speziell mit den antiken Kannibalismusvorstellungen, seine Arbeit ist aber dahingehend von Interesse, dass er erstmals explizit und allgemeingültig die tatsächliche Existenz von Kannibalismus in Frage stellt und den Fokus von der Suche nach Gründen für das Essen von Menschenfleisch auf die Frage verschiebt, warum Menschen anderen Menschen dies unterstellen. Arens 1979: passim, hier bes. 139.
12 Wormius 1695: 18-67.
13 Diese Vorstellung vertreten Waltzing 1925: 205-239, Dölger 1934: 223-227 und sogar noch Burkert 1999: 243-256. Auch Grant 1981: 165 geht von einem Missverständnis der christlichen Begrifflichkeiten aus, bezieht sich in seinen Ausführungen allerdings vornehmlich auf den Vorwurf des Inzests.
14 Dölger 1934: 204-217. Die Vorstellung einer Übertragung des Kannibalismusvorwurfs von den Juden auf die Christen findet sich bereits bei Achelis 1912: 205. Heinrichs 1970: 22-24 geht soweit zu konstatieren, dass die Juden selbst die Anschuldigungen gegen die Christen in Gang gesetzt hätten, um sie von sich selbst abzulenken. Die eigentlichen Ursprünge für derartige Vorwürfe erkennt er dabei in realen Menschenopfern, die im zeitgenössischen Ägypten, Syrien und Nordafrika stattfänden: 29-35.
15 Dölger 1934: 217-223.
16 Erstmals explizit begründet Bickermann 1980: 228-233 diese Abkehr mit dem Argument, dass die kannibalische Eidmahlzeit einen üblichen Topos in der hellenistischen Literatur bildete, der analog zu anderen Gruppierungen auch auf die Christen angewandt wurde, ohne dass dafür Erklärungen oder Missverständnisse nötig gewesen sein. Die Unwahrscheinlichkeit der These, dass die Kannibalismusvorwürfe der falsch verstandenen Eucharistie entstammen, wird zuletzt auch von Klinghardt 2012: 33-58 untermauert. Durch seine Interpretation der Worte Jesu im lukanischen Mahlbericht zeigt er auf, dass bei allen vier Mahlberichten bis ins dritte Jahrhundert hinein nicht an die Mahlelemente Brot (Leib) und Wein (Blut) gedacht wurde, sondern vielmehr an die von paganen *convivia* übernommenen Rituale der Libation und der Proposis. Die Mahlelemente seien erst mit dem Wegfall der Rituale zu den zentralen Deutungsträgern geworden.
17 Vgl. Arens 1979: 139f. mit der These, dass die ‚Anderen', d.h. Subkulturen, Religionen, Sekten, Geheimbünde u.a. häufig als Kannibalen charakterisiert werden, ohne dass reale Anzeichen dafür existieren. Der Verbindung zwischen Kannibalismusvorwurf und dem Vorwurf von Unmenschlichkeit und Kulturlosigkeit misst er dabei große Bedeutung zu. Bereits Reeves Sanday 1986: 6 schließt sich dieser These trotz ihrer allgemeinen Ablehnung von Arens' Ergebnissen an und versteht Kannibalismus u.a. als ein Mittel der Unterscheidung zwischen ‚kultiviertem Selbst' und ‚unkultiviertem Anderen'.

Fulda das Anthropophagiemotiv ganz allgemein als Repräsentation des ‚Anderen', das zur kulturellen Grenzziehung diene.[18] McGowan und Harland betonen speziell in Bezug auf die Situation der frühen Christen die Bedeutung des Kannibalismusvorwurfs als Aussage über das Verhältnis von Ankläger und Angeklagtem und beschreiben, wie die Körpersymbolik des Kannibalismus als Mittel genutzt wurde, um eine von den Christen ausgehende Gefahr für die römische Gemeinschaft zu postulieren.[19] Auch Rives erkennt im Menschenopfer ein Symbol für Barbarei und Unmenschlichkeit, das bereits seit dem sechsten vorchristlichen Jahrhundert im griechisch-römischen Diskurs über Zivilisation und Religion verankert gewesen sei und dazu diente, eine Abgrenzung zwischen Kultur und Barbarei sowie zwischen guter und schlechter Religion zu konstruieren.[20] Diese Einbettung der Anschuldigungen gegen das frühe Christentum in einen allgemeineren antiken Fremdheits- und Zivilisationsdiskurs wird auch mit Blick auf die Entwicklung der Kannibalismusvorwürfe bestätigt. So zeigt Nagy auf, wie sich der Topos in den frühchristlichen Texten von eher vagen Anschuldigungen über konkrete Kannibalismusvorwürfe hin zu anschaulichen und geradezu übertriebenen Darstellungen des rituellen Kindsopfers entwickelte. Die darin erkennbare Steigerung weist eine Analogie zu der Entwicklung der Anschuldigungen gegen den Verschwörer Catilina auf, die darauf hindeutet, dass die Vorwürfe in beiden Fällen der Ausgrenzung und Barbarisierung vermeintlich gesellschaftsgefährdender Minderheiten diente.[21]

All diese Untersuchungen zu Ursprung, Entwicklung und Bedeutung der anti-christlichen Kannibalismusvorwürfe stützen sich aufgrund des Mangels an einschlägigen nichtchristlichen Überlieferungen vornehmlich auf die Werke der frühchristlichen Autoren. Wenig Beachtung hat dabei allerdings die Tatsache gefunden, dass diese Texte neben ihrem Quellenwert zur Rekonstruktion der Anschuldigungen auch als literarisches Produkt ihrer Zeit zu verstehen sind und eine eigene, spezifisch christliche Aussage transportieren.[22] Im Folgenden soll daher der Frage nachgegangen werden, auf welche Weise die früh-christlichen Autoren die gegen ihre Glaubensgemeinschaft vorgebrachten Vorwürfe in ihren Werken präsentieren, darauf reagieren und die Thematik des Kannibalismus für ihre eigene Argumentation fruchtbar machen. Im Mittelpunkt werden die apologetischen Texte des zweiten und dritten Jahrhunderts stehen. Ergänzend soll zudem ein Ausblick gegeben wer-

---

Noch vor Arens hatte schon Tannahill 1975: 99-114 die Tatsache erkannt, dass vor allem Nonkonformisten vom Vorwurf des Kannibalismus betroffen waren.

18 Fulda 2001: 17. Gegen die Einordnung des antiken Kannibalismusvorwurfs in einen Diskurs über das Fremde wendet sich hingegen G. Baudy 1999: 221-242 und führt die Anschuldigungen vielmehr auf die Erfahrung antiker Opferfeste zurück.

19 McGowan 1994: 413-442; Harland 2007: 56-75. Vgl. auch Edwards 1992: 75, der die Anschuldigungen als Reaktion auf die christliche Abkehr vom für die Gemeinschaft verbindlichen Opfermahl interpretiert. Schäfer 1998: 203f. und D. Baudy 1999: 257-271 betonen, dass vom Vorwurf der Anthropophagie vor allem Rivalen, Feinde und gesellschaftliche Außenseiter betroffen waren.

20 Rives 1995: 65-85.

21 Nagy 2001: 224-248. Vgl. auch Nagy 2000 und Nagy 2009: 202-231.

22 Allein Nagy geht vor allem in ihrer neusten Abhandlung auf diesen Aspekt ein, indem sie die in der frühchristlichen Literatur stattfindende Erwiderung und Umkehr der Anschuldigungen thematisiert. Ihre Ausführungen geben einen guten Überblick über den christlichen Umgang mit dem Kannibalismusvorwurf, gehen jedoch nur oberflächlich auf die literarische Gestaltung der Texte ein. Nagy 2009: 231-244. Vgl. auch Nagy 2000: 22f. und Nagy 2001: 223-249, wo die Betrachtungen der christlichen Reaktionen aber vor allem dazu dienen, die Entwicklung des tatsächlichen Vorwurfs zu rekonstruieren.

den auf die Entwicklung des Umgangs mit dem Thema in der Spätantike. Durch die Fokussierung auf die Argumentation und Wirkweise der christlichen Literatur wird es nicht nur möglich sein, den Inhalt der Kannibalismusvorwürfe genauer zu bestimmen sowie die bereits stattfindende Betrachtung ihrer kulturellen Bedeutung um die frühchristliche Perspektive zu erweitern, sondern auch die bisher kaum beantwortete Frage zu erhellen, warum derartige Anschuldigungen gegen die Christen bereits in der Mitte des dritten Jahrhunderts, d.h. weit vor der Tolerierung des Christentums, verstummten.

Die Anthropophagieproblematik in den griechischen Texten des zweiten Jahrhunderts n. Chr.

Schon Justinus Martyr, der früheste Zeuge für die gegen das Christentum vorgebrachten Kannibalismusvorwürfe, hält seine Beschreibung der Anschuldigungen in allen drei erhaltenen Werken zwar relativ knapp, ist in seiner Erwiderung aber umso umfassender. Während er im Dialog mit dem Juden Tryphon die Unglaubwürdigkeit der Vorwürfe (οὐ πιστεῦσαι ἄξιον) ganz klar mit der Widernatürlichkeit und Unmenschlichkeit (πόρρω τῆς ἀνθρωπίνης φύσεως) der Anthropophagie begründet,[23] geht er in den beiden apologetischen Schriften nuancierter vor. So konstatiert er in der ersten Apologie[24] zunächst das Unwissen der Christen darüber, ob von bestimmten häretischen Strömungen jene erdichteten Schandtaten (τὰ δύσφημα ἐκεῖνα μυθολογούμενα ἔργα) tatsächlich verübt werden.[25] Seine Argumentation ist dabei zweischichtig, denn er nimmt nicht nur eine Differenzierung zwischen ‚wahren' Christen und Häretikern vor, sondern bezieht auch Stellung zur Glaubhaftigkeit der Vorwürfe. Obwohl der Apologet auf den ersten Blick die Existenz solcher Verhaltensweisen nicht eindeutig negiert, macht er auf sprachlicher Ebene die Unwahrheit und Absurdität der Vorwürfe deutlich, indem er sie als indirekte Frage in Abhängigkeit von einem Ausdruck des Unwissens einführt und sie durch die Attribuierung als ‚fabelhafte' bzw. ‚erdichtete' ‚Schmähungen' charakterisiert. Im Anschluss an diese indirekte Widerlegung der Kannibalismusvorwürfe wendet sich Justin scheinbar unvermittelt dem Problem der Kindsaussetzung (ἐκτιθέναι τὰ γεννώμενα) zu, die er mit umfangreicher Begründung als ungerecht, gottlos und moralisch verwerflich bezeichnet.[26] Während der Apologet die Christen von dieser Praxis freispricht, präsentiert er sie ansonsten als im römischen Reich üblich und formuliert abschließend: *Und was bei euch öffentlich in Übung und Achtung steht, das schreibt ihr uns zu, als täten wir es nach Umstürzen des Lichtes im Dunkeln. Das bringt uns, die wir von solchem Tun weit entfernt sind, keinen Schaden, wohl aber denen, die es tun und dazu noch falsches Zeugnis geben.*[27] Für die vorliegende Arbeit ist dieses Kapitel in zweierlei Hinsicht von Interesse. Zum einen lässt

---
23 Just Mart. dial. 10,2.
24 Den folgenden Beobachtungen liegt Just. Mart. Apol. I,26,7-27,8 zugrunde.
25 Just. Mart. Apol. I,26,7.
26 Just. Mart. Apol. I,27,1-4. In diesem Zusammenhang spricht Justin auch andere moralische Schändlichkeiten an, insbesondere die Problematik des Inzest, was darauf hindeutet, dass er sich weiterhin auf die im vorhergehenden Kapitel benannten Anschuldigungen bezieht.
27 Just. Mart. Apol. I,27,5. Die hier und im Folgenden verwendete Übersetzung stammt von Rauschen 1913.

sich Justins selbstverständliches Eingehen auf die Kindsaussetzung im Zusammenhang mit der Kannibalismusthematik als Indiz dafür deuten, dass die später bei den lateinischen Apologeten übliche Engführung der Vorwürfe auf den rituellen Kindsmord bereits in der Mitte des zweiten Jahrhunderts – zumindest in Ansätzen – stattgefunden haben könnte.[28] Zum anderen zeigt sich hierin eine weitere Strategie Justins, auf die Vorwürfe gegen die Christen zu reagieren: Er charakterisiert sie abermals als Lügenzeugnisse (ψευδομαρτυροῦσι) und postuliert zugleich, dass gerade diejenigen, die am stärksten solche falschen Anschuldigungen verbreiten, die vorgeworfenen Schandtaten selbst begingen. Dabei schmettert der Apologet die Vorwürfe auf seine Ankläger nicht nur zurück, sondern steigert sie sogar dahingehend, dass er den Gegnern jegliches Schuldbewusstsein abspricht und jede Leugnungsmöglichkeit nimmt, indem er ihr Handeln antithetisch zu den ursprünglichen Beschuldigungen nicht im Verborgenen stattfinden lässt, sondern offenkundig und mit Ehrgefühl.

In Justins zweiter Apologie kommt diese Argumentationsstrategie noch stärker zum Tragen und wird zudem mit Beispielen untermauert. Bereits durch seine Schilderung, wie Sklaven und Mägde durch Folter (βασάνους) und Misshandlungen (δι' αἰκισμῶν φοβερῶν) zu Beschuldigungen gegen die Christen gezwungen werden, belegt der Apologet nicht nur die Falschheit der Vorwürfe (συκοφαντία/ τὰ μυθολογούμενα), sondern demonstriert zugleich das barbarische und menschenverachtende Verhalten der römischen Beamten.[29] Noch deutlicher findet sich diese zweifache Aussage in der anschließenden rhetorischen Frage: *Denn warum könnten wir nicht auch diese Dinge öffentlich für gut erklären und sie als göttliche Weisheit hinstellen, indem wir sagten, wir feierten in Menschenopfern* (ἀνδροφονεῖν) *die Mysterien des Kronos und wir täten, indem wir uns mit Blut berauschen* (αἵματος ἐμπίπλασθαι), *wie man uns nachsagt, das nämliche, was dem bei euch hochgeehrten Götzenbilde geschieht, das nicht bloß mit dem Blut unvernünftiger Tiere, sondern auch mit Menschenblut besprengt wird, wobei ihr den bei euch angesehensten und vornehmsten Mann es mit dem Blut der Hingerichteten begießen lasset?*[30] Durch Verweise auf angeblich mit Menschenopfern verbundene pagane Kulthandlungen für Kronos und Jupiter Latiaris zeigt Justin auch hier auf, dass eigentlich die Ankläger und deren Götter es seien, die kannibalische Akte vollzögen – und dies sogar öffentlich und unter der Behauptung, es seien gute Handlungen (ἀγαθά).[31] Die Tatsache, dass die Christen unter diesen Umständen nicht ebenfalls ihren Kannibalismus in ähnlicher Form betreiben, könne daher nur als Beweis verstanden werden, dass es bei ihnen solche Praktiken überhaupt nicht gebe. Vielmehr sei gerade ihre Abwendung von den paganen Schandtaten und Tätern der Grund, dass man sie

---

28 Hinweise darauf finden sich auch bei den anderen drei frühen griechischen Apologeten. So stellt Athenagoras zur Verteidigung der Christen ebenfalls ihre Ablehnung von Abtreibung und Kindsaussetzung heraus: Athenag. suppl. 3,35,2. Tatian und Theophilos führen als Gegenbeweise für pagane Praktiken vor allem solche Mythen an, in denen von den Heiden verehrte Götter ihre eigenen Kinder verspeisen: Tat. orat. 25,5; Theoph. Autol. 3,3.15. Tat. orat. 34,1 verweist zudem auf den Tyrannen Phalaris, *der Säuglinge verschmauste* (τοὺς θοινώμενος παῖδας ἐπιμαστιδίους).
29 Just. Mart. Apol. II,12,3-4. Die ähnliche Verwendung von Kannibalismus und Folter als Symbole im Kultur- und Zivilisationsdiskurs beschreibt Sanday 1986: 6.
30 Just. Mart. Apol. II,12,5.
31 Vgl. auch die kurz danach folgende Formulierung in Just. Mart. Apol. II,12,7: *Schämt euch, schämt euch, das, was ihr offenkundig tut, auf Schuldlose zu schieben, und was euch und euren Göttern anhaftet, solchen anzuheften, die auch nicht das Geringste damit zu tun haben!*

bekämpfe.³² Justin deutet also mit dieser Argumentation die gegen die Christen vorgebrachten Anfeindungen und Vorwürfe in ihr Gegenteil um, indem er sie zu einem Beweis ihrer Unschuld macht, und lässt zugleich die Heiden als die eigentlichen Kannibalen erscheinen. Vor diesem Hintergrund gewinnt auch die kurze Zurückweisung des Kannibalismusvorwurfs im Dialog mit Tryphon eine weitere Bedeutung. Die darin formulierte Charakterisierung des Kannibalismus als wider die menschliche Natur lässt automatisch auch die von Justin beschriebenen kultischen Praktiken der Heiden unmenschlich, barbarisch und damit auch als Gefahr für die römischen Zivilisation erscheinen.

Eine ganz ähnliche Argumentationsweise findet sich auch in Athenagoras' *Legatio pro Christianis* aus der zweiten Hälfte des zweiten Jahrhunderts. Nachdem der Apologet Atheismus, Kannibalismus (Θυέστεια δεῖπνα) und Inzest als die zentralen Vorwürfe benannt hat, stellt er sogleich klar, dass auch er selbst solches Verhalten als unrecht (ἀδικήμασι) und über die Maßen unkultiviert (ἀνημερώτερος) ansehe.³³ Wenn sogar wilde Tiere durch Naturanlage davon abgehalten werden, sich an ihren Artgenossen zu vergreifen, welche Strafe könnte dann überhaupt für derartiges Handeln angemessen sein? Mit diesem Hinweis auf das Fehlen einer adäquaten Bestrafung leitet der Autor allerdings bereits sein eigentliches Argument ein, und versucht aufzuzeigen, dass die gegen die Christen gerichteten Vorwürfe erdichtete und grundlose Verleumdungen seien (λογοποιΐαι καὶ διαβολαὶ κεναί). Für die christliche Unschuld führt er die Ankläger selbst als Zeugen auf, indem er darlegt, sie schrieben den Christen geradezu vor, kein Geständnis abzulegen.³⁴ Bei genauerer Untersuchung der christlichen Lebensweise müssten sie nämlich erkennen, dass diese Eifer und Gehorsam gegenüber sämtlichen Teilen des römischen Gemeinwesens (πρὸς ὑμᾶς καὶ τὸν ὑμέτερον οἶκον καὶ τὴν βασιλείαν) zeigten.³⁵ Der Argumentationsverlauf des gesamten Abschnittes lässt erkennen, dass Athenagoras die Kannibalismusvorwürfe eindeutig als Angriff auf die Humanität und politische Integrität der Christen versteht, was die in der modernen Wissenschaft etablierte These stützt, dass die Anschuldigungen ein Mittel der kulturellen Grenzziehung und Ausgrenzung seien. Um die Vorwürfe abzuwehren, appelliert der Apologet daher einerseits an die Vernunft, welche Menschen solche Verhaltensweisen überhaupt nicht zutrauen könne, andererseits hält er die politische Einsatzbereitschaft der

---

32 Just. Mart. Apol. II,12,6: *Da wir aber solche Grundsätze und die, welche solche Untaten verübt haben und nachmachen, zu fliehen raten, [...] werden wir auf allerlei Weise angefeindet.*
33 Diese und die folgende Aussagen finden sich in Athenag. suppl. 3,1.
34 Der genaue Wortlaut der hier genannten Vorschrift ist verderbt, weswegen gemeinhin die Konjektur Lindners μὴ ὁμολογεῖν anerkannt wird. Vgl. Marcovich 1990: 27. Gemeint ist vermutlich die aus Plin. ep. 10,96 und 97 sowie aus einer Vielzahl an Martyriumsberichten hervorgehende Tatsache, dass in den Christenprozessen zumeist versucht wurde, die Angeklagten – anders als bei anderen Verbrechen – nicht zum Geständnis, sondern vielmehr zur Leugnung ihrer Zugehörigkeit zum Christentum zu bringen. Die Tatsache, dass dies zur Straffreiheit führte, konnte somit als Argument dafür genutzt werden, dass die Christen außer ihrem Glauben keine Schandtaten begingen. Das abweichende Vorgehen in den Christenprozessen im Vergleich zum Umgang mit anderen Straftätern kritisiert in etwas anderer Form auch Tatian: Tat. orat. 27,1: *Ist es denn nicht auf jede Weise widersinnig, den Räuber nicht zu bestrafen, bevor der wahre Tatbestand in aller Gründlichkeit genau geprüft wurde, uns aber nur wegen unseres Namens zu beschuldigen und aufgrund vorweggenommener Verleumdung ohne Prüfung zu verabschieden?* Die hier und im Folgenden verwendete Übersetzung stammt von Trelenberg 2012.
35 Die gesamte Darlegung der Unhaltbarkeit der Vorwürfe findet sich in Athenag. suppl. 3,2.

Christen entgegen, um ihre dem Kannibalismusvorwurf widersprechende Zivilisation und Kultiviertheit zu betonen.

Als Athenagoras kurz vor Schluss seiner Bittschrift die Kannibalismusthematik noch einmal aufnimmt, verschiebt sich seine Argumentation. Mit dem Sprichwort *Die Dirne tadelt die Anständige* (ἡ πόρνη τὴν σώφρονα) leitet er – ähnlich wie bereits bei Justin beobachtet – eine Erwiderung ein, die den Vorwurf auf die Ankläger zurückschmettert.[36] Während es keinerlei Belege für das Töten und Verzehren von Menschen (ἀνθρωποφονίαν καὶ ἀνθρωποβορίαν) durch die Christen gebe und auch generell die christliche Lebensweise derartigen Verhaltensweisen widerspreche, sehe es bei den Heiden anders aus. Sie schauen sich mit Eifer Wett- und Tierkämpfe an, was für die Christen einem selbst begangenen Mord gleichkäme (πλησίον εἶναι τὸ ἰδεῖν φονευόμενον τοῦ ἀποκτεῖναι).[37] Das den Christen häufig zum Vorwurf gemachte Fernbleiben von gemeinschaftlichen Veranstaltungen, wie den Spielen, wird von Athenagoras also zu einem Argument für ihre Unschuld und damit verbundene Zivilisiertheit umgedeutet. Die Teilhabe an den Wettkämpfen macht er hingegen zum Indiz für die Neigung zur Unmenschlichkeit. Auch das Thema der Kindstötung nimmt der Apologet im Folgenden auf, indem er darlegt, dass die Christen keine Mörder sein können, wenn sie sogar Abtreibung und Kindsaussetzung als Mord auffassen und daher verbieten.[38] Damit zeigt Athenagoras nicht nur die Unvereinbarkeit der christlichen Grundsätze mit den Kannibalismusvorwürfen,[39] sondern unterstellt implizit, dass unter den Nichtchristen sehr wohl derartige Praktiken üblich seien. Was der Autor zu Beginn seiner Bittschrift als menschenunwürdiges Verhalten abgewertet hatte, lässt er vor diesem Hintergrund als auf die Heiden durchaus zutreffend, von den Christen aber schwer verurteilt erscheinen. Die Antithese zwischen Kultiviertheit und Barbarei erhält er damit aufrecht, besetzt jedoch die Positionen der Ankläger und der Angeklagten neu.

Eine solche Neudefinition von Klägern und Beschuldigten bildet auch das Hauptargument der beiden anderen zeitgenössischen Apologeten, Tatian und Theophilos. So bemerkt ersterer, dass die Anschuldigungen gegen die Christen falsche Zeugnisse (ψευδομάρτυρες) seien, die jeglicher Prüfung entbehrten (ἀνεξετάστως λοιδορίας),[40] wohingegen er für Kannibalismus bei den Heiden durchaus Belege anführen könne, die er mit eigenen Augen

---

36 Athenag. suppl. 34,1: *Solche wagen es, Schändlichkeiten, deren sie sich selbst bewußt sind und die sie auch ihren Göttern nachsagen, weil sie darin etwas Rühmliches und der Götter Würdiges erblicken, uns aufzubürden!* Im Folgenden (suppl. 34,2) nutzt der Apologet dafür einen Vergleich mit Fischen, *denn auch diese verschlingen jeden, der ihnen in den Weg kommt.* Die hier und im Folgenden verwendete Übersetzung stammt von Eberhard 1913.
37 Athenag. suppl. 35,1.
38 Athenag. suppl. 35,2: *Wie sollten wir, die da behaupten, daß jene Frauen, die zur Herbeiführung eines Abortus Medikamente anwenden, Menschenmörderinnen sind [...]? Es wäre doch sehr inkonsequent zu behaupten, auch der Embryo sei schon ein Mensch und Gegenstand göttlicher Fürsorge, und ihn dann, wenn er das Licht der Welt erblickt hat, zu töten; und die Aussetzung eines Kindes zu verbieten, weil Kindsaussetzung einem Kindsmorde gleichkommt, dasselbe aber dann, wenn es herangewachsen ist, zu beseitigen.*
39 Vgl. zum Widerspruch zwischen christlicher Lebensweise und den Kannibalismusvorwürfen auch Just. Mart. apol. II,12,1-2, wo vor allem die Todesbereitschaft der Christen als unvereinbar mit der Anthropophagie präsentiert wird.
40 Tat. orat. 25,5 und 27,1.

gesehen und herausgefunden habe (ταῦτ' οὖν ἰδών [...] εὑρών).⁴¹ Als Beispiele nennt Tatian die Mythen von Tantalos und Pelops, Kronos sowie Metis und Zeus.⁴² Auch das Bildnis des angeblich kinderfressenden Tyrannen Phalaris sowie die blutigen Kulthandlungen für Zeus Latiaris und Artemis werden in diesem Zusammenhang angeführt.⁴³ Mit dieser Häufung von Belegstellen unterschiedlicher Art und Provenienz versucht Tatian aufzuzeigen, dass sich Anthropophagie in der paganen römischen Kultur auf allen Ebenen – in der Mythologie und Literatur, in der Kunst und Bildung und sogar im religiösen Bereich – nachweisen lasse, während es für christlichen Kannibalismus kein einziges Zeugnis gebe. Auch Theophilos nimmt eine solche Gegenüberstellung von Verleumdung auf der einen und echten Belegen auf der anderen Seite vor. Die Anthropophagievorwürfe gegen die Christen charakterisiert er nicht nur als leere Worte (κενοῖς λόγοις) und falsche Gerüchte (φήμῃ [...] προκατεσχηκυίῃ στομάτων ἀθέων ψευδῶς συκοφαντούντων ἡμᾶς), sondern macht zugleich deutlich, dass nur dumme und unverständige Menschen (μωρῶν [...] ἀνοήτων ἀνθρώπων) ihnen Glauben schenken könnten.⁴⁴ Ein so gottloses und grausames Verhalten (ἀθεώτατον καὶ ὠμότατον) sei nämlich keinesfalls mit der Lebensweise der Christen vereinbar, die schon das Zuschauen bei Gladiatorenkämpfen und anderen Schauspielen verböten, um nicht Teilnehmer an Morden (κοινωνοὶ καὶ συνίστορες φόνων/ συμμέτοχα τῶν ἐκεῖ φόνων) zu werden.⁴⁵ Implizit deutet Theophilos bereits mit dieser Argumentation an, dass die Heiden, die ja an solchen Schauspielen Gefallen finden, zum Kannibalismus fähig wären – eine Anschuldigung, die er mit Beispielen auch explizit macht. So zeigt der Apologet anhand der Mythen von Thyestes und Tereus auf, dass die griechisch-römische Literatur offen mit dem Thema Anthropophagie umgehe.⁴⁶ Die Götter würden als Vorbilder für die mit Blutschuld befleckten Mahlzeiten (ἀθέσμοις βρώσεσιν)

---

41 Tat. orat. 29,1.
42 Tat. orat. 25,5: *Bei euch aber wird Pelops zum Fraß der Götter [...], und Kronos vertilgt* (ἀναλίσκει) *seine Söhne, und Zeus verschlingt* (καταπίνει) *die Metis.* Laut Überlieferung soll Pelops von seinem eigenen Vater Tantalos zerstückelt und den Göttern vorgesetzt worden sein, um deren Allwissen zu testen. Die Tatsache, dass die Götter die Schandtat bemerkten und Tantalos mit ewigen Unterweltsqualen bestraften, wird von Tatian allerdings verschwiegen. Von Kronos wurde berichtet, dass er aus Angst, von einem Nachkommen gestürzt zu werden, all seine Kinder verschlang. Auch hier unterschlägt Tatian den Ausgang, dass Kronos später von Zeus, dem einzigen überlebenden Sohn, bestraft und zum Auswerfen der verschlungenen Kinder gezwungen wurde. Auch Zeus selbst soll aus ähnlichen Beweggründen seine schwangere Geliebte Metis gefressen, dann aber die Tochter Athene aus seinem Kopf geboren haben. Vgl. für genaue Belegstellen zu den Mythen Trelenberg 2012: 152f.
43 Tat. orat. 34,1: *Ganz besonders verehrungswürdig war sicherlich auch der Tyrann Phalaris, der Säuglinge verschmauste* (τοὺς θοινώμενος παῖδας ἐπιμαστιδίους) *und dennoch durch die künstlerische Arbeit des Amprakioten Polystratos bis heute als ein bewundernswerter Mann zur Schau gestellt wird; die Akragantiner fürchteten sich, das erwähnte Gesicht desselben wegen seines Kannibalismus* (διὰ τὴν ἀνθρωποφαγίαν) *anzuschauen, die Bildungsbeflissenen aber brüsten sich damit, dass sie ihn in einem Bildnis sehen. 29,1: dass bei den Römern ihr Zeus Latiaris sich an besudeltem Menschenblut und dem Blut von Menschenopfern ergötzt* (λύθροις ἀνθρώπων καὶ τοῖς ἀπὸ τῶν ἀνδροκτασιῶν αἵμασι τερπόμενον), *dass Artemis nicht weit entfernt von der großen Stadt Praktiken derselben Art für sich in Anspruch nimmt.*
44 Theoph. Autol. 3,4.
45 Theoph. Autol. 3,4 und 3,15.
46 Theoph. Autol. 3,15: *Denn wenn jemand von Menschenfresserei* (περὶ ἀνθρωποβορίας) *reden wollte, dort werden die Kinder des Thyestes und Tereus aufgefressen.* Die hier und im Folgenden verwendete Übersetzung stammt von Leitl 1913.

besungen, was aus den Geschichten um Kronos oder Zeus und Metis hervorgehe.⁴⁷ Doch die Kannibalismuspropaganda sei nicht auf den mythologischen Bereich beschränkt. Sogar die Philosophen würden in ihren Schriften die Menschenfresserei lehren (αἱ βίβλοι αὐτῶν διδάσκουσαι ἀνθρωποβορίας) und dabei vor allem zum Verwandtenmord und -fraß aufrufen.⁴⁸ Nicht die Christen seien es also, die das ihnen grundlos vorgeworfene gottlose Verbrechen des Kannibalismus (ἀσεβείας καὶ ἀθεότητος) begingen, sondern die heidnischen Dichter und Philosophen sowie deren Anhänger.⁴⁹

Eine kurze Betrachtung in Hinblick auf die Umkehr der Kannibalismusvorwürfe verdient schließlich noch der Brief der Märtyrer von Lyon und Vienne.⁵⁰ Auch wenn der Bericht das Thema der Anthropophagie nur in wenigen sehr kurzen Passagen anspricht, liefert er dennoch gleich drei Argumente für die Falschheit der Anschuldigungen gegen die Christen. Schon bei der ersten Erwähnung der thyestischen Mahlzeiten (Θυέστεια δεῖπνα) betont der Text die Tatsache, dass es sich um Lügen handle (κατεψεύσαντο), welche Sklaven nur aus Angst vor Folterungen (φοβηθέντες τὰς βασάνους) ausgesagt hätten. Trotz ihres fragwürdigen Ursprungs hätten sich diese Behauptungen dann verbreitet und sogar ehemalige Freunde zu Hass und Raserei gegen die Christen getrieben.⁵¹ Dass die Vorwürfe keinesfalls der Wahrheit entsprechen, unterstreicht der Bericht einige Passagen später, indem er eine Protagonistin fragen lässt, wie denn Menschen, die nicht einmal das Blut vernunftloser Tiere trinken dürfen (ἀλόγων ζώιων αἷμα φαγεῖν), in der Lage sein sollen, kleine

---

47 Theoph. Autol. 3,3: *Und zwar geben sie ihre Götter als die ersten an, die in unnennbaren Verbindungen und entsetzlichen Mahlzeiten* (ἀθέσμοις βρώσεσιν) *das Beispiel gegeben. Denn wer von ihnen besingt nicht den Kinder fressenden Kronos* (Κρόνον τεκνοφάγον), *und wie Zeus seine Tochter Metis verschlang* (τὸν παῖδα αὐτοῦ τὴν Μῆτιν καταπίνειν) *und den Göttern verabscheuungswürdige Gastmähler* (δεῖπνα μιαρά) *gibt?* Der Mythos um Metis und Zeus wird hier falsch wiedergegeben, soll doch Metis laut Überlieferung nicht die Tochter, sondern die schwangere Geliebte des Zeus gewesen sein. Ob diese Modifikation des Mythos bewusst oder aus Unkenntnis vorgenommen wurde, lässt sich nicht sicher feststellen. Nicht abwegig ist aber die Vermutung, dass Theophilos damit auf den zu dieser Zeit wohl bereits existierenden Vorwurf des Kinderessens reagierte.
48 Theoph. Autol. 3,5: *Was dünkt dir nun von den Lehren Zenos oder des Diogenes, Kleanthes und von dem ganzen Inhalte ihrer Schriften, die zur Menschenfresserei Anleitung geben, so daß die Eltern von den eigenen Kindern gekocht und aufgefressen werden sollten, und wenn jemand nicht mittun wollte oder ein Glied von der grauenhaften Speise* (μυσερᾶς τροφῆς) *wegschleuderte und nicht aß, selbst aufgefressen werden sollte? Überdies findet sich ein noch verruchterer Ausspruch, der des Diogenes, welcher lehrt, die Kinder sollten ihre Eltern als Opfer bringen und dann aufessen. Ferner, erzählt nicht auch Herodot von Kambyses, dass er die Kinder des Harpagus habe schlachten und kochen und sie dann dem Vater zum Essen vorsetzen lassen? Weiter fabelt er, dass auch bei den Indern die Eltern von den eigenen Kindern aufgezehrt werden.* Auch in der Erzählung über Kambyses und Harpagus ist Theophilos nicht ganz korrekt. So soll laut Herodot nicht Kambyses, sondern Astyages den Sohn des Harpagus getötet und dem Vater zum Essen vorgesetzt haben. Vgl. Hdt. 1,108-119, bes. 119.
49 Theoph. Autol. 3,5: *O der gottlosen Lehre von Männern, die solche Dinge niedergeschrieben, vielmehr gelehrt haben! O der Gottlosigkeit und Verruchtheit derselben* (τῆς ἀσεβείας καὶ ἀθεότητος αὐτῶν), *o des (verkehrten) Denkens solcher Leute, die so tief philosophierten und sich für Philosophen ausgaben! Denn die solche Sätze aufstellten, haben die Welt mit Gottlosigkeit* (ἀσεβείας) *erfüllt.*
50 Dieser Text zählt nicht zu den apologetischen Schriften, sondern gehört der heterogenen Gattung der an ein rein christliches Publikum gerichteten Martyriumsberichte an. Als Quelle für den Umgang mit der Kannibalismusthematik darf der Bericht nicht vernachlässigt werden, da er uns einen Blick auf den Diskurs auch über die Grenzen der apologetischen Gattung hinaus werfen lässt.
51 Martyrium Lugdunensium 1,14-15 (= Eus. HE 5,1,14-15).

Kinder zu verschlingen (παιδία φάγοιεν).⁵² Auch hier wird also der Widerspruch zwischen den Anschuldigungen und der sonstigen Lebensweise der Christen als Unschuldsbeweis herangezogen. Ganz anders verhalte es sich hingegen bei den heidnischen Folterknechten, die den Christen Attalus auf einem Eisenstuhl schmoren lassen, bis bereits der Fettdampf seines Fleisches emporsteigt (τοῦ σώματος κνῖσα ἀνεφέρετο). Trotz dieser Qualen ruft Attalus daraufhin aus: *Sieh an, das, was ihr macht, ist Kannibalismus* (ἀνθρώπους ἐσθίειν). *Wir hingegen essen weder Menschen* (οὔτε ἀνθρώπους ἐσθίομεν) *noch machen wir etwas anderes unmoralisches.*⁵³ Auch der Bericht stellt also die Anthropophagievorwürfe gegen die Christen als Verleumdungen heraus, die nicht zur christlichen Moral passen, und erweist im Gegensatz dazu die unmenschlichen heidnischen Folterpraktiken als eigentliche Form des Kannibalismus.

Äußerungen zu Anthropophagie und rituellem Kindsmord bei den lateinischen Kirchenvätern

Wendet man den Blick den etwas später entstandenen lateinischen Apologien von Tertullian und Minucius Felix zu, so wird deutlich, dass diese zwar die Anschuldigungen gegen die Christen in größerer Ausführlichkeit als ihre Vorgänger und mit Beschränkung auf die rituelle Kindstötung präsentieren. In ihren Reaktionen greifen jedoch beide auf die von den griechischsprachigen Autoren vorgebrachten Argumente zurück, um sie in unterschiedlicher Intensität neu zu gewichten und zu präsentieren.

Besonders interessant ist diesbezüglich der nordafrikanische Kirchenvater Tertullian, der in seiner Auseinandersetzung mit der Kannibalismusthematik an Etabliertes anknüpft, dieses aber in individueller Weise präsentiert und durch eigene Argumentationsstrategien ergänzt. In zwei Werken geht er auf die Vorwürfe gegen die Christen ein: in seinem wohl an die nordafrikanischen Statthalter gerichteten *Apologeticum* aus dem Jahr 197 n. Chr. sowie in dem Text *Ad nationes*, der unmittelbar davor entstanden sein soll und wegen teilweise wörtlicher Übereinstimmungen mit der Verteidigungsschrift als Entwurf dazu aufgefasst und daher hier nur ergänzend hinzugezogen wird.⁵⁴ Tertullians Umgang mit den Vorwürfen ist in beiden Werken zweigeteilt und weist damit eine größere Systematik auf, als dies bei den griechischen Apologeten der Fall war. So werden die Anschuldigungen in einem ersten Schritt als falsch nachgewiesen,⁵⁵ in einem zweiten Schritt auf die Heiden übertragen.⁵⁶ Besonders ausführlich äußert sich Tertullian gleich zu Beginn über die Ungesetzlichkeit des Umgangs mit den Christen. Anders als den übrigen Verbrechern sei es allein ihnen nicht gestattet, sich zu verteidigen, obwohl das Gesetz es eigentlich so fordere (*nec liceat indefensos et inauditos omnino damnari*).⁵⁷ Auch gebe es keine sachgerechte

---

52 Martyrium Lugdunensium 1,14-15 (= Eus. HE 5,1,26).
53 Martyrium Lugdunensium 1,14-15 (= Eus. HE 5,1,52). Die Übersetzung wurde von der Autorin des Aufsatzes selbst angefertigt.
54 Vgl. Hiltbrunner 1979: 613.
55 Tert. apol. 2; 7-8; nat. 1,7.
56 Tert. apol. 9; nat. 15.
57 Tert. apol. 2,1-3.

Untersuchung der Vergehen: *Bei uns geschieht nichts dergleichen, obwohl uns ebenso durch Folter entrissen werden müßte, was fälschlich von uns behauptet wird: wie oft jeder schon vom Blut ermordeter Kinder gekostet (infanticidia degustasset), wie oft er im Schutze der Dunkelheit Blutschande (incesta) begangen hat, welche Köche, welche Hunde dabei gewesen sind. Wie groß wäre der Ruhm eines Statthalters, wenn er einmal jemanden ausfindig machte, der schon hundert Kinder verzehrt hat!*[58] Bereits mit dieser ironisch zugespitzten Vorstellung einer möglichen Untersuchung der angeblichen Taten macht Tertullian die Absurdität der Anschuldigungen deutlich. Untermauert wird dies im Folgenden durch die widersprüchliche Gesetzgebung. So sei einerseits die Fahndung gegen Christen verboten, als ob sie unschuldig wären, andererseits würden sie aber bei Anzeige bestraft wie Schuldige (*negat inquirendos ut innocentes et mandat puniendos ut nocentes*). Dies passe in keiner Weise zusammen.[59] Auch die bereits von Athenagoras[60] beobachtete Tatsache, dass die Christen – im Gegensatz zu allen anderen Verbrechern – durch Folter nicht etwa dazu gebracht werden sollen, zu gestehen, sondern vielmehr zu leugnen, lasse erkennen, dass es den römischen Beamten nicht um die vorgeworfenen Verbrechen gehe, sondern allein um die Zugehörigkeit zum Christentum (*nominis confessione*). Solange die Christen sich zu ihrem Glauben bekennen, werden ihnen die schlimmsten Verbrechen zugetraut, sobald sie aber abfallen, werden sie – entgegen aller Gesetze – auch für die unterstellten Taten nicht mehr zur Rechenschaft gezogen.[61] Tertullian folgert daraus, dass man bewusst auf eine Untersuchung der Anschuldigungen verzichte, um nicht die gerne geglaubten Vorwürfe als falsch zu erweisen und damit den Namen ‚Christ' reinzuwaschen.[62]

Dass eine genauere Inspektion nämlich zu ebendiesem Unschuldsbeweis führen würde, zeigt Tertullian in Kapitel 7 seiner Apologie auf. So betont er, wie die christliche Lehre von

---

58 Tert. apol. 2,3-5.
59 Tert. apol. 2,6-9: *Welch verlegene und verworrene Entscheidung! Sie verbietet die Fahndung, als handle es sich um Unschuldige, und verlangt die Bestrafung, als handele es sich um Schuldige. Sie ist milde und grausam, sie schließt die Augen und paßt auf. Warum bringst du dich, Urteil, selbst zu Falle? Wenn du uns verurteilst, warum fahndest du nicht auch nach uns? Wenn du nicht nach uns fahndest, warum sprichst du uns nicht auch frei?*
60 Athenag. suppl. 3.
61 Tert. apol. 2,10-18: *So geht ihr auch darin nicht nach den für die Verurteilung von Verbrechern gültigen Regeln vor, daß ihr bei den anderen, wenn sie leugnen, die Folter anwendet, damit sie gestehen, bei den Christen allein, damit sie leugnen. [...] Um so verkehrter ist es, wenn ihr zwar auf Grund des Bekenntnisses zum Christennamen von unseren Verbrechen überzeugt seid, uns aber dann durch die Folter zwingt, von dem Bekenntnis abzugehen, auf daß wir uns mit dem Namen zugleich von den Verbrechen lossagen, von denen ihr auf Grund des Bekenntnisses zum Namen überzeugt wart. [...] Ihr Richter, die ihr die Wahrheit herausfoltern müßt, legt es nur bei uns darauf an, eine Lüge zu hören. [...] Den Christen nun hältst du für aller Verbrechen schuldig, für den Feind der Götter, der Kaiser, der Gesetze, der Sitten, der ganzen Natur, und doch zwingst du ihn zu leugnen, damit du ihn freisprichst. [...] Verrat übst du an den Gesetzen: du willst, daß er seine Schuld leugnet, damit du ihn unschuldig machst – und zwar gegen seinen Willen – und auch für frühere Taten nicht mehr verantwortlich.* Vgl. auch apol. 4,11; 7,2.
62 Tert. apol. 2,19f.: *Daher glaubt man von uns Dinge, die nicht bewiesen werden, und will keine Untersuchung, damit nicht als unwahr erwiesen wird, was man so gerne geglaubt hat, und damit der jenem feindlichen Prinzip verhaßte Name um angeblicher, nicht um bewiesener Verbrechen willen auf Grund des bloßen Bekenntnisses zu ihm verurteilt wird; 7,3: Also untersucht es entweder, falls ihr es glaubt, oder aber glaubt es nicht, wenn ihr es nicht untersucht! Euer eigenes ständiges Hinwegsehen berechtigt zu der Einrede, daß gar nicht wahr ist, was ihr auch selbst nicht zu untersuchen wagt.*

Beginn an bei Außenstehenden verhasst war und entsprechend immer kritisch beäugt wurde.[63] An die Schilderung täglicher Überfälle auf die christlichen Zusammenkünfte schließt der Apologet dann geschickt rhetorische Fragen an: *Wer wäre dabei jemals auf solch ein wimmerndes Kind gestoßen? Wer hätte die blutigen Kyklopen- und Sirenenmäuler so, wie er sie fand, für den Richter aufbewahrt? [...] Wer hätte solche Greuel [sic!], nachdem er sie einmal gefunden, verheimlichen können oder sich abkaufen lassen, wenn er die Personen selbst doch vor Gericht zog?*[64] Die Tatsache, dass bisher niemand mit solchen Augenzeugenberichten und Beweisen hervorgetreten ist, belegt für Tertullian die Unschuld seiner Glaubensgemeinschaft. Unterstrichen wird dies noch durch die Frage, wer überhaupt die Unterstellungen verbreitet haben könnte. Die Christen selbst können es aufgrund der Schweigepflicht von Geheimkulten nicht gewesen sein, Außenstehende hingegen hätten keinen Zugang zum tatsächlichen Geschehen, weswegen auch sie keine zuverlässige Quelle seien.[65] Die Vorwürfe können also – so die implizite Folgerung – nur Gerüchte sein. Entsprechend geht Tertullian im Folgenden ausführlich auf den lügnerischen Charakter von Gerüchten ein und macht deutlich, dass nur ein unvernünftiger, keineswegs jedoch ein verständiger Mensch derartigen Reden Glauben schenke.[66] Wäre ein wahrer Kern darin, so hätte die Zeit diesen schon längst enthüllt, wie sie – nach römischen Sprichwörtern und Grundsätzen – alles enthülle. Die Tatsache, dass auch nach so langer Zeit den Gerüchten um die Verbrechen der Christen keine Beweise gefolgt seien, könne also nur als Beleg für deren Unschuld verstanden werden.[67]

In einem letzten Argumentationsteil wendet sich Tertullian schließlich noch den ganz konkreten Inhalten der Anschuldigungen zu, um deren Inkonsistenz aufzudecken. In sehr ironischer und überspitzter Weise gibt er die Vorstellung wieder, die Christen würden sich für ihre Untaten das ewige Leben erhoffen: *Komm, stoße dein Messer in ein Kind, [...] achte darauf, wie die junge Seele entweicht, fange das kindliche Blut auf, und tränke damit dein Brot, iß davon mit Freuden! [...] Mit solchen Weihen und Ordenszeichen lebst du*

---

63 Tert. apol. 7,3f.: *So zahlreich sind ihre Feinde wie die Außenstehenden. [...] Täglich werden wir umlauert, täglich verraten, sehr häufig mitten in unseren Versammlungen und Zusammenkünften überfallen.* Vgl. auch nat. 1,7,19.
64 Tert. apol. 7,5. Vgl. auch nat. 1,7,20f.
65 Tert. apol. 7,5-7: *Wenn wir uns immer verborgen halten – wann ist überhaupt verraten worden, was wir Schlimmes tun? Vielmehr: von wem hätte es verraten werden können? Denn von den Angeklagten selbst gewiß nicht, da schon ihrem Wesen nach alle Geheimkulte zu treuem Schweigen verpflichten. [...] Wenn also nicht sie selbst ihre Verräter sind, dann sind es folglich Außenstehende. Doch woher sollten Außenstehende davon Kenntnis haben, da selbst fromme Weihen immer die Ungeweihten fernhalten und sich vor Zeugen hüten? Sollten etwa Unfromme weniger Furcht hegen?* Vgl. auch nat. 1,7,12-14.
66 Tert. apol. 7,8-12: *Die Natur des Gerüchts ist allen bekannt. [...] Nicht einmal dann, wenn es etwas Wahres berichtet, ist es frei vom Makel der Lüge, da es von der Wahrheit etwas wegnimmt, etwas hinzufügt, etwas verändert. Und dann ist es ja doch sein Los, daß es nur, wenn es lügt, Bestand hat, und nur so lange lebt es, wie es keinen Beweis erbracht hat. [...] Ein Gerücht, ein Wort für das Ungewisse, hat keinen Raum, wo Gewißheit herrscht. Oder glaubt jemand anderes an ein Gerücht als der Unvernünftige? Denn ein kluger Mensch glaubt nicht an Ungewisses.* Vgl. auch nat. 1,7,1-7.
67 Tert. apol. 7,13f.: *Gut nur, daß die Zeit alles entschleiert [auch eure Sprichwörter und Maximen bezeugen es], nach der Fügung der Natur, die die Welt so geordnet hat, daß nichts lange verborgen bleibt. [...] Begreiflich also, daß so lange Zeit nur das Gerücht um die Verbrechen der Christen weiß. Dies nun laßt ihr als Angeber gegen uns auftreten, obwohl es doch, was es einst ausgestreut hat und in solch langem Zeitraum zur festen Meinung hat werden lassen, bis heute nicht zu beweisen vermochte.*

dann in alle Ewigkeit.[68] Der Apologet fordert seine Leser auf, zu bedenken, ob die Ewigkeit so viel wert sei, dass man sie im Bewusstsein einer solchen Tat erreichen wolle. Sei dies nicht der Fall, so dürfe man derartige Dinge auch nicht glauben – zumal wenn man selbst nicht dazu bereit, geschweige denn fähig wäre.[69] Auch die Christen seien nur Menschen, die nicht zu schlimmeren Taten fähig seien als andere Menschen.[70] Einem möglichen Einwand, dass die Initianden ja durch das Brot getäuscht würden und die Anthropophagie ohne ihr eigenes Wissen begingen, kommt Tertullian zuvor, indem er die Absurdität einer solchen Vorstellung aufzeigt.[71] So stellt er klar, dass es den Neulingen bereits bei der Vorbereitung dämmern müsse, wenn ihnen der Kultvorsteher die notwendigen Utensilien der Initiation mitteile: *Ein kleines Kind brauchst du, ein noch ganz zartes, das nichts vom Tode weiß und das unter deinem Messer lächelt; ebenso Brot, womit du die blutige Brühe aufnehmen kannst.*[72] Und wer den Kannibalismus auch dann noch nicht erkannt habe, erfahre spätestens im Nachhinein davon und müsste dann doch bereitwillig an die Öffentlichkeit gehen, da er im Bewusstsein seiner Untat lieber sterben würde als weiterhin Christ zu bleiben, der er unter solchen Umständen niemals geworden wäre.[73]

Unmittelbar im Anschluss an diese umfassende Widerlegung der Kannibalismusvorwürfe gegen die Christen geht Tertullian in einem zweiten Schritt selbst zum Angriff über, indem er Beispiele für solche Verbrechen bei den Heiden aufzählt. Für den Bereich ritueller Tötungen benennt er dabei – unter Berufung auf Augenzeugenberichte heimischer Soldaten – die in Afrika lange Zeit üblichen und angeblich im Geheimen auch gegenwärtig noch praktizierten Kinderopfer für den Gott Saturn, der ja im Mythos auch selbst erbarmungslos gegen die eigenen Kinder gewesen sei.[74] Zudem führt er die Opferung älterer Menschen für Merkur in Gallien sowie – in Form einer Praeteritio – die taurischen Opfer für Busiris an.[75] Sogar in Rom selbst seien Menschenopfer zu finden, da im Kult für Jupiter Latiaris das

---

68 Tert. apol. 8,1-4. Vgl. auch nat. 1,7,31f..
69 Tert. apol. 8,1.4: *Ich möchte, daß du antwortest, ob das ewige Leben so viel wert ist – oder aber, wenn es das nicht ist, darf man solche Dinge auch nicht glauben. Selbst wenn du es glaubst, bestreite ich, daß du dazu bereit wärest; selbst wenn du dazu bereit wärest, bestreite ich, daß du dazu fähig wärest*. Vgl. auch nat. 1,7,29f.33.
70 Auch hier argumentiert Tertullian wieder sehr ironisch-provokant und mittels rhetorischer Fragen: Tert. apol. 8,4f.: *Warum also sollten andere dazu fähig sein, wenn ihr es nicht seid? Warum solltet ihr nicht dazu fähig sein, wenn andere es sind? Anders, offenbar, ist unsere Natur, wir sind Hundsgesichter und Schattenfüßler; anders gefügt sind unsere Zahnreihen, anders unsere Organe zu blutschänderischer Lust. Wenn du dies von einem Menschen glaubst, kannst du es auch tun; ein Mensch bist auch du selbst, ebenso wie der Christ. Wenn du es aber nicht tun kannst, darfst du es auch nicht glauben. Denn ein Mensch ist auch der Christ, also dasselbe wie du.* Vgl. auch nat. 1,7,33f.
71 Tert. apol. 8,6.
72 Tert. apol. 8,7f. Vgl. auch nat. 1,7,23f.
73 Tert. apol. 8,9: *Und wenn dies nun alles ohne ihr Wissen vorbereitet wird? Aber auf jeden Fall erfahren sie es danach, finden sich damit ab und verzeihen es. „Sie fürchten Strafe, falls sie es an die Öffentlichkeit bringen."* Sie, die verteidigt zu werden verdienten, die schon von sich aus lieber sterben möchten als mit einem solchen Gewissen leben? Doch gut – nehmen wir an, sie fürchten sich; warum aber bleiben sie weiterhin Christen? Es ergibt sich doch von selbst, daß man nicht länger etwas sein will, was man, hätte man es vorher gekannt, gar nicht geworden wäre.
74 Tert. apol. 9,2-4.
75 Tert. apol. 9,5.

Blut eines Tierkämpfers verspritzt werde.⁷⁶ Doch auch außerhalb der religiösen Sphäre gebe es im Alltagsleben genügend Beispiele für Mord, ja sogar für Verwandtenmord. So fordert Tertullian das gemeine Volk auf, zu überlegen, wie viele von ihnen selbst und sogar von den Statthaltern des Kindsmordes angeklagt werden müssten, da sie – was noch grausamer sei als die den Christen vorgeworfenen Tötungen – ihre eigenen Kinder ertränkten oder aussetzten. Den Christen hingegen sei es nicht einmal erlaubt, den noch im Mutterleib befindlichen Embryo abzutreiben, da auch dies für sie einen Mord darstelle.⁷⁷ Selbst die aus den Tragödien bekannten blutigen Speisen seien im paganen Kulturkreis durchaus üblich. So berichte nicht nur Herodot davon, wie einige Völker zum Besiegeln von Verträgen Menschenblut tränken, sondern auch unter Catilina sei irgendetwas dieser Art konsumiert worden, und der Eintritt in den Bellonakult werde ebenfalls mit Blut besiegelt.⁷⁸ Schließlich führt Tertullian in diesem Kontext auch die römischen Arenaspiele an. Anders als seine griechischen Vorgänger stellt er jedoch nicht das Anschauen der Tötungen ins Zentrum seiner Kritik, sondern verweist vielmehr auf Praktiken, die dabei angeblich geschähen. Das Blut getöteter Verbrecher werde, *wenn es noch frisch ist und aus ihrer Kehle herabfließt, mit gierigen Zügen* geschlürft, um Epilepsie zu heilen.⁷⁹ Auch für den puren Gaumengenuss verlange man Eber und Hirsche, die in der Arena mit Menschenblut (*gladiatoris sanguine*) in Berührung gekommen sind, und Bärenmägen, die noch voll seien von unverdauten menschlichen Eingeweiden (*visceribus humanis*), wodurch man auf indirekte Weise Kannibalismus begehe (*ructatur proinde ab homine caro pasta de homine*).⁸⁰ Dem gegenüber sei bei den Christen sogar der Verzehr von Tierblut und verendeten Tieren verboten, was auch den Heiden bekannt sei, da sie den Gläubigen zur Prüfung ihrer Zugehörigkeit zum Christentum mit Tierblut gefüllte Würste vorsetzten. *Doch wie soll man es auffassen, daß ihr glaubt, wer eurer eigenen Überzeugung nach vor Tierblut zurückschaudert, werde nach Menschenblut lechzen? Es sei denn ihr habt es ausprobiert und schmackhafter gefunden. Dies müsste also ebenfalls als Prüfstein für die Christen verwendet werden. [...] Denn durch ihr Verlangen nach Menschblut würden sie ebenso als Christen erwiesen wie durch ihr Verweigern des Opfers. [...] Und gewiß würde es euch doch beim Verhör und bei der Verurteilung der Verhafteten an Menschenblut nicht fehlen.*⁸¹ Mit dieser abschließenden Provokation rekurriert Tertullian einerseits auf die zu Beginn seiner Darstellung festgestellte Ungesetzmäßigkeit der Christenprozesse. Zum anderen stellt er noch einmal den Gegensatz zwischen enthaltsamen Angeklagten und ihren unmenschlichen, ja geradezu kannibalischen Anklägern heraus, die bei Verhör und Folter vor dem Vergießen von Men-

---

76 Tert. apol. 9,5: *Doch seht, in der so gottesfürchtigen Stadt der frommen Aeneassöhne (urbe Aeneadarum) gibt es einen Juppiter [sic!], den man bei seinen Spielen mit Menschenblut bespritzt. „Aber nur mit dem eines Tierkämpfers", erklärt ihr. Dann ist es allerdings, scheint mir, weniger als Menschenblut! Ist es nicht um so schändlicher, daß es das Blut eines schlechten Menschen ist? Zumindest aber wird es bei einem Mord vergossen. Wahrhaftig – Juppiter ist Christ, und einziger Sohn seines Vaters dank dessen Grausamkeit!*
77 Tert. apol. 9,6-8. Vgl. auch nat. 15,3-8.
78 Tert. apol. 9,9f.
79 Tert. apol. 9,10.
80 Tert. apol. 9,11f.
81 Tert. apol. 9,13-15.

schenblut in keiner Weise zurückschrecken und daher selbst als die eigentlichen Menschenfeinde aufzufassen seien.

Weniger innovativ als die ironischen und polemischen Ausführungen Tertullians zeigt sich der *Octavius* seines Zeitgenossen Minucius Felix.[82] Auch dieser verdeutlicht zuerst anhand von rhetorischen Fragen die Unglaubwürdigkeit der Kannibalismusvorwürfe, bleibt dabei allerdings sehr allgemein und stellt von Beginn an die Anklage gegen die Verleumder ins Zentrum. Nur derjenige sei imstande die falschen Anschuldigungen zu glauben, der selbst derartige Taten vollbringe.[83] Als Beleg werden abermals die Kindsaussetzung und -tötung (*procreatos filios nunc [...] exponere, nunc adstrangulatos [...] elidere*) sowie die Abtreibung (*originem futuri hominis extinguant*) angeführt.[84] Auch mythologische und vor allem rituelle Beispiele für pagane Anthropophagie fehlen nicht, wobei der Apologet die etablierten Verweise auf Saturn und Jupiter Latiaris durch Ausführungen zu Kinder- bzw. Menschenopfern in Ägypten, Taurien und Gallien, aber auch in Rom selbst ergänzt, wie es bereits Tertullian getan hatte.[85] Eine besondere Behandlung erfährt in diesem Kontext das Trinken von Menschenblut, das sich bei den Römern in verschiedenen Bereichen nachweisen lasse. So finde es sich einerseits religiös konnotiert bei der Einweihung in den Kult der Bellona (*sacrum suum haustu humani cruore imbuere*), zum anderen diene es in politischer Hinsicht der Besiegelung eines Verschwörungsbundes (*sanguinis foedere coniurare*), wie es bei Catilina geschehen sei. Zudem werde Menschenblut sogar im alltäglichen Leben zur Heilung von Epilepsie (*comitialem morbum hominis sanguine [...] sanare*) getrunken.[86] Seine Beispielreihe für paganen Kannibalismus schließt auch Minucius Felix mit der römischen Praxis der Arenaspiele. Auf die Schuld, die man beim Anschauen der Tötungen auf sich lade, verweist er dabei nur kurz[87] und orientiert sich dann stark an den Vorwürfen Tertullians. So geht er insbesondere darauf ein, dass die Kampftiere, von Menschenblut besudelt und von Menschenfleisch gemästet, kurz darauf gegessen würden (*feras devorant inlitas et infectas cruore vel membris hominis et viscere saginatas*), was für ihn eine Form der Anthropophagie im weiteren Sinne darzustellen scheint.[88] Dem gegenüber würden die Christen nicht einmal das Fleisch normaler essbarer Tiere zu sich nehmen, was nur umso

---

82 Das zeitliche Verhältnis von Tertullians *Apologeticum* und Minucius Felix' Dialog *Octavius* lässt sich zwar aufgrund fehlender Belegstellen nicht sicher feststellen, jedoch wird seit den Abhandlungen von Heinze 1910 und Axelson 1941 der Priorität Tertullians größere Wahrscheinlichkeit zugesprochen. Der Gegensatz zwischen einer generell starken Originalität Tertullians und zahlreichen literarischen Übernahmen im Werk des Minucius Felix lässt darauf schließen, dass auch die Parallelen zwischen den beiden apologetischen Schriften aus Anlehnungen des *Octavius* an Tertullians *Apologeticum* resultiert haben. Vgl. Kytzler 1993: 161-166.
83 Min. Fel. 30,1: *Kannst du es denn auch nur annehmen, es sei möglich, daß man einem so zarten, winzigen Körper Todeswunden zufügt? Daß jemand das frische Blut eines ganz jungen Wesens versprizt oder gar schlürft? Niemand kann so etwas glauben – außer, wer es selbst fertig bringt.*
84 Min. Fel. 30,2.
85 Min. Fel. 30,3-4 schildert die ägyptischen Kinderopfer für Saturn, die rituellen Menschenopfer für den mythischen König Busiris in Taurien sowie die Opferung von Fremdlingen in Gallien für den Gott Merkur. Als römische Opferbräuche nennt Minucius Felix das Begraben von Griechen und Galliern bei lebendigem Leib sowie die Menschenopfer für Jupiter Latiaris.
86 Min. Fel. 30,5.
87 Min. Fel. 30,6: *Bei uns ist es nicht erlaubt, das Töten eines Menschen auch nur anzusehen oder anzuhören (nobis homicidium nec videre fas nec audire).*
88 Min. Fel. 30,6.

mehr ihre Scheu vor Menschenblut (*ab humano sanguine cavemus*) und damit ihre Abwendung vom Kannibalismus demonstriere.[89] Die Unschuld der Christen stellt Minucius Felix also den unmenschlichen und kannibalischen heidnischen Praktiken gegenüber und vertauscht damit abermals die Rollen von Anklägern und Angeklagten.

Zur Nachwirkung der Kannibalismusthematik in der Spätantike

Die letzte apologetische Quelle, die sich mit der Kannibalismusthematik unter expliziter Benennung der Vorwürfe gegen die Christen beschäftigt, ist die Verteidigungsschrift *Contra Celsum* des alexandrinischen Kirchenschriftstellers Origenes aus der ersten Hälfte des dritten Jahrhunderts. Anders als die früheren Apologeten hält dieser seine Erwiderung sehr knapp. Er beschränkt sich allein auf den Erweis der Falschheit der Vorwürfe, indem er in sprachlicher Variation deren verleumderischen (δυσφημία), vernunftwidrigen (παραλόγως) und trügerischen (ἀπατᾷ) Charakter betont. Auch die beschriebene Tatsache, dass früher die Mehrheit der Menschen von derartigen Anschuldigungen überzeugt war, sich gegenwärtig aber nur noch einzelne davon täuschen ließen, untermauert die Unhaltbarkeit der Vorwürfe, die jegliche weitere Erwiderung unnötig zu machen scheint.[90]

Trotz des Zurückgehens der antichristlichen Kannibalismusvorwürfe wurde in der Folgezeit der Anthropophagiediskurs nicht gänzlich aufgegeben. Noch die christlichen Autoren des dritten bis fünften Jahrhunderts machten die Vorstellung des Menschenfressens für ihre Zwecke nutzbar. Die zuvor gegen sie selbst erhobenen Anschuldigungen wandten sie nun in ähnlicher Weise auf Gruppierungen an, die sie als Gefahr für das Christentum ansahen. Ziel ihrer Invektiven waren insbesondere häretische Strömungen, die sich von der Gesamtkirche distanziert hatten und damit als Bedrohung der christlichen Einheit wahrgenommen wurden. So behauptet bereits Tertullian in seiner Schrift gegen Markion, dass es in dessen Heimat, der Gegend um das Schwarze Meer, üblich sei, die Leichname der eigenen Eltern zu essen, was auch zur übrigen Barbarei dieses Volkes und damit des Markion selbst passe.[91] Etwa ein Jahrhundert später beschreibt Eusebios von Caesarea die Gnostiker als eine Sekte, die den weltlichen Mächten durch Schandtaten entrinnen wolle. Ihr Treiben habe dazu geführt, dass den wahren Christen damals vorgeworfen wurde, Inzest zu betreiben und gottlose Mahlzeiten zu genießen.[92] Besonders betroffen von derartigen Vorwürfen waren, wie die Quellenlage andeutet, die Montanisten.[93] Kyrill von Jerusalem schürt den Hass gegen die Häresie, indem er schildert, wie arme kleine Kinder bei den Mysterien der Montanisten geschlachtet und für schändliche Mahlzeiten zerstückelt werden. Die Tatsache, dass sich die Täter dabei als Christen bezeichneten, sei Ursache für die Verleumdungen, durch welche der christlichen Kirche bei Verfolgungen immer wieder derartige Schandtaten

---

89 Min. Fel. 30,6: *Ja, so groß ist unsere Scheu vor menschlichem Blut, daß wir in unseren Speisen nicht einmal das Blut eßbarer Tiere (edulium pecorum) dulden.*
90 Orig. c. Cels. 6,27.
91 Tert. adv. Marc. 1,1,3f.
92 Eus. HE 4,7,9-11.
93 Vgl. neben den im Folgenden betrachteten Texten von Kyrill und Augustinus auch Hieronymus (Hier. Epist. 41,4) und weniger explizit Irenäus von Lyon (Iren. adv. haer. 1,25,3) und Epiphanias von Salamis (Epiph. Panar. 48,14,5).

angelastet würden.⁹⁴ Eine noch ausführlichere und stark an die bei Tertullian und Minucius Felix beschriebenen Vorwürfe erinnernde Beschreibung der montanistischen Grausamkeiten liefert noch im fünften Jahrhundert Augustinus von Hippo in einem Brief an Quodvultdeus. Darin beschuldigt er die Anhänger des Montanus, sie würden bei ihrer Eucharistie aus einem einjährigen Kind durch Stiche Blut entnehmen, um dieses zu trinken und daraus durch Zugabe von Mehl Brot zu backen. Sterbe das Kind bei dieser Prozedur, werde es zum Märtyrer, wenn es überlebe, zum Priester.⁹⁵

Neben den Häretikern war zudem die noch existierende pagane Religion eine beliebte Zielscheibe der christlichen Polemik. Nicht nur die Kritik an der Unmenschlichkeit der traditionellen Göttermythen wurde weitergeführt,⁹⁶ sondern auch die verbliebenen Heiden stellte man als Barbaren und Kannibalen dar. So findet sich in den Reden Gregors von Nazianz eine Passage, die wohl als Reaktion auf die zeitgenössische Restaurationspolitik Kaiser Julians zu verstehen ist. Sie erzählt davon, wie die Bewohner von Heliopolis unberührte Jungfrauen zerfleischten, um anschließend selbst von ihnen zu essen oder sie zu Schweinefutter zu verarbeiten, bevor sie zum gewöhnlichen Mahl zusammenkämen. Die Schuld für diese kannibalischen Praktiken gibt der Kirchenvater dem sogar namentlich genannten Kaiser, der angeblich auch seine Dämonen mit dem eigenen Blut ernähre.⁹⁷ Weniger spezifisch ist hingegen der an der Wende vom vierten zum fünften Jahrhundert tätige Historiker und Übersetzer Rufinus. In seiner Kirchengeschichte spricht er davon, was für Freveltaten man in den paganen Heiligtümern entdecken könne. In goldenen Becken seien abgeschlagene Kinderköpfe gefunden worden und dazu passend gebe es Abbildungen grausamer Tötungen. Nicht wenige seien angesichts dieser Schändlichkeiten von der paganen Religion zum Christentum übergetreten.⁹⁸ Ihre deutlichste Ausformung erfährt diese Barbarisierung der paganen Kultur und die damit verbundene Umkehr von Adressaten und Adressanten der Kannibalismusvorwürfe in der *Passio* über das Martyrium des römischen Diakons Laurentius.⁹⁹ Der Bericht beschreibt, wie Kaiser Decius höchstpersönlich den Christen auf dem Rost foltern lässt. Doch anstatt unter der barbarischen Behandlung vom Glauben abzulassen, präsentiert sich Laurentius provokativ als Kannibalismusopfer, indem er seinen Peiniger, den paganen römischen Kaiser, darauf hinweist, die eine Seite sei nun gar; er könne ihn daher umdrehen und anschließend verspeisen: *Ecce miser assasti me in parte una. regira aliam et manduca!*¹⁰⁰ In unterschiedlicher Weise fand diese Anekdote

---

94 Kyr. Hier. Catech. 16,8.
95 Aug. haer. 26. Hier findet sich erstmalig ein Beleg, der die Kannibalismusvorwürfe mit der Eucharistie in Zusammenhang bringt. Zuvor scheinen die Anschuldigungen nicht mit dem Verweis auf das Abendmahl begründet worden zu sein, was mit Klinghardts These kongruiert, dass auch im christlichen Denken erst allmählich die Mahlrituale als Deutungsträger von den Mahlelementen Brot und Wein abgelöst worden sind: Klinghardt 2012: 33–58.
96 So beispielsweise bei Lactanz, der in Inst. 1,13,2 darauf eingeht, wie Saturn seine eigenen Kinder gefressen haben soll.
97 Greg. Naz. or. 4,87.
98 Rufin. Hist. 2,24.
99 Eine genaue Datierung dieses anonym verfassten Martyriumsberichts ist aufgrund mangelnder textinterner und -externer Indizien nicht möglich. Man kann jedoch davon ausgehen, dass die *Passio* in nachkonstantinischer Zeit verfasst wurde und zumindest eine Version davon bereits Ambrosius von Mailand bekannt war.
100 Passio Laurentii in Mombritius 1910: 92–95. *Sieh, du Elender! Du hast mich auf der einen Seite*

Eingang in die Schriften zahlreicher Kirchenväter, von Ambrosius von Mailand über Petrus Chrysologus und Prudentius bis hin zu Augustinus, und wurde damit zu einem Exemplum stilisiert für die barbarische Grausamkeit der Christenverfolger und die moralische Überlegenheit der Gläubigen.[101]

Fazit

Die detaillierte Untersuchung der frühchristlichen Literatur in Hinblick auf ihren Umgang mit den gegen die Christen vorgebrachten Kannibalismusanschuldigungen hat ergeben, dass fast alle Texte die Vorwürfe als einen Angriff auf ihre Menschlichkeit und Kultiviertheit auffassten. Das Verständnis des Kannibalismus als Zeichen der Barbarei und Gefährlichkeit wurde von Christen und Heiden geteilt. Die christliche Erwiderung erfolgte entsprechend in zweifacher Weise. Zum einen entkräfteten die Texte die Vorwürfe durch Darlegung ihrer Unglaubwürdigkeit und ihrer Unvereinbarkeit mit der ansonsten integeren Lebensweise der Christen. Sie gingen dabei vor allem auf den Mangel an Belegen, die Ungesetzmäßigkeit der Christenprozesse sowie die Widersprüchlichkeit und Inkonsistenz der Vorwürfe ein. Auch untermauerten sie die christliche Unschuld mit ihrem Verzicht auf alles, was mit Tötung zu tun haben könne – wie die Kindsaussetzung, die Arenaspiele und das Essen von Tierblut und -fleisch –, sowie teilweise sogar mit der christlichen Einsatzbereitschaft für die römische Gemeinschaft. Daraus folgerten sie, dass kein vernünftiger Mensch den Vorwürfen Glauben schenken könne. Zum anderen gingen die christlichen Autoren aber auch selbst zum Angriff über und schmetterten die Anklage des Kannibalismus sowie die damit verbundene Barbarisierung auf ihre Ankläger zurück. In unterschiedlichem Ausmaß führten sie dafür Belege aus den paganen Mythen, der Literatur, der Kunst und der Philosophie an. Auch auf Kulthandlungen des religiösen und politischen Bereichs sowie auf die Praktiken der Abtreibung und Kindsaussetzung, der Arenaspiele sowie der Folterungen wurde in diesem Kontext eingegangen. Die Kannibalismusvorwürfe selbst behielten die frühchristlichen Autoren also bei, besetzten jedoch die Positionen von Anklägern und Angeklagten neu.

Ein solcher Umgang mit der Anthropophagiethematik untermauert die These, dass nicht ein Missverständnis der Eucharistie den Ursprung für die antichristlichen Vorwürfe gebildet hat. Nirgends gehen die untersuchten Texte in ihren Erwiderungen auf das Abendmahl ein und nehmen keinerlei Rechtfertigung dessen vor. Die christlichen Autoren scheinen

---

durchgebraten. Dreh mich auf die andere Seite und iss! Die Übersetzung wurde von der Autorin des Aufsatzes selbst angefertigt.
101 Ambr. off. 1,41,207: *Es ist gebraten, sagte er, wende und iss! (Assum est, inquit, versa et manduca.)*; Petr. Chrys. serm. 135,2: *Dreht mich jetzt, und wenn ein Teil gebraten ist, dann verschlingt ihn! (Iam me versate, et si una pars cocta est, vorate.)*; Prud. Perist. II,397-408: ‚*Wende den Teil des Körpers um, der schon ausreichend gleichmäßig verbrannt ist und probiere aus, was dein Vulkan feurig vollbracht hat!*' Der Statthalter ließ ihn wenden. Darauf sagte jener: ‚*Es ist gebraten, verschlinge es und probiere, ob es blutig und ziemlich weich gebraten ist.*' (‚*Converte partem corporis/ satis crematam iugiter/ et fac periclum, quid tuus/ Vulcanus ardens egerit.*'/ *Tunc ille:* ‚*Coctum est devora/ et experimentum cape/ sit crudum an assum suavius!*'); Aug. serm. 303: *Es ist schon gebraten; was noch fehlt: wendet mich und esst! (Iam coctum est; quod superest: versate me, et manducate.)* Die Übersetzungen wurden von der Autorin des Aufsatzes selbst angefertigt.

also die Anschuldigungen nicht als speziell gegen ihre Glaubensgemeinschaft entwickelte Angriffe aufgefasst zu haben, sondern auch sie verorteten sie in einem allgemeineren Zivilisations- und Fremdheitsdiskurs, welcher der Grenzziehung und dem Ausschluss bestimmter Gruppen diente. Ebenso wie ihre paganen Ankläger nutzten die Christen den Kannibalismusvorwurf zur Barbarisierung und Entmenschlichung ihrer als potentielle Gefahr eingeschätzten Gegner – seien es die heidnischen Römer oder die häretischen Abspaltungen des Christentums. Die christlichen Texte leisteten so selbst einen Beitrag zum Diskurs über Kultur und Barbarei und machten diesen für ihre eigene Argumentation fruchtbar, indem sie mit der Widerlegung der gegen ihre Glaubensgemeinschaft gerichteten Kannibalismusvorwürfe auch die generelle moralische Überlegenheit des Christentums demonstrierten. Gerade die römischen Praktiken, von denen sich die Christen distanzierten und dadurch aus paganer Sicht das Gemeinwesen subvertierten, erwiesen die Apologeten als barbarisch und kannibalisch, wodurch sie die ihnen vorgeworfene Abkehr zu einem in Wahrheit kultur- und gemeinschaftsstiftenden Akt umdeuteten. Die Universalität des Kannibalismusvorwurfs, die ihn auf verschiedenste Gruppen anwendbar und unter ihnen austauschbar machte, führte also dazu, dass die Christen schon sehr früh die gegen sie vorgebrachten Anschuldigungen auf ihre heidnischen Ankläger übertrugen. Begünstigt wurde dies durch die Tatsache, dass die christlichen Autoren im paganen Kulturgut aufgrund des Alters der Kannibalismusthematik ausreichend Material fanden, um ihre Beschuldigungen zu untermauern. Vor dem Hintergrund dieser eher kontraproduktiven Wirkung des Anthropophagievorwurfs in der anti-christlichen Propaganda ist es nicht verwunderlich, dass in den paganen Invektiven bereits früh darauf verzichtet wurde. Für die christlichen Autoren hingegen schien sich die Thematik gleichermaßen als Angriffs- und Verteidigungsmittel bewährt zu haben. Die Kannibalismusbehauptung wurde auch in der Spätantike gegen pagane und häretische Minoritäten angewandt und ist selbst im Mittelalter noch rezipiert worden, sodass im neunten Jahrhundert Ado von Vienne in seinem Martyrologium den Märtyrer Laurentius abermals zu Kaiser Decius sagen lässt: *Ecce, miser, assasti unam partem. regyra aliam et manduca!*[102]

---

102 Ado von Vienne, Martyrologium, Mensis Augustus, IV Idus Augusti (10. Aug.).

Literaturverzeichnis

Primärtexte – Ausgaben und Übersetzungen[103]

Becker, Carl 1992, *Tertullian, Apologeticum, Verteidigung des Christentums, Lateinisch und Deutsch*, München, 1992.

Cunningham, Maurice P. 1966, *Aurelii Prudentii Clementis Carmina* (= Corpus Christianorum, Series Latina 126), Turnhout, 1966.

Dittmer, Jörg 2000, *Laurentius - zweisprachig*, Neuendettelsau, 25.10.2000, eingesehen am 12.12.2000, <www.chairete.de/Beitrag/Laurentius/laurentius-zweisprachig.pdf>.

Eberhard, P. Anselm 1913, *Des Athenagoras von Athen Apologie und Schrift über die Auferstehung* (= Bibliothek der Kirchenväter, Frühchristliche Apologeten und Märtyrerakten Bd. 1), Kempten, München, 1913.

Friedrowicz, Michael, Barthold, Claudia 2011, *Origenes Contra Celsum – Gegen Celsus*, Freiburg et al., 2011.

Georges, Tobias 2011, *Tertullian „Apologeticum", übersetzt und erklärt*, Freiburg et al., 2011.

Haeuser, Philipp 1917, *Des heiligen Philosophen und Martyrers Justinus Dialog mit dem Juden Tryphon*, Kempten/ München, 1917.

Hiltbrunner, Otto 1979, Tertullianus, in: Konrat Ziegler, Walther Sontheimer, Hans Gärtner (Hgg.), *Der kleine Pauly. Lexikon der Antike*, München 1979.

Kytzler, Bernhard 1992, *M. Minuci Felicis Octavius*, Stuttgart, Leipzig, 1992.

Kytzler, Bernhard 1993, *M. Minucius Felix Octavius*. Lateinisch/ Deutsch, Stuttgart, 1993.

Leitl, Jakob 1913, *Des heiligen Theophilus, Bischofs von Antiochia, Drei Bücher an Autolykus* (= Bibliothek der Kirchenväter, Frühchristliche Apologeten und Märtyrerakten Bd. 2), Kempten, München, 1913.

Marcovich, Miroslav 1990, *Athenagoras Legatio pro Christianis*, Berlin/ New York, 1990.

Marcovich, Miroslav 1994, *Iustini Martyris Apologiae pro Christianis*, Berlin/ New York, 1994.

Marcovich, Miroslav 1997, *Iustini Martyris Dialogus cum Tryphone*, Berlin/ New York, 1997.

Mombritius, Boninus 1910, *Sanctuarium seu Vitae Sanctorum*, Bd. 2, Paris, 1910.

Musurillo, Herbert 1972, *The Acts of the Christian Martyrs*, Oxford, 1972.

Olivar, Alexandre 1982, *Sancti Petri Chrysologi Collectio Sermonum*, Bd. 3 (= Corpus Christianorum, Series Latina 24b), Turnhout, 1975.

Otto, Johannes C. Th. 1969, *Theophili Episcopi Antiocheni Ad Autolycum libri tres*, Liechtenstein, 1969.

Rauschen, Gerhard 1912, *Florilegium Patristicum, Fasciculus VI, Tertulliani Apologetici Recensio Nova*, Bonn, 1912.

Rauschen, Gerhard 1913, *Des heiligen Justins, des Philosophen und Märtyrers zwei Apologien* (= Bibliothek der Kirchenväter, Frühchristliche Apologeten und Märtyrerakten Bd. 1), Kempten, München, 1913.

Testard, Maurice 2000, *Sancti Ambrosii Mediolanensis De officiis* (= Corpus Christianorum, Series Latina 15), Turnhout, 2000.

Trelenberg, Jörg 2012, *Tatianos, Oratio ad Graecos/ Rede an die Griechen*, Tübingen 2012.

Rosweid, Herbert 1983, Sancti Adonis Viennensis Archiepiscopi Martyrologium, in: J.-P. Migne, *Usuardus Sangermanensis Martyrologium – 1: Praemittuntur Sancti Adonis Opera*, Paris 1852.

---

103 Aufgelistet werden aus ökonomischen Gründen nur die Ausgaben und Übersetzungen der Texte, die im Aufsatz zitiert worden sind. Für alle weiteren Stellenangaben können die Standartausgaben der jeweiligen Werke konsultiert werden.

Sekundärliteratur

Achelis, Hans 1912, *Das Christentum in den ersten drei Jahrhunderten*, Leipzig, 1912.
Arens, William 1979, *The Man-Eating Myth. Anthropology and Anthropophagy*, New York, 1979.
Axelson, Bertil 1941, *Das Prioritätsproblem Tertullian – Minucius Felix*, Lund, 1941.
Baudy, Gerhard 1999, Der kannibalische Hirte. Ein Topos der antiken Ethnographie in kulturanthropologischer Deutung, in: Anette Keck, Inka Kording, Anja Prochaska (Hgg.), *Verschlungene Grenzen. Anthropophagie in Literatur und Kulturwissenschaften*, Tübingen, 1999, 221-242.
Baudy, Dorothea 1999, 'Kinderfresser'. Ein europäischer Topos zur Verunglimpfung des 'anderen', Anette Keck, Inka Kording, Anja Prochaska (Hgg.), *Verschlungene Grenzen. Anthropophagie in Literatur und Kulturwissenschaften*, Tübingen, 1999, 257-271.
Baudy, Gerhard 2008, Zum Brotessen verdammt - durch Brot erlöst, in: Iris Därmann, Harald Lemke (Hgg.), *Die Tischgesellschaft. Philosophische und kulturanthropologische Annäherungen*, Bielefeld, 2008, 61-85.
Bickerman, Elias 1980, Ritualmord und Eselskult. Ein Beitrag zur Geschichte antiker Publizistik, in: Elias Bickerman, *Studies in Jewish and Christian History*. Part 2. Leiden, 1980, 225-255.
Dölger, Franz 1934, 'Sacramentum infanticidii'. Die Schlachtung eines Kindes und der Genuß seines Fleisches und Blutes als vermeintlicher Einweihungsakt im ältesten Christentum, in: *Antike und Christentum* 4, 1934, 188-228.
Edwards, Mark J. 1992, Some Early Christian Immoralities, in: *Ancient Society* 23, 1992, 71-82.
Fulda, Daniel 2001, Unbehagen in der Kultur, Behagen in der Unkultur. Ästhetische und wissenschaftliche Faszination der Anthropophagie, in: Walter Pape, Daniel Fulda (Hgg.), *Das andere Essen. Kannibalismus als Motiv und Metapher in der Literatur*, Freiburg, 2001, 7-52.
Grant, Robert M. 1981, Charges of 'Immorality' Against Various Groups in Antiquity, in: Roelof van Broek (Hg.): *Studies in Gnosticism and Hellenistic Religions*. Leiden, 1981, 161-170.
Harland, Philip A. 2007, 'These peaople are ... men eaters'. Banquets of the Anti-Associations and Perceptions of Minority Cultural Groups, in: Philip A. Harland, Zeba Crook (Hgg.), *Identity and Interaction in the Ancient Mediterranean: Jews, Christians and Others. Essays in Honour of Stephen G. Wilson*. Sheffield, 2007, 56-75.
Heinrichs, Albert 1970, Pagan Ritual and the Alleged Crimes of the Early Christians, in: Patrick Granfield, Josef A. Jungmann (Hgg.): *Kyriakon. Festschrift Johannes Quasten*. Münster, 1970, 18-35.
Heinze, Richard 1910, *Tertullians Apologeticum* (= Berichte über die Verhandlungen der Königlich-Sächsischen Gesellschaft der Wissenschaften zu Leipzig, Philologisch-historische Klasse 62:10), Leipzig, 1910.
Klinghardt, Matthias 2012, Der vergossene Becher. Ritual und Gemeinschaft im lukanischen Mahlbericht, in: *Early Christianity* 3, 2012, 33-58.
McGowan, Andrew 1994, Eating People. Accusations of Cannibalism against Christians in the Second Century, in: *Journal of Early Christian Studies* 2, 1994, 413-442.
Nagy, Agnès A. 2000, *Les repas de Thyeste. L' accusation d' anthropophagie contre les chrétiens au 2e siècle* (=Hungarian polis studies 7), Debrecen, 2000.
Nagy, Agnès A. 2001, La forme originale de l' accusation d' anthropophagie contre les chrétiens, son développement et les changements de sa représentation au II siècle, in: *Revue des Études Augustiniennes* 47, 2001, 223-249.
Nagy, Agnès A. 2009, *Qui a peur du cannibale? Récits antiques d'anthropophages aux frontières de l'humanité*, Turnhout 2009.
Reeves Sanday, Peggy 1986, *Divine Hunger. Cannibalism as a Cultural System*, Cambridge, 1986.
Rives, James 1995, Human Sacrifice among Pagans and Christians, in: *The Journal of Roman Studies* 85, 1995, 65-85.

Schäfer, Peter 1997, *Judeophobia. Attitudes Toward the Jews in the Ancient World*, Cambridge, 1997.
Tannahill, Reay 1979, *Fleisch und Blut. Eine Kulturgeschichte des Kannibalismus*, München, 1979.
Waltzing, Jean Pierre 1925, *Le crime rituel reproché aux Chrétiens du IIe siècle*, Brüssel, 1925.
Wormius, Christian 1695, De veris causis cur delectatos humanis carnibus et promiscuo concubito Christianos calumnitati sint ethnici, in: Johann Christoph Martini (Hg.), *Thesaurus dissertationum* II,2, Nürnberg, 1766, 18-67.

"Guilty until proven innocent – the curious case of Aztec cannibalism"

Izabela Wilkosz

The debate on alleged Aztec cannibalism should begin with the statement that history is written by the victors. In this particular case, the popular stereotype portrays the Aztecs as a death-obsessed militaristic culture mostly known for mass human sacrifice. The rituals described by the early colonial Spanish writers were massacres of epic proportions, during which men, women and even children were offered to the blood-thirsty Aztec gods. 16th century Spaniards who participated on the conquest of Mexico provided many accounts on Aztec savagery, the Aztec penchant for wearing ornaments made of human skulls and bones, or ceremonies during which people had been flayed and their skins had been used by the priests as costumes. It is therefore not surprising that the Spaniards accused the Aztecs of cannibalism – in general opinion, human sacrifice is frequently accompanied by anthropophagy.

It is often omitted or ignored that all these accounts of cannibalism among the Aztecs come from the post-Conquest period; in fact, they have been written exclusively by Spaniards – often the same people who participated in Hernán Cortés' expedition to Mexico and who fought against the Aztecs during the Conquest of the Aztec Empire. Some of these 16th century authors were Catholic missionaries who worked in Central Mexico and who evangelized the conquered natives. The stories they wrote were far from objective. Moreover, there are literally no pre-Conquest Aztec sources confirming that anthropophagy was a common practice among these people. As a matter of fact, there are no references to cannibalism predating the Spanish Conquest.

Despite its popular use, the term "Aztec", generally referring to the inhabitants of the city of Tenochtitlan and the co-founders of the so-called Aztec Triple Alliance, is in fact incorrect. It had been first proposed in 1781 by a Jesuit scholar Francisco Clavijero in his work *La Historia Antigua de México* and popularized in the 19th century by the prolific Prussian scholar Alexander von Humboldt and the American historian William H. Prescott.[1]

The people in question called themselves the Mexica; according to their legends, their tribal god Huitzilopochtli commanded them to leave their mythical homeland of Aztlan in search for a new place to live.[2] Back then they were generally known as the Aztecs – "the people from Aztlan" – but they changed their name to Mexica as soon as they set on their journey. Clavijero stated that Huitzilopochtli's other name was *Mexitli* and therefore it is

---

1 Clavijero 1780; Humboldt 2004; Prescott 1843.
2 Durán 1994: 13.

possible that this particular group chose to identify itself through the name of their patron deity.[3]

Around 11th century the Mexica arrived in the Valley of Mexico and in AD 1325 they established what was to become the biggest and the most spectacular city of the pre-Conquest Mexico – Tenochtitlan.[4] From then on they called themselves the Mexica-Tenochca.

More than a century later, they forged an alliance with two other cities - Texcoco and Tlacopan, and together they overthrew the local Tepanec hegemony of Azcapotzalco.[5] The so-called Aztec Triple Alliance emerged. During the next hundred years, they managed to conquer a vast territory expanding from the Pacific coast to the Gulf of Mexico, and further to the remote Maya lands in the present-day Mexican state of Chiapas.

For the purpose of this article, the term "Aztec Empire" will be used to describe the lands conquered and governed by the Aztec Triple Alliance between 1428 and 1519. Since the name "Aztec" is already commonly used to describe the inhabitants of Tenochtitlan (and sometimes their allies in Texcoco and Tlacopan), I'm going to refer to the members of the Triple Alliance as Aztec as well.

The Aztec Empire was in fact a Colossus on clay legs: a loose confederation of various administrative units held together by a complex tributary system and Tenochtitlan's military force. It was a multiethnic and multilingual organism which had not been integrated on a cultural or social level. Some of these administrative units actively opposed the Aztec rule, which came to an abrupt end shortly after the arrival of the Hernán Cortés' expedition in 1519. Cortés, a skillful diplomat and tactician, used these structural weaknesses to his full advantage. He convinced Aztec enemies to join his quest and thanks to their contribution he managed to conquer the Aztec Empire in 1521.[6]

In 1503 Queen Isabella of Spain issued a "Decree on Indian Labor", in which she legalized the enslavement and sale of those Indians who consumed human flesh.[7] As a result, Spanish colonizers tended to present the conquered Native Americans as cannibals in order to justify their enslavement and their subsequent exploitation. Not surprisingly, this strategy had also been widely used during the conquest of Mexico; Cortés and his soldiers provided many accounts of the barbaric customs and practices which they encountered during their expedition. They accused the Aztecs of any crime possible, from cannibalism to buggery – and this tendency continued well into the early colonial period.

One of the best known references to the alleged Aztec cannibalism comes from the Cortés' letter to the Emperor Charles V, in which the conquistador recounted a gruesome story he heard from his men. During the last phase of the war against Tenochtitlan, the native allies of the Spaniards asked them for their help: a troop of highlanders still loyal to the Aztecs, presumably under orders of the Tenochtitlan ruler Cuauhtemoc, raided the Otomi territory, laying waste to the crops and ruthlessly plundering the villages. The

---

3   Clavijero 1780: 169.
4   Durán 1994: 51-52.
5   Ibid.: 81-82.
6   Ibid.: 522-557.
7   Sauer 1966:162.

Spaniards chased the raiders on horseback until they forced them to discard their spoils. The bundles contained bales of maize, clothes and remnants of roasted babies.[8]

One of Cortés' men, Bernal Díaz del Castillo, wrote an eyewitness account of their expeditions and the conquest of the Aztec Empire. His *Historia verdadera de la conquista de Nueva España* mentions numerous cases of cannibalism among the Natives; not surprisingly, most of these cases involved Aztec warriors and priests. Díaz del Castillo's narrative leaves no doubt that, in their own opinion, the Spaniards were dealing with cannibalistic "savages" and "barbarians". Allegedly, the Aztec warriors promised to eat Cortés and his men after the battle and even went as far as preparing pots in which the Spaniards would have been cooked.[9] To further prove to the reader that it was not an empty threat, Díaz del Castillo mentioned seeing similar pots, filled with boiled meat of sacrificed natives in Tenochtitlan; apparently, the meat was meant for the priests of Quetzalcoatl.[10] The adventurer recalled seeing young people held in cages in many towns that the Spaniards visited; the conquistadors were shocked to find out that these captives were being fattened for the purpose of human sacrifice and that their bodies would be later eaten.[11]

It must be said that Díaz del Castillo had never seen anyone eaten but, to quote what William Arens wrote about him in his work on anthropophagy:

> "(…) Instead he depicts a colorful barbaric scenario which inevitably leads to the assumption that people were eventually eaten. However, this is not the same as having observed the act."[12]

Furthermore, these "sensationalist" descriptions of "shocking" and "barbaric" practices made the work of Díaz del Castillo even more interesting to read, no matter if they were true or not. The former conquistador wrote his story many years after the war against the Aztecs had come to an end; not only did he try to catch the attention of the public, but he also needed to justify cruel and brutal means to which the Spaniards resorted during their campaign in Mexico.

16th century Spanish historian Francisco López de Gómara, who served as Hernán Cortés' personal chaplain after the latter returned to Spain, wrote a detailed relation of his employer's adventures in Mexico. Cortés told him that his people were threatened and insulted by the Aztec allies, who first informed the Spaniards that they would be eaten on their arrival in Tenochtitlan, but eventually decided that "Spanish meat" was not fit to be eaten by humans.[13] Gómara had never personally set foot in America; instead, he based his work solely on the stories heard from Cortés and his former companions. His accounts were thus biased and clearly intended to present Cortés in the most favorable, heroic light. On the other hand, Gómara's descriptions of the Aztecs were meant to present them as cannibal-

---

8 Cortés 2001: 245.
9 Díaz del Castillo 1992: 178.
10 Ibid.: 176.
11 Ibid.: 150, 579. The Spanish original recounts: "(…) *así como nosotros traemos vaca de las carnicerías, y tenían en todos los pueblos cárceles de madera gruesa hechas a manera de casas, como jaulas, y en ellas metían a engordar muchas indias e indios y muchachos, y estando gordos los sacrificaban y comían.*"
12 Arens 1979: 62.
13 Gómara 1964: 209-210.

istic, blood-obsessed people, who could not have been dealt with in a civilized manner; "the savages" had to be forcibly subjugated and ruled with an iron fist in order to prepare them for the teachings of the Catechism.

The brutally efficient conquest of the Aztec Empire, which started as an illegal expedition lead by willful and ambitious Cortés, had to be justified in the eyes of the Spanish Crown and the Vatican.[14] The Aztec Empire had been definitely more advanced than any tribe which Columbus encountered during his voyages; Cortés could not have simply called the Aztecs "primitives" – not after he visited Tenochtitlan and vividly described the city in his letters to the Spanish Crown. Instead, he focused on one aspect of the native religion which European observers would never accept nor understand – human sacrifice. If the Aztecs were capable of killing people, including women and children, during their rituals, it wasn't difficult to convince the Spanish Crown that they were cannibals too.

Another factor which should be taken into consideration while referring to the aforementioned sources is the language barrier that the Cortés' expedition faced in their dealings with the native inhabitants of pre-Conquest Mexico. None of the Spaniards spoke Nahuatl – the most popular language of the Aztec Empire. Cortés was forced to depend entirely on his interpreters: a Spaniard called Gerónimo de Aguilar, who for several years had been living as a captive among the Maya people, and a native woman whom the modern historians call Malinche. Aguilar had been taught one of the Maya dialects while in captivity; Malinche spoke Maya, Nahuatl and after meeting Cortés she learned Spanish as well.[15] Both Malinche and Aguilar served Cortés during his campaign; Malinche became Cortés' lover and his trusted advisor.[16]

It is reported that Malinche held a grudge against the Aztecs, most probably due to the fact that she, being allegedly of "Aztec" origin, had been sold to slavery by her own mother.[17] During the war against the Aztecs Cortés depended solely on her translation skills and it is more than possible that her strong prejudice against the Aztecs of Tenochtitlan resulted in less than objective interpretation of certain facts. Malinche served not only as the interpreter for Cortés; she provided him with the cultural and social context of the things and events they witnessed during the expedition. He was forced to believe her since she was the only "insider" able to communicate with him. Malinche practically explained to Cortés and his people what they saw on their journey; she gave counsel during political negotiations with local caciques; she helped organize the anti-Aztec coalition – Cortés view of the Aztecs had been directly and strongly influenced by her own beliefs and opinions. Díaz del Castillo's stories of alleged Aztec cannibalism were also based on Malinche's translation and interpretation. Hence, it is even more doubtful whether these stories were actually true.

---

14 Cortés had been originally put in command of this expedition by the Governor of Hispaniola (Cuba) Diego Velázquez de Cuéllar. However, in the last minute Velázquez changed his mind and fired Cortés – probably because he found Cortés' soaring ambition too dangerous. His employee left Hispaniola anyway, openly ignoring direct orders.
15 Thomas 1993: 171-172.
16 Díaz del Castillo 1992: 110.
17 Ibid.: 100.

Many works which are now considered to be the most important (and reliable) sources on Aztec religion and customs had been written by Catholic missionaries working in the 16th century Mexico. Together with the accounts of the former conquistadores they helped establish the stereotype of the Aztecs as cannibals and human sacrifice aficionados. Not surprisingly, the missionaries pursued their own specific agenda – they were expected to help purge the former Aztec Empire of moral defilement and remnants of the old beliefs. It is a true paradox that the same people who dedicated their lives to eradicating any signs of the pre-Conquest Aztec customs are considered to be the greatest authorities on the very things they helped destroy.

One of these famous authors was Diego Durán, a Dominican priest born in Spain but raised in the former capital of the Aztec Empire. Although his works (*Books of the Gods and Rites*, *The Ancient Calendar* and *The History of the Indies of New Spain*) include many detailed descriptions of Aztec rituals and customs, he frequently expressed open contempt for the Aztec religion, stating that:

> "It has not been my purpose to tell fables and ancient customs but to warn with Christian zeal the ministers of God (…). Let them search out, let them uproot the tares which grow among the wheat. Let them be ripped out so that they don't grow side by side with the divine law and doctrine."[18]

In Durán's opinion, the stories of human sacrifice and cannibalism proved Aztec barbarism. His own methodology was questionable, to say the least, but one of his confirmed informants was fray Francisco de Aguilar – a former soldier who served under Cortés.[19] The stories told by Aguilar were full of prejudice and self-justification, not to mention that they must have been greatly exaggerated – similarly to the relation provided by Bernal Díaz del Castillo. Durán himself had never witnessed acts of cannibalism among the Aztecs (nor did Aguilar), but it didn't prevent him from describing them as facts.

A similar practice of referring to human sacrifice and Aztec cannibalism without actually witnessing it can be found in the *Florentine Codex* – the most comprehensive 16th century source on Aztec religion and rituals. Its author, Bernardino de Sahagún, a Franciscan friar, spent most of his adult life in the post-Conquest Central Mexico and dedicated a lot of his time and energy to preserving the Aztec cultural heritage. Sahagún was a true pioneer of Mesoamerican ethnography; given his profession and confession his own work was not free of bias, although he put an enormous effort to interview selected members of the Aztec intellectual elite and to write down their accounts. More importantly, he mastered Nahuatl and was able to interview the Aztecs in their own mother tongue; thanks to his proficiency in this language he could avoid the common errors resulting from a hasty or inaccurate translation. As a matter of fact, Sahagún edited and revised the accumulated information with assistance of other native speakers.[20] His *opus magnum* – the *Florentine Codex* – described in detail all the feasts of both Aztec ceremonial calendars (based on the accounts of the people who witnessed them in Tenochtitlan and Tlatelolco), among many other aspects of the Aztec life.

---

18 Durán 1977: 125.
19 Ibid.: 75.
20 Nicholson 2002:54.

The chapter in question refers to a ceremony called Tlacaxipehualiztli – "The Flaying of Men". The festival took place during the second month of the Aztec solar calendar and it included human sacrifice. The victim was a war captive who was forced to participate in a mock gladiatorial battle and was subsequently sacrificed. His captor received the flayed body afterwards in recognition of his prowess. Sahagún described what followed:

> "Then [the captor] had [the flayed body] taken to his home, where they cut it up, so that it would be eaten, so that it would be [other] people's lot. (…) But the captor could not eat the flesh of his captive. He said: "Shall I perchance eat my very self? For when he took [the captive], he had said: "He is as my beloved son." And the captive had said: "He is my beloved father."[21]

In another paragraph Sahagún provided more details on that cannibalistic meal:

> "There [in the house of the captor] they portioned him out; they cut him to pieces; they distributed him. First of all, they made an offering of one of his thighs to Moctezuma. They set forth to take it to him.
> And as for the captor, they there applied the down of birds to his head and gave him gifts. And he gathered together his blood relatives; the captor assembled them in order to go to eat at his home.
> There they made each one an offering of a bowl of stew of dried maize, called *tlacatlaolli*. They gave it to each one. On each went a piece of the flesh of the captive."[22]

This reference to anthropophagy in the Florentine Codex was clearly not meant to scandalize or shock the prospective reader; instead, it offered a deep insight into the ritual life of the Aztecs, especially the rites performed in the intimate home environment. Sahagún clearly indicated that this particular ceremony was an example of ritual cannibalism. First of all, the consumption of human flesh had been reserved exclusively for the family members and the ruler (Moctezuma); it had strictly ritual purpose and was guarded with a powerful taboo. This "communion" of sorts did not involve the captor due to his personal relationship with the captive; during the vigil preceding the offering the warrior and his captive became one and established symbolic bonds of kinship. The warrior could not consume "his own flesh". Secondly, such a family meal was a celebration of the warrior's achievements and success; a blood relative proved his skill on the battlefield and provided a live captive for human sacrifice, bringing prestige to his family and his community. The "communion" reinforced and celebrated the bond between family members while the ruler was being honored as well: the right thigh of the victim had been delivered to Moctezuma.

If Sahagún's account of anthropophagy in Tenochtitlan and the neighbor city of Tlatelolco were true, it would indicate that the Aztecs were familiar with the practice, although they reserved it for strictly ritual purposes. Eating human flesh would have been restricted to particular ceremonies and people. However, none of Sahagún's informants admitted to have participated in aforementioned ceremonies; none of them actually

---

21 Sahagún 1981: 54.
22 Ibid.: 49.

witnessed cannibalistic practices in person. Sahagún himself was an avid opponent of the Aztec religion, not unlike his Dominican counterpart Durán; his mission was to teach the natives the Christian doctrine – including eradicating any visible or hidden signs of "idolatry" and "pagan customs". Therefore, no matter how comprehensive his study, Sahagún failed to provide hard evidence for Aztec cannibalism. Instead, he based his claim on hearsay.

The sources quoted in this paper are only a few examples from a wide list. Nevertheless, they illustrate the point that the references to Aztec anthropophagy were never accompanied by sufficient evidence; they would rather rely on hearsay, exaggeration, propaganda, or plain fact manipulation. It is not surprising that the concept of man-eating Aztecs is so popular and widespread: it is simply based on the cliché which frequently pairs human sacrifice and cannibalism, suggesting that the latter is a "logical consequence" of the former. However, clichés do not explain the popularity of this stereotype in the academic *milieu*: many Mesoamericanists have accepted the idea of Aztec cannibalism and have taken it as a given even though the evidence for it is less than satisfying.

An example of such misconception is the infamous "ecological hypothesis" proposed by Harner, who claimed that the Aztecs were forced to eat human flesh since *"wild game supplies were decreasingly available to provide protein for the diet"*.[23] Protein deficiency allegedly forced the inhabitants of the Valley of Mexico to restore to *"large-scale cannibalism, disguised as sacrifice,* [which] *was the natural consequence of this situation"*.[24] Harner went as far as suggesting that *"the evidence of Aztec cannibalism has largely been ignored and consciously or unconsciously covered up"* and claimed that the sources authored by Cortés, Díaz del Castillo, and Durán were among "the most reliable".[25] As to the question why Bernardino de Sahagún's informants never mentioned that all the sacrificial victims were simply eaten afterwards, Harner explains that *"certain aspects of their behavior which might seem remarkable and significant to a European or to an anthropologist, such as cannibalism, probably were too routine an aftermath of sacrifice normally to deserve comment."*[26] In other words, he claimed that Aztec cannibalism was such a common, self-obvious and widespread practice that the native informers did not find it necessary to mention it at all.

Harner's paper and hypothesis had been widely criticized for their methodological shortcomings.[27] Nevertheless, most of the critics did not question the existence of the practice of cannibalism among the Aztecs; instead, they assumed that it was a "logical consequence" of human sacrifice and they focused on the inconsistencies in Harner's scientific methods. For example, Ortiz de Montellano argued that the Aztecs could have obtained all necessary nutrients from vegetable foods, and that cannibalism could be explained not as a nourishing necessity but as a thanksgiving ritual linked to the maize harvest in the Valley of Mexico.[28] His paper inspired further speculations: one hypothesis stated that a maize diet may cause serotonin deficiency, which, in turn, could provoke some

---

23 Harner 1977: 118.
24 Ibid.: 119.
25 Ibid.
26 Ibid.: 124.
27 Price 1978; Ortiz de Montellano 1978; Arens 1980; Demarest 1984; Carrasco 1995.
28 Ortiz de Montellano 1978.

neurobehavioral side-effects, such as the tendency towards aggressive behavior or religious fanaticism; in other words, prolonged maize consumption could have pushed the Aztecs toward cannibalism and "other peculiarities of Aztec culture".[29]

It seems that the authors of the aforementioned publications chose to ignore the lack of concrete evidence for anthropophagy in the Aztec culture. They based their entire argument on an assumption that the Aztecs must have practiced cannibalism simply because they practiced human sacrifice. This common misconception had been discussed in detail by Arens and Todorov; both authors claimed that the accusations made by Spaniards during and after conquest resulted directly from the cultural confrontation. The Aztecs were being perceived as "the others", as opposed to the "civilized" Europeans, and therefore they were attributed with an entire set of negative qualities – primitivism, savagery, barbarism, violent tendencies, bloodthirst, and, finally, the penchant for human meat.[30]

The Spaniards intended to present the Aztecs in the most unfavorable light in order to justify their own transgressions during the Conquest; the more "savage", "barbaric", and dehumanized the Aztecs seemed, the easier it was for Cortés and his soldiers to exonerate themselves. Queen Isabella's decree allowed the Spaniards to enslave and exploit Native Americans simply because they were labeled man-eaters by the very people who would profit from it. The Catholic missionaries who worked in Mexico after the Conquest also pursued their own agenda: they wanted to destroy all relics of the native religion and convert the Aztecs to Christianity. Most of them did not even try to hide their contempt for the beliefs and customs of the people they tried to evangelize; it is not surprising that they would believe the Aztecs to be cannibals since they were already appalled by human sacrifice – the integral part of the Aztec religious and ceremonial system. In their opinion, if the natives were capable of such violent and repugnant deeds, they could have eaten their victims as well.

Almost five hundred years after the Spanish Conquest of Mexico the Aztecs are still being accused of the crimes they hadn't necessarily committed. The evidence for them is scarce and the information on them comes from the sources which are not entirely reliable, if not biased. No matter how detailed the descriptions of the Aztec ceremonies are, it doesn't change the fact that they were written by people whose sole purpose was to convince the world that their version of history was the right one. They described the Aztec world and culture after they helped destroy it. Therefore, the occurrence of anthropophagy among the Aztecs cannot be proven beyond any doubt – the evidence for it is neither objective, nor accurate. The case of Aztec cannibalism is another example of how history is written by the victors and thus it is not necessary as objective as one would wish to think.

---

29 Ernandes/ Cedrini/ Giammanco/ La Guardia 2002.
30 Arens 1980; Todorov 1992.

Bibliography:

Arens, William, *The Man-Eating Myth: Anthropology and Anthropophagy*, Oxford University Press, Oxford, 1979

Berdan, Frances; Rieff Anawalt, Patricia (Ed.), *Codex Mendoza*, 4 vols., University of California Press, Berkeley, 1988

Carrasco, David, *Cosmic Jaws: We Eat the Gods and the Gods Eat Us*, Journal of the American Academy of Religion 63, 1995, 429-463

Clavijero, Francisco Javier, *Storia Antica del Messico: cavata da' migliori storici spagnuoli e da' manoscritti e dalle pitture antiche degl' Indiani... corredata di carte geografiche e di varie figure e dissertazioni*, Cesenia, G. Biasini, Bologna, 1780

Cortés, Hernán, *Letters from Mexico*, transl. and ed. Anthony Pagden, Yale University Press, New Haven; London, 2001 [1523]

Demarest, Arthur, *Overview: Mesoamerican Human Sacrifice in Evolutionary Perspective*, in: *Ritual Human Sacrifice in Mesoamerica*, ed. Elizabeth P. Benson and Elizabeth Hill Boone, Dumbarton Oaks Research Library, Dumbarton Oaks, Washington, 1984, 227-247

Díaz del Castillo, Bernal, *Historia verdadera de la conquista de Nueva España*, Editorial Porrúa, México D.F, 1992 [1632]

Durán, Diego, *Book of the Gods and Rites and the Ancient Calendar*, transl. Fernando Horcasitas and Doris Heyden, University of Oklahoma Press, Norman, 1977 [1574-1576; 1579]

Durán, Diego, *The History of the Indies of New Spain*, transl. Doris Heyden, University of Oklahoma Press, Norman and London, 1994 [1867-1880]

Ernandes, Michele; Cedrini, Rita; Giammarco, Marco; La Guardia, Maurizio, *Aztec Cannibalism and Maize Consumption: The Serotonin Deficiency Link*, Mankind Quarterly vol. 43, No.1, Washington, D.C., 2002

Gómara, Francisco López de, *Cortés: The Life of the Conqueror by His Secretary*, transl. and ed. L.B. Simpson, University of California Press, Berkeley, 1964 [1552]

Harner, Michael, *The Ecological Basis for Aztec Sacrifice*, American Ethnologist 4, 1977, 117-135

Humboldt, Alexander von, *Ansichten der Kordilleren und Monumente der eingeborenen Völker Amerikas*, Eichborn, Frankfurt am Main, 2004 [1810-1813]

Nicholson, Henry Bigger, *Fray Bernardino de Sahagún: A Spanish Missionary in New Spain, 1529-1590*, in: *Representing Aztec Ritual. Performance, Text and Image in the Work of Sahagún*, ed. Eloise Quiñones Keber, University Press of Colorado, Boulder, 2002

Ortiz de Montellano, Bernard, *Aztec Cannibalism: An Ecological Necessity?*, Science 200, 1978, 611-617

Prescott, William Hickling, *History of the Conquest of Mexico, with a Preliminary View of Ancient Mexican Civilization, and the Life of the Conqueror, Hernando Cortes*, R. Bentley, London, 1843

Price, Barbara J., *Demystification, Enriddlement, and Aztec Cannibalism: A Materialistic Rejoinder to Harner*, American Ethnologist 5, 1978, 98-115

Sahagún, Bernardino de, *Florentine Codex, Book Two: The Ceremonies*, transl. Arthur J.O. Anderson and Charles E. Dibble, The School of American Research and the University of Utah, Santa Fe, 1981 [1577]

Sauer, Carl Ortwin, *The Early Spanish Main*, University of California Press, Berkeley, 1966

Thomas, Hugh, *Conquest: Montezuma, Cortes, and the Fall of Old Mexico*, Simon and Schuster, New York and London, 1993

Todorov, Tzvetan, *The Conquest of America*, Harper Perennial, New York, 1992

Register

Das Register enthält Personen, Götter und Völker. Die Seitenangaben weisen darauf hin, dass das Stichwort auf dieser Seite ein- bzw. mehrmals im Haupttext und/oder im Fußnotentext vorkommen kann.

Personen / Götter / Völker

Accius 122
Achaier am Pontos (Volk) 70
Achilles 67, 88-91, 95
Acosta, José de 24, 32
Ado von Vienne 164
Adrastos 74
Aischylos 68-69, 72-74, 81, 82, 95
Agaue 69, 76
Aguilar, Gerónimo de 172, 173
Alexandros von Pherai 78
Alexander der Große 33, 34, 133, 139
Algonkin (Volk) 13, 29, 30
Ambrosius von Mailand 162, 163
Amuren (Volk) 36
An 61
Anasazi (Volk) 44
Antisthenes 70
Antonius, Marcus 102
Apollon 90
Archelaos 82
Architimos 79
Agrionia 69
Apollodoros 68-70, 72-74, 76, 79, 90, 107, 123, 130
Aquin, Thomas von 18-21
Arawak (Volk) 24
Arens, William 9, 12, 35, 37, 41, 66, 121, 146-148, 171, 175, 176
Arimaspen 126
Aristeas 71, 127
Aristophanes 68, 70, 85
Aristoteles 18-20, 23, 30, 68, 70-73, 75, 77, 81, 82, 84, 85, 88
Artemis 153
Assarhaddon 54
Aššur-nirari V 54
Assurbanipal 54, 56
Assyrer 52

Astyages 68, 154
Athenagoras 19-21, 145, 150-152, 156
Athene 153
Athenion 86, 87, 136, 137
Athenaios 41, 86, 136
Atreus 10, 68, 107, 122
Attalus 155
Augstinus 17, 18, 19, 21, 32, 33, 161-164
Augustus / Octavian 102
Azteken / Aztec 9, 16, 28, 169-176

Bacon, Roger 24
Bassarer (Volk) 70
Bellona 159, 160
Berossos 82
Blemmyer (Volk) 114
Brébeuf, Jean de 29, 31, 32
Bressani, Francois-Joseph 29
Brutus 110, 111
Bry, Theodor de 26-27
Boas, Franz 40, 41
Bukolen 123, 130
Burnet, Thomas 22
Busiris 69, 70, 74, 77, 78, 158, 160

Caesar, Julius 102, 105
Calenus, Quintus F. 104
Cartier, Jaques 34
Cassirer, Ernst 10, 43
Cassius Dio 104, 106, 111, 115, 123, 130, 146
Castillo, Bernal Díaz del 171-173, 175
Castricius Firmus 135
Catilina 101-112, 115, 116, 118, 123, 130, 146, 148, 159, 160
Cayuga (Volk) 12
Chamberlain, Alexander 37
Champlain, Samuel de 30
Charlevoix, Pierre F. X. 30-32, 35
Cheiron 89, 90

Chrysipp 91-93, 134
Chrysologus, Petrus 163
Cicero 26, 101-107, 112, 123, 130
Clavijero, Franciso 169, 170
Collatinus 110
Cortés, Hernán 28, 169-173, 175, 176
Cook, James 9
Cuauhtemoc 170
Cuéllar, Diego Velázquez de 172
Cuneo, Michele de 23

D'Abbeville, Claude 26, 34
Dakota-Sioux (Volk) 30
Damarchos von Parrhasia 79
Darwin, Charles 42, 43
Decius 162, 164
Demeter 83, 84, 86, 87
Demokrit 82, 85
Diderot, Denis 27
Dikaiarch 88, 91
Diodorus Siculus 32, 69, 72-74, 107, 113, 123, 130
Diogenes Laertios 93, 134
Diogenes von Sinope 23, 68, 86, 91, 134, 154
Diomedes 72, 73
Dionysos 13, 73, 76, 77
Dionysos Zagreus 73, 77
Dolabella 102
Druiden 131, 137-139
Durán, Diego 169, 170, 173, 175

Empedokles 84, 134-136
Enlil 53, 59, 60
Ennius 122
Ephoros 70, 71, 73, 77
Epikur 25, 26, 29, 85
Epiphanias von Salamis 161
Erictho 124, 125
Euanthes 79
Euhemeros 85
Euklid 115
Eumelos von Korinth 79
Euripides 68-70, 72-74, 77, 82, 84, 87, 122
Eusebios von Ceasarea 32, 145, 161
Eutrop 106
Evans-Pritchard, E. 9, 13, 45

Flavius Josephus 123, 129, 130
Florus 106, 123, 130
Fore (Volk) 9, 35

Forster, Georg 9, 41
Forster, Reinhold 34
Freud, Sigmund 12, 30, 94
Fries, Lorenz 23, 24
Frobisher, Martin 37

Gallier 127, 138, 160
Galton, Francis 43
Gellius, Aulus 103, 126
Gilgamesch 52
Gioras, Simon bar 130
Gobineau, Arthur de 43
Gómara, Franciso Lopez de 24, 171
Gregor von Nazianz 162
Gracchus, Gaius 102
Gracchus, Tiberius 102

Ham 26
Hammurabi 53
Harpagos 68, 69, 77
Hegel, Wilhelm F. G. 39, 43, 44
Hekabe 90, 95
Hektor 90, 95
Hethiter (Volk) 53, 59-61
Heniocher (Volk) 70
Hera 90
Herakles 72-74, 83
Herodot 17, 32, 34, 35, 40, 68-71, 77-80, 86, 88, 101, 108-110, 113, 126, 127, 154, 159
Hesiod 69, 70, 72-74, 79, 81, 82, 86, 88, 123
Hieronymus 115, 161
Hippasos 69
Hippokrates 87, 88
Hobbes, Thomas 27, 36, 82
Hopi (Volk) 44
Huitzilopochtli 169
Huli (Volk) 11
Humboldt, Alexander von 23, 169
Hume, David 16
Huronen (Volk) 29, 30, 32, 34, 36
Huwawa 52
Huxley, Thomas H. 39, 40

Imenrenef 59
Isabella von Spanien 170, 176
Isigonos (aus Nikaia) 127
Isokrates 32, 82-84
Iphigenie 68, 76, 91
Irenäus von Lyon 161
Irokesen bzw. Haudenosaunee (Volk) 12, 14, 17, 23, 29, 30-32, 36, 37

Isis 131
Issedonen 17, 18, 35, 67, 71, 80
Iustin siehe Justin

Jeune, Paul Le 12, 23, 29, 31, 39
Juba II von Mauretanien 86, 136, 137
Julian 162
Jung, C.G. 12, 13
Justin 111, 145, 149-152
Juvenal 129-131

Kallisthenes 79
Kallatier (Volk) 71, 80
Kambles 78
Kambyses 78, 109, 154
Kant, Immanuel 24, 27
Karer (Volk) 109
Karl V / Charles V 170
Kariben / Caribs (Volk) 9, 18, 23, 24, 30, 33, 35
Kelsus 146
Kelten 113, 129
Khons 59
Kimbern (Volk) 102
Kleanthes 93, 154
Klearchos 77
Kleist, Heinrich 95
Kolotes 85
Kolumbus / Columbus 23, 24, 33-35, 172
Kratinos 87
Kronos 10, 67, 69, 76, 85, 122-124, 150, 153, 154
Ktesias 34, 73
Kumarbi 61
Kwakiutl (Volk) 11
Kyaxars 69, 77
Kyklopen 11, 69, 70, 72, 80, 86, 87, 89, 95, 126, 134, 157
Kyrill von Jerusalem 161
Kyros 77, 78

Labat, Jean Baptiste 24
Lactanz 162
Lafiteau, Jean F. 31-32
Laistrygonen / Laestrygonen 19, 70, 72, 95, 126, 134
Lakota-Sioux (Volk) 11, 13
Lalemant, Gabriel 31, 32, 36
Lamien (Lamiae) 125
Laurentius 31, 162, 164
Las Casas, Bartolomé de 28, 29, 32

Léry, Jean de 14-16, 25-27, 31, 36
Livius 130-131
Locke, John 36
Lucan / Lukan 102, 106, 124, 125
Lukian 78, 109, 110
Lysimachos 133

Mänaden 69, 77
Mahican (Volk) 30
Malinche 172
Mandeville, John 33
Mati'il 54
Marius, Gaius 102
Martu 57, 58
Martyr von Anghiera, Peter 24
Masites 77
Massageten (Volk) 18, 35, 71, 77, 80
Maya 27, 170, 172
Maximus, Valerius 102, 104, 110, 128, 129
Meder (Volk) 69, 77, 108-109
Metis 10, 11, 153, 154
Melanippos 69, 124
Mexica 18, 19, 27, 28, 169, 170
Mexitli 169
Minotaurus 73, 77
Minucius Felix 146, 155, 160-162
Mithradates von Armenien 108
Mnesippos 109, 115
Moctezuma 174
Mohawk (Volk) 12, 30, 37
Monboddo, Lord James Burnett 36
Mongolen 33
Montagnais (Volk) 29, 30, 39
Montaigne, Michele de 27, 31
Montanus 162
Montesquieu 36
More, Henry 21
Morgan, Lewis H. 41, 43
Morton, Samuel 42
Moschion 18, 41, 85, 86
Münster, Sebastian 24

Nabonid 55
Nanna 58
Neuren (Volk) 80
Nietzsche, Friedrich 23, 65, 89, 95
Nikolaos von Damaskos 79
Ninlil 53
Noah 36, 38, 39
Nott, Josiah 42

Odysseus 11, 73, 77, 89, 95
Ödipus 73, 74, 79
Ojibwa bzw. Anishinaabe (Volk) 12, 37
Oneida (Volk) 12
Onondaga (Volk) 12
Orellana, Francisco de 34
Orest 68
Origenes 146, 161
Orpheus 41, 69
Orphiker 84, 91
Otomi (Volk) 170
Ottawa (Volk) 30
Ovid 68-70, 73, 74, 79, 123
Oviedo, Gonzalo Fernández de 24

Padaier (Volk) 35, 71, 77, 80
Paetus, Autronius 103
Palaiphatos 72, 73, 86
Palamedes 81, 83
Panyassis 72
Pausanias 34, 70, 72-74, 79, 124
Paw, Cornelius de 17
Peisandros 72
Pigafetta, Antonio 34
Pindar 68, 78, 79, 90
Pedianus, Asconius 104
Pelasgos 79
Pelops 33, 60, 68, 122, 124, 153
Pentheus 69
Perrot, Nicolas 30
Perser 78, 109, 137
Petronius 99, 134
Phalaris 19, 69, 75, 77, 78, 150, 153
Phainias von Eresos 76
Pherekrates 87
Philochoros 73
Phlegräer (Volk) 73
Platon 34, 69-71, 73, 78, 79, 84-86, 93, 135
Plinius der Ältere 32, 33, 70, 71, 73, 103, 126, 127, 131, 137-139, 151
Plutarch 32, 70, 78, 102, 106, 107, 110, 111, 123, 130, 134, 139
Poblicola, Publius Valerius 110
Poincy, Phillippe de Longvilliers de 24, 36
Polo, Marco 33
Polyainos 107
Polyneikes 74, 95
Pompeius 102, 106, 125
Pomponius Mela 114, 123, 126, 127
Porphyr 35, 86, 129, 135, 136

Poseidonios 113
Priamos 90
Prometheus 13, 83, 131
Protagoras 82
Prudentius 163
Psammenitos 78
Pythagoras 35, 134
Pythagoreer 35, 135

Quetacas (Volk) 16
Quetzalcoatl 171

Raleigh, Walter 32, 34
Reinier, Louis 22
Regnaut, Christophe 32
Rhadamistos 108
Rousseau, Jean Jaques 24, 27, 36
Rufinus 162

Sahagún, Berardino de 28, 173-175
Sallust 101, 103-106, 112, 116, 123, 130, 146
Sarapis 131
Schamasch-schuma-ukin 56
Schuruppak 52
Shesemu 59
Seneca 68, 74, 82, 102, 122, 132, 133
Seneca (Volk) 12
Sepúlveda, Ginés de 28
Sextus Empiricus 133-135
Silius Italicus 131, 132
Skythen (Volk) 28, 31, 35, 70, 71, 80, 88, 108, 109, 113, 114, 126, 139
Smith, Adam 31
Sophisten 84
Sophokles 68, 73, 74, 82, 122
Staden, Hans 25-27, 31
Statius 122, 133
Strabo 32, 35, 71, 73, 113, 125, 126, 128, 129, 139
Sueton 139
Sulla, Cornelius 102-104
Sutäer (Volk) 59

Tacitus 108
Tatian 21, 145, 150-153
Tantalos 10, 33, 60, 68, 76, 88, 153
Tarquinius Superbus 110
Telekleides 87, 94
Tepanec (Volk) 170
Tereus 68, 122, 124, 153

Tertre, Jean Baptiste Du 24, 30
Tertullian 110, 116, 145, 146, 155-162
Teutonen (Volk) 102
Thebais 69, 123, 133
Theon 115
Theophil 145, 150, 152-154
Theophrast 69, 70, 79, 85, 91, 135, 136
Theseus 73, 83
Thevet, André 15, 26, 34
Thyestes 10, 11, 25, 68, 76, 92, 107, 108, 122-124, 153
Titus 129, 131
Tomyris 78
Toxaris 109, 115
Trimalchios 134
Tryphon 111, 145, 149, 151
Tupinamba (Volk) 14-16, 25-27, 31
Tydeus 69, 74, 88, 90, 123, 124, 133

Vega, Garcilaso de la 36
Vespasian 129
Vespucci, Amerigo 25, 29, 34, 36
Victorin 115
Vimont, Barthélemy 30
Vitoria, Franciso de 18, 19
Voltaire 17, 22, 27

Wormius, Olaus 147

Xenokles 79
Xerxes 77
Xiphilinos 115

Zeus 10, 11, 73, 79, 85, 123, 124, 153, 154
Zeus Lykaios 34, 79
Zenon von Kition 92, 93